Heinrich Schweizer

Sozialistische Agrartheorie
und Landwirtschaftspolitik
in China und der Sowjetunion:
ein Modell für Entwicklungsländer?

Ost-Kontexte

Herausgegeben von
Robert Hotz SJ und Konrad Farner

Band 3

Heinrich Schweizer

Sozialistische Agrartheorie und Landwirtschaftspolitik in China und der Sowjetunion: ein Modell für Entwicklungsländer?

Verlag Herbert Lang
Bern und Frankfurt/M.

ISBN 3 261 00336 7

© Herbert Lang & Cie AG Bern, 1972. Alle Rechte vorbehalten.

Nachdruck oder Vervielfältigung auch auszugsweise in allen Formen wie
Mikrofilm, Xerographie, Mikrofiche, Mikrocard, Offset verboten.

Druck: Lang Druck AG, Liebefeld/Bern (Schweiz)

GELEITWORT

Die Herausgeber der Reihe "Ost-Kontexte" sind sich einig, dass die vorliegende Arbeit eine wichtige Lücke ausfüllt, denn in der unübersehbar gewordenen Literatur über die UdSSR und über die sozialistischen Länder wie auch über die sog. "Dritte Welt" und die Entwicklungshilfe ist die Landwirtschaft noch viel zu wenig berücksichtigt worden; nur Spezialisten oder Experten befassten sich mit diesem komplexen Fachgebiet. Komplex insofern, weil nicht nur die jetzige Situation sozialistischer Agrarpolitik, sondern auch deren Geschichte einbezogen werden muss. Ebenfalls sind die diesbezüglichen Fakten nicht immer leicht zugänglich, das Schrifttum ist meist reine Fachliteratur. Generelle Arbeiten sind wenige vorhanden oder es wird dem Agrarproblem zu wenig Aufmerksamkeit geschenkt. Dieses Agrarproblem wird jedoch immer vordergründiger werden, weil die meist forcierte Industrialisierung "westlicher" Observanz die allgemeine Problematik der Gegenwart und nahen Zukunft nur vertieft. Die Arbeit Heinrich Schweizers, entstanden als Dissertation der philosophisch-historischen Fakultät der Universität Basel unter Betreuung der Herren Prof. Dr. K.W. Kapp und Dr. A. Künzli, darf als bahnbrechend bezeichnet werden, indem sie einerseits das bisherige Wissen bündig und exakt darbietet, anderseits das Wissen um die Möglichkeiten der Entwicklungshilfe grundsätzlich erweitert.

Jedoch erlauben sich die Herausgeber, einige Anmerkungen beizufügen. So ist erneut festzuhalten – und eine journalistische Floskel genügt als Hinweis nicht –, dass der Marxismus keine "Totaltheorie" darstellt. Der Marxismus ist eine Forschungsmethode als Dialektischer Materialismus, *er ist zugleich Geschichtsphilosophie als* Historischer Materialismus, *er ist zudem fortwährend wissenschaftliche Kritik und Eigenkritik. Mit andern Worten: der Marxismus ist Erkenntnistheorie, Philosophie und Wissenschaft in einem als revolutionäre Kritik. Der Marxismus ist selber Teil der Entwicklung; er besitzt demnach grundsätzlich eine offene, keine geschlossene Haltung; er kann nicht in Dogmen gefasst werden, sonst wäre er nicht wissenschaftlich. Der Marxismus ist also kein "Totalitätssystem", weil er ständig immanent und zugleich transzendierend Revolution ist. Er ist Theorie und Praxis in dialektischer Einheit, er ist kein Kochbuch mit fertigen Rezepten.*

Ferner ist anzumerken, dass, streng genommen, noch kein einziges Land eine durchgehend sozialistische Wirtschaftsstruktur besitzt: sowohl die UdSSR wie China befinden sich immer noch in der Transformationsperiode, ein Faktum, das noch Lenin zu Beginn der zwanziger Jahre nicht genug betonen konnte. Die Zielsetzung ist eindeutig Sozialismus als Vorstufe des Kommunismus (darum ist die Oktoberrevolution eine sozialistische Revolution, darum nennen sich die Marxisten Kommunisten), aber es ist nicht so, wie z.B. Hermann Weber vermeint (Einleitung zu den Ausgewählten Werken Lenins, München 1963) und wie hier

Weber zitiert wird Seite 91. Webers Betrachtungsweise ist undialektisch: Weg und Ziel sind nicht zu trennen, sie sind jedoch nicht identisch. Verwiesen sei auf Lenins Schrift zur Agrarpolitik, die ja von Schweizer angeführt wird, wobei noch zu sagen ist, dass Lenins Forderung nach periodischer Neuverteilung des landwirtschaftlichen Bodens sich bereits im Alten Testament *findet.*

Und ebenfalls ist anzumerken, dass die chinesische Revolution in ihrer Praxis und Theorie die Bauern nie als Quantité négligeable betrachtete — Resultat der existierenden Wirtschaftsstruktur. Wie denn ein jedes Land seine ganz besondere Agrarfrage besitzt, die ebenfalls verschiedene Möglichkeiten für die Zukunft in sich trägt; man denke nur an die Schweiz mit ihrer Geschichte des Genossenschaftswesens, die bereits im 12. Jahrhundert beginnt. Was die Agrarfrage aber noch besonders auszeichnet, und das scheint den Herausgebern hier zu wenig berücksichtigt, ist der anthropologisch-ethische Faktor: kaum ein anderer Beruf als der des Bauern ist so stark in der Tradition verwurzelt und bis heute abhängig vom bleibenden kosmischen Geschehen der Jahreszeiten. Hier stellt sich die Frage nach der Umwandlung des alten Menschen in einen neuen Menschen kategorischer als anderswo, hier ergibt sich wie sonst nirgends die Schwierigkeit, mit alten Menschen eine neue Gesellschaft zu bauen. Dass China hier geradezu eine Vorzugsstellung besitzt, scheint evident zu sein. War der MIR Alt-Russlands schon im 19. Jahrhundert nur noch ein Mythos der Narodniki, so besass die Sippenethik Chinas, die in der umfassenden Staats- und Gesellschaftsethik Kon Fu-tses verankert ist, eine jahrtausendalte Kontinuität, die ohnegleichen in der Geschichte ist. Und diese traditionelle Ethik steht nicht abseits der Prinzipien einer kommunistischen Gesellschaftsordnung, die eben nur verwirklicht werden kann aufgrund einer Ethik, die das Individuum in die Gemeinschaft sinnvoll und ohne Privilegien einbettet, also Individualethik und Sozialethik aufs engste verbindet: die Geschichte der kommunistischen Idee von Solon und Lykurg über Platon bis zu Morus und Campanella, bis zu Owen, Marx und Teilhard de Chardin legt diese Wertsetzung eindeutig dar. Hier finden sich auch die Wurzeln der Chinesischen Kulturrevolution, deren immense Auswirkung auf die jetzige Agrarpolitik noch kaum abzuschätzen ist. Die Frage des sog. Revisionismus ist in der Hauptsache kein sozio-politisches, sondern ein ethisches Problem. Das ist die Grunddifferenz zwischen der UdSSR und China, das wird ebenfalls für die nahe Zukunft der Entwicklungsländer von grösster Bedeutung sein.

Abschliessend sei noch bemerkt, dass die Herausgeber es bedauern, dass die Arbeiten: Jean Daubier *"Histoire de la révolution culturelle prolétarienne en Chine, 1965–1969", Paris, Maspero, 1970, und:* Hans Immler, *"Agrarpolitik in der DDR", Verlag Wissenschaft und Politik, Köln, 1971, aus zeitlichen Gründen nicht mehr berücksichtigt werden konnten.*

Konrad Farner

INHALTSVERZEICHNIS

GELEITWORT 5
VERZEICHNIS DER STATISTIKEN UND GRAPHIKEN 11
ABKÜRZUNGEN UND FACHAUSDRÜCKE 12

I. TEIL: EINLEITUNG 13

1. ABSICHT UND METHODE 14
2. AUSGANGSLAGE UND ERFOLGE 18
3. STATISTIKEN UND LITERATUR 21
4. SCHWERPUNKTE UND ÜBERSICHT 23

II. TEIL: SOZIALISTISCHE AGRARTHEORIEN BIS ZUR RUSSISCHEN REVOLUTION VON 1917 25

1. VORMARXISTISCHE AGRARTHEORIEN 26
  1.1.   Begriff und Auswahl 26
  1.2.   *Morus* und *Campanella* 27
  1.3.   Die unmittelbaren Vorläufer von *Marx* und *Engels* 29
  1.3.1. Das Problem der Arbeitsteilung 29
  1.3.2. Die Steigerungsmöglichkeiten der Agrarproduktion 30
  1.3.3. Die Vorstellungen über eine sozialistische Landwirtschaft 32

2. MARX UND ENGELS ZUR AGRARFRAGE 35
  2.1.   Theoretischer Ausgangspunkt von *Marx* und *Engels* 35
  2.1.1.   Die relative Vernachlässigung der Landwirtschaft 35
  2.1.2.   Die Klasseneinteilung der landwirtschaftlichen Bevölkerung 37
  2.1.2.1. Die besonderen Probleme 37
  2.1.2.2. Die selbständigen Kleinbauern 39
  2.1.2.3. Die Pacht- und Feudalbauern 40
  2.1.2.4. Die Ackerbautaglöhner 41
  2.1.3.   Entwicklungstendenzen der kapitalistischen Landwirtschaft 42
  2.2.   Die Überlegenheit des Grossbetriebs über den Kleinbetrieb 44
  2.3.   Die Aufhebung des Unterschieds zwischen Stadt und Land 47
  2.4.   Landwirtschaftliche Bevölkerung und proletarische Revolution ... 49
  2.4.1.   Voraussetzungen für die sozialistische Revolution 49
  2.4.2.   Ist die sozialistische Revolution in Russland möglich? 52
  2.5.   Die sozialistische Landwirtschaft 54
  2.5.1   Die Landwirtschaftspolitik der Sozialisten im Kapitalismus 55
  2.5.2.   Wie sieht die sozialistische Landwirtschaft aus? 57
  2.5.2.1. Die Expropriation des Grundeigentums 58
  2.5.2.2. Die Arbeitsorganisation 59

3. DIE AGRARDEBATTE 61
  3.1.   Empirischer Befund 61
  3.2.   Die Agrardebatte als Bestandteil des Revisionismus 64
  3.3.   *Karl Kautsky* 66
  3.3.1.   Die Stellung des Bauern in der Gesellschaft 67
  3.3.2.   Die Interpretation der Zahlen der landwirtschaftlichen Betriebszählungen 68
  3.3.2.1. Der Boden als Produktionsfaktor 68
  3.3.2.2. Das elastische Arbeitsangebot des Bauern .. 69
  3.3.2.3. Die Agrarkrisen 69

3.3.2.4.	Die Hypotheken und die Pacht	69
3.3.3.	Die Überlegenheit des Grossbetriebs in der Landwirtschaft	71
3.3.3.1.	Die Vorteile in der Produktion	72
3.3.3.2.	Die Vorteile im Kredit und im Handel	73
3.3.4.	Die sozialistische Landwirtschaft	75
3.4.	*Eduard David*	76
3.4.1.	Ausgangspunkt	76
3.4.2.	Die Vorteile des Kleinbetriebs	78
3.4.2.1.	Die Kritik an *Kautsky*	78
3.4.2.2.	Der Produktionsfaktor 'Arbeit'	78
3.4.2.3.	Die Anwendung von Maschinen	80
3.4.3.	Politische Implikationen	81
3.5.	Die Beurteilung der Agrardebatte	82

4. LENINS ÜBERTRAGUNG DER THEORIE AUF RUSSLAND ... 86

4.1.	Die Agrarverfassung Russlands vor 1917	87
4.1.1.	Die Leibeigenschaft	87
4.1.2.	Die Mir-Gemeinde	88
4.2.	*Lenins* Stellung zur Agrarfrage	90
4.2.1.	Einleitung	90
4.2.2.	Analyse der russischen Landwirtschaft	91
4.2.2.1.	Sonderfall Russland	91
4.2.2.2.	Die Klasseneinteilung der Landbevölkerung	93
4.2.2.3.	Der polare Differenzierungsprozess	95
4.2.3.	Vernachlässigte Elemente	96
4.2.3.1.	Die Aufhebung des Unterschieds zwischen Stadt und Land	96
4.2.3.2.	Die Vorteile des Grossbetriebs	97
4.2.4.	Landbevölkerung und Revolution	98
4.2.4.1.	*Lenins* Charakterisierung der Bauern	99
4.2.4.2.	Politik der Bolschewisten gegenüber den Bauern	100
4.2.4.3.	Vorstellungen über eine sozialistische Landwirtschaft	101

III. TEIL: VON DER THEORIE ZUR PRAXIS ... 105

1. ABRISS DER AGRARPOLITIK DER UDSSR 1917/53 ... 106

1.1.	Kriegskommunismus: 1917–1921	106
1.1.1.	Die bolschewistische Revolution	106
1.1.2.	Die Agrarpolitik der Bolschewisten	107
1.2.	Neue ökonomische Politik: 1921–1928	110
1.3.	Die Industrialisierungsdebatte	111
1.3.1.	Ökonomische Ausgangslage	111
1.3.2.	Die Debatte	112
1.3.2.1.	*Lev M. Shanin*	112
1.3.2.2.	*Nikolai Bucharin*	113
1.3.2.3.	*Ewgeni A. Preobraschenski*	114
1.4.	Die Kollektivierung der Landwirtschaft	116
1.4.1.	*Lenins* Genossenschaftsplan	116
1.4.2.	Die Kollektivierung *Stalins*	117
1.5.	Der sowjetische 'take-off': 1928–1953	119

2. DIE AGRARTHEORIE MAO TSE-TUNGS ... 121

2.1.	Ausgangslage	121
2.2.	Die Sinifizierung des Marxismus	123
2.3.	Bauernrevolution	124
2.4.	Die Agrarreformen	126

2.4.1. Klasseneinteilung der Landbevölkerung 126
2.4.2. Reformen vor 1949 128
2.5. Die Vorstellungen über die sozialistische Zukunft 129

3. DIE AGRARPOLITIK CHINAS NACH 1949 130
3.1. Rekonstruktion: 1949–1952 131
3.1.1. Das Agrargesetz vom 30. Juni 1950 131
3.1.2. Anfänge der Kollektivierung: Teams der gegenseitigen Hilfe 132
3.2. Der erste 5-Jahres-Plan: 1953–1957 133
3.2.1. Die sukzessive Kollektivierung der Landwirtschaft 133
3.2.1.1. Die LPG niederer Ordnung 134
3.2.1.2. Die LPG höherer Ordnung 134
3.2.2. Schwerpunkte und Erfolge 135
3.3. Nach 1958: 'Grosser Sprung' und Volkskommunen 136
3.3.1. Der 'grosse Sprung' 136
3.3.2. Die Volkskommunen 138
3.3.3. Schwierigkeiten und Erholung 140

IV. TEIL: EINIGE IMPLIKATIONEN FÜR ENTWICKLUNGSLÄNDER 143

1. BETRIEBSGRÖSSE UND ARBEITSORGANISATION 145
1.1. Die Marx'sche Tradition 145
1.2. Organisationsformen in der UdSSR und in China 145
1.2.1. Genossenschaftliche Organisationsformen 145
1.2.1.1. Die Kolchosen 145
1.2.1.2. Die Volkskommunen 152
1.2.2. Die Staatsfarmen 156
1.2.3. Nebenwirtschaften 161
1.3. Landwirtschaftliche Betriebsgrösse: Produktivität versus Verwaltung 163

2. DIE AUFHEBUNG DES UNTERSCHIEDS ZWISCHEN STADT UND LAND 172
2.1. Relevanz dieser These 172
2.2. Empirisches Material 173
2.2.1. Die Situation in der UdSSR 174
2.2.2. Die Situation in China 176
2.3. Sowjetischer Ansatz: Agrostädte 178
2.4. Chinesische Ansätze 178
2.4.1. Die 'lokale Industrialisierung' 178
2.4.2. Neues Erziehungssystem 184

3. LANDWIRTSCHAFT UND KAPITALBILDUNG 189
3.1. Das Problem 189
3.2. Kapitalbildungsmechanismen innerhalb der Landwirtschaft 192
3.2.1. Der 'unteilbare Fonds' 193
3.2.1.1. Kolchosen 193
3.2.1.2. Kommunen 194
3.2.1.3. Bedeutung für Entwicklungsländer 195
3.2.2. Die Infrastruktur-Arbeiten 196
3.3. Beitrag der Landwirtschaft zur externen Kapitalbildung 202
3.3.1. Landwirtschaftssteuer und Pflichtablieferungen 204
3.3.1.1. Direkte Landwirtschafts-Steuern 204
3.3.1.2. Die Pflichtablieferungen 206
3.3.2. Preispolitik und Umsatzsteuer 210
3.3.3. Landwirtschaft und Aussenhandel 216
3.4. Beurteilung 218

4. DIE WAHL DER TECHNIK IN DER LANDWIRTSCHAFT 222
4.1.   UdSSR: Maschinen-Traktoren-Stationen (MTS) 222
4.2.   China: Mittlere Technik 227

V. TEIL: ABSCHLIESSENDE BEMERKUNGEN 239

    1. LANDWIRTSCHAFT UND KULTURREVOLUTION 240
    2. LANDREFORM UND KOMMUNISMUS 243
    3. OPFER UND WOHLFAHRT 244
    4. ÜBERSICHT UND ZUSAMMENHÄNGE 247

    BIBLIOGRAPHIE 251
    REGISTER 263

VERZEICHNIS DER STATISTIKEN UND GRAPHIKEN

Statistiken

I—1: Industrieproduktion pro Kopf in China und in der UdSSR (1928 bzw. 1952) ... 18
I—2: Wachstumsrate der Agrarproduktion in ausgewählten Ländern 21

II—1: Landwirtschaftliche Betriebsgrössen in Deutschland 1882—1907 62
II—2: Aufteilung der landwirtschaftlich genutzten Fläche in Deutschland 63
II—3: Landwirtschaftliche Betriebsgrösse in England 1885—1909 63
II—4: Russland 1860: Sozialstruktur 87
II—5: Landanteile pro männliche Arbeitskraft in Russland im 19. Jahrhundert ... 88
II—6: Privates Grundeigentum im europäischen Russland gegen Ende des 19. Jahrhunderts 94

III—1: UdSSR: Aufteilung des Bodens 1920 108
III—2: Marktgetreide 1928/32 in Mio. Tonnen (UdSSR) 120
III—3: Bodenverteilung in China 1934 122
III—4: Betriebsgrösse in der kollektivierten Landwirtschaft Chinas 135
III—5: 1957: Output pro Kopf der Bevölkerung in ausgewählten Ländern 136

IV—1: Zahl der Kolchosen 1950—1965 150
IV—2: Vergleich der Flächenproduktivität: Kolchose und Sowchose 160
IV—3: Durchschnittliche Kolchosen-Grösse 165
IV—4: Analphabetentum in der UdSSR: 1926—1959 174
IV—5: UdSSR: Konsumtion ausgewählter Produkte 1928 bis 1932 (pro Kopf der Bevölkerung) 175
IV—6: China: Pro-Kopf-Konsum an Nahrungs-Getreide 1953—1957 176
IV—7: China: Einkommensniveau der Bauern und Arbeiter 1952—1959 177
IV—8: Zuweisungen an den 'unteilbaren Fonds' von den Einnahmen der Kolchosen 193
IV—9: Prozentsatz der durch den 'unteilbaren Fonds' finanzierten Investitionen an den gesamten Landwirtschaftsinvestitionen der UdSSR 194
IV—10: China: Beschäftigungsgrad in Hopei (1955) 198
IV—11: Irrigierte Fläche in China: 1949—1959 199
IV—12: Aufgeforstete Fläche in China pro Jahr (1950—1958) 200
IV—13: 1958: Akkumulationsbeiträge der chinesischen Landwirtschaft (Schätzung Bettelheim) 206
IV—14: Preise auf dem freien Kolchosmarkt der UdSSR als %-satz der Pflichtablieferungspreise (1947) 207
IV—15: UdSSR: Vermarktete Agrarprodukte (in Mio. t) 208
IV—16: UdSSR 1940: Anteil der Umsatzsteuer als Prozentsatz des Detailhandelspreises (ausgewählte Agrarprodukte) 211
IV—17: 1932—1939: Preise für ausgewählte Agrarprodukte in der UdSSR 211
IV—18: China 1958: Umsatzsteuer-Belastung für ausgewählte Güter 215
IV—19: UdSSR: Baumwolle- und Tee-Importe, 1928—1939 216
IV—20: Struktur des chinesischen Aussenhandels 1950 bis 1958 217
IV—21: Maschinenbestand in der sowjetischen Landwirtschaft 223
IV—22: Entwicklung der Maschinen-Traktoren-Stationen 225
IV—23: China 1961/62: Lieferungen von Kapitalgütern an die Landwirtschaft 231

Graphiken

IV—1: Organisationsstruktur der Kolchose 146
IV—2: Erster 5-Jahresplan UdSSR: Sowchosen-Planerfüllung 158
IV—3: UdSSR: Anteil der Umsatzsteuer an den öffentlichen Einnahmen 212
IV—4: Energiewirtschaftliche Kapazität der russischen Landwirtschaft 223

ABKÜRZUNGEN UND FACHAUSDRÜCKE

acre	0,4 ha
Brigade	Arbeitsgruppe in den sowjetischen Kolchosen und in den chinesischen Kommunen
capital output ratio	Masszahl für die Produktivität des Kapitals
D	Deutschland (vor dem 1. Weltkrieg)
Dessjatine	Russisches Flächenmass: 1 Dessjatine = 1,0925 ha
Diffusion	Verbreitung (von neuen Techniken)
externalities	(unbeabsichtigte) Nebenwirkungen
FAO	Food and Agricultural Organization of the United Nations
FR	Frankreich
ha	Hektare
incentive	(Arbeits-)Anreiz
kg	Kilogramm
Kolchosnik	Mitglied der Kolchose
KPCh	Kommunistische Partei Chinas
KPdSU	Kommunistische Partei der Sowjetunion
KW	Kilowatt
LKW	Lastkraftwagen
LPG	Landwirtschaftliche Produktionsgenossenschaft (China, vor 1958)
MEW	Marx/Engels, Werke
Mir	Russische Gemeinde *vor* der Revolution von 1917
Morgen	Flächenmass in Deutschland: 1 Morgen = 25 bis 36 Aren, je nach Gegend
MTS	Maschinen-Traktoren-Stationen (UdSSR)
Mu	Flächenmass in China: 1 Mu = 1/16 ha
NEP	Novaja Economičeskaja Politika = Neue ökonomische Politik (UdSSR 1921/28)
Output	Produktion ('Ausstoss')
o.V.	Ohne Verfasser-Angabe
Quintal	100 kg
Rubel	Russische Währung. Seit der Währungsreform von 1961: Offizieller Aussenwert: 1 $ = 0,9 Rubel
SOI	Schweiz. Ostinstitut, Bern
Sowchose	Landwirtschaftliches Staatsgut in der UdSSR
t	Tonne
Technische Kulturen	In unserm Zusammenhang vor allem: Zuckerrüben, Flachs, Baumwolle
Terms of Trade	Austauschbedingungen
Trudoden	Tagwerk (Entlohnungseinheit in den sowjetischen Kolchosen)
UdSSR	Union der Sozialistischen Sowjetrepubliken
UK	United Kingdom
UN	United Nations
Urbanisierung	Verstädterung
Yuan	Chinesische Währung: Offizieller Aussenwert: 1 $ = 2,323 Yuan
ZK	Zentralkomitee

I. TEIL:

EINLEITUNG

1. Absicht und Methode

Der Titel dieser Arbeit mag zu ambitiös erscheinen: Wir versuchen, auf eine umfangreiche und wichtige Frage möglicherweise nur vorläufige und zwangsläufig nicht vollständige Antworten zu geben. Mit *Nicholls* sind wir der Meinung, dass angesichts der Tatsache, dass in den meisten unterentwickelten Ländern 50–80 % der Bevölkerung von der Landwirtschaft lebt, die Anstrengungen der Wissenschaft bisher zu gering waren, die Beziehungen zwischen Landwirtschaft und wirtschaftlicher Entwicklung aufzuzeigen[1]. Wir greifen in unserer Arbeit die beiden wichtigsten sozialistischen Länder – die Sowjetunion und China – heraus und fragen uns, welche Rolle die Landwirtschaft im wirtschaftlichen und sozialen Transformationsprozess gespielt hat. Wir hoffen, damit einen Beitrag zur Entwicklungsländer-Forschung zu leisten.

Dieser Versuch wird unternommen, weil unsere Entwicklungsländer-Forschung meistens – selten explicite, oft implicite – die Erfahrungen der westlichen Industrieländer verarbeitet und dann der Entwicklungsstrategie zugrunde legt[2]. Man kann auch wie *Myrdal* die Meinung vertreten, dass die heutigen Entwicklungsländer eine ihren spezifischen Problemen angepasste Theorie und Politik entwickeln sollten. Zu diesem Zweck unternehmen wir etwas, was bisher im Westen noch wenig versucht worden ist: Wir wollen aus den noch nicht weit zurückliegenden bzw. noch im Gange sich befindlichen Entwicklungserfahrungen zweier sozialistischer Länder – der UdSSR und Chinas – einige Rückschlüsse auf andere Entwicklungsländer zu ziehen versuchen. Dabei sind wir *nicht* der Meinung – wie etwa Oleg *Hoeffding*[3] – dass die Entwicklungsländer nur entweder das sowjetische Modell ganz übernehmen oder ganz ablehnen können. Manche wirtschaftlichen Fragen – etwa: Wahl der Technik, Arbeitsorganisation, Beitrag der Landwirtschaft zur Kapitalbildung, usw. – stellen sich in *jedem* Entwicklungsland in ähnlicher Weise, gleichgültig, ob sich das Land für eine eher 'sozialistische' oder 'kapitalistische' Wirtschaftspolitik entschliesst. Selbst in der UdSSR wird heute nicht mehr durchwegs die Ansicht vertreten, dass sich alle Entwicklungsländer genau an das Modell 'Sowjetunion' halten sollten. So schreibt *Potechin* 1963:

---

[1] *Nicholls W.H.,* Research on Agriculture and Economic Development, American Economic Review, Vol. L/1960, No. 2, S. 629. – Immerhin ist seit 1960 die diesbezügliche Forschung um einiges umfangreicher geworden.

[2] Dabei lässt sich gerade für das Gebiet der Agrarwirtschaft besonders leicht zeigen, dass sich Analogien von westlichen Industrieländern für die Entwicklungsländer kaum eignen. Vgl. dazu: *Planck Ulrich,* Parallelen und Unterschiede der Ausgangslage landwirtschaftlicher Entwicklung, in: *Schlotter H.G.* Hrsg., Die Landwirtschaft in der volks- und weltwirtschaftlichen Entwicklung, München 1968, S. 83–106.

[3] *Höffding Oleg,* The Soviet Union: Model for Asia? – State Planning and Forced Industrialization, in: Problems of Communism, Vol. VIII, No. 6, 1959, S. 38–46, in unserm Zusammenhang vor allem S. 39.

"The forms of transition from contemporary society to socialism ... can be extremely varied. There can be no ready-made pattern here, everything depends on actual conditions. Marxists have never said that all peoples of the world should make the transition to socialism in faithful imitation of everything that has been done in the Soviet Union[4]."

"Die Übergangsformen von heutigen Gesellschaften zum Sozialismus ... können sehr unterschiedlich sein. Hierfür kann kein allgemeingültiges Rezept angeboten werden; alles hängt von der jeweiligen Situation ab. Die Marxisten haben nie gesagt, dass alle Völker der Erde den Übergang zum Sozialismus in genau derselben Weise wie die Sowjetunion vollziehen sollen[4]." (Übersetzung von H.S.)

Und an dieser Stelle ist es vielleicht auch angebracht, *Mao Tse-tung* das Wort zu geben, welcher bezüglich der Adaption der Erfahrungen anderer Länder meint:

"Es gibt zwei verschiedene Einstellungen zum Lernen. Die eine ist dogmatisch. Sie besteht darin, alles zu übernehmen, sei es für die Verhältnisse unseres Landes geeignet oder nicht. Das ist keine gute Einstellung. Die andere besteht darin, beim Studium den Geist anzustrengen und alles zu erlernen, was den Bedingungen unseres Landes entspricht, das heisst, alle für uns nützlichen Erfahrungen auszuwerten[5]."

Ein wichtiger Eckstein in unserer Arbeit nimmt zwangsläufig das Problem der *Landreform* ein, ein Problem, welches kein Entwicklungsökonome ausklammern sollte:

"Professional economists neglect the subject of land reform, because it concerns the institutional framework of society, which economic analysis accepts as given. The study of change in econcomic institutions, it is assumed, can be left to the historian ...[6]"

"Die Ökonomen vernachlässigen sehr oft den Problemkreis 'Landreform', weil diese zu den institutionellen Gegebenheiten der Gesellschaft gehört, welche bei ökonomischen Analysen als gegeben angesehen wird. Der Ökonome nimmt an, dass er die Untersuchung von Veränderungsprozessen der ökonomischen Institutionen dem Historiker überlassen kann ...[6]" (Übersetzung von H.S.)

---

[4] *Potechin I.* (1963), zitiert nach: *Jeffries Ian,* Revisionism in the Economics of Backwardness, in: The Journal of Developing Studies, Vol. V/1968, S. 45.
[5] Peking Rundschau, Nr. 43/1969, S. 10.
[6] *Warriner Doreen,* Land Reform and Economic Development, in: *Eicher Carl, Witt Lawrence,* eds., Agriculture in Economic Development, New York 1964, S. 280.

Damit sind wir wie *Warriner nicht* einverstanden, schon deshalb nicht, weil sich (nach *Borchardt*[7]) im Europa des 19. Jahrhunderts kein Land ohne Agrarreform industrialisiert hat. *Kaldor* meint dazu:

"The emergence of a progressive agriculture was the key to the progress of industrialization in Europe. It is no accident that in England, as elsewhere in Europe, the so-called 'agricultural revolution' historically preceeded the 'industrial revolution'[8]."

"Die Entwicklung einer fortschrittlichen Landwirtschaft war eine entscheidende Voraussetzung der Industrialisierung in Europa. Es ist kein Zufall, dass in England und auch sonst in Europa die sog. 'Agrarrevolution' der 'industriellen Revolution' vorausgegangen ist[8]." (Übersetzung von H.S.)

Gerade für Entwicklungsländer ist es besonders wichtig, die Institutionen und Besitzverhältnisse in einer Gesellschaft mit dem Instrumentarium des Ökonomen zu analysieren, dieses Gebiet also nicht einfach dem Historiker zu überlassen. Unsere angestrebte Methode in dieser Arbeit können wir mit *Wilber* als "historical-theoretical approach"[9] bezeichnen. Die Arbeitsweise lässt sich dabei wie folgt umschreiben:

"First of all, it involves a study of the historical experience of economic development in various countries to discern their differences and similarities, and, secondly, it involves the use of theoretical tools and concepts to order and analyze the historical and empirical evidence[10]."

"Erstens geht es um ein Studium der Entwicklungserfahrungen in verschiedenen Ländern, um dadurch die Gemeinsamkeiten und das Verschiedenartige zu entdecken. Zweitens verlangt diese Methode die Anwendung theoretischer Konzepte, um die historischen und empirischen Fakten zu ordnen und zu analysieren[10]." (Übersetzung von H.S.)

Dabei können wir die Frage offen lassen, ob die Geschichte wirklich etwas zu 'beweisen' imstande ist. Uns genügt die Überlegung, dass der Mensch sich bei der Gestaltung der Zukunft immer an der Vergangenheit orientiert[11]. Und bei dieser

---

[7] *Borchardt K.*, Europas Wirtschaftsgeschichte – ein Modell für Entwicklungsländer? Stuttgart 1967, S. 20.
[8] *Kaldor Nicholas*, Strategic Factors in Economic Development, New York 1967, S. 56f.
[9] *Wilber Charles K.*, The Soviet Model and Underdeveloped Countries, Durham N.C. 1969, S. 10. – Von dieser ausgezeichneten Studie konnten wir methodisch und materiell manches lernen.
[10] *Ebendort.* – Als Meister in der Anwendung dieser Methode bezeichnet *Wilber Alexander Gerschenkron*, Economic Backwardness in Historical Perspective, New York 1965.
[11] *Borchardt*, a.a.O., S. 8.

Orientierung — so meinen wir — wäre es ein unverzeihlicher Luxus, wollte man angesichts der Probleme der dritten Welt die Erfahrungen der sozialistischen Länder vernachlässigen.

Wenn unsere Arbeit dazu beiträgt, "Probleme klarer zu erkennen, richtige Fragen zu stellen und auf möglicherweise interessante Antworten hinzuweisen"[12], so ist ihr Zweck erfüllt. Dabei könnte man darüber streiten, ob unser relativ ausführlicher dogmengeschichtlicher Teil notwendig ist. Wir halten die Konfrontation der Theorie mit der Politik gerade bei unserm Thema für wichtig. Denn: Die Beiträge marxistischer 'Klassiker' beeinflussten wohl die Theorie und Praxis in kommunistischen Ländern ungleich stärker als im Westen etwa ein *Adam Smith*. Wir können noch weiter gehen und die These aufstellen, dass man manche wirtschaftspolitischen Massnahmen in kommunistischen Ländern überhaupt nur dann verstehen kann, wenn man auch die dahinter verborgenen Grundgedanken der sozialistischen 'Klassiker' kennt.

Es ist üblich und nützlich, dass man in einer Einleitung die im Titel der Arbeit vorkommenden Begriffe definiert. In unserm Fall bedürfte vor allem der vieldeutige Begriff *'sozialistisch'* einer Definition. Nun, wir gehen pragmatisch vor und halten uns an jene sozialistischen Theorien, welche u.E. die Agrarpolitik der UdSSR und Chinas in grossem Masse beeinflusst haben. Als 'Sozialismus' definieren wir dabei mit *Georg Adler* einen "Gesellschaftszustand, bei dem in weitem Umfange mit den Mitteln der Gesamtheit auf der Basis des Kollektiveigentums gewirtschaftet wird"[13]. Wir sind absichtlich dem Begriff 'marxistisch' ausgewichen, weil der Sozialismus "etwas Allgemeines, vielleicht Zeitloses, Marxismus hingegen etwas Partikuläres, Zeitgebundenes"[14] ist. Dieser Meinung entspricht etwa auch eine Äusserung *Leopold Senghors's* auf einer Konferenz in Dakar 1962:

"Ich bin der Ansicht, dass nur der Sozialismus unsere Entwicklungsprobleme lösen kann. Unser Sozialismus kann nicht genau der von Marx und Engels sein, der vor über hundert Jahren entsprechend den wissenschaftlichen Methoden und den Umständen des 19. Jahrhunderts in Westeuropa ausgearbeitet wurde[15]."

Leider müssen wir aus Gründen der Selbstbeschränkung alle *'Agrarsozialisten'* oder *'Agrarreformer'* in unserer Diskussion weglassen. Dies ist umso bedauerlicher, als *Rousseau* in Frankreich, *Thomas Spence* und *Henry George* in Amerika, *Fluerschein, Oppenheimer* und *Damaschke* in Deutschland zum Teil

---

12 *Ebendort*, S. 32.
13 *Adler Georg*, Geschichte des Sozialismus und Kommunismus von Plato bis zur Gegenwart (1899), 2. Aufl. Leipzig 1920, S. 1.
14 *Künzli Arnold*, Marx auf Stelzen, Nationalzeitung vom 15.6.1969.
15 Zitiert nach: *Meyer Andreas*, Der 'Sozialismus' der Entwicklungsländer in sowjetischer Sicht, in: Osteuropa, 13. Jg./1963, S. 620.

bezüglich der Agrarwirtschaft zu denselben Resultaten kamen wie die von uns behandelten Sozialisten. Was sie von diesen unterscheidet, ist eine nur *partielle Reform* der Eigentumsverfassung: Lediglich der Grund und Boden sollte in Gemeinbesitz übergeführt werden. Auch *John Stuart Mill* könnte zu dieser Agrarreformer-Gruppe gerechnet werden[16].

2. AUSGANGSLAGE UND ERFOLGE

Es ist insofern sinnvoll, neben China auch die Sowjetunion als Modellfall für Entwicklungsländer heranzuziehen, als 1917 in der UdSSR 75 % der erwerbstätigen Bevölkerung in der Landwirtschaft arbeiteten, die landwirtschaftlichen Methoden noch primitiv waren, das Volk am Existenzminimum lebte und 3/4 der Bevölkerung Analphabeten waren[17]. Auch die Geburten- und Sterberaten hatten noch durchaus 'asiatischen' oder 'lateinamerikanischen' Charakter: 1913 betrug die Geburtenrate in Russland 4,7 % und die Sterberate 1,5 %[18].

Immerhin muss angemerkt werden, dass Chinas industrielle Grundlage 1949 kleiner und das Bevölkerungsproblem dringlicher war als im Russland von 1917. Folgende Tabelle zeigt uns die relative Rückständigkeit Chinas gegenüber Russland zu Beginn der beiden ersten 5-Jahrespläne (1952 bzw. 1928):

Statistik I–1[19]:
Industrieproduktion pro Kopf in China und der UdSSR

	UdSSR (1928)	China (1952)	China in % der UdSSR
Kohle (kg)	273	96	35,2 %
Roheisen (kg)	22	2,75	12,5 %
Rohstahl (kg)	29	2	6,9 %
Stromerzeugung (KW)	0,01	0,005	50 %
Zement (kg)	13,0	4,0	30,8 %

Man kann sich angesichts dieser Zahlen sowie der Tatsache, dass die Landwirtschaft Chinas viel intensiver als jene Russlands betrieben wurde und wird, die Frage stellen, ob es überhaupt sinnvoll ist, diese beiden Länder als

---

[16] Vgl. seine Äusserungen in: Grundsätze der politischen Ökonomie (1847), 2. deutsche Ausgabe, Hamburg 1864, S. 181ff.
[17] *Höffding,* a.a.O., S. 39.
[18] *Ebendort.*
[19] *Quelle: Eckstein A.,* Das chinesische kommunistische Modell, in: *Rostow,* Rot-China, Wirtschaft und Politik, Köln 1957, S. 333. – Eigene %-Zahlen-Berechnungen.

AUSGANGSLAGE UND ERFOLGE

Grundlage für entwicklungstheoretische und -politische Schlussfolgerungen heranzuziehen. Aus zwei Gründen glauben wir, diese Frage positiv beantworten zu können: Erstens ist auch die Wirtschaftsstruktur der heutigen Entwicklungsländer sehr unterschiedlich, so dass je nach Struktur eher das sowjetische oder chinesische Beispiel Rückschlüsse erlaubt. Und zweitens werden durch den Einbezug zweier Länder voreilige Schlussfolgerungen eher vermieden, welche sich etwa bei der Analyse nur eines Landes ergeben könnten. (Musterbeispiel: Höhe und Mobilisierbarkeit des landwirtschaftlichen 'Surplus'.)

Es ist unsere Überzeugung, dass jedes Land eine seinen Verhältnissen angepasste Entwicklungspolitik betreiben muss. Ein Universalmodell für alle Länder kann es nicht geben. Die Beispiele UdSSR und China können uns aber zu neuen Denkansätzen verhelfen, zu Denkansätzen und Alternativen, wie sie ja insbesondere auch vom 'Modell Japan' her bekannt sind.

Einen Einwand, den wir während unserer Arbeit öfters hörten, ging dahin, dass man von den sozialistischen Staaten bezüglich der Landwirtschaft nichts lernen könne, sei doch bekannt, dass besonders die Sowjetunion gerade in diesem Sektor mit Schwierigkeiten zu kämpfen habe. Dazu ist zu sagen, dass das bis zu einem gewissen Grade stimmt, wenn man die Landwirtschaft *isoliert* betrachtet. Wenn man aber die entwicklungstheoretisch relevante Frage stellt, was die Landwirtschaft zur Entwicklung der übrigen Sektoren der Volkswirtschaft beigetragen habe, wird man zwangsläufig das negative Urteil revidieren müssen. Denn: Alle Berechnungen ergeben, dass die Sowjetunion während der Zeit ihres 'take-off' sowohl absolut als auch pro Kopf höhere Wachstumsraten aufwies als andere Nationen während der entsprechenden 'take-off'-Periode, inkl. den USA, Grossbritannien, Deutschland, Schweden und Japan[20]. Während 1929 die industrielle Produktion der UdSSR nur etwa 1/3 derjenigen Grossbritanniens betrug, war sie 1956 (nach der 'take-off'-Periode 1928/53) grösser als diejenige Englands und der Bundesrepublik Deutschland zusammen[21]. Und zu dieser hohen industriellen Wachstumsrate hat die Landwirtschaft erhebliches beigetragen, wie wir im IV. Teil nachweisen werden. Eine unserer zentralen Fragen wird also lauten: Welchen Beitrag hat die Landwirtschaft zur Industrialisierung geleistet? Dazu nehmen wir das u.E. zutreffende Urteil von *Wilber* vorweg:

> "Contrary to the popular belief that agriculture hindered Soviet development, it can be shown that agriculture has sucessfully contributed to the economic development of the Soviet Union. The agricultural sector contributed both labour and capital to the development effort. It provided the food and raw materials (two forms of capital) necessary for an expanding industrial sector and the exports required to pay for imports of scarce capital goods[22]."

---

20 Vgl. die entsprechenden Zahlen bei: *Wilber*, a.a.O., S. 5.
21 *Raupach Hans*, Geschichte der Sowjetwirtschaft, Reinbeck bei Hamburg 1964, S. 130.

"Entgegen der landläufigen Meinung, die Landwirtschaft hätte die Entwicklung der UdSSR verzögert, kann gezeigt werden, dass die Landwirtschaft entscheidend zur wirtschaftlichen Entwicklung der Sowjetunion beigetragen hat. Der Agrarsektor hat sowohl mit Arbeit als auch mit Kapital zur Entwicklung beigetragen. Die Landwirtschaft stellte Nahrungsmittel und Rohmaterialien (zwei Arten von Kapital) zur Verfügung. Beide waren Voraussetzung eines wachsenden Industriesektors und notwendig für die Exporte, welche benötigt wurden, um den Import knapper Kapitalgüter zu bezahlen[22]." (Übersetzung von H.S.)

Für *China* kann angenommen werden, dass die Ernährung heute sichergestellt ist[23], was immerhin für ein übervölkertes Entwicklungsland als Erfolg angesehen werden kann. Mit andern Worten: Es hängt alles davon ab, ob wir die 'Erfolge' der chinesischen und insbesondere der russischen Landwirtschaft mit den Massstäben der westlichen Industrieländer messen, oder ob wir als Massstab das Entwicklungstempo der heutigen Entwicklungsländer zu Grunde legen. So wird etwa darauf hingewiesen, dass 1960 ein sowjetischer Bauer 6,43 Personen (inkl. seiner eigenen) ernährte, während sein Kollege in den USA 23,69 Personen zu ernähren in der Lage war[24]. Oder: Die Produktivität pro ha lag in der Sowjetunion ausser bei der Baumwolle für alle landwirtschaftlichen Produkte nur bei 40–60 % der US-Landwirtschaft (Baumwolle 125 %)[25]. Auch wenn wir berücksichtigen, dass die natürlichen Bedingungen für die Landwirtschaft der USA im ganzen gesehen günstiger sind[26], ist deren Produktivitätsvorsprung gegenüber der sowjetischen doch noch sehr bedeutend, besonders wenn wir die *Arbeitsproduktivität* als Masszahl heranziehen[27].

Bei all diesen Vergleichen dürfen wir aber nicht vergessen, welch geringe wirtschaftliche Basis die UdSSR 1917 bzw. 1928 zu Beginn des ersten Planjahrfünfts hatte. Vergleichen wir die Wachstumsraten der Agrarproduktion

---

22 *Wilber,* a.a.O., S. 30.
23 Vgl.: *FAO,* The State of Food and Agriculture 1967, Rom 1967, S. 19. — Dagegen werden etwa die Lebensmittel-Importe Chinas ins Feld geführt. Diese waren jedoch auch in den Krisenjahren um 1960 relativ gering (Vgl. Teil 3/3.3.3). Diese Importe können auch als ein Beweis für das Erstarken der Wirtschaft Chinas angesehen werden, da sie in harter Währung bezahlt werden. (Interpretation von: *Heinrichs Jürgen,* Welternährungskrise, Reinbeck b. Hamburg 1968, S. 25.)
24 *Meissner Boris,* Der soziale Strukturwandel im bolschewistischen Russland, in: *Meissner,* Hrsg., Sowjetgesellschaft im Wandel, Russlands Weg zur Industriegesellschaft, Stuttgart 1966, S. 88.
25 *Sherman Howard J.,* The Soviet Economy, Boston 1969, S. 169.
26 Vgl.: *Baade Fritz,* Der Wettlauf zum Jahre 2000 (1960), 6. Aufl. Oldenburg 1964, S. 91–94.
27 Vgl. die Tabelle bei: *Güdel Christoph,* Die Landwirtschaft in der sozialistischen Theorie und in der Praxis der Sowjetunion, Winterthur 1964, S. 125. — Er zeigt eine in den USA um das 1,6 bis 16,3-fach höhere Arbeitsproduktivität (je nach Produkt und Organisationsform, also Kolchose oder Sowchose).

verschiedener Länder während ihrer Haupt-Industrialisierungsperiode, so schneidet die Sowjetunion nicht schlecht ab:

Statistik I–2[28]:
Wachstumsrate der Agrarproduktion in ausgewählten Ländern

	total pro Jahr	pro Kopf pro Jahr
UdSSR 1928/1964–65	2,3 %	1,1 %
USA 1870/1900	3,3 %	1,2 %
UK 1801–11/1831–41	1,2 %	– 0,5 %
D 1882/1909–13	1,8 %	0,6 %
FR 1830–34/1860–64	1,6 %	0,8 %
Schweden 1861–65/1891–95	1,7 %	1,0 %
Japan 1878–82/1913–17	2,0 %	0,8 %
Mexiko 1940/60	5,1 %	2,2 %

Wenn wir uns mit Hilfe einer andern Globalzahl vergegenwärtigen, dass der Anteil der landwirtschaftlichen Bevölkerung von 1928 bis 1967 von etwa 80 % auf unter 30 % gefallen ist[29], der landwirtschaftliche Output sich aber in diesen 40 Jahren mehr als verdoppelte[30], so braucht wohl die Beurteilung der sowjetischen Agrarpolitik durchaus nicht so negativ auszufallen – besonders wenn wir sie mit den Bemühungen heutiger Entwicklungsländer vergleichen.

3. STATISTIKEN UND LITERATUR

Es ist nicht ganz einfach, bei unserm Thema die 'richtige' Literatur auszuwählen. Ein Grossteil der vorliegenden Literatur – im Westen und im Osten – ist ideologisch mehr oder minder belastet. Wir haben uns bemüht, neben den westlichen Autoren auch chinesische und russische Publikationen (Übersetzungen) heranzuziehen. Bei letzteren fällt auf, dass über einen bestimmten Fragenkomplex meist erst dann diskutiert wird, wenn ein Problem von höchster Stelle zur Diskussion gestellt wird. An den westlichen Publikationen ist zu

---

[28] *Quelle: Wilber,* a.a.O., S. 40. – Bei Ausklammerung der Kriegszeit schneidet die UdSSR in diesem Vergleich noch besser ab (Zahlen ebendort).
[29] Nach dem 'Volkswirt' vom 8.5.1970, S. 4, betrug 1969 der Anteil der in der Landwirtschaft Beschäftigten noch 27 %, nach einem Artikel von *Heinz Lathe* in der 'Nationalzeitung' vom 10.8.1970 betrug dieser Anteil 1970 bloss noch 22 %.
[30] Die entsprechenden Zahlen-Reihen finden sich bei: *Strauss Erich,* Soviet Agriculture in Perspective, London 1969, S. 303.

beanstanden, dass die sowjetischen und chinesischen wirtschaftspolitischen Massnahmen oft an den Idealen einer liberalen Wirtschaft gemessen werden und dass nur selten versucht wird, von der sozialistischen Theorie her an die ökonomischen Probleme heranzugehen.

Bezüglich der *Statistiken* gibt es für die Sowjetunion keine besonderen Schwierigkeiten. Zwar waren sie während der *Stalin-Zeit* mangelhaft und unvollständig. Wir verdanken aber vor allem *Naum Jasny*[31] auch für diese Zeit eine Agrarstatistik, welche sich später, als wieder vermehrt russische offizielle Zahlen veröffentlicht wurden, als bemerkenswert präzise herausstellte.

Ganz anders ist die Situation in *China*. Das sehen wir etwa an einem typischen Beispiel einer chinesischen statistischen Angabe aus jüngerer Zeit:

"In Schensi erlebt man in diesem Jahr wieder eine gute Weizenernte, nachdem es schon einige Jahre hintereinander reiche Ernten gegeben hat. In diesem Jahr ist die Ertragssteigerung hoch. Vergleicht man mit dem vergangenen Jahr, sind in manchen Gebieten die Erträge um 10 bis 30 Prozent grösser, in einigen Gebieten wird man sogar mehr ernten als jemals zuvor ..."[32]

Zwar werden im Westen aus solchen und ähnlichen Angaben und Berichten *Schätzungen* angestellt, die aber immer vorsichtig zu verwenden sind und die insbesondere niemals genügend in Einzelheiten gehen können.

Dieses fast völlige Fehlen von Statistiken für China konstatiert man seit 1960. Vorher gab es relativ vollständige offizielle Angaben und eine Fülle westlicher Korrekturen. Eine Möglichkeit wäre, unsere Arbeit bezüglich China auf die Jahre vor 1960 zu beschränken. Das wäre deswegen bedauerlich, weil seit dem 'Grossen Sprung' in der Wirtschaftspolitik Chinas entscheidende Änderungen eingetreten sind. Wir müssen es also teilweise in bezug auf China seit 1960 mit einer *qualitativen* Analyse bewenden lassen und halten es dabei mit *Galenson:*

"Scholars are reticent to speak out unless they are absolutely certain of their facts. This is normally a good rule, but for those who are seriously concerned with China, its relaxation may be in order for the present ... But if speculation there must be – and the present intense curiosity about China guarantees that it must – there is a case for urging these who are best informed to participate in the public discussion notwithstanding the many doubts that they may have about the validity of their present conclusions[33]."

"Wissenschaftler nehmen im allgemeinen nur dann Stellung, wenn ihre Fakten in hohem Masse zuverlässig sind. Das ist normalerweise eine gute Regel, aber für jene, welche sich ernsthaft mit China beschäftigen, kann sie nicht im

---

[31] *Jansy Naum,* The Socialized Agriculture of the USSR, Stanford 1949, 847 Seiten. Das ist das eigentliche Standardwerk der russischen Agrarwirtschaft der Zeit von 1928–1948.

[32] Peking Rundschau, Nr. 25/1969, S. 26.

selben Masse angewandt werden . . . Aber wenn man bezüglich China teilweise auf Vermutungen angewiesen ist, so sollten die am besten Informierten an einer öffentlichen Diskussion teilnehmen und dabei die Bedenken nicht verschweigen, welche sie gegenüber ihren jetzigen Interpretationen anzubringen haben[33]." (Übersetzung von H.S.)

Galenson ist auch der Ansicht, dass sich des Datenmangels wegen viele westliche Wissenschaftler vom Studium Chinas abgewandt haben. Dies gelte vor allem für das Gebiet der Landwirtschaft[34]. Und wenn dies im angelsächsischen Raum der Fall ist, was müsste man dann von der wissenschaftlichen ökonomischen Arbeit über China im deutschen Sprachgebiet sagen? Wir halten aber das Beispiel China für so wichtig, dass man es nicht vernachlässigen sollte, selbst wenn die Antworten nur vorläufig und nicht ganz gesichert sein können.

4. SCHWERPUNKTE UND ÜBERSICHT

In unserer Arbeit legen wir das Schwergewicht bei der Analyse der Landwirtschaftspolitik der *Sowjetunion* auf die Zeit von 1928–1953, also von Beginn des ersten 5-Jahresplanes bis zum Tode von *Stalin*, weil wohl diese Zeit als die Periode des 'take-off' angesehen werden kann. Bei *China* verwerten wir hingegen Angaben bis in die neuere Zeit – mit all den Vorbehalten, die wir im letzten Abschnitt angebracht haben.

Der zweite Teil unserer Arbeit beschäftigt sich mit einigen sozialistischen Landwirtschaftstheorien bis zur russischen Revolution von 1917. Dabei behandeln wir *Marx* und *Engels* relativ ausführlich, weil in den meisten westlichen Publikationen die Meinung vertreten wird, dass die beiden Begründer des wissenschaftlichen Sozialismus sehr wenig zu Fragen der Landwirtschaft zu sagen gehabt hätten. Diese Meinung ist nur bedingt richtig und insbesondere nur dann, wenn man ausschliesslich die Hauptwerke von *Marx* – die drei Bände des 'Kapitals', das Kommunistische Manifest, Die Theorien über den Mehrwert – berücksichtigt. Wenn man hingegen das Gesamtwerk von *Marx* und *Engels* zu Rate zieht, kann man doch einige wesentliche Aussagen über die Landwirtschaft zusammenstellen.

Daran schliesst sich die *Agrardebatte* an, in welcher *Kautsky* die *Marx/Engels'sche* Agrartheorie ausbaute und in *David* einen vehementen (sozialistischen) Kritiker fand. Diese Debatte ist auch deswegen nicht uninteressant, weil die *Betriebsgrössenfrage* darin eine zentrale Rolle spielte. Dieselbe Frage

---

[33] *Galenson Walter*, The Current State of Chinese Economic Studies, in: Joint Economic Committee, ed., An Economic Profile of Mainland China, Washington 1967, S. 13.
[34] *Ebendort*, S. 9.

steht bekanntlich auch im *Mansholt-Plan* zur Reorganisation der Landwirtschaft in der Europäischen Wirtschaftsgemeinschaft im Mittelpunkt. — Die Agrardebatte ist für uns aber auch deswegen von Interesse, weil *Lenin* insbesondere von *Kautsky* beeinflusst wurde. Wir wenden uns dann zum Abschluss dieses zweiten Teils der Frage zu, wie *Lenin* die vorliegenden sozialistischen Agrartheorien auf die Verhältnisse in Russland zu übertragen verstand.

Im III. Teil folgt dann ein kurzer geschichtlicher Abriss der russischen Agrarpolitik. Kurz ist er deshalb, weil diese Agrarpolitik schon in vielen Büchern ausführlich dargestellt worden ist. In der Agrartheorie *Mao Tse-tungs* werden wir dann einige neue Elemente finden, insbesondere das Phänomen, dass er sich vom bisherigen einseitigen Interesse der Sozialisten am städtischen Proletariat abwandte und den Bauern seine Hauptaufmerksamkeit widmete. Wie sich das auf die chinesische Agrarpolitik auswirkte, stellen wir am Schluss des III. Teiles dar.

Nachdem soweit vor allem wirtschafts- und dogmengeschichtliche Fragen im Mittelpunkt stehen, werden wir im IV. Teil *analytisch* vorgehen und uns fragen: Welche Lehren lassen sich aus der sowjetischen und chinesischen Agrarpolitik ziehen? Welches sind insbesondere die möglichen Konsequenzen für heutige Entwicklungsländer? Patentrezepte wird man in diesem Teil nicht erwarten dürfen, wohl aber gewisse neue Fragen und Ansatzpunkte, welche auch die westliche Diskussion um die Entwicklungsländer-Problematik befruchten könnte.

II. TEIL:

SOZIALISTISCHE AGRARTHEORIEN
BIS ZUR RUSSISCHEN REVOLUTION VON 1917

1. VORMARXISTISCHE AGRARTHEORIEN

Es kann in diesem Kapitel nicht darum gehen, eine Monographie der Landwirtschafts-Vorstellungen mit sozialistischem Gehalt seit dem Altertum aufzuzeichnen. In aller Kürze soll lediglich der Beweis dafür angetreten werden, dass *Marx* und die sich auf ihn berufenden Nachfolger nicht beim Nullpunkt beginnen mussten, sondern dass bereits wesentliche Elemente einer sozialistischen Agrartheorie vorweggenommen waren. Diese Elemente waren übrigens *Marx* durchaus bekannt, hat er sich doch schon sehr früh mit den 'utopischen Sozialisten' beschäftigt[1]. Deswegen setzen wir uns vorerst mit einigen vormarxistischen sozialistischen Gedanken zur Agrarfrage auseinander.

1.1. BEGRIFF UND AUSWAHL

Wir ziehen den Begriff 'Frühsozialisten' demjenigen der 'utopischen Sozialisten' vor. Denn: Das Adjektiv *'utopisch'* qualifiziert die frühen Sozialisten als Vertreter einer Lehre, die sich nie verwirklichen lassen würde. Ursprünglich wurde nach *Martin Buber*[2] der Ausdruck 'utopischer Sozialist' von *Marx* und *Engels* auf alle jene Denker angewandt, welche die 'wahren Verhältnisse', d.h. das Wesen des Kapitalismus, noch nicht kennen *konnten*. Später erweiterten die beiden Begründer des 'wissenschaftlichen Sozialismus' diesen Begriff auf alle jene, welche einen nicht marxistischen Sozialismus vertraten. Das Adjektiv 'utopisch' für eine bestimmte Denkergruppe scheint umso weniger gerechtfertigt, als auch bei den 'wissenschaftlichen Sozialisten' wie *Marx* und *Engels* durchaus *utopische* Elemente festzustellen sind, Gedanken jedenfalls, welche sich *bis heute* nicht verwirklichen liessen und auch für die absehbare Zukunft nicht realisierbar erscheinen. Wir denken etwa an die These des 'Absterbens des Staates' oder an das Endziel allen Kommunismus: 'Jeder nach seinen Fähigkeiten, jedem nach seinen Bedürfnissen'.

Jedenfalls erscheint es uns nicht gerechtfertigt, wenn in einer neueren sowjetischen Abhandlung den utopischen Sozialisten vorgeworfen wird, dass sie die "progressive Rolle des Proletariats beim Übergang vom Kapitalismus zu ihrer idealen Gesellschaft negierten"[3]. Es zeigte sich ja spätestens in China, dass

---

[1] Vgl. zum intellektuellen Werdegang von *Marx*: *Rubel Maximilien*, Marx-Chronik. Daten zu Leben und Werk (1963), München 1968. — Schon 1842 beschäftigte sich *Marx* mit *Fourier*, *Considérant* und *Proudhon*, den er zwei Jahre später auch persönlich kennenlernte. 1844/45 setzte er sich auch mit *Bakunin*, *Sismondi*, *Owen* und andern auseinander. *Weitling* schliesslich traf er 1845 in London.

[2] *Buber Martin*, Der utopische Sozialismus, Köln 1967, S. 10 und S. 16.

[3] *Karotamm N.G.*, Geschichtliches zur Lehre von der sozialistischen Landwirtschaft, Berlin (Ost) 1962, S. 22.

sozialistische Revolutionen auch von andern Klassen als dem Proletariat getragen werden können, ein Umstand, der möglicherweise die 'Frühsozialisten' — wie wir sie hinfort nennen wollen — gegenüber den Marxisten aufwertet.

Unser *Auswahlkriterium* beim grossen Angebot an Frühsozialisten wird nicht dasjenige ihrer Berühmtheit sein. Wir ziehen sie nur soweit heran, als sie im Lichte der marxistischen und nachmarxistischen Agrartheorie bereits wesentliche Elemente vorweggenommen haben. Dass dies tatsächlich der Fall ist, kann uns nicht sonderlich überraschen, schrieben doch die Frühsozialisten zu einer Zeit, als die Agrarwirtschaft innerhalb der Volkswirtschaften noch durchwegs eine zentrale Bedeutung einnahm.

1.2. MORUS UND CAMPANELLA

Thomas Morus (1478–1535) fordert in seiner 'Utopia'[4] die Abschaffung des Privateigentums, natürlich auch des Privateigentums an Grund und Boden. Diese Aufhebung des Privateigentums ist bei ihm unbedingte Voraussetzung für das Glück der Menschen[5]. *Morus* begnügt sich aber nicht damit: Er sieht, dass auch die *Produktion* und *Verteilung* der Güter bei Abschaffung des Eigentums völlig neu organisiert werden müssen. Dies wird damit erreicht, dass alle Produkte in gesellschaftliche Magazine gebracht werden, aus denen dann jedermann das, was er braucht, entnehmen kann.

Interessant sind *Morus'* Überlegungen zur *Teilung der Arbeit:* Er schlägt nämlich vor, dass jeder Einwohner seiner Insel abwechslungsweise für zwei Jahre von der Stadt aufs Land hinaus zieht, um dort die Feldarbeiten zu verrichten[6]. Überhaupt nimmt die *Agrarwirtschaft* bei den Bewohnern seiner Insel eine zentrale Stellung ein:

"Ein Gewerbe ist allen Männern und Frauen gemeinsam; der Ackerbau; den versteht jedermann. Darin werden alle von Kindheit an unterwiesen, teilweise durch Belehrung in den Schulen, teils durch Ausflüge, wie zum Spiel, auf das Land in die Nähe der Stadt, wo sie der Arbeit nicht nur zusehen, sondern sie selber ausüben und so die Gelegenheit zugleich zur Übung ihrer Körperkraft benützen[7]."

---

[4] Der vollständige Titel heisst: 'Ein wahrhaft goldenes Büchlein von der besten Staatsverfassung und von der neuen Insel Utopia, nicht minder heilsam als kurzweilig zu lesen'. Im folgenden zitiert nach der Übersetzung von *Gerhard Ritter,* Berlin 1922.
[5] *Ebendort,* S. 39.
[6] *Ebendort,* S. 43f. — Diese Frage wurde später bei *Marx* mit seiner Forderung nach 'Aufhebung des Unterschieds zwischen Stadt und Land' wieder aufgegriffen. (Vgl. S. 47ff.) Interessant ist, dass heute in China solche Experimente wieder in grossem Massstabe durchgeführt werden!
[7] *Ebendort,* S. 49.

Morus ist davon überzeugt, dass mit Hilfe der *Wissenschaft* die landwirtschaftliche Produktion entscheidend gesteigert werden kann: In den Frühstunden finden für die ganze Bevölkerung Vorlesungen statt[8]. Mit Hilfe dieser so vermittelten weit fortgeschrittenen Wissenschaft lässt sich auch die landwirtschaftliche Produktion erhöhen: So beschreibt *Morus* bereits einen Brutapparat für die Hühnerzucht[9]!

Bei *Morus* liegt im Gegensatz zu den meisten späteren Sozialisten inkl. *Marx* und *Engels* das *gemeinschaftliche Element* weniger bei der Produktion als vielmehr beim gemeinsamen Einnehmen der Mahlzeiten und beim gemeinsamen Genuss der Vergnügungen. In der Sphäre der Produktion geht er offensichtlich von der Existenz isolierter Kleinbetriebe aus.

Noch ein letztes: *Morus* erkennt bereits sehr klar, dass in der landwirtschaftlichen Produktion der Arbeitsaufwand je nach Jahreszeit sehr stark schwankt. Die Lösung dieses Problems sieht er in einer Zuteilung der notwendigen Arbeitskräfte an die Landwirtschaft:

"Wenn die Ernte bevorsteht, melden die Phylarchen der Ackerbauer den städtischen Behörden, wie viele Bürger ihnen zugeschickt werden sollen. Diese Anzahl trifft dann am bestimmten Tage rechtzeitig als Erntehelfer ein, und so wird bei schönem Wetter so ziemlich an einem Tage die ganze Ernte eingebracht[10]."

Hier nimmt er eine wirtschaftspolitische Massnahme der Deckung des Spitzenbedarfs an Arbeitskräften in der Landwirtschaft vorweg, wie sie fast ein halbes Jahrtausend später in den sozialistischen Ländern angewandt werden sollte.

Etwas kürzer können wir uns beim italienischen Dominikaner *Thomas Campanella* (1568–1639) fassen[11]. Die Bürger seines 'Sonnenstaates' sind grundsätzlich der Ansicht, "dass zuerst für die Gesamtheit und dann erst für den einzelnen gesorgt werden müsse"[12]. Die vornehmsten Arbeiten sind Ackerbau und Viehzucht, Arbeiten, welche von allen gemeinsam getätigt werden. Diese Notwendigkeit der *gesellschaftlichen Arbeit* wird bei ihm viel stärker betont als bei *Morus:*

"Dann ziehen alle ausser den wenigen, die in der Stadt zur Bewachung zurückgelassen werden, hinaus auf die Äcker zur Feldarbeit, fast in voller

---

[8] *Ebendort,* S. 50.
[9] *Ebendort,* S. 44: "Hühner ziehen sie in gewaltiger Menge auf, und zwar mit Hilfe einer erstaunlichen Vorrichtung. Die Hennen brüten nämlich ihre Eier nicht selbst aus; vielmehr setzt man diese in grosser Zahl einer gleichmässigen Wärme aus, bringt sie dadurch zum Leben und zieht die Kücken auf."
[10] *Ebendort,* S. 45.
[11] Sein Werk: Der Sonnenstaat, Idee eines philosophischen Gemeinwesens, Ausgabe Berlin 1955.
[12] *Ebendort,* S. 76.

Waffenrüstung, Trompeter, Trommler und Fahnenträger voran, um zu pflügen, zu säen, zu graben, zu hacken, zu mähen und die Obst- und Weinlese zu halten. In wenigen Stunden ist alles getan, sind alle Arbeiten mustergültig durchgeführt[13]."

In bezug auf die Anwendung der *Wissenschaft* in der Landwirtschaft vertritt *Campanella* im Gegensatz zu *Morus* eher abwegige Ansichten. So lehnt er die Verwendung des Düngers ab, da dieser die Felder verderbe "wie die Schminke die Frauen"[14]. Allerdings vertraut er 'geheimen Mitteln', welche die Samen schneller keimen lassen sollen.

1.3. DIE UNMITTELBAREN VORLÄUFER VON *MARX* UND *ENGELS*

1.3.1. Das Problem der Arbeitsteilung

Dieses bereits von *Morus* aufgeworfene Problem wird auch von späteren Sozialisten immer wieder behandelt. Es ist in unserm Zusammenhang deswegen interessant, weil die Arbeitsteilung in engster Verbindung mit der *'Trennung von Stadt und Land'* steht. Dieses Problem sollte später im Marxismus in bezug auf die Stellung der Landwirtschaft innerhalb der Gesellschaft zu einer zentralen Frage werden[15].

Es mag überraschen, dass viele der frühen Sozialisten gerade das, was nach Ansicht der liberalen Ökonomen der Menschheit die grössten Fortschritte gebracht hat, die *Arbeitsteilung* nämlich, wieder weitgehend rückgängig machen wollen. Statt dessen schweben ihnen *Selbstversorgungsgemeinschaften* vor, in denen meist alle Mitglieder Landwirte und Handwerker zur gleichen Zeit sind. Diese Vorstellung ist etwa bei *Morelly*[16] zu finden, welcher Güteraustausch zwischen den verschiedenen Siedlungen nur zulassen will, wenn eine Siedlung in unfruchtbarem Gebiet liegt. Ausserdem will er jeden Bürger im Alter zwischen 20 und 25 Jahren zur Landarbeit verpflichten.

Noch weiter geht *Wilhelm Weitling*[17] (1808–1871), welcher fordert, dass im Kommunismus der Gegensatz zwischen physischer und geistiger Arbeit liquidiert werden müsse: "Der Handwerker und der Bauer werden zugleich Gelehrte und der Gelehrte Handwerker und Bauer sein[18]."

---

13 *Ebendort.*
14 *Ebendort*, S. 74.
15 Diese Diskussion bei *Marx* und *Engels* findet sich auf S. 47ff.
16 *Morelly,* Code de la Nature, ou le véritable esprit de ses lois, de tout temps négligé ou méconnu (1755); nach: *Karotamm,* a.a.O., S. 10f.
17 *Weitling Wilhelm,* Die Menschheit, was sie ist und wie sie sein sollte (1838), in: Sammlung gesellschaftswissenschaftlicher Aufsätze, München 1895.
18 *Ebendort,* S. 46.

Ihren Höhepunkt erreicht aber wohl die frühsozialistische Lehre von der Aufhebung der Arbeitsteilung mit *Charles Fourier* (1772–1837). Er lässt die Industrie nur insoweit gelten, als sie zur Verarbeitung der landwirtschaftlichen Produkte dient.

Überhaupt legt *Fourier* eine ausgesprochene Vorliebe für den Ackerbau an den Tag, was teilweise mit der damals in Frankreich noch vorherrschenden Lehre der Physiokraten zusammenhängen mag. Bei ihm tritt jedenfalls der Ackerbau in den Mittelpunkt einer zukünftigen Wirtschaftsordnung. Seine neue, von ihm angestrebte Gesellschaftsform wird bezeichnenderweise auch 'Haus- und Acker-Baugenossenschaft' genannt[19]. *Bebel* meint, dass *Fourier* den Ackerbau in den Mittelpunkt stelle, weil dieser die eigentliche Grundlage für die menschliche Existenz sei und die Arbeit in der Landwirtschaft am meisten Abwechslung biete[20]. In dieser Ackerbaugemeinschaft, so lehrt der *Fourier*-Schüler *Victor Considérant,* müssen Ackerbau, Fabriken, Hauswirtschaften, Erziehung, Künste und Wissenschaften zusammengefasst sein[21]. Ein Gegensatz zwischen Stadt und Land besteht also nicht mehr, dafür aber die Möglichkeit, die Arbeitsteilung weitgehend aufzuheben.

Der Wunsch nach Aufhebung der Arbeitsteilung ist also bei mehreren Frühsozialisten zu finden. Auch eine Ausnahme sollte jedoch genannt werden: *Louis Blanc* (1811–1882) stellt ausdrücklich fest, dass "die Gesellschaft nur durch die Ungleichheit der Talente sowie die Verschiedenheiten der Beschäftigungen"[22] bestehen könne.

1.3.2. Die Steigerungsmöglichkeiten der Agrarproduktion

Einige der frühen Sozialisten entwickeln für die damalige Zeit sehr *optimistische* Vorstellungen in bezug auf die Produktivitätsverbesserungen und damit Produktionssteigerungen in der Landwirtschaft. Teils ist diese Vorstellung sicher als Reaktion auf den Pessimismus *Ricardos* und *Malthus'* zu verstehen. Ein solcher Pessimismus ist aber nach Ansicht der meisten Frühsozialisten nur innerhalb der bürgerlichen Gesellschaft mit Privateigentum an den Produktionsmitteln – und insbesondere an Grund und Boden – gerechtfertigt. Es lassen sich dabei drei Möglichkeiten herauskristallisieren, wie die landwirtschaftliche Produktion nach Ansicht der Frühsozialisten gesteigert werden kann:

---

[19] Vgl. ausführlicher hiezu: *Morgenroth Käthe,* Fourier und der Sozialismus, Berlin 1920, insbesondere S. 29ff. und S. 78.
[20] *Bebel A.,* Charles Fourier, Sein Leben und seine Theorien, Stuttgart 1921, 4. Auflage, S. 19. (1. Auflage 1907)
[21] Nach: *Kool Fritz, Krause Werner,* Hrsg., Die frühen Sozialisten, Olten 1967, S. 218f.
[22] *Blanc Louis Jean Joseph,* Pages d'Histoire de la Révolution de Février, Brüssel 1850, abgedruckt in: *Diehl K., Mombert P.,* Hrsg., Ausgewählte Lesestücke zum Studium der politischen Ökonomie, Karlsruhe 1920, Band 12, S. 17.

1) Verbesserungen in der Organisation der Arbeit, vor allem mittels *Genossenschaften*.
2) *Vergrösserung der Betriebseinheiten* in der Landwirtschaft.
3) Anwendung von wissenschaftlichen und maschinellen Methoden, was teilweise 1) und 2) voraussetzt.

Der Punkt 1) hängt aufs engste mit den Vorstellungen über eine zukünftige sozialistische Landwirtschaft zusammen; wir werden im nächsten Abschnitt darauf zurückkommen.

Vor allem *Etienne Cabet*[23] (1788–1856) glaubt an eine "verdoppelte, verdreifachte, ja vielleicht verzehnfachte"[24] Produktivität in der Landwirtschaft bei Anwendung der *maschinellen Technik*. Von den Feldern erhalten seine Ikarier mehrere reiche Ernten im Jahr, weil sie den Boden nie brachliegen lassen und nur die Fruchtfolge verändern[25]. Eine Voraussetzung für diese moderne Landwirtschaft ist die Schulung der Bauern, nicht nur im Jugendalter, sondern bis ans Lebensende[26]. Die zweite Voraussetzung für eine maschinelle Landwirtschaft ist jene, dass die Felder weniger unterteilt sind, womit wir bei der Frage der *Betriebsgrösse* angelangt wären.

Zu dieser Betriebsgrössenfrage entwickelt zweifellos *Fourier* die konkretesten Vorstellungen. Für die *Grossunternehmung im Ackerbau* spricht etwa die fortschreitende agronomische Wissenschaft, welche der einzelne Bauer nicht genügend erlernen und anwenden kann[27]. Andere Vorteile ergeben sich aus *Arbeitseinsparungen:* "Statt dass 100 Boten mit Milch nach der Stadt gehen und 100 halbe Tage versäumen, würde ein einziger genügen, der mit einem Wagen fährt...[28]" Wie gross sollen aber die neuen landwirtschaftlichen Betriebe sein? Auch auf diese Frage weiss *Fourier* eine Antwort: 1500 bis 2000 Personen vereinen sich in seinen Genossenschaften, weil nach seinen Berechnungen damit die verschiedenen Triebe und Charaktereigenschaften der Menschen zweckmässig vereinigt werden[29].

Zusammenfassend kann also gesagt werden, dass es nach Ansicht der Frühsozialisten durchaus Möglichkeiten gibt, die Agrarproduktion entscheidend zu steigern, dies im Gegensatz zur Meinung *Malthus'*. Dieser Optimismus kann vielleicht am besten mit einem Zitat von *Robert Owen* (1771–1858) belegt werden:

---

[23] Er setzt sich in seinen beiden Schriften 'Kommunistisches Glaubensbekenntnis' (1841), abgedruckt in: *Kool/Krause*, a.a.O., S. 344ff.; und: 'Reise nach Ikarien' (1842), Paris 1847, mit der Landwirtschaft auseinander.
[24] *Cabet*, Kommunistisches Glaubensbekenntnis, a.a.O., S. 345.
[25] *Derselbe*, Reise nach Ikarien, a.a.O., S. 138.
[26] *Ebendort*, S. 135.
[27] Vgl. dazu: *Morgenroth*, a.a.O., S. 31.
[28] Zitiert nach: *Bebel*, a.a.O., S. 40.
[29] *Ebendort*, S. 68.

"Gleichwohl ist es richtig, dass, wie Herr Malthus behauptet, die Bevölkerung der Welt sich immer der Menge von Nahrungsmitteln anpasst, die zu ihrem Unterhalt gezogen werden. Aber er hat uns nicht gesagt, wie viel mehr Nahrungsmittel ein intelligentes und fleissiges Volk demselben Boden abgewinnen wird, als von einem unwissenden und schlecht regierten erzeugt wird. Und doch steht das in einem Verhältnis von eins zu einer unendlichen Zahl. Denn für seine Macht, Nahrungsmittel zu erzeugen, kennt der Mensch keine Grenzen ... Da aber auch die See, wie hervorgehoben zu werden verdient, eine unerschöpfliche Quelle von Nahrung bietet, so kann man ruhig behaupten, dass es der Bevölkerung der Welt noch auf viele Jahrtausende gestattet sein kann, sich auf natürliche Weise zu vermehren[30]."

Dieses Zitat zeigt uns einen bedeutsamen Gegensatz zwischen *Malthus* und *Owen* (und mit ihm andern Sozialisten): Während *Malthus* vor allem die *Nachfrage* nach landwirtschaftlichen Produkten analysiert und das Angebot als konstant bzw. relativ langsam steigend ansieht, interessieren sich *Owen* und andere Frühsozialisten mehr für das *Angebot:* Dieses könne durchaus gesteigert werden, wenn man nur die Maschinen und die Wissenschaft richtig anwende, die Betriebsgrösse steigere und die Arbeitsorganisation in der Landwirtschaft anders löse. Von dieser letzten Frage soll zum Abschluss dieses Kapitels die Rede sein.

1.3.3. Die Vorstellungen über eine sozialistische Landwirtschaft

Es versteht sich von selbst, dass die Frühsozialisten in bezug auf das *Bodeneigentum* im allgemeinen die Ansicht vertreten, dass das Privateigentum an Grund und Boden durch ein *Gemeinschaftseigentum,* sei es des Staates, sei es einer Genossenschaft, ersetzt werden müsse.

Zwei *Ausnahmen* sollen im voraus erwähnt werden: *Pierre-Joseph Proudhon* (1809–1865) will den Bodenbesitz demjenigen zusprechen, welcher ihn bebaut[31]. Auch *Proudhon* übt zwar Kritik am bestehenden; er fürchtet sich aber vor monopolistischen Genossenschaften und einem 'Wuchern neuer kollektivistischer Egoismen'[32]. Deswegen auch meint er, dass es besser sei, wenn jedem Bauern das Stück Boden belassen werde, welches er bebaut. Eine ähnliche Ansicht wird schon von einem früheren Sozialisten, von *Gabriel Bonnot de Mably* (1709–1785) vertreten. Zwar ist bei ihm der *Staat* der Bodenbesitzer; dieser teilt aber dem einzelnen Bauern den Boden zur Bewirtschaftung zu, wobei eine Vererbung nicht möglich wäre[33].

---

30 *Owen Robert,* Eine neue Auffassung von der Gesellschaft (1817), abgedruckt in: *Rodenstein Heinrich,* Die Utopisten, Braunschweig 1949, S. 105.
31 Vgl. hiezu: *Buber,* a.a.O., S. 65f.
32 Diese Formulierung verwendet: *Buber,* a.a.O., S. 66.
33 Nach *Karotamm,* a.a.O., S. 11f.

Dies sind aber die *Ausnahmen:* Die meisten der vormarxistischen Sozialisten, so etwa *Saint-Simon, Wilhelm Weitling* und *Robert Owen,* sehen als eine der wichtigsten Voraussetzungen einer sozialistischen Zukunftsgesellschaft die Vergesellschaftung des Eigentums an Grund und Boden an[34]. Greifen wir als Beispiel *Robert Owen* heraus: Seine Idealgesellschaft ist ganz von der Landwirtschaft her geprägt. Es sollen sich landwirtschaftliche Gemeinwesen mit 300–2000 Mitgliedern bilden, Gemeinwesen, die sich in der Hauptsache selbst versorgen, die über eine eigene Regierung und ein eigenes Erziehungssystem verfügen[35]. Die produzierten Güter werden nach den *Bedürfnissen* verteilt. Dieses Verteilungsproblem sieht *Owen* als leicht lösbar an, weil er auf grosse Produktivitätsfortschritte wegen des *gesellschaftlichen Charakters der Arbeit* hofft. *Owen* ist also der Ansicht, dass das bisher überbetonte *Eigeninteresse* als Ansporn zur Arbeit ersetzt werden müsse durch *gemeinschaftliche* Gütererzeugung:

"Der Eigennutz gilt den berühmtesten Nationalökonomen als Eckstein der Volkswirtschaft, ohne den die Gesellschaft nicht bestehen kann, obwohl die auf ihm beruhende gegenwärtige Gesellschaftsverfassung die denkbar unpolitischste, unsinnigste und antimoralischste ist. Und gibt es eine Stubenlehre wahrheitswidriger als irgend eine andere, so die, dass das Eigeninteresse, wie man es jetzt versteht, gesellschaftlich vorteilhafter sei als Gegenseitigkeit und Genossenschaftlichkeit. Bisher kennen die Menschen vereintes Handeln nur zur Verteidigung ihres Lebens und zur Vernichtung anderer im Kriege. Eine nicht geringere Notwendigkeit wird jetzt gemeinsame Gütererzeugung zur Erhaltung ihres Lebens im Frieden erzwingen[36]."

Diese neue Sozialordnung mit Agrargenossenschaften und gesellschaftlicher Arbeit muss nach *Owen* keineswegs mit einer Revolution eingeführt werden. Es genügt das *Beispiel:* Wenn einmal an einem Ort solche Gemeinwesen entstanden sind, werden diese bald allen übrigen Produktionsformen so weit überlegen sein, dass in kurzer Zeit viele weitere ähnliche Genossenschaften entstehen[37].

Owen erhofft sich also die Fortschritte der Gesellschaft von der Errichtung relativ kleiner, demokratischer, vorwiegend landwirtschaftlicher Gemeinwesen. Dasselbe verlangt, wie wir gleich sehen werden, *Charles Fourier.* Eine andere Auffassung vertreten *Etienne Cabet* und *Babeuf.* Diese beiden sehen die Organisation einer sozialistischen Gesellschaft eher auf *nationaler Ebene:* "In der

---

[34] Vgl. hiezu: *Olowson Axel,* Markgenossenschaftslehre und Marxismus, Diss. Zürich 1968, S. 68f.
[35] Ausführlicher dazu: *Muckle Friedrich,* Die grossen Sozialisten, Leipzig 1919, 3. Aufl., S. 46ff.
[36] Robert Owen und der Sozialismus, Aus Owens Schriften ausgewählt und eingeleitet von *Helene Simon,* Berlin 1919, S. 111f.
[37] *Muckle,* a.a.O., S. 48. — Nur am Rande sei erwähnt, dass die von *Owen* in den Vereinigten Staaten gegründete Genossenschaft 'New Harmony' mit einem Misserfolg endete.

Republik wird eine grosse nationale Gütergemeinschaft errichtet werden[38]" und: "Ich glaube, dass das Nationalgebiet wie ein einziges Gut angesehen werden muss, welches der Gesellschaft ungeteilt gehört[39]." Es versteht sich von selbst, dass in einem derartigen Sozialismus auf nationaler Ebene die *Verteilung* der Produktion viel schwieriger zu lösen ist als in *Owens* kleiner Gemeinschaft. *Babeuf* löst dieses Verteilungsproblem einfach: Die grosse nationale Gütergemeinschaft liefert den Mitgliedern alles, was sie brauchen[40]. *Cabet* sieht zur Vornahme dieser Verteilung vom Volk eingesetzte Repräsentanten vor, welche die Erzeugnisse einsammeln und dann von einer Zentrale aus wieder an die Konsumenten abgeben[41].

Abschliessend soll noch *Fourier* erwähnt werden, welcher seiner neuen Gesellschaftsordnung in ähnlicher Weise wie *Owen* ca. 2000 Personen umfassende *Genossenschaften* zu Grunde legt. Was ihn von andern Sozialisten unterscheidet, ist die Tatsache, dass er in der neuen Sozialordnung Erbrecht, Privateigentum und eine hierarchische Sozialgliederung als Leistungsanreize zulässt[42]. Lediglich ein *Existenzminimum* soll für alle Menschen im voraus gesichert werden: "Die äusserste Ungleichheit, kolossaler Reichtum der einen und völlige Vermögenslosigkeit der andern, ist eine der mächtigsten Triebfedern der harmonischen Gesellschaft, vorausgesetzt, dass jedem das Existenzminimum zusteht[43]."

Bei *Fourier* findet sich noch ein anderer interessanter Gedanke, welcher später in der praktischen Gestaltung der sozialistischen Landwirtschaft wichtig werden sollte: In bezug auf die *Arbeitsorganisation* nimmt er nämlich die späteren *Brigaden* in den Kolchosen und Volkskommunen vorweg. Diese kleinen Arbeitseinheiten von sieben bis neun Personen werden bei ihm *Serien* genannt. Alle Arbeiten werden von solchen Gruppen verrichtet; die verschiedenen Serien rivalisieren um den besten Erfolg[44]. Dieses System der Arbeitsorganisation sollte später in sozialistischen Staaten tatsächlich verwirklicht werden. (In der UdSSR unter dem Terminus 'Sozialistischer Wettbewerb'.)

Schlussfolgerungen: Wie schon gesagt, ging es uns in diesem Kapitel nicht darum, einen vollständigen Überblick über die vormarxistischen sozialistischen Tendenzen und Theorien bezüglich der Landwirtschaft zu geben. Anhand einiger Beispiele sollte lediglich nachgewiesen werden, dass *Marx* und *Engels*, *Kautsky*

---

38 *Cabet,* Kommunistisches Glaubensbekenntnis, a.a.O., S. 344.
39 *Babeuf,* Entwurf eines ökonomischen Dekrets (ca. 1790), in: *Diehl/Mombert,* a.a.O., Bd. 12, S. 9.
40 *Ebendort,* S. 10.
41 *Cabet,* Kommunistisches Glaubensbekenntnis, a.a.O., S. 344f.
42 *Seidel Bruno,* Charles Fourier, Artikel im Handwörterbuch der Sozialwissenschaften, Bd. 4, Tübingen 1965, S. 99.
43 *Fourier,* Oeuvres complètes, Paris 1841, Bd. IV, S. 171, übersetzt bei: *Morgenroth,* a.a.O., S. 86f.
44 Mehr darüber bei: *Bebel,* a.a.O., S. 20; und *Morgenroth,* a.a.O., S. 100.

und *Lenin, Stalin* und *Mao* durchaus nicht die ersten waren, welche sich mit einer sozialistischen Umgestaltung der Landwirtschaft befassten. Gewisse zentrale Gedanken der modernen sozialistischen Landwirtschaftstheorien tauchten bereits Jahrhunderte vorher auf; wir denken vor allem an die Konsequenzen der Arbeitsteilung inkl. des Verhältnisses von Stadt und Land, an die Betriebsgrössenfrage und an den Genossenschaftsgedanken. Was alle Frühsozialisten charakterisierte, ist die *Vision einer neuen, besseren Gesellschaftsordnung.* Diese Vorstellung prägte dann auch die jeweilige Theorie über die Landwirtschaft in einer sozialistischen Gesellschaft. Und hier unterscheiden sich *Marx* und *Engels* grundlegend von ihren Vorgängern: Die Begründer des modernen wissenschaftlichen Sozialismus gehen nämlich von einer eingehenden *Analyse der kapitalistischen Gesellschaftsordnung* aus. Diese Analyse führt dann zu einer Agrartheorie, welche wir im nächsten Kapitel darstellen wollen.

2. MARX UND ENGELS ZUR AGRARFRAGE

2.1. THEORETISCHER AUSGANGSPUNKT VON *MARX* UND *ENGELS*

2.1.1. Die relative Vernachlässigung der Landwirtschaft

Will man einen Überblick der wichtigsten Gedanken von *Marx* und *Engels* zur Agrarfrage geben, so kann man nicht einfach auf einige Schriften dieser beiden Autoren zurückgreifen, weil sie an keiner Stelle ihres umfangreichen Werkes die Landwirtschaft in das Zentrum ihrer Überlegungen gestellt haben. Die einzige Ausnahme bildet die Schrift von *Engels* ein Jahr vor seinem Tode: 'Die Bauernfrage in Frankreich und Deutschland' (1894)[45]. Und selbst diese Schrift wird er mit wenig Begeisterung geschrieben haben, meint er doch in einem Brief an *Laura Lafargue,* dass ihn "diese verdammte Bauernfrage ... wieder eine Woche kosten"[46] werde!

Dieses geringe Interesse an der Landwirtschaft — ganz im Gegensatz zu den Frühsozialisten! — ist relativ leicht zu erklären. Schon in seiner ersten grösseren ökonomischen Schrift legt der 26-jährige *Marx* die Perspektive fest, unter der er in Zukunft die Landwirtschaft analysieren wird. Er zeigt nämlich mit den Gesetzen der (klassischen) Nationalökonomie, dass "der Unterschied von Kapitalist und Grundrentner wie von Ackerbauer und Manufakturarbeiter verschwindet und die ganze Gesellschaft in die beiden Klassen der *Eigentümer* und eigentumslosen *Arbeiter* zerfallen muss"[47]. Und etwas weiter unten lesen

---

45 In: Neue Zeit, 1894/95-I, 13. Jg., Nr. 10, S. 292–306.
46 *Engels F.,* Brief an Laura Lafargue vom 12. Nov. 1894; in: *Marx/Engels,* Werke, Berlin (Ost) 1957ff., Bd. 39, S. 314. (Im folgenden: MEW)
47 *Marx,* Ökonomisch philosophische Manuskripte (1844), in: MEW, Ergänzungsband, 1. Teil (Schriften bis 1844), S. 510. (Hervorhebungen im Original wie in Zukunft immer, wenn nichts anderes vermerkt.)

wir: "Der *Unterschied* von Kapital und Erde, von Gewinn und Grundrente, wie beider vom Arbeitslohn, von der *Industrie,* von der *Agrikultur,* von dem *unbeweglichen* und *beweglichen* Privateigentum ist ein noch *historischer,* nicht im Wesen der Sache begründeter Unterschied[48]."

Für *Marx* existiert also kein grundsätzlicher — nur ein historischer — Unterschied zwischen Industrie und Landwirtschaft, folglich gelten auch in beiden Bereichen dieselben Entwicklungstendenzen. Dass er die *Industrie* in den Mittelpunkt seiner Betrachtungen stellt, hat zweifelsohne den Grund darin, dass diese Industrie zu seiner Zeit gerade in Deutschland und vor allem in England einen ungeheuren Aufschwung nahm. Für die Industrie nun weist *Marx* innerhalb des kapitalistischen Systems gewisse verhängnisvolle Tendenzen nach, Tendenzen freilich, die auf lange Sicht auch in der Landwirtschaft gelten. Dass sich diese Tendenzen bisher in diesem Sektor der Volkswirtschaft noch nicht so deutlich abzeichnen, berührt ihn nicht sonderlich, denn:

"Wir unterstellen, dass die Agrikultur, ganz wie die Manufaktur, von der kapitalistischen Produktionsweise beherrscht, d.h. dass die Landwirtschaft von Kapitalisten betrieben wird... Es (ist) also ein ganz gleichgültiger Einwurf, wenn erinnert wird, dass auch andre Formen des Grundeigentums und des Ackerbaus existiert haben oder noch existieren...[49]"

Diese Erklärung von *Marx* ist keineswegs überflüssig, war es doch tatsächlich so, dass zu seinen Zeiten die von ihm vorausgesetzte, von Grosskapitalisten betriebene Landwirtschaft in Westeuropa die *Ausnahme* darstellte: Höchstens in England liessen sich diesbezügliche Tendenzen feststellen. Im übrigen Europa aber herrschten die selbständigen Klein- und Pachtbauern vor. Mit dieser Art von Bauern aber konnte *Marx* innerhalb seines Denksystems nicht viel anfangen. Man wird wohl *Carr* zustimmen können, der meint, dass "the peasantry as a class was a characteristic social form of feudal order, and belonged neither to the world of bourgeois capitalism nor to that of proletarian socialism"[50]. / "die Bauernschaft als Klasse eine typische soziale Erscheinung der Feudalzeit war, welche weder in die Welt des bürgerlichen Kapitalismus noch in jene des proletarischen Sozialismus passte"[50]. (Übersetzung von H.S.)

Dazu kommt, dass, wie wir später sehen werden[51], *Marx* und *Engels* die Revolution eindeutig in einem der damaligen Industrieländer erwarten. Bei dieser Revolution muss dem industriellen Proletariat zweifellos die Hauptrolle zufallen:

---

[48] *Ebendort.*
[49] *Marx,* Kapital III (1894), in: MEW, Band 25, S. 627f.
[50] *Carr E.H.,* The Bolshevik Revolution, 1917–1923, Vol. II, Penguin books, London 1966 (first published 1952), S. 381. — In unserm Zusammenhang sind insbesondere die Seiten 381 bis 391, das Kapitel 'Marx, Engels and the peasant', interessant.
[51] Vgl. S. 49ff.

Ein weiterer Grund, weshalb die Bauern und die Landwirtschaft in ihren Schriften nicht so wichtig sind.

Es ist nicht nur historisches Interesse, weshalb wir uns dieser Frage der Vernachlässigung der theoretischen Verarbeitung von Landwirtschaftsproblemen bei *Marx* und *Engels* widmen. Bekanntlich haben zwei der grössten Staaten der Erde in *Marx'ens* Namen die sozialistische Revolution durchgeführt: Russland und China. Beides waren aber zum Zeitpunkt der Revolution typische Agrarländer mit über 3/4 der Bevölkerung in der Landwirtschaft. Da gab es natürlich ganz spezifische Fragen, auf welche es von *Marx* her keine Antwort gab, keine Antwort geben konnte[52]. Dies wiederum führte dazu, dass in Fragen der Gestaltung der Landwirtschaft bisher in allen sozialistischen Ländern eher *pragmatische* Leitlinien als theoretische Vorstellungen vorherrschten, eine Aussage, die wir im weitern Verlauf unserer Untersuchungen zu belegen versuchen werden.

2.1.2. Die Klasseneinteilung der landwirtschaftlichen Bevölkerung

2.1.2.1. Die besonderen Probleme

Lassen sich die Bauern überhaupt in verschiedene Klassen einteilen? Oder bilden sie alle zusammen *eine* Klasse, die sich von denjenigen der Proletarier und der Kapitalisten unterscheidet? Zur Beantwortung dieser Fragen müssen wir *Karl Marx* die Klassen definieren lassen:

"Insofern Millionen von Familien unter ökonomischen Existenzbedingungen leben, die ihre Lebensweise, ihre Interessen und ihre Bildung von denen der andern Klassen trennen und ihnen feindlich gegenüberstellen, bilden sie eine Klasse. Insofern ein nur lokaler Zusammenhang unter den Parzellenbauern besteht, die Dieselbigkeit ihrer Interessen keine Gemeinsamkeit, keine nationale Verbindung und keine politische Organisation unter ihnen erzeugt, bilden sie keine Klasse[53]."

Wie wir sehen, sind die Anforderungen *Marx'ens* an eine Klasse sehr gross: Die Gemeinsamkeit der *Interessen* der Mitglieder einer Klasse genügt nicht. Dazu muss sich auch noch die *Lebensweise* und *Bildung* von denjenigen anderer Gruppen unterscheiden. Wenn diese Voraussetzungen — gleiche Lebensweise, gleiche Interessen und gleiche Bildung — erfüllt sind, muss es erst noch zu einer *nationalen politischen Organisation* kommen, damit von einer Klasse die Rede

---

[52] Dieser Sachverhalt wird etwa betont von: *Marcuse Herbert,* Die Gesellschaftslehre des sowjetischen Marxismus (1960), Berlin 1964, S. 45f.
[53] *Marx,* Der 18te Brumaire des Louis Napoleon (1852), in: MEW, Band 8, S. 198.

sein kann. Bei dieser politischen Organisation aber fangen die Schwierigkeiten in bezug auf die Klassenbildung der Bauern an, denn: "Ihre Interessen isoliert sie voneinander, statt sie in wechselseitigen Verkehr zu bringen[54]" und: "Die Zerstreuung der Landarbeiter über grössere Flächen bricht zugleich ihre Widerstandskraft, während Konzentration die der städtischen Arbeiter steigert[55]." Damit sind wir zum Kern vorgestossen: Nicht die ökonomische Lage der Bauern qualifiziert diese zum vornehrein als zur Klassenbildung nicht geeignet, sondern hiefür sind in erster Linie die *dezentralisierten Produktionsverhältnisse* im Agrarsektor verantwortlich.

Eine 'Klasse' nach der oben angeführten Definition von *Marx* können also die Bauern nicht bilden. Gleichwohl erweist es sich als zweckmässig, die landwirtschaftliche Bevölkerung in verschiedene *Gruppen* einzuteilen. Nach *Engels* lassen sich fünf solcher Gruppen unterscheiden[56]:

1) Steuerfreie feudale Grundherren
2) Gross- und Mittelbauern
3) Selbständige Kleinbauern
4) Pacht- und Feudalbauern
5) Ackerbautaglöhner

Am einfachsten ist die Charakteristik der Gruppen 1) und 2): Beide sind der Bourgeoisie zugehörig. Die *Grundherren* sind Kapitalisten, was *Engels* in seiner ersten nationalökonomischen Schrift (1844) wie folgt begründet hatte:

"Der *Grundbesitzer* hat dem Kaufmanne nichts vorzuwerfen. Er raubt, indem er den Boden monopolisiert. Er raubt, indem er die Steigerung der Bevölkerung, welche die Konkurrenz und damit den Wert seines Grundstückes steigert, für sich ausbeutet, indem er zur Quelle seines persönlichen Vorteils macht, was nicht durch sein persönliches Tun zustande gekommen ...[57]"

Bei den *Mittelbauern* ist das Kriterium der Zugehörigkeit zur Bourgeoisie, ob sie Arbeiter und Taglöhner beschäftigen.

---

[54] *Ebendort.*
[55] *Marx,* Kapital I (1867), in: MEW, Band 23, S. 529.
[56] Eine solche Unterteilung nimmt *Friedrich Engels* an zwei Stellen in ähnlicher Weise vor, nämlich in: Revolution und Konterrevolution in Deutschland (1851), in: MEW, Band 8, S. 11f.; und in: Vorbemerkungen zur 2. Auflage des 'Der Deutsche Bauernkrieg' (1870), in: MEW, Band 16, S. 399. — *Marx* systematisiert zwar nie; er spricht aber durchaus wiederholt im Sinne der *Engels'schen* Unterteilung von den verschiedenen Gruppen innerhalb der landwirtschaftlichen Bevölkerung.
[57] *Engels,* Umrisse zu einer Kritik der Nationalökonomie (1844), in: MEW, Band 1, S. 510.

2.1.2.2. Die selbständigen Kleinbauern

Zweifellos handelt es sich bei dieser doch recht breiten Bevölkerungsschicht mit eigenem Landbesitz um die für den Marxismus heikelste Gruppe. Irgendwie hat man bei *Marx* und *Engels* immer den Eindruck, dass sie diese Kleinbauern (wie übrigens auch die kleinen Handwerker) nicht richtig einordnen können. Obwohl es ihnen im allgemeinen schlecht geht, hängen sie an ihren Land-Parzellen. So bescheinigt *Marx* den französischen Kleinbauern einen "entfesselten Eigentumsfanatismus"[58]. Ausserdem wiesen sich diese Kleinbauern in der 1848er Revolution in Frankreich über eine bemerkenswerte Unbeholfenheit und Dummheit aus:

"Das Symbol, das ihren Eintritt in die revolutionäre Bewegung ausdrückte, unbeholfen-verschlagen, schurkisch-naiv, tölpelhaft-sublim, ein berechneter Aberglaube, eine pathetische Burleske, ein genial-alberner Anachronismus, eine weltgeschichtliche Eulenspiegelei, unentzifferbare Hieroglyphe für den Verstand der Zivilisierten – trug dieses Symbol unverkennbar die Physiognomie der Klasse[59], welche innerhalb der Zivilisation die Barbarei vertritt . . .[60]"

Dass aber die Kleinbauern so beschaffen sind, dafür können sie nicht selbst verantwortlich gemacht werden, denn: "Auf den verschiedenen Formen des Eigentums, auf den sozialen Existenzbedingungen erhebt sich ein ganzer Überbau verschiedener und eigentümlich gestalteter Empfindungen, Illusionen, Denkweisen und Lebensanschauungen[61]." Dies ist umso bedauerlicher, als der Kleinbauer durchaus ein Verbündeter des Proletariers werden könnte, wenn er nur seine *wahren Interessen* erkennen würde und endlich merkte, wie auch er von den Kapitalisten ausgebeutet wird. Denn: Die Kleinbauern "sind meistens so mit Hypotheken belastet, dass sie vom Wucherer ebenso abhängen wie die Pächter vom Grundherrn"[62]. Ausser der Zahlung von Hypothekarzinsen wird der

---

[58] *Marx,* Die Klassenkämpfe in Frankreich 1848–1850 (1850), in: MEW, Band 7, S. 35. — Dieser 'Eigentumsfanatismus' scheint übrigens fast ein halbes Jahrhundert später noch nicht kleiner geworden zu sein, redet doch *Engels* in seiner Schrift 'Die Bauernfrage . . .' (1894), a.a.O., S. 295, noch immer vom "eingefleischten Eigentumssinn" der selbständigen Kleinbauern.
[59] Es ist hier anzumerken, dass dieses Zitat zeitlich *vor* dasjenige der Klassendefinition *Marx'ens* fällt. So ist es vielleicht auch zu erklären, weshalb er an dieser Stelle die Kleinbauern als 'Klasse' bezeichnet, obwohl sie seinen späteren Anforderungen an eine Klasse sicher nicht genügen.
[60] *Marx,* Die Klassenkämpfe . . ., a.a.O., S. 44. — *Engels* charakterisiert ein Jahr früher die Schweiz als ein Volk von "vorsündflutlichen Alpenhirten und vernagelten Bauern", was zeigt, dass auch er die Kleinbauern nicht besonders hoch einschätzt. (Vgl.: *Engels,* Die Schweizer Presse (1849), in: MEW, Band 6, S. 177.)
[61] *Marx,* Der 18te Brumaire . . ., a.a.O., S. 139.
[62] *Engels,* Vorbemerkung zur 2. Auflage des 'Der Deutsche Bauernkrieg', a.a.O., S. 399. — Eine eingehende Analyse der *Entstehung* dieser Hypothekarschulden gibt *Marx* in den 'Klassenkämpfen in Frankreich', a.a.O., S. 82f.: Mit dem Bevölkerungswachstum habe auch der Wert des Landes zugenommen, was bei Erbfolgen notwendigerweise zu Hypothekarkrediten geführt habe, weil die Miterben ausbezahlt sein wollten.

Kleinbauer noch auf andere Weise ausgebeutet: Er muss dem Staat hohe Steuern abliefern und ist gezwungen, ständig Juristen in Anspruch zu nehmen, um sein Eigentumsrecht vor den Gerichten zu verteidigen[63]. Kurz, der Kleinbauer hat eine unsicherere Existenz als der Proletarier, er ist ein "gepeinigter Schuldsklave"[64].

Zusammenfassend lässt sich sagen, dass der selbständige Kleinbauer gleich ausgebeutet wird wie der Proletarier, nur die *Form* der Ausbeutung ist nicht ganz so offensichtlich. Deswegen sind die ohnehin nicht sehr aufgeschlossenen Bauern unfähig, diese Ausbeutung auch zu erkennen und sich dagegen zur Wehr zu setzen. Vom *Interesse* her wäre aber der Kleinbauer ein Verbündeter des Proletariers: "Folglich ist das, was den Bauern vom Proletarier trennt, nicht mehr sein wirkliches Interesse, sondern sein illusionäres Vorurteil[65]."

2.1.2.3. Die Pacht- und Feudalbauern

Hier hängt alles davon ab, ob der Pächter sein Feld selbst bewirtschaftet oder ob er noch Angestellte auf seinem Bauerngut beschäftigt. Im zweiten Fall liegt sozusagen eine *Doppelausbeutung* vor: Der Grundherr beutet den Pächter mit zu hoher Pacht, der Pächter den Ackerbauarbeiter mit schlechter Bezahlung aus.

Normalerweise werden aber die Pächter relativ wenig Land selbständig bewirtschaften. Dann ist die Sache klar: "Die Pacht ist so hochgetrieben, dass der Bauer mit seiner Familie nur eben knapp leben kann, bei schlechten Ernten fast verhungert, die Pacht nicht zahlen kann und dadurch ganz von der Gnade des Grundbesitzers abhängig wird[66]."

Marx und *Engels* weisen aber auch wiederholt auf eine verhängnisvolle Charakteristik des Pachtrechts hin, eine Charakteristik, welche bis heute im Hinblick auf die Entwicklungsländer nichts von ihrer Aktualität eingebüsst hat. *Engels* wirft dem Grundherrn bereits 1844 vor, dass dieser raube, "wenn er verpachtet, indem er die von seinem Pächter angelegten Verbesserungen zuletzt wieder an sich reisst"[67]. Was soll das heissen? Nun, das bedeutet, dass der Pächter seine Produktionsbedingungen verbessern kann wie er will: Letztlich wird immer der Grundherr den Nutzen davon haben. Sehr klar wird dieser Prozess von *Marx* beschrieben:

"Wenn ein Pächter in der einen oder andern Form sein Kapital der Erde einverleibt und dadurch eine Verbesserung des Bodens bewirkt hat, entweder direkt durch Bewässerung, Dränierung oder Dünger, oder indirekt durch den

---

[63] Diese Ausbeutungsquellen nennt *Marx* neben den Hypothekarzinsen in: Über die Nationalisierung des Grund und Bodens (1872), in: MEW, Band 18, S. 61.
[64] *Engels,* Die Bauernfrage..., a.a.O., S. 297.
[65] *Marx,* Erster Entwurf zum 'Bürgerkrieg in Frankreich' (1871), in: MEW, Band 17, S. 552.
[66] *Engels,* Vorbemerkung zur 2. Auflage..., a.a.O., S. 399.
[67] *Engels,* Umrisse zu einer Kritik..., a.a.O., S. 510.

Bau von Gebäuden für landwirtschaftliche Zwecke, dann erscheint der Grundherr und verlangt mehr Pacht. Wenn der Pächter einwilligt, so muss er dem Grundherrn *die Zinsen für sein eigenes Geld zahlen.* Wenn er es ablehnt, wird er ohne grosse Umstände hinausgeworfen und durch einen neuen Pächter ersetzt ... Auf diese bequeme Weise ist eine ganze Klasse von Grundherren, die nicht auf ihren Besitzungen lebt, in die Lage versetzt worden, sich nicht nur die Arbeit, sondern auch das Kapital ganzer Generationen anzueignen ... Er (der Pächter, H.S.) hatte also keine andere Alternative, als ein Pauper zu werden, *sich arm zu machen durch Fleiss oder arm zu werden aus Gleichgültigkeit*[68]*.*"

Der Pächter ist also in einer noch schlechteren Lage als der Kleinbauer: Er macht sich auch durch Fleiss arm; er kann tun was er will, der Grundherr wird letztlich immer in den Genuss der Anstrengungen des Pächters kommen.

2.1.2.4. Die Ackerbautaglöhner

Im ersten Band des 'Kapitals' setzt sich *Marx* eingehend mit dem britischen Ackerbauproletariat auseinander[69]. Das Resultat seiner Untersuchungen zeigt, dass es den Landarbeitern oder Ackerbautaglöhnern im allgemeinen etwa gleich schlecht geht wie dem industriellen Proletariat. Man sollte also annehmen können, dass es einer besonderen Unterscheidung in bezug auf diese beiden Proletarier-Gruppen nicht bedarf.

Vom *Interesse* und der *sozialen Lage* her wäre eine solche Unterscheidung tatsächlich nicht notwendig. *Engels* stellt aber schon 1845 fest, dass die Landarbeiter nicht geeignet zur Assoziation sind, weil sie zerstreut wohnen[70]. Diese Tatsache der dezentralisierten Produktion führt auch dazu, dass die Ackerbautaglöhner nur sehr schwer über ihre miserable soziale Lage und ihre wahren Interessen aufgeklärt werden können. Somit ist das Ackerbauproletariat "derjenige Teil der Arbeiterklasse, dem seine eigenen Interessen, seine eigene gesellschaftliche Stellung am schwersten und am letzten klar werden, mit andern Worten, derjenige Teil, der am längsten bewusstloses Werkzeug in der Hand der ihn ausbeutenden, bevorzugten Klasse bleibt"[71].

Dies ist deswegen besonders bedenklich, weil, wie wir im nächsten Abschnitt sehen werden, die Ackerbautaglöhner zahlenmässig immer bedeutender werden. Dass sie nicht dasselbe Bewusstsein wie die städtischen Proletarier erreichen

---

[68] *Marx,* Die indische Frage — das irische Pachtrecht (1853), in: MEW, Band 9, S. 157f., Hervorhebungen von H.S. — Auch im 'Kapital III' beschreibt *Marx* denselben Sachverhalt auf einer etwas höheren Abstraktionsstufe, vgl. MEW, Band 25, S. 633.
[69] *Marx,* Kapital I (1867), in: MEW, Band 23, S. 701ff.
[70] *Engels,* Die Lage der arbeitenden Klasse in England (1845), in: MEW, Band 2, S. 477.
[71] *Derselbe,* Die preussische Militärfrage und die deutsche Arbeiterpartei (1865), in: MEW, Band 16, S. 74.

können, hängt keineswegs mit ihrer Intelligenz, sondern einzig und allein mit den dezentralisierten Produktionsverhältnissen in der Landwirtschaft zusammen.

2.1.3. Entwicklungstendenzen der kapitalistischen Landwirtschaft

Wir haben erwähnt, dass einerseits die Grundbesitzer und Gross- und Mittelbauern zur Bourgeoisie gehören, die Ackerbautaglöhner andererseits dem Proletariat zuzurechnen sind. Die selbständigen Kleinbauern und die Pächter nehmen eine Zwischenstellung ein; sie sind in der *Marx'schen* Klassenzweiteilung nicht so leicht unterzubringen. Dies ist in der theoretischen Analyse nicht so bedeutsam, weil auf lange Sicht nach *Marx* und *Engels* auch die landwirtschaftliche Bevölkerung sich in Richtung zweier antagonistischer[72] Klassen entwickelt: Auf der einen Seite steht das Ackerbauproletariat und auf der andern die Grundbesitzer (= Kapitalisten). Um zu erklären, weshalb es zu dieser Entwicklung kommt, müssen wir etwas weiter ausholen.

Die Tendenzen in der kapitalistischen Landwirtschaft werden von *Marx* historisch interpretiert als eine Konsequenz der *ursprünglichen Akkumulation*. Es handelt sich dabei im wesentlichen um die ursprüngliche Aneignung des Bodens und der Naturschätze: "Diese ursprüngliche Akkumulation spielt in der politischen Ökonomie ungefähr dieselbe Rolle wie der Sündenfall in der Theologie. Adam biss in den Apfel und damit kam über das Menschengeschlecht die Sünde[73]." Mit dieser ursprünglichen Akkumulation, mit der Aneignung von Grund und Boden, beginnt nach *Marx* der historische Scheidungsprozess von Produzenten und Produktionsmittel. Dieser Prozess ist allerdings für die Entwicklung der (kapitalistischen) Wirtschaft unbedingt notwendig, werden doch — durch Arbeitsteilung und Konzentration[74] — einerseits Kapitalakkumulation und andererseits bessere Bebauungsmethoden ermöglicht. Ausserdem werden Arbeitskräfte für die Industrie freigesetzt. (Daraus rekrutiert sich dann auch die 'industrielle Reservearmee'[75].)

---

[72] Zu den Begriffen 'antagonistisch' und 'nicht antagonistisch' vgl. etwa: *Wetter G.A.*, Sowjetideologie heute, Frankfurt 1962, S. 109f. — In den 'Grundlagen des Marxismus-Leninismus', Berlin (Ost) 1960, S. 90, werden die antagonistischen Widersprüche wie folgt definiert: "Als antagonistisch bezeichnet man die Widersprüche zwischen sozialen Gruppen oder Klassen, deren grundlegende Interessen unversöhnlich sind."

[73] *Marx*, Kapital I, a.a.O., S. 741.

[74] Es geht in diesem Zusammenhang eigentlich nach der *Marx'schen* Terminologie um die *Zentralisation*, d.h. um die Zusammenballung von Grundbesitz und andern Produktionsmitteln in wenigen Händen. Dies entspricht aber dem heutigen Sprachgebrauch der *Konzentration*, während wir den *Marx'schen* Ausdruck für (Kapital-)Konzentration heute mit *'Kapitalintensität'* bezeichnen. (Bei *Marx* C/V, also das Verhältnis von konstantem Kapital (Produktionsmittel) zum variablen Kapital (Arbeit). — Konzentration und Zentralisation *können* zwar zusammenfallen, eine logische Notwendigkeit hiefür besteht aber nicht. Wir werden im folgenden für den *Marx'schen* Zentralisationsbegriff den modernen Ausdruck 'Konzentration' verwenden, um dem Leser das Verständnis zu erleichtern.

[75] *Marx*, Kapital I, a.a.O., S. 770ff.

Diese Trennung von Produzenten und Produktionsmitteln hat nun aber auch in der Landwirtschaft die Tendenz, sich zu *verschärfen*, und zwar wegen einer erbarmungslosen *Konkurrenz:* Die heute noch wirtschaftenden Kleinbauern haben auf lange Sicht keine Chance, sich gegenüber den (produktiveren) Grossbetrieben zu behaupten[76]. Auch dieser Gedanke der Ruinierung des Kleinbauern durch die Konkurrenz ist bei *Marx* schon sehr früh (1844) zu finden:

"Diese Konkurrenz hat ferner zur Folge, dass ein grosser Teil des Grundeigentums in die Hände der Kapitalisten fällt und die Kapitalisten zugleich Grundeigentümer werden... Ebenso wird ein Teil des grossen Grundeigentums industriell. Die letzte Folge ist also die Auflösung des Unterschieds zwischen Kapitalist und Grundeigentümer, so dass es also im ganzen nur mehr zwei Klassen der Bevölkerung gibt, die Arbeiterklasse und die Klasse der Kapitalisten[77]."

Soweit der Kleinbauer heute noch existiert, ist er "wie jeder Überrest einer vergangenen Produktionsweise unrettbar dem Untergang verfallen. Er ist ein zukünftiger Proletarier[78]." Zur nationalen Konkurrenz, die den Kleinbauern zum Untergang verurteilt, kommt mehr und mehr auch die *internationale Konkurrenz*. Vor allem Nord- und Süd-Amerika sowie Indien (!) produzieren billiges Getreide, und zwar so günstig, dass selbst der landwirtschaftliche Grossbetrieb in Europa davon bedroht wird[79].

Bei *Marx* findet sich auch ein historischer Produktivitätsvergleich zwischen Landwirtschaft und Industrie (bzw. Manufaktur). Er stellt fest, dass ursprünglich — in vorkapitalistischer Zeit — die Landwirtschaft produktiver als die Manufaktur gewesen sei. Die industrielle Revolution habe eine Umkehrung dieses Zustandes mit sich gebracht: Heute (d.h. 1862) sei die Industrie der Landwirtschaft in bezug auf die Produktivität voraus[80]. Die Landwirtschaft sehe sich in Zukunft gezwungen, diesen Rückstand wieder aufzuholen, was wie folgt geschehen kann:

"1. Ersetzen des bärenhäuterischen farmers durch den business-man, den farming-capitalist, Verwandlung der Ackerbauer in reine Lohnarbeiter, Agrikultur auf grosser Stufenleiter, also mit konzentrierten Kapitalien;
2. namentlich aber: die eigentlich wissenschaftliche Grundlage der grossen Industrie, die Mechanik, die im 18. Jahrhundert gewissermassen vollendet war. Erst im 19., speziell in den späteren Jahrzehnten, entwickeln sich die

---

[76] *Engels,* Die Lage der arbeitenden Klasse ..., a.a.O., S. 473 und S. 481. — Mehr über die Produktivität und Betriebsgrösse im nächsten Abschnitt.
[77] *Marx,* Ökonomisch philosophische Manuskripte, a.a.O., S. 505.
[78] *Engels,* Die Bauernfrage ..., a.a.O., S. 295.
[79] *Ebendort,* S. 293.
[80] *Marx,* Theorien über den Mehrwert (1862/63), MEW, Bd. 26/II, S. 103.

Wissenschaften, die *direkt* in höherem Grade spezifische Grundlage für die Agrikultur als für die Industrie sind — Chemie, Geologie und Physiologie[81]."

Es ist nun klar, dass diese moderne Wissenschaft und der 'business-man', von welchen sich *Marx* für die kapitalistische Landwirtschaft einen entscheidenden Produktivitätsfortschritt erhofft, vom kleinen Bauern und Pächter nicht im nötigen Ausmasse realisiert und angewandt werden können: Auch von diesem Gesichtspunkt aus ist also der Kleinbauer und Pächter unrettbar dem Untergang verfallen.

Fassen wir zusammen: Langfristig gelten nach *Marx* und *Engels* in der Landwirtschaft dieselben Entwicklungstendenzen wie in der Industrie: Die Bevölkerung teilt sich in eine kleine Grundbesitzer-Kapitalisten-Oberschicht und in das besitzlose Landproletariat. Heute (d.h. in der zweiten Hälfte des 19. Jahrhunderts) gibt es zwar auf dem Lande noch die "Überbleibsel einer vergangenen Produktionsweise"[82], nämlich die Kleinbauern und Kleinpächter. Diese sind aber höchstens in bezug auf die aktuelle Politik von Interesse, als historische Kategorie aber nicht relevant und vernachlässigbar.

Diese Analyse musste sich natürlich in der russischen und chinesischen Revolution in verhängnisvoller Weise auswirken, weil sich in diesen Ländern die *Marx/Engels'schen* Zwangsläufigkeiten in der Landwirtschaft — jedenfalls zum Zeitpunkt der Revolution — (noch?) nicht durchgesetzt hatten.

2.2. DIE ÜBERLEGENHEIT DES GROSSBETRIEBS ÜBER DEN KLEINBETRIEB

Wir haben im letzten Abschnitt gesehen, dass nach *Marx* und *Engels* der bäuerliche Kleinbetrieb im Kapitalismus unrettbar dem Untergang verfallen ist, und zwar vor allem wegen der immer schärfer werdenden *Konkurrenz*. Hinter diesem Gedanken der Ruinierung des Kleinbetriebs durch die Konkurrenz steht natürlich die Vorstellung, dass der Grossbetrieb auch in der Landwirtschaft *produktiver* als der Kleinbetrieb sei. Aus zwei Gründen müssen wir bei dieser Betriebsgrössenfrage noch etwas länger verweilen: Erstens sollte sie in der Sozialisten-Bewegung der Jahrhundertwende eine wichtige Rolle spielen (Agrardebatte) und zweitens gelten diese Vorzüge des landwirtschaftlichen Grossbetriebs nach *Marx* und *Engels* auch in einer sozialistischen Landwirtschaft, in einer Landwirtschaft also, in welcher die Konkurrenz nicht mehr der Antriebsfaktor für eine Konzentration der landwirtschaftlichen Betriebe sein kann.

---

81 *Ebendort*, S. 103f.
82 *Engels*, Die Bauernfrage . . ., a.a.O., S. 294.

Marx begründet die Überlegenheit des Grossbetriebs nicht nur mit Produktivitätsüberlegungen. Vielmehr könnte durch einen Übergang zum Grossbetrieb in der Landwirtschaft auch das Leben der Landbevölkerung bereichert werden, denn:

"Die Parzelle lässt ... keine Teilung der Arbeit zu, keine Anwendung der Wissenschaft, also keine Mannigfaltigkeit der Entwicklung, keine Verschiedenheit der Talente, keinen Reichtum der gesellschaftlichen Verhältnisse[83]."

Die Parzellenbauern leben — bedingt durch die Produktionsverhältnisse — *isoliert* voneinander, sie können kaum gesellschaftlichen Kontakt pflegen, kurz, sie bilden eine "einfache Addition gleichnamiger Grössen, wie etwa ein Sack von Kartoffeln einen Kartoffelsack bildet"[84]. Der Parzellenbetrieb führt dazu, dass der "Landmann selbst zum entschiedensten Feind jeden gesellschaftlichen Fortschritts"[85] wird.

Dabei ist es nach *Marx* und *Engels* offensichtlich, dass der Grossbetrieb in der Landwirtschaft sehr viel *produktiver* als der Kleinbetrieb sein muss. Weshalb? Einen Grund dafür haben wir schon genannt: Die Anwendung *moderner wissenschaftlicher Methoden* ist nur im Grossbetrieb möglich, weil sich der Kleinbauer unmöglich alle dafür erforderlichen Kenntnisse aneignen kann[86].

Ausserdem gibt es in der Landwirtschaft gewisse Aktivitäten, welche von der *Logik der Arbeit* her im Kleinbetrieb kaum zu bewältigen sind: Es handelt sich besonders um die *Bewässerung* und *Entwässerung*, aber auch um die Anwendung gewisser landwirtschaftlicher *Maschinen*, insbesondere des *Dampfpfluges*[87].

In der Landwirtschaft besteht heute (d.h. in der zweiten Hälfte des 19. Jh.) die Situation, dass die Entwicklung der Wissenschaft und Technik ihrer praktischen Anwendung voraus sind: Die Schranken ihrer Anwendung bilden eben die dezentralisierten Produktionsverhältnisse:

"Aber die wissenschaftlichen Kenntnisse, die wir besitzen, und die technischen Mittel der Landbearbeitung, die wir beherrschen, wie Maschinerie etc., können wir nie erfolgreich anwenden, wenn wir nicht einen Teil des Bodens in grossem Massstab bearbeiten[88]."

In seiner schon genannten Frühschrift (1844) vertritt *Marx* sogar die Ansicht, dass in keinem andern Sektor der Volkswirtschaft mit zunehmender Grösse der

[83] *Marx*, Der 18te Brumaire..., a.a.O., S. 198.
[84] *Ebendort*. — Dieser Vergleich zeigt, dass nach *Marx*' Ansicht in einer solchen Gesellschaft von Kleinbauern nichts qualitativ Neues entstehen kann.
[85] *Marx*, Über die Nationalisierung..., a.a.O., S. 61.
[86] Vgl. S. 43f. — Auf die Bedeutung der Anwendung wissenschaftlicher Methoden in der Landwirtschaft weist *Marx* ausserdem hin in: Kapital III, a.a.O., S. 815; Über die Nationalisierung..., a.a.O., S. 60; Die Klassenkämpfe..., a.a.O., S. 83.
[87] Diese Aspekte werden von *Marx* behandelt in: Über die Nationalisierung..., a.a.O., S. 60.
[88] *Ebendort*.

Produktionseinheit die Kapital- und Arbeitsproduktivität so stark zunehme wie in der Landwirtschaft[89]. Diesen Gedanken verfolgt er allerdings später unseres Wissens nicht mehr weiter.

Es spricht also so vieles für die Überlegenheit des Grossbetriebes in der Landwirtschaft, dass es eigentlich erstaunlich ist, dass sich der Kleinbetrieb überhaupt bisher noch halten konnte. *Marx* sucht und findet denn auch in England Zahlen, die eine zunehmende Konzentration der landwirtschaftlichen Betriebe zeigen[90].

Selbstverständlich gilt diese Überlegenheit des Grossbetriebs über den Kleinbetrieb auch in einer zukünftigen sozialistischen Landwirtschaft. Ebenso klar ist es aber, dass dann die *Eigentumsverhältnisse* und die *Arbeitsorganisation* anders als im Kapitalismus geregelt sein werden[91].

Für diese zukünftige sozialistische Landwirtschaft müsste man natürlich gewisse Vorstellungen über eine *optimale Grösse* der landwirtschaftlichen Betriebseinheit haben. Es ist interessant, dass sich bei *Marx* und *Engels* kaum diesbezügliche Hinweise finden. Man hat bei ihnen immer den Eindruck des 'Je grösser, desto besser'. Die Unwirtschaftlichkeiten bei zunehmenden Distanzen in der landwirtschaftlichen Bodenbearbeitung, wie sie etwa *Thuenen* beschreibt[92], werden von *Marx* und *Engels* vernachlässigt. Es erscheint uns aber offensichtlich, dass zwischen einem Grossbetrieb von 1000 ha und einem solchen von 100 000 ha Unterschiede in der Bewirtschaftungsart bestehen[93]. Einen einzigen Hinweis über die konkrete Betriebsgrösse findet sich bei *Engels,* welcher in einem Brief von 1893[94] vorschlägt, Deutschland in Betriebe von 2000 bis 3000 Morgen[95] – "je nach den Naturbedingungen" – zu verwandeln. Diese

---

[89] *Marx,* Ökonomisch philosophische Manuskripte, a.a.O., S. 503. — In der *Marx'schen* Formulierung: Nirgends nimmt "die verhältnismässige Arbeiter- und Instrumentenzahl mit der Grösse der Fonds (mehr) ab als beim Grundbesitz. Ebenso nimmt nirgends mehr die Möglichkeit der allseitigen Ausbeutung, Ersparung von Produktionskosten und geschickter Arbeitsteilung mit der Grösse der Fonds mehr zu als beim Grundbesitz . . ."

[90] Vgl. dazu: *David Eduard,* Sozialismus und Landwirtschaft (1903), 2. Aufl. Leipzig 1922, S. 13f.

[91] Mehr dazu auf S. 57ff.

[92] Vgl. *Thünen J.H. von,* Der isolierte Staat in Beziehung auf Landwirtschaft und Nationalökonomie, Neudruck Jena 1910. (1. Teil: 1826, 2. Teil: 1850)

[93] Die Zahl von 100 000 ha ist nicht ganz willkürlich gewählt, entfielen doch in der UdSSR 1963 in den Neulandgebieten von Kasachstan auf eine Sowchose durchschnittlich 91'000 ha Nutzfläche! (Kasachstanskaja prawda, Alma-Ata, 19.3.1963, nach: SOI-Nachrichten, Nr. 14/1963).

[94] Brief von *Engels* an *Rudolph Meyer* vom 19.7.1893, in: MEW, Band 39, S. 102.

[95] Der 'Morgen' ist ein nicht für ganz Deutschland einheitliches Flächenmass: In Baden entspricht ein Morgen 36 Aren (= eine Jucharte in der Schweiz); in Hessen/Hamburg/Nassau nur 25 Aren. Dies sind die Extremwerte. In den übrigen Gebieten umfasst ein Morgen durchwegs zwischen 25 und 36 Aren. (Detaillierte Angaben in: Der grosse Brockhaus, 16. Aufl., Wiesbaden 1955). — Umgerechnet ergäbe sich also nach *Engels* eine Betriebsgrösse von 500–1000 ha, jedenfalls *wesentlich* grössere landwirtschaftliche Betriebe, als sie damals in Deutschland üblich waren. Vgl. Betriebsgrössenstatistik auf S. 62.

Grösse wird allerdings von *Engels* nicht weiter begründet und ist bestimmt auch nicht als abschliessende Empfehlung gedacht.

Wie dem auch sei: Jedenfalls ist sowohl im Kapitalismus wie auch im Sozialismus der landwirtschaftliche Grossbetrieb dem Kleinbetrieb überlegen. Dies ist zugleich die zentrale und konkreteste Vorstellung von *Marx* und *Engels* über die zukünftige sozialistische Landwirtschaft. Wir können *Carr* zustimmen, welcher meint: "Marx und Engels zweifelten nie an dem einen entscheidenden Punkt: Dass eine kollektive, grossbetriebliche Landwirtschaft eine unumgängliche Bedingung des Sozialismus sei[96]." (Übersetzung von H.S.)

2.3. DIE AUFHEBUNG DES UNTERSCHIEDS ZWISCHEN STADT UND LAND

Diese These wird schon von einigen Frühsozialisten vertreten. So ist bereits bei *Morus* davon die Rede, dass jeder Staatsbürger gelegentlich Ackerbau betreiben sollte — schon der Gesundheit wegen[97]. Im 'Kommunistischen Manifest' von 1848 werden dann von *Marx* und *Engels* unter den 'Massregeln' empfohlen: "Vereinigung des Betriebs von Ackerbau und Industrie, Hinwirken auf die allmähliche Beseitigung des Unterschieds[98] von Stadt und Land[99]." Wie kommen *Marx* und *Engels* zu einer solchen Forderung? Schon vor dem 'Manifest' beschäftigen sie sich in ihrer Auseinandersetzung mit *Feuerbach*, *Bauer* und *Stirner* eingehend mit der Arbeitsteilung und der Trennung von Stadt und Land: Von dieser Trennung her sei das Übel über die Menschheit gekommen:

"Die grösste Teilung der materiellen und geistigen Arbeit ist die Trennung von Stadt und Land... Die Stadt ist bereits die Tatsache der Konzentration der Bevölkerung, der Produktionsinstrumente, des Kapitals, der Genüsse, der Bedürfnisse, während das Land gerade die entgegengesetzte Tatsache, die Isolierung und Vereinzelung, zur Anschauung bringt. Der Gegensatz von Stadt und Land kann nur innerhalb des Privateigentums existieren. Er ist der krasseste Ausdruck der Subsumtion des Individuums unter die Teilung der Arbeit, ... die den einen zum bornierten Stadttier, den andern zum bornierten Landtier macht und den Gegensatz der Interessen beider täglich

---

[96] *Carr*, a.a.O., S. 389.
[97] Vgl. S. 27 dieser Arbeit. — Die Gedanken einiger anderer Frühsozialisten zu dieser Frage finden sich auf S. 29f.
[98] 1848 hiess es: des 'Gegensatzes'...
[99] *Marx/Engels,* Manifest der Kommunistischen Partei (1848), Ausgabe Berlin (Ost) 1963, 20. Aufl., S. 67.

neu erzeugt... Die Aufhebung des Gegensatzes von Stadt und Land ist eine der ersten Bedingungen der Gemeinschaft...[100]"

Wir sehen, dass eine der grossen Kategorien der Arbeitsteilung — der Zerfall in geistige und körperliche Arbeit — nach *Marx* und *Engels* aus der Trennung von Stadt und Land hervorgegangen ist. Nicht sonderlich zwingend erscheint uns ihre Feststellung, dass dieser Gegensatz zwischen Stadt und Land nur innerhalb einer Gesellschaft mit Privateigentum existieren könne: Es wäre ja etwa auch möglich, dass für die Arbeitsteilung in geistige und manuelle Arbeit die *Entwicklung der Technik* verantwortlich ist, eine Technik, welche diese Arbeitsteilung und damit auch die Trennung von Stadt und Land unabhängig von der Eigentumsordnung erfordert.

Eine uns heute eher seltsam anmutende Konsequenz dieser Trennung von Stadt und Land findet sich sowohl bei *Marx* wie auch bei *Engels*, der Gedanke nämlich, dass auf dem Lande die 'Lebenskraft der Nation' aufgespeichert sei. Eine Lebenskraft allerdings nur im physischen Sinne; die geistige Entwicklung bleibt dem Städter vorbehalten. So lesen wir bei *Engels:*

"Gleich die erste grosse Arbeitsteilung, die Scheidung von Stadt und Land, verurteilte die Landbevölkerung zu jahrtausendelanger Verdummung und die Städter zur Knechtung eines jeden unter sein Einzelhandwerk. Sie vernichtete die Grundlage der geistigen Entwicklung der einen und der körperlichen der andern... Indem die Arbeit geteilt wird, wird auch der Mensch geteilt. Der Ausbildung einer einzigen Tätigkeit werden alle übrigen körperlichen und geistigen Fähigkeiten zum Opfer gebracht[101]."

Wie aber könnte im *Sozialismus* konkret diese Aufhebung des Unterschieds von Stadt und Land verwirklicht werden? Von *Marx* können wir für die Beantwortung dieser Frage nicht allzu viel erwarten, hütet er sich doch im allgemeinen davor, konkrete Vorstellungen über das Leben im Sozialismus zu entwickeln. Hingegen finden wir bei *Engels* zwei Hinweise: In seiner 'Wohnungsfrage' meint er, dass diese nur zu lösen sei, wenn der Gegensatz von Stadt und Land aufgehoben werde. *Eine Bedingung hiefür sei die Beseitigung der modernen Grossstädte:* "Die Wohnungsfrage lösen wollen und die modernen grossen Städte forterhalten wollen, ist ein Widersinn. Die modernen grossen Städte werden aber beseitigt erst durch die Abschaffung der kapitalistischen Produktionsweise[102]."
Geradezu *Fourier'sche* Gedanken entwickelt *Engels,* wenn er in seinen 'Grund-

---

[100] *Marx/Engels,* Kritik der neuesten deutschen Philosophie (1845/46), in: MEW, Band 3, S. 50.

[101] *Engels,* Herrn Eugen Dühring's Umwälzung der Wissenschaft (1876/78), in: MEW, Band 20, S. 271f. — *Marx* gebraucht für einen Teil der Landbevölkerung sogar den Ausdruck 'Reservefonds für die Erneuerung der Lebenskraft der Nationen', in: Kapital III, a.a.O., S. 821.

[102] *Engels,* Zur Wohnungsfrage (1872), in: MEW, Band 18, S. 243.

sätzen des Kommunismus' programmatisch feststellt: "Errichtung grosser Paläste auf den Nationalgütern als gemeinschaftliche Wohnungen für Gemeinden von Staatsbürgern, welche sowohl Industrie wie Ackerbau treiben und die Vorteile sowohl des städtischen wie des Landlebens in sich vereinigen[103]."

Man sollte sich eigentlich zur Abrundung dieses Problemkreises die Frage stellen, ob nicht *heute* ein Teil der Forderung nach Beseitigung des Unterschieds von Stadt und Land verwirklicht worden ist; dies vor allem durch den Einsatz der modernen Massenkommunikationsmittel. Unter diesen wäre zweifellos an erster Stelle die Television zu nennen, welche dem Städter das Landleben und der Landbevölkerung das Stadtleben zweifellos näher bringt. Dass die Landbevölkerung heute wegen dieser Kommunikationsmittel (dazu gehören auch die guten Verkehrsverbindungen) und wegen besserer Schulung nicht zum vorneherein zur 'Verdummung' verurteilt ist, dürfte wohl unbestritten sein. Auch die Stadtbevölkerung ist nicht zwangsläufig zur physischen Degenerierung bestimmt, hat sie doch heute sicher genügend Möglichkeiten der körperlichen Betätigung. Diese Feststellungen berichtigen aber nur *eine* Seite der *Marx/Engels'schen* Forderung nach Aufhebung des Unterschieds zwischen Stadt und Land. Die andere Seite würde die *Arbeitsteilung* betreffen, welche heute zweifellos noch ausgeprägter als im letzten Jahrhundert geworden ist. Unter diesem Aspekt der Arbeitsteilung behält also die *Marx/Engels'sche* Aussage durchaus ihre Relevanz für die heutige Zeit.

2.4. LANDWIRTSCHAFTLICHE BEVÖLKERUNG UND PROLETARISCHE REVOLUTION

2.4.1. Voraussetzungen für die sozialistische Revolution

Bestimmt haben sich *Marx* und *Engels* teilweise deshalb relativ wenig mit den Fragen der Landwirtschaft beschäftigt, weil sie als selbstverständlich annahmen, dass die proletarische Revolution in einem der damaligen Industrieländer ihren Anfang nehmen würde. Das Gegenteil war der Fall: Zwei typische Agrarländer – Russland und China – haben im Namen *Marx'ens* eine sozialistische Revolution durchgeführt. Es ist deswegen in unserem Zusammenhang interessant, nach den Voraussetzungen zu fragen, welche nach *Marx* und *Engels* für eine proletarische Revolution gegeben sein müssen. Insbesondere interessiert uns natürlich, welche Rolle bei dieser Revolution die landwirtschaftliche Bevölkerung zu spielen hat.

Vom *Interesse* her könnten und müssten die Bauern gemeinsame Sache mit den Industriearbeitern machen, weil sie von den Kapitalisten genau gleich ausgebeutet werden:

---

103 *Engels*, Grundsätze des Kommunismus (1847), in: MEW, Band 4, S. 373.

"Man sieht, dass ihre (d.h. der Bauern, H.S.) Exploitation von der Exploitation des industriellen Proletariats sich nur durch die *Form* unterscheidet. Der Exploiteur ist derselbe: das *Kapital*. Die einzelnen Kapitalisten exploitieren die einzelnen Bauern durch die *Hypotheken* und den *Wucher*, die Kapitalistenklasse exploitiert die Bauernklasse durch die Staatssteuer..."[104]

Vom Interesse her sind also die Bauern den Industriearbeitern durchaus gleichzustellen, aber: Die landwirtschaftliche Bevölkerung eignet sich viel weniger zur Revolution, sie kann "niemals selbständig eine erfolgreiche Bewegung zustande bringen, denn sie ist über ein zu grosses Gebiet verstreut, und es hält schwer, unter einem erheblicheren Teil eine Verständigung zu erzielen; der Anstoss muss ihr die Initiative der aufgeweckteren und beweglicheren Bevölkerung geben, die in den Städten konzentriert ist"[105]. — Fast 40 Jahre später äusserte sich *Engels* nach viel mehr Erfahrungen noch im gleichen Sinne, wenn er meint, dass der Bauer "politisch ein wenig aktives Element" und die Bauernschaft "meist indifferent oder reaktionär" sei[106].

Es gibt aber noch eine wichtigere und ökonomisch relevantere Ursache, weshalb die sozialistische Revolution in einem Staat mit vorwiegend landwirtschaftlicher Bevölkerung sehr unwahrscheinlich ist: Der *Stand der Produktivkräfte* hat sich erst durch die industrielle Revolution so weit angehoben, dass eine sozialistische Umgestaltung der Gesellschaft sinnvoll und möglich erscheint. Ohne einen hohen Stand der Produktivkräfte würde durch eine proletarische Revolution "nur der *Mangel* verallgemeinert, also mit der *Notdurft* auch der Streit um das Notwendige wieder beginnen und die ganze alte Scheisse sich herstellen müsste"[107]. Am deutlichsten wird der Gedanke der Notwendigkeit eines hohen Standes der Produktivkräfte als Revolutions-Voraussetzung von *Engels* entwickelt:

"Erst auf einem gewissen, für unsere Zeitverhältnisse sogar sehr hohen Entwicklungsgrad der gesellschaftlichen Produktivkräfte wird es möglich, die Produktion so hoch zu steigern, dass die Abschaffung der Klassenunterschiede ein wirklicher Fortschritt, dass sie von Dauer sein kann, ohne einen Stillstand oder gar Rückgang in der gesellschaftlichen Produktionsweise herbeizuführen. Diesen Entwicklungsgrad haben die Produktivkräfte aber erst erhalten in den Händen der Bourgeoisie. Die Bourgeoisie ist demnach auch nach dieser Seite hin eine ebenso notwendige Vorbedingung der sozialistischen Revolution wie das Proletariat selbst. Ein Mann also, der sagen kann, dass diese Revolution in einem Lande leichter durchzuführen sei, weil dasselbe zwar kein Proletariat,

---

104 *Marx*, Die Klassenkämpfe..., a.a.O., S. 84.
105 *Engels*, Revolution und Konterrevolution... (1851), a.a.O., S. 12.
106 *Derselbe*, Die Rolle der Gewalt in der Geschichte (1887/88), in: MEW, Band 21, S. 450.
107 *Marx/Engels*, Die deutsche Ideologie (1845/46), in: MEW, Band 3, S. 34f.

aber auch keine Bourgeoisie besitze, beweist damit nur, dass er vom Sozialismus noch das ABC zu lernen hat[108]."

Es liegt auf der Hand, dass die Revolution wahrscheinlich in jenem Land seinen Anfang nehmen wird, in welchem die Produktivkräfte schon am weitesten fortgeschritten sind: In England. In diesem Sinne äussert sich *Marx* im Jahre 1870:

"Obgleich die revolutionäre Initiative wahrscheinlich von Frankreich ausgehen wird, kann allein England als *Hebel* für eine ernsthafte ökonomische Revolution dienen. Es ist das einzige Land, wo es keine *Bauern*[109] mehr gibt und wo der Grundbesitz in wenigen Händen konzentriert ist. Es ist das einzige Land, ... *wo die grosse Mehrheit der Bevölkerung aus Lohnarbeitern besteht*... Die Engländer verfügen über alle notwendigen *materiellen Voraussetzungen* für eine soziale Revolution[110]."

Versuchen wir, aus den oben angeführten Zitaten die wichtigsten Voraussetzungen für eine proletarische Revolution herauszukristallisieren[111]:

1) Die grosse Mehrheit der Bevölkerung besteht aus Lohnarbeitern, welche die Revolution tragen müssen. Als Träger dieser Revolution sind die Bauern der dezentralisierten Produktionsverhältnisse und ihres Charakters wegen nicht geeignet.
2) Der Stand der Produktivkräfte ist sehr hoch; Voraussetzung dafür sind sowohl Bourgeoisie als auch das Proletariat.
3) Der Grundbesitz ist in wenigen Händen konzentriert; es gibt kaum mehr Parzellenbauern.

Nur am Rande sei noch angemerkt, dass man heute in der offiziellen sowjetischen Ideologie ziemlich von diesen *Marx'schen* Revolutions-Voraussetzungen abgewichen ist. Bei *Marx* wird klar, dass die Chance und Berechtigung einer proletarischen Revolution mit zunehmendem Industrialisierungsgrad steigt. Dagegen lesen wir in den 'Grundlagen des Marxismus-Leninismus': Es gibt "keine

[108] *Engels,* Soziales aus Russland (1875), in: MEW, Band 18, S. 556f.
[109] Dies ist bestimmt nicht wortwörtlich zu verstehen. *Marx* denkt hier wohl daran, dass es in England im Vergleich zum Kontinent nur noch relativ wenige selbständige Kleinbauern gibt.
[110] *Marx,* Konfidentielle Mitteilungen (1870), in: MEW, Band 16, S. 414f.
[111] Diese Zusammenfassung erfolgt besonders im Hinblick auf die Stellung der *Bauern* innerhalb der Gesellschaft. Etwas andere Akzente setzt *Fetscher.* Er nennt als Revolutionsvoraussetzungen:
1) Ein bestimmter industrieller und ökonomischer Reifegrad der kapitalistischen Gesellschaft.
2) Ein hinlänglich starkes Industrieproletariat.
3) Ein politisches Klassenbewusstsein dieses Proletariats.
(Vgl.: *Fetscher Iring,* Karl Marx und der Marxismus, München 1967, S. 252—254.)

Länder mehr, die infolge ihrer ökonomischen Rückständigkeit oder aus irgendwelchen andern inneren Gründen nicht den Weg der sozialistischen Revolution beschreiben könnten"[112].

2.4.2. Ist die sozialistische Revolution in Russland möglich[113]?

Auf Grund der eben gemachten Feststellungen sollte eigentlich diese Frage mit einem eindeutigen 'nein' zu beantworten sein: Russland war in der zweiten Hälfte des 19. Jahrhunderts noch ein ausgesprochenes *Agrarland* mit einem zahlenmässig unbedeutenden Industrieproletariat.

Marx und *Engels* setzen sich aber eingehend mit der Ansicht russischer Sozialisten auseinander (die bekanntesten sind wohl *Bakunin* und *Tkatschow;* ferner die ganze Gruppe der *Narodniki*), welche die Meinung vertreten, dass die russische Eigentumsform des *'Mir'*[114] mit Gemeinbesitz der Bauern an Grund und Boden Russland in besonderer Weise für eine sozialistische Revolution prädestiniere. Auf eine entsprechende Bemerkung *Bakunins* reagiert *Marx* vorerst eher ungnädig, allerdings durchaus im Sinne der im letzten Abschnitt skizzierten allgemeinen Voraussetzungen für eine Revolution:

"Schülerhafte Eselei! Eine radikale Revolution ist an gewisse historische Bedingungen der ökonomischen Entwicklung geknüpft; letztere ist ihre Voraussetzung. Sie ist also nur möglich, wo mit der kapitalistischen Produktion das industrielle Proletariat wenigstens eine bedeutende Stellung in der Volksmasse einnimmt... Der *Wille*, nicht die ökonomischen Bedingungen, ist die Grundlage seiner (d.h. *Bakunins*, H.S.) sozialen Revolution[115]."

Marx ist im übrigen der Ansicht, dass die russische Form des 'naturwüchsigen Gemeineigentums' an Grund und Boden keineswegs eine spezifisch slawische oder gar russische Form sei. Vielmehr sei dieses Gemeineigentum die *Urform*, die man bei den Römern, Germanen und Kelten nachweisen könne[116]. Damit aber verschwinde für die Russen "die letzte Spur eines Anspruchs auf originality,

---

[112] Grundlagen des Marxismus-Leninismus, Übersetzung aus dem Russischen, Berlin (Ost) 1960, S. 570.

[113] Eine ausgezeichnete Darstellung der Revolutionsbedingungen in Russland, der Notwendigkeit des Durchlaufens der Periode des Kapitalismus, der Bedeutung der Mir-Gemeinde, usw., gibt: *Bloom S.F.*, The World of Nations, A Study of the National Implications in the Work of Karl Marx, New York 1951, S. 151–169.

[114] Wir gehen auf S. 88ff. dieser Arbeit etwas näher auf das Wesen der Mir-Verfassung ein.

[115] *Marx*, Konspekt von Bakunins Buch 'Staatlichkeit und Anarchie' (1874), in: MEW, Band 18, S. 633f.

[116] *Derselbe*, Zur Kritik der Politischen Ökonomie (1859), in: MEW, Band 8, S. 21.

selbst in this line. Was ihnen bleibt, ist, noch heute in Formen zu stecken, welche ihre Nachbarn seit langem abgestreift"[117].

Immerhin werden *Marx* und *Engels* um 1870 so interessiert an der russischen Frage, dass sie die russische Sprache lernen, um die Original-Schriften über die Mir-Gemeinde studieren zu können. Dabei kommen sie zur Überzeugung, dass das Gemeineigentum in Russland seit der Leibeigenenbefreiung von 1861 in Auflösung begriffen sei[118]. Allerdings – so meint *Engels* – sei die völlige Auflösung dieses Gemeineigentums unter *einer* Voraussetzung zu umgehen: Wenn nämlich in Westeuropa die proletarische Revolution durchgeführt würde, hätte das auch auf Russland Auswirkungen. Möglicherweise würde es in diesem Falle gelingen, die traditionelle Form des Gemeinbesitzes in sozialistische Formen überzuführen[119].

Aber auch die andere Möglichkeit ziehen *Marx* und *Engels* in Betracht, die Möglichkeit nämlich, dass die allgemeine Unzufriedenheit in Russland zu einer Revolution führen könnte, welche im Westen das Signal zu einer proletarischen Revolution geben würde. So schreiben sie in der Vorrede zur russischen Ausgabe des 'Kommunistischen Manifests':

"Das 'Kommunistische Manifest' hatte zur Aufgabe, die unvermeidlich bevorstehende Auflösung des modernen bürgerlichen Eigentums zu proklamieren. In Russland aber finden wir, gegenüber rasch aufblühendem kapitalistischem Schwindel und sich eben erst entwickelndem bürgerlichem Grundeigentum, die grössere Hälfte des Bodens im Gemeinbesitz der Bauern. Es fragt sich nun: Kann die russische Obschtschina[120], eine wenn auch stark untergrabene Form des uralten Gemeinbesitzes am Boden, unmittelbar in die höhere des kommunistischen Gemeinbesitzes übergehn? Oder muss sie umgekehrt vorher denselben Auflösungsprozess durchlaufen, der die geschichtliche Entwicklung des Westens ausmacht?

Die einzige Antwort hierauf, die heutzutage möglich ist, ist die: Wird die russische Revolution das Signal einer proletarischen Revolution im Westen, so dass beide einander ergänzen, so kann das jetzige russische Gemeineigentum

---

117 *Derselbe*, Brief an *Engels* vom 14.3.1868, in: MEW, Band 32, S. 42.
118 *Derselbe*, Brief an *V.I. Sassulitsch* vom 8.3.1881, in: MEW, Band 35, S. 167; und: *Engels*, Soziales aus Russland, a.a.O., S. 565.
119 *Engels*, Soziales aus..., a.a.O., S. 565.– Diesbezüglich drückt sich *Engels* kurz vor seinem Tode noch deutlicher aus, wenn er im 'Nachwort' der Ausgabe von 1894 zu 'Soziales aus Russland' (in: MEW, Band 22, S. 426f.) schreibt: "Die russische Gemeinde hat Hunderte von Jahren bestanden, ohne dass aus ihr je ein Antrieb hervorgegangen wäre, aus ihr selbst eine höhere Form des Gemeineigentums zu entwickeln ... Schon hieraus geht hervor, dass die Initiative zu einer solchen etwaigen Umgestaltung der russischen Gemeinde nur ausgehn kann nicht von ihr selbst, sondern einzig von den industriellen Proletariern des Westens ... Nie und nirgends hat der aus der Gentilgesellschaft überkommene Agrarkommunismus aus sich selbst etwas anderes entwickelt als seine eigne Zersetzung."
120 'Obschtschina' ist ein anderer Ausdruck für die Mir-Gemeinde.

am Boden zum Ausgangspunkt einer kommunistischen Entwicklung dienen[121]."

Für uns stellt sich natürlich sofort die Frage: Welcher Art würde die hier angedeutete russische Revolution sein? Die Beantwortung dieser Frage ist für *Engels* klar: Er schreibt nach dem Tode *Marx'ens* an *V.I. Sassulitsch,* dass sich seiner Ansicht nach Russland 'seinem 1789' — also der bürgerlichen Revolution — nähere[122].

Im übrigen wird *Engels* in den Jahren nach dem Tode von *Marx* immer pessimistischer, was die Überlebenschance der Mir-Gemeinde betrifft. So schreibt er in einem Brief an *N.F. Danielson:*

"Ich fürchte, wir werden die Obschtschina bald als einen Traum der Vergangenheit zu betrachten und in Zukunft mit einem kapitalistischen Russland zu rechnen haben. Zweifellos geht damit eine grosse Chance verloren, aber gegen ökonomische Tatsachen kann man eben nichts machen[123]."

Fassen wir zusammen: *Marx* und *Engels* erwarten die Revolution eindeutig in einem der damaligen Industrieländer mit fortgeschrittenen Produktivkräften. Zwar geben sie zu, dass das Gemeineigentum am Boden in Russland besondere Möglichkeiten einer sozialen Umgestaltung bieten würde, machen diese Umgestaltung aber von einer proletarischen Revolution in Westeuropa abhängig. Nach einer solchen Revolution könnte Russland möglicherweise — seiner Mir-Tradition wegen — den Übergangsprozess zu einer sozialistischen Gesellschaft abkürzen[124]. Diese Chance wird aber mit jedem Tag kleiner, weil die russische traditionelle Landwirtschaft mit Gemeineigentum sich immer mehr auflöst zugunsten einer Landwirtschaft mit kapitalistischen Kennzeichen.

2.5. DIE SOZIALISTISCHE LANDWIRTSCHAFT

Zur Abrundung der Vorstellungen der Begründer des wissenschaftlichen Sozialismus zu Fragen der Landwirtschaft wollen wir noch kurz ihre Stellung zur *Landwirtschaftspolitik* der Sozialisten zu beantworten versuchen. Diese Frage lässt sich aufteilen: Erstens stellt sich die Frage, welche Landwirtschaftpolitik

---

[121] *Marx/Engels,* Vorrede zur russischen Ausgabe des 'Kommunistischen Manifests' (1882), in: MEW, Band 4, S. 576. — Im gleichen Sinne äussert sich *Engels* ausführlicher in einem Brief an *N.F. Danielson* vom 24.2.1893, in: MEW, Band 39, S. 37f.
[122] *Engels,* Brief an *V.I. Sassulitsch* vom 23.4.1885, in: MEW, Band 36, S. 304. — Denselben Gedanken äussert *Engels* schon zu Lebzeiten *Marxens* in: Soziales aus . . ., a.a.O., S. 560f.
[123] *Engels,* Brief an *N.F. Danielson* vom 15.3.1892, in: MEW, Band 38, S. 305.
[124] Dieser Gedanke findet sich in: *Engels,* Nachwort zu 'Soziales aus . . .', a.a.O., S. 428.

die Sozialisten in einer *kapitalistischen Gesellschaft* betreiben sollen. Die zweite — in unserm Zusammenhang interessantere Frage — lautet: Wie soll die *sozialistische Landwirtschaft* nach der Revolution organisiert sein? Vorläufig nur so viel: Die Antwort auf diese zweite Frage wird eher enttäuschend ausfallen!

2.5.1. Die Landwirtschaftspolitik der Sozialisten im Kapitalismus

Am Anfang des umfangreichen *Marx/Engels'schen* Werkes finden wir kaum etwas über eine sozialistische Landwirtschaftspolitik im Kapitalismus. Nach dem bisher gesagten kann uns diese Feststellung nicht verwundern: Auch in der Landwirtschaft polarisiert sich nach den Analysen von *Marx* und *Engels* im Laufe der Zeit die Bevölkerung in zwei Gruppen, nämlich in *Kapitalisten* (Grundbesitzer, Hypothekargläubiger) und *Besitzlose* (vor allem Landarbeiter, aber auch die armen Pächter und Kleinbauern gehören dazu). Zwangsläufig werden sich auch in der Landwirtschaft im Laufe der Zeit die Widersprüche derart verschärfen, dass eine Revolution unvermeidlich wird.

Nun, die Revolution liess auf sich warten. Die Sozialisten kamen aber gegen Ende des 19. Jahrhunderts verschiedentlich zu Vertretungen in den Parlamenten. Da stellte sich natürlich die Frage, wie sie sich bezüglich der Landwirtschaftspolitik verhalten sollten. Von *Marx* können wir zur Beantwortung dieser Frage nicht viel erwarten; zahlreicher sind die Äusserungen *Engels'* nach dem Tode seines Vorbildes. Wir finden bei *Marx* eine Stelle, welche typisch für seine Haltung sein dürfte und welche mittelbar auch die Landwirtschaftspolitik betrifft: Seine Meinung zur Frage des *Erbrechtes. Marx* glaubt nicht daran, dass mittels der Abschaffung des Erbrechtes die kapitalistische Gesellschaft entscheidend geändert werden könne und wendet sich vor allem gegen die Ansichten *Saint-Simons*, wenn er schreibt:

"Das Verschwinden des Erbschaftsrechtes wird das natürliche Resultat eines gesellschaftlichen Wechsels sein, der das Privateigentum im Produktionsmittel verdrängt, aber die Abschaffung des Erbrechts kann niemals der Ausgangspunkt einer solchen Umgestaltung sein[125]."

Ganz allgemein ist zu sagen, dass *Marx* von solchen 'reformistischen' Massnahmen im Kapitalismus nicht viel hält: Damit werden die Widersprüche dieses Systems nur verschleiert und die Revolution wird möglicherweise unnötig herausgeschoben.

[125] *Marx*, Bericht des Generalrats über das Erbrecht (1869), in: MEW, Band 16, S. 368. — In einem Brief an *Paul und Laura Lafargue* vom 19.4.1870 nennt *Marx* die Forderung nach Abschaffung des Erbrechts sogar eine "törichte Drohung". (In: MEW, Band 32, S. 674.)

Doch nun zu *Engels:* Schon zu Lebzeiten von *Marx* meint er, dass es die wichtigste und schwierigste Aufgabe der Arbeiterpartei sei, die Landarbeiter über ihre wahren Interessen aufzuklären[126]. Nach dem Tode von *Marx* wurde eine *konkretere* Stellung zur Landwirtschaftspolitik der Arbeiterpartei immer dringlicher. Ob *Engels'* Empfehlungen noch in allen Teilen den Vorstellungen *Marxens* entsprochen hätten, wagen wir zu bezweifeln. Vielmehr finden wir in diesen Empfehlungen bereits Anzeichen eines *Revisionismus* der *Marx'schen* Agrarlehre. So schreibt *Engels* 1884 an *August Bebel:*

> "Wenn Ihr Anträge im Reichstag stellt, so ist da einer, der nicht vergessen werden sollte. Die Staatsdomänen werden meist an Grosspächter verpachtet, kleinstenteils an Bauern verkauft, deren Parzellen aber so klein, dass die neuen Bauern auf Taglohnarbeit bei den grossen Wirtschaften angewiesen sind. Zu verlangen wäre *Verpachtung grosser ungeteilter Domänen an Genossenschaften von Ackerbauarbeitern zur gemeinsamen Bewirtschaftung*[127]."

Weshalb entspricht diese von *Engels* empfohlene Massnahme u.E. nicht mehr ganz der *Marx'schen* Lehre? Nun, nach *Marx* hätte wohl die Arbeiterpartei viel eher versuchen sollen, die Widersprüche des Kapitalismus zu akzentuieren, um die Revolution zu beschleunigen. Hier empfiehlt aber *Engels* eindeutig eine partielle Massnahme, welche bereits im Kapitalismus sozialistische Organisationsformen vorweg nehmen will, um damit das Los einer Bevölkerungsschicht zu erleichtern — damit aber auch die Widersprüche im Kapitalismus entschärft!

Besonders schwierig ist eine sozialistische Politik gegenüber den selbständigen *Kleinbauern.* Einerseits sind sie nach der *Marx/Engels'schen* Vorstellung unrettbar dem Untergang verfallen[128], andererseits sind sie zahlenmässig noch so bedeutend, dass man sie nicht mit solch pessimistischen Voraussagen verärgern darf. In diesem Sinne ist auch folgendes Zitat von *Engels* zu verstehen:

> "Und wir stehen ja entschieden auf Seite des Kleinbauern; wir werden alles nur irgend zulässige tun, um sein Los erträglicher zu machen, um ihm den Übergang zur Genossenschaft zu erleichtern, falls er sich dazu entschliesst, ja sogar um ihm, falls er diesen Entschluss noch nicht fassen kann, eine verlängerte Bedenkzeit auf seiner Parzelle zu ermöglichen[129]."

---

126 *Engels,* Wilhelm Wolff (1876), in: MEW, Band 19, S. 82.
127 *Derselbe,* Brief an *August Bebel* vom 11./12. Dez. 1884, in: MEW, Band 36, S. 253.
128 Vgl. S. 39f. dieser Arbeit. — Dieser Ansicht ist *Engels* bis zum Ende seines Lebens treu geblieben. So schreibt er in einem Brief an *N.F. Danielson* vom 15.3.1892 (in: MEW, Band 38, S. 306) über den Untergang der Kleinbauern: "Aber wir werden uns mit diesem Gedanken trösten müssen, dass all das in letzter Instanz der Sache des menschlichen Fortschritts dienen muss..."
129 *Engels,* Die Bauernfrage..., a.a.O., S. 303.

Diese Aussage wird jedoch von *Engels* in einem Brief an *Karl Kautsky* modifiziert. In diesem Brief nämlich meint er, bezugnehmend auf die Ansichten *Vollmars:*

"Daraus, dass man den Kleinbauern sagt, man wolle sie nicht gewaltsam von Haus und Hof jagen, daraus den Schluss zu ziehen, man wolle ihnen auch die ökonomischen Bedingungen der fortgesetzten Einzelwirtschaft zur Verfügung stellen, ist doch stark[130]."

In seiner Auseinandersetzung mit dem Programm der französischen Sozialisten meint *Engels,* dass zwar der Untergang der Kleinbauern unvermeidlich sei, dass aber die Sozialisten nicht dazu berufen seien, diesen Untergang durch Eingriffe zu beschleunigen[131].

Noch ein letztes: Welche Rolle haben die Bauern in der proletarischen Revolution zu spielen? Wir haben bereits gesehen, dass in dieser Revolution der Industriearbeiterklasse die entscheidende Bedeutung zukommt; die Bauern sind aus verschiedenen Gründen dazu viel weniger geeignet[132]. Schon im 'Manifest der Kommunistischen Partei' wird ja festgestellt, dass die Bauern nicht revolutionär, sondern konservativ oder gar reaktionär seien[133]. Kurz, man muss die Revolution ganz dem Industrieproletariat anvertrauen. Auch von dieser Ansicht ist *Engels* ein Jahr vor seinem Tode abgerückt: Er ist nun überzeugt, dass ohne die Landbevölkerung die Revolution nicht zustande kommen kann:

"Die Eroberung der politischen Macht durch die sozialistische Partei ist in absehbare Nähe gerückt. Um aber die politische Macht zu erobern, muss diese Partei vorher von der Stadt aufs Land gehen, muss eine Macht werden auf dem Land[134]."

2.5.2. Wie sieht die sozialistische Landwirtschaft aus?

Wir haben bereits zwei wesentliche Merkmale der sozialistischen Landwirtschaft (nach der Revolution) kennengelernt: Erstens wird in dieser Landwirtschaft nach *Marx* und *Engels* der *Grossbetrieb* vorherrschen[135]. Zweitens wird in der sozialistischen Gesellschaft auf eine allmähliche *Aufhebung des Unterschieds zwischen Stadt und Land* hingearbeitet werden[136]. Während die erste Vorstellung der Überlegenheit des Grossbetriebs über den Kleinbetrieb im Kapitalismus genau so wie im Sozialismus gilt, ist zur Aufhebung des Unterschieds zwischen Stadt und Land eine sozialistische Gesellschaftsordnung notwendig.

130 *Derselbe,* Brief an *Karl Kautsky* vom 22.11.1894, in: MEW, Band 39, S. 322.
131 *Derselbe,* Die Bauernfrage ..., a.a.O., S. 301.
132 Vgl. S. 49ff. dieser Arbeit.
133 *Marx/Engels,* Manifest ..., a.a.O., S. 55.
134 *Engels,* Die Bauernfrage ..., a.a.O., S. 293.
135 Vgl. S. 46f.
136 Vgl. S. 47ff.

Dies sind zwei zwar wichtige, aber doch recht allgemeine Anforderungen an eine sozialistische Landwirtschaft. Damit allein lässt sich zweifellos nach einer allfälligen proletarischen Revolution keine konkrete Politik betreiben. *Marx* lehnt es aber bewusst ab, Spekulationen über das Leben in der neuen Gesellschaft anzustellen:

> "Die Arbeiterklasse hat keine fix und fertigen Utopien durch Volksbeschluss einzuführen. Sie hat keine Ideale zu verwirklichen; sie hat nur die Elemente der neuen Gesellschaft in Freiheit zu setzen, die sich bereits im Schosse der zusammenbrechenden Bourgeoisie-Gesellschaft entwickelt haben[137]."

Wir schliessen uns der Meinung *Bergmanns* an, welcher meint, dass *Marx* "im Kapital und andern klassischen Schriften verarbeitetes Material aus seiner Zeit (gibt) und damit Gedanken und Methoden zur Diagnose, jedoch keine Rezepte für eine Therapie"[138] vermittelt. Im ähnlichen Sinne äussert sich *Arnold Kuenzli*, welcher feststellt, dass das Werk von *Marx* zwar eine unerschöpfliche Fundgrube für Problemstellungen und Erkenntnisse aller Art sei, "dass es aber als Totaltheorie für eine radikale Umwandlung unserer Gesellschaft in eine sozialistische bei weitem nicht genügt"[139]. Deswegen auch musste es für die marxistischen Revolutionäre des 20. Jahrhunderts sehr schwierig sein, die 'richtigen' bzw. 'Marx-konformen' politischen Massnahmen zu treffen. Wir werden im weitern Verlaufe unserer Arbeit auch feststellen, dass in der Agrarpolitik der sozialistischen Länder immer die gesellschaftliche und wirtschaftliche Realität die einzelnen Massnahmen mindestens ebenso stark beeinflussten wie die sozialistische Theorie.

2.5.2.1. Die Expropriation des Grundeigentums

Es handelt sich dabei um jene Massnahme, die unter den Massregeln des 'Manifests' als erste empfohlen wird[140]. Auch in späteren Schriften kommen *Marx* und *Engels* verschiedentlich auf die 'Nationalisierung' des Grund und Bodens zurück. So setzt sich *Marx* in einem Artikel von 1872 zuerst mit dem Naturrecht (am Boden) auseinander, lehnt dieses natürlich ab und stellt dann fest, dass auch rein ökonomische Gründe für die Nationalisierung des Bodens sprechen:

> "Lassen wir indessen die sogenannten 'Rechte' des Eigentums beiseite, so stellen wir fest, dass die ökonomische Entwicklung der Gesellschaft, das

---

137 *Marx,* Der Bürgerkrieg in Frankreich (1871), in: MEW, Band 17, S. 343.
138 *Bergmann T.,* Die Agrarfrage bei Marx und Engels – und heute, in: *Euchner Walter, Schmidt Alfred,* Hrsg., Kritik der politischen Ökonomie heute, Frankfurt 1968, S. 191.
139 *Künzli Arnold,* a.a.O.
140 *Marx/Engels,* Manifest ..., a.a.O., S. 67.

Wachstum und die Konzentration der Bevölkerung, die Notwendigkeit der kollektiven und organisierten Arbeit sowie die Maschinerie und andere Erfindungen für die Landwirtschaft, die Nationalisierung des Grund und Bodens zu einer *'gesellschaftlichen Notwendigkeit'* machen[141]."

In seiner 'Bauernfrage in Frankreich und Deutschland' (1894) modifiziert *Engels* die Enteignung des Grund und Bodens insofern, als er feststellt, dass diese gewaltsame Enteignung selbstverständlich nicht für den Kleinbauern gelte[142]. Ja, selbst den Grossgrundbesitzern würde möglicherweise eine Entschädigung für den enteigneten Boden ausbezahlt werden:

"Eine Entschädigung sehen wir keineswegs unter allen Umständen als unzulässig vor; Marx hat mir — wie oft! — als seine Ansicht ausgesprochen, wir kämen am wohlfeilsten weg, wenn wir die ganze Bande auskaufen könnten[143]."

2.5.2.2. Die Arbeitsorganisation

Eine vage Vorstellung über die Organisation der landwirtschaftlichen Arbeit im Sozialismus finden wir wiederum im 'Manifest' in der Massregel 8: "Gleicher Arbeitszwang für alle, Errichtung industrieller Armeen, besonders für den Ackerbau[144]." Der hier angetönte Gedanke gemeinschaftlicher Arbeit im Bereich der Landwirtschaft taucht später unter verschiedenen Namen immer wieder auf:

— "Arbeiterkolonien" und "assoziiertes Landproletariat[145]"
— "Kooperativsystem ... auf nationaler Stufenleiter[146]"
— "Assoziierte Landarbeiter[147]"
— "Selbstwirtschaftende Genossenschaften unter Staatsleitung[148]"

Das mag genügen. In irgend einer Form soll also die Landwirtschaft genossenschaftlich organisiert werden. Diese *Marx/Engels'schen* Genossenschaften sind nun durchaus vieldeutig; man weiss nicht, *wie* sie konkret gestaltet werden sollen, man weiss nur, *weshalb* Genossenschaften notwendig sind: Durch gemeinschaftliche Arbeit wird die Produktivität der Arbeit stark gesteigert[149].

---

141 *Marx*, Über die Nationalisierung..., a.a.O., S. 59f.
142 *Engels*, Die Bauernfrage..., a.a.O., S. 301.
143 *Ebendort*, S. 305.
144 *Marx/Engels*, Manifest..., a.a.O., S. 67.
145 *Marx/Engels*, Ansprache der Zentralbehörde an den Bund (1850), in: MEW, Band 7, S. 252.
146 *Marx*, Inauguraladresse der Internationalen Arbeiter-Assoziation (1864), in: MEW, Band 16, S. 12.
147 *Marx*, Über die Nationalisierung..., a.a.O., S. 62.
148 *Engels*, Brief an *August Bebel* vom 20./23. Jan. 1886, in: MEW, Band 36, S. 426.
149 Vgl. dazu die beiden frühen Schriften von *Engels*: Beschreibung der in neuerer Zeit entstandenen und noch bestehenden kommunistischen Ansiedlungen (1845), in: MEW, Band 2, S. 521ff.; und: Zwei Reden in Eberfeld (1845), in: MEW, Band 2, S. 545ff.

Vor allem erlaubt eine gemeinschaftliche Bearbeitung des Bodens auch die Anwendung der modernen Erkenntnisse der Wissenschaft und der landwirtschaftlichen Maschinen[150].

Wie diese Genossenschaften aber *konkret* beschaffen sein sollen — darüber finden wir bei *Marx* und *Engels* kaum Hinweise. Jedenfalls will *Marx* diesen Genossenschaften keine allzu grosse Handlungsfreiheit geben:

> "Die Zukunft wird entscheiden, dass der Boden nur nationales Eigentum sein kann. Das Land an assoziierte Landarbeiter zu übergeben, würde heissen, die ganze Gesellschaft einer besonderen Klasse von Produzenten auszuliefern...
> *Die nationale Zentralisation der Produktionsmittel* wird die natürliche Basis einer Gesellschaft werden, die sich aus Assoziationen freier und gleichgestellter, nach einem gemeinsamen und rationellen Plan bewusst tätiger Produzenten zusammensetzt[151]."

In einem Interview mit der 'Tribune' wird *Marx* gefragt, weshalb er die Forderung nach sozialistischen Produktionsgenossenschaften weglasse. Er gibt zur Antwort: "Gewiss, wir sagen, dass dies das Ergebnis der Bewegung sein wird. Doch wird das eine Frage der Zeit, der Erziehung und der Ausbildung höherer Gesellschaftsformen sein[152]." In ähnlichem Sinne äussert er sich schon früher in den 'Instruktionen für die Delegierten des Zentralrates'. Er warnt dort davor, in bezug auf die Produktivgenossenschaften ein doktrinäres System zu empfehlen. Man solle sich vielmehr auf die Darstellung einiger allgemeiner Prinzipien beschränken[153].

In der schon oft erwähnten 'Bauernfrage' von *Engels* findet sich die im Zusammenhang mit marxistischer Agrarpolitik wahrscheinlich am häufigsten zitierte Stelle:

> "Unsere Aufgabe gegenüber dem Kleinbauer besteht zunächst darin, seinen Privatbetrieb und Privatbesitz in einen genossenschaftlichen überzuleiten, nicht mit Gewalt, sondern durch Beispiel und Darbietung von gesellschaftlicher Hilfe zu diesem Zweck[154]."

Wenn wir aber hoffen, nach diesem Bekenntnis zu Genossenschaften würden einige konkretere Angaben folgen, so sehen wir uns getäuscht. *Engels* meint, bezugnehmend auf die sofort nach der Revolution einzurichtenden Genossenschaften auf den grossen Gütern der Grundbesitzer:

---

[150] Vgl. dazu S. 45f. und die dort angegebenen Zitate von *Marx;* ausserdem: *Engels, Die Mark* (1882), in: MEW, Band 19, S. 330.
[151] *Marx,* Über die Nationalisierung..., a.a.O., S. 62.
[152] Interview mit der 'Tribune' vom 18.12.1878, in: MEW, Band 34, S. 511.
[153] *Marx,* Instruktionen für die Delegierten des Zentralrates (1867), in: MEW, Band 16, S. 195f.
[154] *Engels,* Die Bauernfrage..., a.a.O., S. 302.

"Die so der Gesamtheit zurückgegebenen grossen Güter hätten wir den sie schon jetzt bebauenden, in Genossenschaften zu organisierenden, Landarbeitern zur Benutzung unter Kontrolle der Gesamtheit zu überlassen. Unter welchen Modalitäten, darüber lässt sich jetzt noch nichts feststellen...[155]"

Wir halten *zusammenfassend* fest, dass die konkrete Gestaltung der Landwirtschaft nach einer sozialistischen Revolution den Marxisten viele Freiheiten lässt. Sicher ist nur, dass in der Landwirtschaft Grossbetriebe eingerichtet werden müssen, dass der Boden in 'gesellschaftliches Eigentum' verwandelt und in irgend einer Form genossenschaftlich bebaut wird. Ein Fernziel sozialistischer Agrarpolitik müsste es ferner sein, den Dualismus Landwirtschaft–Industrie zu überwinden. *Marx* und *Engels* vermitteln uns also durchaus eine Reihe wichtiger *allgemeiner* Vorstellungen über eine sozialistische Landwirtschaft, aber kaum konkrete Hinweise für eine sozialistische Landwirtschaftspolitik.

3. DIE AGRARDEBATTE

3.1. EMPIRISCHER BEFUND

Im Todesjahr von *Friedrich Engels* (1895) werden sowohl in Deutschland als auch in England landwirtschaftliche Betriebszählungen vorgenommen. Was *Marx* als selbstverständlich hingestellt hatte, wird von diesen Statistiken widerlegt: Der Kleinbetrieb in der Landwirtschaft verliert keineswegs an Bedeutung zugunsten des Grossbetriebs. Dass diese Tatsache innerhalb der sozialistischen Bewegung zu Auseinandersetzungen führen musste, liegt auf der Hand.

Zuerst beschäftigen wir uns mit der deutschen Statistik und fügen gleich noch die Daten der landwirtschaftlichen Betriebszählung von 1907 bei:

---

155 *Ebendort*, S. 305.

Statistik II–1[156]:
Landwirtschaftliche Betriebsgrösse in Deutschland 1882–1907

Grössenklasse[157]   Prozentanteil an allen Betrieben

	1882	1895	1907
bis 2 ha	58,0	58,2	58,8
2–5 ha	18,6	18,2	17,5
5–20 ha	17,5	17,9	18,5
20–100 ha	5,3	5,0	4,5
über 100 ha	0,4	0,4	0,4

Die Statistik zeigt, dass die Betriebsgrössenstruktur der Landwirtschaft in diesem Vierteljahrhundert bemerkenswert *stabil* geblieben ist: Nennenswerte Verschiebungen lassen sich jedenfalls nicht feststellen.

Es wäre nun möglich, dass diese Stabilität zwar für die *Zahl* der Betriebe in den einzelnen Grössenklassen gilt, nicht aber für den Anteil des bebauten Landes. Dies wäre dann der Fall, wenn die wenigen Grossbetriebe immer mehr Land an sich gerissen hätten und innerhalb der anderen Grössenklassen eine Landumteilung in Richtung der untern Extremwerte der einzelnen Gruppen eingetreten wäre (z.B. in der Gruppe der 'Grossen Bauernwirtschaften' in Richtung der Betriebe mit nur wenig mehr als 20 ha). Eine entsprechende Statistik zeigt, dass dieser Verdacht unbegründet ist:

---

[156] *Quelle: Philippovich Eugen von,* Grundriss der politischen Ökonomie, Tübingen 1922, 17. Aufl., Band 1, S. 24. — Wegen Rundungen ergeben sich aufsummiert nur annähernd 100 %.

[157] In der amtlichen Statistik wird unterteilt in:

1) Parzellenbetriebe (bis 2 ha)
2) Kleine Bauernwirtschaften (2–5 ha)
3) Mittlere Bauernwirtschaften (5–20 ha)
4) Grosse Bauernwirtschaften (20–100 ha)
5) Grossbetriebe (über 100 ha)

(Nach: Die Landwirtschaft im Deutschen Reich nach der landwirtschaftlichen Betriebszählung vom 14. Juni 1895, o.V., in: Zeitschrift für Sozialwissenschaft, 2. Jg., 1899, S. 645.)

Statistik II−2[158]:
Aufteilung der landwirtschaftl. genutzten Fläche in Deutschland

Grössenklasse	Prozentanteil an der genutzten Fläche		
	1882	1895	1907
bis 2 ha	5,7	5,5	5,4
2−5 ha	10,0	10,1	10,4
5−20 ha	28,7	29,9	32,7
20−100 ha	31,0	30,3	29,3
über 100 ha	24,4	24,0	22,2

Auch auf Grund dieser Statistik kann man nicht eben von bedeutenden Verschiebungen im beobachteten Zeitraum sprechen. Erwähnenswert ist vielleicht, dass die mittleren Betriebe (5−20 ha) ihre Stellung auf Kosten der Grossbetriebe etwas ausgebaut haben.

Zur Abrundung dieser empirischen Darstellung sehen wir uns noch die weniger aufgegliederten Zahlen von England an, welche die Konstanz der Betriebsgrössenstruktur in der Landwirtschaft auch in diesem Lande unterstreichen:

Statistik II−3[159]:
Landwirtschaftliche Betriebsgrösse in England 1885−1909

Grössenklasse	Prozentanteil an allen Betrieben			
	1885	1895	1905	1909
bis 50 acres[160]	58,5	58,5	58,0	57,8
50−300 acres	36,6	37,4	37,5	37,6
über 300 acres	4,9	4,1	4,5	4,4

Alle diese Statistiken zeigen etwas sehr deutlich: Vom unvermeidlichen Untergang des Kleinbauern − wie dies von *Marx* und *Engels* vorausgesagt wurde[161] − konnte in Europa[162] bis gegen den 1. Weltkrieg noch nicht die Rede sein.

158 *Quelle: Philippovich*, a.a.O., S. 24. − Wegen Rundungen ergeben sich nur annähernd 100 %.
159 *Quelle: Ebendort*, S. 25.
160 1 acre = 0,4 ha.
161 Vgl. S. 44 dieser Arbeit
162 Eine gedrängte Übersicht über die Entwicklungstendenzen der landwirtschaftlichen Betriebsgrösse in den verschiedenen Ländern Europas gibt: *Philippovich*, a.a.O., S. 25ff.

Wir haben absichtlich diese summarischen Statistiken an den Beginn unserer Darstellung der Agrardebatte gestellt. Es könnten nämlich ganze Abhandlungen geschrieben werden über den Gebrauch (besser: Missbrauch) von Statistiken in jener Zeit! Zu oft war es nämlich so, dass ein Teilnehmer an der Agrardebatte zur Stützung seiner Thesen einfach jene Zahlen aus den Statistiken herausgriff, welche geeignet waren, seine Thesen zu belegen[163]. Wir werden im folgenden auf eine detaillierte Kritik an diesem Statistik-Missbrauch verzichten und uns der Einfachheit halber immer unsere summarischen Statistiken vor Augen halten.

Auch die einzelnen Thesen der *Produktivitätsvorteile* der einen oder andern Betriebsform werden jeweils von den Teilnehmern an der Agrardebatte durch entsprechende Statistiken gestützt. Wir verzichten auf die Wiedergabe dieser Statistiken, da diese meist nur einzelne Regionen oder Betriebszweige (Viehzucht, Getreidebau, usw.) betreffen und durch Zahlen einer anderen Region oder eines andern Betriebszweiges widerlegt werden. Ausserdem sind diese Statistiken nur noch von *historischem* Interesse. Wir begnügen uns deshalb mit der Wiedergabe der *grundsätzlichen Argumente* pro und kontra Kleinbetrieb.

3.2. DIE AGRARDEBATTE ALS BESTANDTEIL DES REVISIONISMUS

Wir haben eben festgestellt, dass eine der zentralen Thesen der *Marx/Engels'schen* Agrarlehre — nämlich der unvermeidliche Untergang des bäuerlichen Kleinbetriebes — von der tatsächlichen Entwicklung *nicht* bestätigt worden ist. Diese Resistenz des Parzellenbetriebes führte dann innerhalb der Sozialdemokratie zu einer Auseinandersetzung über die Überlegenheit des Gross- bzw. Kleinbetriebes in der Landwirtschaft[164].

---

[163] Beispiele dafür gibt es genügend: So erhält man bei einem Vertreter der Überlegenheit des Kleinbetriebs, *Eduard David,* bei seinem Kommentar der Betriebszählung von 1895 den Eindruck, dass die Mittelbetriebe sehr an Bedeutung gewonnen haben, weil er nur absolute, aber keine relativen Zahlen berücksichtigt. (In: *David E.,* Sozialismus und Landwirtschaft, a.a.O., S. 28.) — Der grosse Gegenspieler von *David, Karl Kautsky,* liess in der von ihm redigierten Zeitschrift 'Neue Zeit' immer wieder kurze Notizen erscheinen, die den Eindruck erwecken mussten, dass der Kleinbetrieb auf Kosten des Grossbetriebs dem Untergang entgegengehe. Vgl. etwa: Neue Zeit, 1889, S. 287; oder: Neue Zeit, 1896/1, S. 27.
[164] Wir beschränken uns hier im wesentlichen auf den Verlauf der Agrardebatte in *Deutschland.* Wie *Mitrany* zeigt, existiert in den meisten europäischen Ländern eine Bewegung zur Revision der *Marx'schen* Agrarlehre. (Vgl.: *Mitrany D.,* Marxismus und Bauerntum (1951), Übersetzung aus dem Englischen, München 1956, S. 31f.) — Führend war dabei anfänglich die französische Arbeiterpartei, in deren Programm von 1892 es als Pflicht der Sozialisten bezeichnet wurde, "den selbstwirtschaftenden Eigentümern ihr Stück Land ... zu erhalten". (Vgl.: Agrarprogramm der französischen Arbeiterpartei 1892/94, abgedruckt in: *Diehl/Mombert,* Band 12, a.a.O., S. 25.) Diese Empfehlung kann wohl kaum mehr als *Marx*-konform angesehen werden!

Diese Auseinandersetzung war aber nur *ein* Element des langsam sich verbreitenden *Revisionismus* innerhalb der sozialistischen Bewegung. Wir können an dieser Stelle auf die übrigen Punkte der sozialistischen Revision der *Marx'schen* Lehre nicht eingehen[165]. Hier nur einige allgemeine Bemerkungen zum Revisionismus: Man kann wohl mit *Dieter Klink* einig gehen, welcher meint, dass der Revisionismus sozusagen in der *Marx'schen* Lehre selbst enthalten ist, dann nämlich, wenn die von *Marx* fast als Naturgesetze formulierten Entwicklungstendenzen in der Gesellschaft *nicht* eintreten[166]. So kann der Revisionismus auch als eine Art *Aufklärungsbewegung* interpretiert werden, die versucht, das sozialistische Lehrgebäude durch Überprüfung an der Empirie zu reformieren und weiterzuführen[167]. Noch ein zweites ist aber wichtig: Der 'Begründer' des Revisionismus, *Eduard Bernstein*, definiert diese Bewegung folgendermassen: "Revisionismus heisst Weiterbildung von Theorie und Praxis der Sozialdemokratie in evolutionistischem Sinne[168]." Dieser Glaube an eine evolutionäre Entwicklung der Demokratie zeigt, dass sich die Revisionisten im Laufe der Zeit ziemlich weit von *Marx* entfernen – auch wenn sie sich am Anfang immer auf ihn berufen und ihn nur 'interpretieren'.

Doch kehren wir wieder zu unserm Teilaspekt des Revisionismus – zur Agrardebatte – zurück. Politischer Ausgangspunkt dieser Debatte war der Frankfurter-Parteitag von 1894[169]. Dort prophezeite *Schoenlank* in einem Referat – durchaus im *Marx'schen* Sinne – den Untergang des Kleinbauern, während *Georg von Vollmar* die Richtigkeit der *Marx'schen* Auffassung in bezug auf die selbständigen Kleinbauern bestritt: Dieser Kleinbauer nämlich sei durchaus lebensfähig und als Proletarier auf dem Lande anzusehen. Die politische Konsequenz daraus müsse eine *Bauernschutzpolitik* der Sozialisten sein. Diese Auseinandersetzung wurde dann in der damaligen wissenschaftlichen Zeitschrift der Partei – in der 'Neuen Zeit' – weitergeführt.

In dieser Auseinandersetzung schälten sich immer deutlicher zwei Kontrahenten heraus: Auf der einen Seite stand *Karl Kautsky,* welcher die *Marx'sche* Lehre in bezug auf die Landwirtschaft verteidigte, und auf der andern Seite relativierte

---

[165] Gute, gedrängte Zusammenfassungen der Hauptmerkmale des Revisionismus finden sich in: *Laidler Harry W.,* Social Economic Movements, New York 1948, S. 237–256; *Gray Alexander,* The Socialist Tradition, Moses to Lenin, London 1946, S. 401–407; *Klink Dieter,* Vom Antikapitalismus zur sozialistischen Marktwirtschaft, Hannover 1965, S. 3ff. – Eine knappe Darstellung der Bedeutung der *Agrardebatte* innerhalb des Revisionismus wird gegeben bei: *Gottschalch W.* u.a., Geschichte der sozialen Ideen in Deutschland, München 1969, S. 152–163.
[166] *Klink D.,* a.a.O., S. 3f.
[167] In diesem Sinne: *Marck S.,* Philosophie des Revisionismus, in: Grundsätzliches zum Tageskampf, Festgabe für Eduard Bernstein, Breslau 1925, S. 23f.
[168] *Bernstein E.,* Der Revisionismus in der Sozialdemokratie, in: Handbuch der Politik, Band II, Berlin 1914, S. 55.
[169] Das folgende stützt sich auf: *Gottschalch,* a.a.O., S. 154ff. und: *Braun Otto,* Die deutsche Sozialdemokratie und die Agrarfrage, in: Neue Zeit, 1913/2, S. 886–900.

und attackierte *Eduard David* diese Lehre. *David* kann als wichtigster Revisionist der Agrarlehre *Marx'ens* angesehen werden. Zwar setzte sich auch *Bernstein* kritisch mit der Agrartheorie von *Marx* auseinander[170], im Mittelpunkt seines Interesses standen aber doch eindeutig andere Probleme des Sozialismus. Den Höhepunkt erreichte die Auseinandersetzung zwischen *Kautsky* und *David* mit je einem umfangreichen Werk über die Agrarfrage: 1899 erschien *Kautsky's* 'Die Agrarfrage'[171] (451 Seiten); 1903 folgte *David* mit 'Sozialismus und Landwirtschaft'[172] (699 Seiten).

Wir werden im folgenden zuerst die Position *Kautskys* und seiner Anhänger, dann diejenige der *David*-Gruppe darstellen. Anschliessend versuchen wir dann, eine *Bilanz* aus dieser Auseinandersetzung zu ziehen. Wir behandeln die umfangreiche Auseinandersetzung nicht zu ausführlich, weil die ganze Agrardebatte in relativ engen Bahnen verlief[173] — so viel auch geschrieben wurde: Fast die gesamte Debatte konzentrierte sich auf die Frage der Vorteile des Grossbzw. des Kleinbetriebs in der Landwirtschaft. Die andern Aspekte der *Marx'schen* Agrarlehre wurden weitgehend vernachlässigt. Nun ist bestimmt im Zusammenhang mit der heutigen Agrarpolitik in Entwicklungsländern die Frage nach der Betriebsgrösse eine wichtige Frage, aber doch nur *eine* unter vielen andern, welche in der Agrardebatte *nicht* diskutiert wurden.

3.3. KARL KAUTSKY

Wir haben festgestellt, dass sich *Marx* und *Engels* nie eingehend mit den Verhältnissen in der Landwirtschaft befasst haben; man muss ihre Stellung zur Agrarfrage in gelegentlichen Bemerkungen und kurzen Artikeln zusammensuchen. Diesen Mangel empfindet auch *Karl Kautsky*[174], welcher bemerkt, dass in der beginnenden Auseinandersetzung um die Stellung der Sozialdemokratie bezüglich der Bauernschaft ein richtungsweisendes Werk fehlt. Diese Lücke schliesst er mit seiner 'Agrarfrage'. Wenn wir *Lenin* als Experten akzeptieren, so muss *Kautsky* dieses Werk vom marxistischen Standpunkt aus sehr gut gelungen sein, schreibt *Lenin* doch an einer Stelle über *Kautskys* Buch, dieses sei "nach dem dritten Band des 'Kapitals' die hervorragendste Erscheinung der neueren ökonomischen Literatur"[175].

---

[170] Etwa in: *Bernstein Eduard,* Die Voraussetzungen des Sozialismus und die Aufgaben der Sozialdemokratie (1899), 2. Aufl. Stuttgart 1921, S. 107.

[171] Der ganze Titel lautet: Die Agrarfrage. Eine Übersicht über die Tendenzen der modernen Landwirtschaft und die Agrarpolitik der Sozialdemokratie, Stuttgart 1899.

[172] *David Eduard,* Sozialismus und Landwirtschaft (1903), 2. Aufl. Leipzig 1922.

[173] Dies betont etwa *Friedrich Pollock,* in: Sozialismus und Landwirtschaft, Festschrift für Carl Grünberg zum 70. Geburtstag, Leipzig 1932, S. 397.

[174] Vgl. seine Bemerkung in: Die Agrarfrage, a.a.O., Vorrede, S. VI.

[175] *Lenin W.I.,* Die Entwicklung des Kapitalismus in Russland (1899), in: Werke, Berlin 1956ff., Band 3, S. 13. — *Lenin* nimmt sich sogar die Mühe, in einem längeren Artikel das Buch von *Kautsky* gegen seine Kritiker in Russland zu verteidigen. Vgl.: *Lenin,* Über das Buch von Kautsky und einen Artikel des Herrn Bulgakow (1899), in: *Lenin/Stalin,* Zu

3.3.1. Die Stellung des Bauern in der Gesellschaft

In bezug auf die gesellschaftliche Stellung des Bauern führt *Kautsky* die Gedanken von *Marx* und *Engels* durchaus konsequent weiter: Der Bauer ist und bleibt — bedingt durch die Produktionsverhältnisse — ein rückständiges Element in der Gesellschaft:

"Die Sozialdemokratie wird immer in ihrem Kern eine proletarische, städtische Partei bleiben, immer eine Partei des ökonomischen Fortschritts; sie wird bei dem konservativen Bauern ... stets mit tief eingewurzelten Vorurteilen zu kämpfen haben ...[176]"

Vor allem wendet sich *Kautsky* gegen die Ansicht der Reformisten um *Vollmar,* welche die Auffassung vertreten, dass der Bauer der *Proletarier auf dem Lande* sei. Diese Meinung wurde mit der unvorteilhaften ökonomischen Lage des Bauern begründet. *Kautsky* wendet dagegen ein, dass nicht das soziale Elend die Klassenzugehörigkeit bestimme, sondern einzig und allein die *Stellung des Bauern im Produktionsprozess.* Und deshalb kann der Parzellenbauer kein Proletarier sein[177]. Schon hier sei darauf hingewiesen, dass diese Argumentation vom marxistischen Standpunkt aus weit überzeugender wirkt als die später von *Lenin* vorgenommene Aufteilung, welche vor allem auf dem unterschiedlichen Wohlstand beruht.

Der Bauer ist also nach *Kautsky* — genau wie bei *Marx* und *Engels* — konservativ und unterscheidet sich wesentlich vom Proletarier. Daraus ergibt sich logisch zwingend, dass für den Kleinbauern im Kapitalismus nichts im Sinne eines Bauernschutzprogrammes getan werden soll: Ein solches würde nur das bäuerliche Privateigentum stärken[178].

Fragen der Landwirtschaft, Berlin (Ost) 1955, S. 379—412. — Es waren andere Streitpunkte — vor allem solche der politischen Kampfmethoden — die später *Lenin* denselben *Kautsky* als 'Renegat' bezeichnen liessen. Vgl. dazu: *Güdel,* a.a.O., S. 7f.

[176] *Kautsky,* Die Agrarfrage, a.a.O., S. 439, im ähnlichen Sinne auch auf S. 165 und in seinen 'Erläuterungen zum Erfurter-Programm' (1892), Stuttgart 1922, S. 250.

[177] *Kautsky,* Die Agrarfrage, a.a.O., S. 305ff. — 20 Jahre später äussert er sich noch im gleichen Sinne: "Nicht ob ein Landwirt hungert, nicht ob er verschuldet ist, sondern ob er als Verkäufer seiner Arbeitskraft oder als Verkäufer von Lebensmitteln auf dem Markt auftritt, das entscheidet darüber, ob er geeignet ist, in die Reihen des kämpfenden Proletariats aufgenommen zu werden." (*Kautsky,* Die Sozialisierung der Landwirtschaft, Berlin 1919, S. 310.)

[178] *Kautsky,* Noch einige Bemerkungen zum Agrarprogramm, Neue Zeit, 1894/2, S. 812. — Wir können an dieser Stelle nicht die sich ziemlich rasch verändernde, von Land zu Land verschiedene Stellung der Sozialisten zur Bauernschutzpolitik darlegen. Vgl. zur besonders interessanten Entwicklung in *Frankreich:* Agrarprogramm der französischen Arbeiterpartei 1892/94, a.a.O., und: Sozialistische Partei Frankreichs, Erklärung ihrer Grundsätze, 4. Kongress in Tours (1902), abgedruckt in: *Diehl/Mombert,* Band 12, a.a.O., S. 39—46. — Zur Stellung der *Internationalen* zum Bauernschutz: Die Landfrage auf den Kongressen der Internationalen, eine Reminiszenz, o.V., Neue Zeit, 1894/1, S. 357—364; und: *Mitrany,* a.a.O., S. 28ff. — Die Entwicklung der Gedanken der *deutschen* Sozialisten zum Bauernschutz wird dargestellt von: *Braun Otto,* a.a.O., S. 892ff., und: *David,* Sozialismus ..., a.a.O., S. 9—37.

Im übrigen wird die Entwicklung der Landwirtschaft nach *Kautsky* ganz von derjenigen der Industrie bestimmt. Die Landwirtschaft ist kaum zu eigener Initiative fähig: "Die Industrie bildet die Triebkraft nicht nur ihrer eigenen, sondern auch der landwirtschaftlichen Entwicklung[179]."

3.3.2. Die Interpretation der Zahlen der landwirtschaftlichen Betriebszählungen

Natürlich kommt *Kautsky* nicht um die undankbare Aufgabe herum, die Zahlen der landwirtschaftlichen Betriebszählungen zu interpretieren, welche nicht eben einen Rückgang des Kleinbetriebs in der Landwirtschaft zeigen[180]. Hatte *Marx* mit seiner These der Nieder-Konkurrierung des Kleinbetriebs durch den Grossbetrieb unrecht? Dazu *Kautsky:* "Sollte aber diese These für die Landwirtschaft wirklich nicht gelten, so würde das nicht nur die bisherige Taktik, sondern die ganzen Grundsätze der Sozialdemokratie völlig umwandeln müssen[181]." *Kautsky* stellt *Marx* aber nicht in Frage, vielmehr macht er sich daran, die besonderen Gesetze zu untersuchen, welche in der Landwirtschaft gelten und dort die Konzentrationstendenzen nicht so klar zu Tage treten lassen[182]. Er macht sich also an die schwierige Aufgabe, die Daten der Betriebszählungen zu *interpretieren*.

3.3.2.1. Der Boden als Produktionsfaktor[183]

Ein Grund, dass die Verdrängung des Kleinbetriebs in der Landwirtschaft nicht so schnell vor sich geht wie in der Industrie, sieht *Kautsky* darin, dass der Boden in der Landwirtschaft eine viel grössere Rolle als Produktionsfaktor als in andern Wirtschaftssektoren spielt. Da nun dieser Boden Privateigentum ist, können sich die landwirtschaftlichen Betriebe nicht so rasch vergrössern wie die Industriebetriebe: Die Kapitalakkumulation in den letzteren vollzieht sich viel rascher, da sie vom Boden weitgehend unabhängig ist. In der Landwirtschaft hingegen wird die an sich notwendige Kapitalakkumulation immer durch das unelastische Bodenangebot beeinträchtigt.

---

179 *Kautsky,* Die Agrarfrage, a.a.O., S. 292.
180 Vgl. S. 62f.
181 *Kautsky,* Die Agrarfrage, a.a.O., S. 4.
182 Es gab auch Stimmen, die meinten, dass ein bedeutender Konzentrationsprozess in der Landwirtschaft unmittelbar bevorstehe. So vertritt etwa *F. Wagner* die Ansicht, dass das Grosskapital bald keine anderen Anlagemöglichkeiten mehr habe und sich deshalb daran machen werde, Boden und Bauernhöfe aufzukaufen. (Vgl.: *Wagner Friedrich,* Gross- oder Kleinbetrieb in der Landwirtschaft? In: Neue Zeit, 1914/1, S. 660f.)
183 Den folgenden Gedanken entwickelt *Kautsky* in: Die Sozialisierung..., a.a.O., S. 17f.

3.3.2.2. Das elastische Arbeitsangebot des Bauern

Der selbständige Kleinbauer kann sich gegen seinen Untergang auch deshalb so lange wehren, weil er der Konkurrenz dank seiner 'Arbeitswut' widerstehen kann[184]. Die Konkurrenz macht den Bauern zum "rastlosesten aller Arbeitstiere"[185]. Immer dann, wenn der Kleinbetrieb mit dem Grossbetrieb nicht mithalten kann, schindet sich der Bauer und seine Familie übermenschlich[186]. — Ausserdem kann der Kleinbauer in neuerer Zeit vermehrt einem *Nebenerwerb* nachgehen, wenn seine ökonomische Existenz vom niedrigen Ertrag der Bauernwirtschaft her bedroht ist. Das aber bedeutet eine zunehmende *Proletarisierung* der Bauernschaft[187].

3.3.2.3. Die Agrarkrisen[188]

Einen weitern Grund für die Resistenz des Kleinbetriebes in der Landwirtschaft sieht *Kautsky* in den *Marktverhältnissen:* Die Landwirtschaft zeichnet sich durch besonders häufige *Agrarkrisen* mit Preiszerfall aus. Die Kleinbauern nun sind noch weitgehend Selbstversorger und werden deshalb von diesen Krisen weniger betroffen als die Grossbetriebe, welche vom Absatz ihrer Produkte auf dem Markt abhängig sind, da sie ständig Löhne an die Landarbeiter bezahlen müssen.

Der Boden, die Arbeitselastizität und die Agrarkrisen sind also drei Gründe, welche den Kleinbetrieb in der Landwirtschaft bis heute überleben liessen. Allerdings vollzieht sich auch in der Landwirtschaft eine Konzentration, welche aber nicht so gut zu erkennen ist wie jene in der Industrie, da die Konzentrationsformen andere sind, nämlich:

3.3.2.4. Die Hypotheken und die Pacht

"Man sieht, hat der kapitalistische Grossbetrieb die Landwirtschaft nicht überwältigt, so zahlt diese doch dem Kapitalismus ihren Tribut. Dies alles zeigt, dass der Entwicklungsprozess in der Landwirtschaft anders sich entwickelt als bei andern Betrieben, aber kommen tut er doch. Der Bauer geht ebenso gut zu Grunde wie der Kleinproduzent in anderen Betrieben[189]."

---

[184] *Kautsky,* Die Agrarfrage, a.a.O., S. 107.
[185] *Derselbe,* Die Sozialisierung..., a.a.O., S. 22.
[186] *Derselbe,* Die Konkurrenzfähigkeit des Kleinbetriebs in der Landwirtschaft, in: Neue Zeit, 1894/2, S. 489.
[187] Diesen Aspekt betont *Kautsky* in: Die Konkurrenzfähigkeit..., a.a.O., S. 485f.; Die Agrarfrage, a.a.O., S. 170ff.; Die Vernichtung der Sozialdemokratie, Berlin 1911, S. 18f.
[188] Darüber: *Kautsky,* Die Konkurrenzfähigkeit..., a.a.O., S. 486.
[189] *Vliegen W.H.,* Das Agrarprogramm der niederländischen Sozialdemokratie, in: Neue Zeit, 1898/1, S. 79.

Also: Auch der kleine Landwirt wird vom Kapitalisten nach und nach enteignet, nur verläuft dieser Prozess nicht so offensichtlich wie in der übrigen Wirtschaft. Die beiden Hauptformen dieses Konzentrationsprozesses in der Landwirtschaft sind *Hypotheken* und *Pacht*. So stellt *Kautsky* in einem Kommentar zu den Betriebszählungen von 1882, 1895 und 1907 fest, dass die Zahl der landwirtschaftlichen Betriebe mit ausschliesslich oder teilweise gepachtetem Boden in Deutschland eine stärkere Zunahme erfahren habe als die Betriebe ohne Pachtland[190].

Aber selbst die Bauern ohne gepachtetes Land werden in immer grösserem Masse vom Kapital abhängig: Der Bauer nämlich muss sein Land in zunehmendem Umfange mit *Hypotheken* belasten, um Maschinen anzuschaffen oder um bei Erbfolgen die Miterben auszubezahlen. Sehr überzeugend fällt allerdings die empirische Fundierung dieser Aussage *Kautskys* nicht aus: Daten für ganz Deutschland fehlen, weshalb er auf eine preussische Statistik zurückgreift, welche tatsächlich eine zunehmende Verschuldung der Landwirtschaft zeigt[191]. Aber selbst diese regionale Statistik hat einen Schönheitsfehler: *Kautsky* berücksichtigt nur die absoluten Zahlen und lässt die Geldentwertung ausser acht[192]. — Jedenfalls geschieht nach *Kautsky* durch Pacht und Hypotheken in der Landwirtschaft auch ohne Entwicklung Richtung Grossbetrieb dasselbe wie in der Industrie:

> "Also auch in der Landwirtschaft bemächtigt sich die Kapitalistenklasse immer mehr und mehr der Produktionsmittel, enteignet den arbeitenden Landwirt und beutet ihn aus. Auf anderem Wege kommt sie so in der Landwirtschaft zu demselben Ziele wie in der Industrie[193]."

Fassen wir zusammen: *Kautsky* und seine Anhänger müssen zugeben, dass der Kleinbetrieb in der Landwirtschaft nicht so rasch zu Grunde geht, wie man nach der *Marx'schen* Analyse eigentlich annehmen müsste. Dafür gibt es verschiedene Erklärungen, die wir soeben angeführt haben. *Kautsky* zweifelt keinen Moment daran, dass sich der Grossbetrieb *auf lange Sicht* durchsetzen wird, wenn auch möglicherweise erst in einer sozialistischen Gesellschaft.

U.E. strapaziert *Kautsky* die *Marx/Hegel'sche* Dialektik ungebührlich, wenn er die leichte Zunahme der bäuerlichen Kleinbetriebe in gewissen Gebieten als eine vorübergehende Tendenz deutet, welche zwangsläufig Gegenkräfte entwickeln

---

190 *Kautsky*, Die Vernichtung..., a.a.O., S. 20. — Allerdings ist die Zahl der Betriebe ohne Pachtland weiterhin grösser als diejenige der Betriebe mit Pachtland. Sehr ausgeprägt kann die hier von *Kautsky* geschilderte Entwicklung nicht gewesen sein: Von 1882 bis 1895 nämlich hat sich die *Fläche* des Pachtlandes in Deutschland vermindert! (Vgl.: Die Landwirtschaft im..., a.a.O., S. 645.)

191 *Kautsky*, Die Vernichtung..., a.a.O., S. 20.

192 Auf Seite 32f. dieses Artikels dann (Die Vernichtung...), wo er die *Verelendung* bespricht, berücksichtigt er hingegen den Anstieg der Preise sehr wohl!

193 *Kautsky*, Die Vernichtung..., a.a.O., S. 21.

müsse und so durchaus der *Marx'schen* Dialektik entspreche...[194] Auch weicht *Kautsky* der eigentlichen Frage nach der Überlegenheit der einen oder andern Betriebsform aus, wenn er meint, die Resistenz des Kleinbetriebes in der Landwirtschaft könne die zunehmende *Proletarisierung* der Gesellschaft nicht verhindern, da der Anteil der landwirtschaftlichen Bevölkerung an der Gesamtbevölkerung ohnehin abnehme:

"Wir sehen, die gesellschaftliche Entwicklung zum Grossbetrieb und zum Überwiegen des Proletariats in der Bevölkerung wird durch die schwache Zunahme des bäuerlichen Betriebs nicht gehemmt. Die proletarische Bevölkerung ist... bereits doppelt so stark wie die besitzende. Wir marschieren also rapid dem Sozialismus entgegen[195]."

3.3.3. Die Überlegenheit des Grossbetriebs in der Landwirtschaft

Die Frage nach der Grösse der landwirtschaftlichen Betriebe steht zweifellos im Mittelpunkt der Agrardebatte. Zwar greift *Kautsky* auch andere Elemente der *Marx'schen* Agrarlehre auf — so etwa die These der Trennung von Stadt und Land[196]. Dabei ergibt sich aber kaum etwas Neues[197].

Es ist klar, dass *Marx* und dann *Kautsky* weder die ersten noch die einzigen waren, welche sich über die Betriebsgrösse in der Landwirtschaft Gedanken machten. Als Beispiel greifen wir einen bürgerlichen Ökonomen heraus: *John Stuart Mill*. Dieser stellt in seinen 'Principles' fest, dass die Vorzüge des Grossbetriebs in der Landwirtschaft keineswegs so offensichtlich seien wie in der Industrie, vor allem deshalb nicht, weil die Arbeitsteilung in der Landwirtschaft nicht so weit getrieben werden könne[198]. Immerhin nennt *Mill* auch einige Vorteile des Grossbetriebs[199], so günstigere *Bauten*, preiswertere *Einkäufe* (z.B. Dünger) und bessere Verwendung der Gerätschaften. Diesen letzten Punkt sieht er allerdings nicht als entscheidend an, da die landwirtschaftlichen Gerätschaften meist nicht so teuer seien und die Bauern grössere Maschinen auch gemeinsam

---

194 Vgl.: *Kautsky*, Erläuterungen..., a.a.O., Vorrede zur 5. Auflage von 1904, S. Xff.
195 *Derselbe*, Der Kleinbetrieb in der Landwirtschaft, in: Neue Zeit, 1910/2, S. 351.
196 Vgl. etwa: *Kautsky*, Die Sozialisierung..., a.a.O., S. 76; *Derselbe*, Ein Nachtrag zu der Diskussion über die Konkurrenzfähigkeit des Kleinbetriebs in der Landwirtschaft, Neue Zeit, 1895/1, S. 51; *Derselbe*, Die Agrarfrage, a.a.O., S. 208ff. und S. 292ff.
197 *Ein* neuer Aspekt ist vielleicht erwähnenswert. *Kautsky* bemerkt nämlich sehr richtig, dass der wachsende kulturelle Unterschied zwischen Stadt und Land zu einer *Landflucht* ganz bestimmter Art führe: Die energischsten und intelligentesten Elemente pflegen meist zuerst vom Land in die Stadt abzuwandern. (Vgl. *Kautsky*, Die Agrarfrage, a.a.O., S. 220f.)
198 *Mill John Stuart*, a.a.O., S. 115.
199 *Ebendort*, S. 116.

anschaffen könnten. *Mill* kommt zum Schluss, dass je nach Produktionsschwerpunkt die eine oder andere Betriebsgrösse in der Landwirtschaft günstiger sein könne[200]. — Einer solchen Ansicht müssen natürlich die Sozialisten widersprechen. So meint *Eccarius* in einem Kommentar über das Buch von *Mill*, dass die kleine Bauernwirtschaft im gleichen Verhältnis zur modernen grossen Agrikultur stehe wie die Handspinnerei zur Maschinenspinnerei: Die Kleinbauernwirtschaft gehöre einem vergangenen gesellschaftlichen Zustande an:

> "Die kleine Bauernwirtschaft ist politisch, sozial und ökonomisch gerichtet. Sie hat sich nirgends bewährt und kann sich nirgends bewähren als zuverlässiger, schritthaltender Zeitgenosse der modernen Industrie und des sozialen Fortschritts. Sie ist das fünfte Rad am Wagen des politisch-sozialen Fortschritts[201]."

Dies ist ein Beispiel des Vorgeplänkels um die Vor- und Nachteile des Grossbetriebs in der Landwirtschaft. Es ist nun aber zweifellos das Verdienst *Kautskys,* die Vorteile des Grossbetriebs in der Landwirtschaft vom sozialistischen Standpunkt aus *systematisch* dargestellt zu haben. Diese Vorteile gelten übrigens nach *Kautsky* unabhängig von den Ergebnissen der landwirtschaftlichen Betriebszählungen!

3.3.3.1. Die Vorteile in der Produktion[202]

a) *Materialeinsparungen:* Der Grossbetrieb kann das Inventar wie Pflüge, Maschinen etc. besser ausnutzen. Der Grossbetrieb braucht weniger Ställe, Scheunen, Brunnen. Ein typisches Beispiel sei angeführt: Ein Grossgut braucht *eine* Küche mit *einem* Kochherd, während zehn kleine Betriebe mit zusammen gleichem Umfang wie der Grossbetrieb *zehn* Küchen mit *zehn* Kochherden benötigen.

b) *Bodenbearbeitungsvorteile:* Der Grossbetrieb muss bei der Bodenbearbeitung auf weniger *Landgrenzen* Rücksicht nehmen. *Kautsky* zeigt, wie stark die Länge der Grenzen bei grösser werdenden Grundstücken abnimmt[203]. — Ausserdem weist *Kautsky* auf *Unteilbarkeiten* gewisser landwirtschaftlicher Maschinen hin: Diese Unteilbarkeiten führen dazu, dass sich der Kleinbetrieb

---

200 *Ebendort,* S. 121.
201 *Eccarius George J.,* Eines Arbeiters Widerlegung der nationalökonomischen Lehren John St. Mills (1868), Zürich 1888, S. 57.
202 Das folgende stützt sich — wenn nichts anderes angegeben — auf *Kautsky,* Die Agrarfrage, a.a.O., S. 92—100.
203 *Ebendort,* S. 93. — Bei *quadratischer Form* des Grundstücks beträgt die Grenzlänge pro Are:

```
 1 Are  = 40    Meter Grenze
10 Aren = 12,56 Meter Grenze pro Are
 1 ha   =  4    Meter Grenze pro Are, usw.
```

diese Maschinen gar nicht anschaffen kann. So rechnet *Kautsky* aus, dass eine Getreidemähmaschine erst ab 70 ha, eine Dampfdreschmaschine erst ab 250 ha Betriebsgrösse rentabel werden.

c) *Arbeitsteilung*[204]: "Infolge der Arbeitsteilung und des grösseren Betriebsumfangs bleibt aber auch der Einzelne länger bei seiner Arbeit, hat er diese nicht so oft zu wechseln und verringert dadurch den Zeit- und Kraftverlust, der mit jedem Wechsel der Arbeit und der Arbeitsstelle verbunden ist[205]."

d) *Wissenschaft:* Einen wissenschaftlich vollkommen ausgebildeten Landwirt kann nur jener Betrieb beschäftigen, welcher so gross ist, dass die Arbeit der Leitung und Beaufsichtigung eine Arbeitskraft voll beschäftigt. So kann sich der Parzellenbauer die Erkenntnisse der Agrar- und andern Wissenschaften kaum zunutze machen und bleibt deshalb in den Bearbeitungsmethoden immer zurück.

e) *Bewässerungs- und Entwässerungsanlagen:* Solche können teils aus technischen, teils aus wirtschaftlichen Gründen von Parzellenbauern nicht oder nur in geringem Umfange erstellt werden.

f) *Zweckmässiger Bewirtschaftungsplan*[206]: Der Boden ist nicht für den Anbau aller Produkte im selben Masse geeignet. Gleichwohl muss der Kleinbauer – da er vorwiegend Selbstversorger ist – möglichst viele landwirtschaftliche Produkte erzeugen. Anders der Grossbetrieb, der in erster Linie für den Markt produziert und sich deshalb viel eher auf die für ihn günstigen Produkte spezialisieren kann[207].

3.3.3.2. Die Vorteile im Kredit und im Handel[208]

a) *Verkauf von Produkten:* Mit grösseren Warenmengen verringern sich die Transportkosten der Agrarprodukte in die Städte. – Ausserdem übersieht der Leiter des Grossbetriebs den Absatzmarkt – z.T. dank besserer Kommunikationsmittel[209] – viel besser als der Parzellenbauer: Er kann dann und dort

---

[204] Auf die Vorteile der Arbeitsteilung weist auch ein anderer Teilnehmer an der Agrardebatte besonders hin: *Oskar Geck,* Die Überlegenheit des landwirtschaftlichen Grossbetriebs über den Kleinbetrieb, in: Neue Zeit, 1894/2, S. 660f. – Geck prägt für die Arbeitsteilung den Ausdruck *Arbeitsvereinigung,* während er unter *Gebrauchsvereinigung* die Materialeinsparungen versteht: So müssen Pflug und Egge sowohl vom kleinen wie auch vom grossen Betrieb angeschafft werden; der Grossbetrieb kann mit diesen Gerätschaften aber mehr Land bestellen, arbeitet also wirtschaftlicher.
[205] *Kautsky,* Die Agrarfrage, a.a.O., S. 97.
[206] Darauf weist vor allem *Geck,* a.a.O., S. 663, hin.
[207] Dagegen ist allerdings einzuwenden, dass sich Produkt-Differenzierung in der Landwirtschaft wegen des ungleichmässigen Arbeitsanfalls aufdrängen kann. Abzuwägen sind wohl immer die 'diseconomies' der unbeschäftigten Arbeitskräfte gegen die 'economies of size'.
[208] Das folgende stützt sich – wenn nichts anderes angemerkt wird – auf: *Kautsky,* Die Agrarfrage, a.a.O., S. 100ff.
[209] Auf diese Kommunikationsmittel weist *Geck,* a.a.O., S. 665 hin.

verkaufen, wann und wo die Situation am günstigsten ist. Man denkt unwillkürlich an die Situation in heutigen Entwicklungsländern, wenn man auf die folgende Formulierung von *Eduard Adler* stösst: "Der Grossgrundbesitzer wartet — da er Kapital genug hat — mit dem Verkauf des Getreides, bis ihm der Preis gefällt, der Kleine muss sofort, der Mittlere bald verkaufen[210]."

b) *Einkauf von Produktionsmitteln:* Auch hier ist für *Kautsky* die Sachlage klar: Wer im grossen einkauft (Saatgut, Dünger, etc.), wird im allgemeinen mit günstigeren Preisen rechnen können als der Kleinbauer, welcher nur geringe Mengen benötigt.

c) *Kredit:* Die moderne Landwirtschaft kann ohne Kapital nicht betrieben werden. Dieses Kapital beschafft sich der Landwirt vor allem durch Hypothekarkredite. Die kleinen Kredite nun verursachen für den Ausleiher praktisch dieselben Umtriebe wie die grossen Kredite, weswegen die Belastungen durch Notare, Stempelgebühren, etc. bei den Kleinkrediten unverhältnismässig stark ins Gewicht fallen.

Dies also sind — in aller Kürze zusammengefasst — die wesentlichsten Vorteile des Grossbetriebs über den Kleinbetrieb in der Landwirtschaft. Natürlich werden noch weitere für den Grossbetrieb sprechende Punkte aufgezählt, welche aber u.E. weniger wichtig sind. Nur *einen* weiteren dieser Punkte wollen wir noch nennen, weil er teilweise im heutigen China wieder diskutiert wird: *Oskar Geck*[211] nennt als weiteren Vorteil des Grossbetriebs die *landwirtschaftlichen Nebengewerbe* zur Herstellung von Mehl, Käse, Rohzucker, etc. Dies hat einerseits den Vorteil, dass die zu verarbeitenden Produkte weniger dem Risiko des Verderbens ausgesetzt sind und andererseits ist es so, dass der Arbeitseinsatz dank dieser Nebengewerbe besser dosiert werden kann, da bei geringem Arbeitsanfall in der Landwirtschaft diese Nebengewerbe betrieben werden können.

Für *Kautsky* und seine Anhänger ist es also eindeutig, dass auch in der Landwirtschaft der Gross- dem Kleinbetrieb überlegen ist. Allerdings zeichnet sich die Landwirtschaft als ganzes durch einen *langsamen technischen Fortschritt* aus, was *Kautsky* wie folgt erklärt:

"Der technische Fortschritt wird heute nicht getrieben von dem Bedürfnis nach *Arbeitsersparnis,* sondern nach *Lohnersparnis.* Zahlreiche Erfindungen, die es ermöglichen würden, die unangenehmsten und ungesundesten Arbeiten Maschinen zu übertragen, bleiben unbenutzt, weil gerade für diese Arbeiten so niedrige Löhne gezahlt werden, dass die Anschaffung der Maschinen sich

---

210 *Adler Eduard,* Grosslandwirtschaft und Kleinlandwirtschaft, in: Neue Zeit, 1894/2, S. 716.

211 *Geck,* a.a.O., S. 664.

nicht lohnt. Besonders niedrig sind aber die Löhne in der Landwirtschaft, und dies ist ein wichtiges Moment, das bewirkt, dass der technische Fortschritt dort viel langsamer vor sich geht, als der Fortschritt der Wissenschaft erlauben würde[212]."

3.3.4. Die sozialistische Landwirtschaft

Hier können wir uns wieder kurz fassen: Bei *Kautsky* und seinen Anhängern finden wir zu den wenigen Äusserungen von *Marx* und *Engels* zu einer sozialistischen Landwirtschaft[213] auch nicht manche neue Elemente. *Kautsky* selbst sagt zu seinen Hypothesen über eine zukünftige sozialistische Landwirtschaft, dass diese nicht besagen, "wie es kommen *wird*, sondern wie es kommen *könnte*. Aber wie es wirklich kommen wird, wissen unsere Gegner ebenso wenig wie wir ...[214]"

Grundsätzlich gibt es für die Sozialisten nach der Revolution in bezug auf die Bodenverwendung drei Möglichkeiten[215]:

1) Bewirtschaftung auf Rechnung des Staates,
2) Verpachtung des Landes an Genossenschaften von Landarbeitern,
3) Verpachtung an Selbstbewirtschafter.

Kautsky gibt den landwirtschaftlichen Genossenschaften den Vorzug. Die *Initiative* zu dieser genossenschaftlichen Produktion müsse aber vom *Proletariat* ausgehen[216]. Dann werden auch die selbständigen Kleinbauern die gewaltigen Vorteile der genossenschaftlichen Bebauung einsehen:

"Wenn rings um sie herum sozialistische Latifundien entstehen, die nicht mehr von dürftigen Lohnsklaven bebaut werden, sondern von wohlhabenden Genossenschaften freier, froher Menschen, dann wird an Stelle der Flucht von der Parzelle in die Stadt die noch viel raschere Flucht von der Parzelle zum genossenschaftlichen Grossbetrieb treten und die Barbarei aus ihren letzten Festungen vertrieben werden, in denen sie heute inmitten der Zivilisation sich unnahbar breit macht[217]."

Diese Genossenschaften arbeiten nach der Meinung *Kautskys* so produktiv, dass im Frühjahr, Sommer und Herbst jedes Genossenschaftsmitglied nur fünf

---

[212] *Kautsky,* Ein Nachtrag..., a.a.O., S. 50. — In ähnlichem Sinne: *Derselbe,* Die Agrarfrage..., a.a.O., S. 39 und S. 107; *Derselbe,* Die Verelendung der Zwergbauern, Neue Zeit, 1908/1, S. 253; *Derselbe,* Die Sozialisierung..., a.a.O., S. 13f.
[213] Vgl. S. 57ff.
[214] *Kautsky,* Die Agrarfrage, a.a.O., S. 444.
[215] *Derselbe,* Unser neuestes Programm, Neue Zeit, 1894/2, S. 590.
[216] *Derselbe,* Die Agrarfrage, a.a.O., S. 129.
[217] Ebendort, S. 300.

Stunden (in drei Schichten) arbeiten muss, während im Winter jeder Bauer zu einem Monat Ferien kommt[218].

Von einer gewaltsamen Enteignung der Kleinbauern hält *Kautsky* nichts. Er sieht voraus, dass eine solche Massnahme zu einer Anarchie in der Produktion führen müsste[219]. Auch in der Frage der landwirtschaftlichen Betriebsgrösse im Sozialismus zeigt sich *Kautsky* durchaus flexibel und stellt fest, dass diese nicht für alle Gegenden und Betriebsarten die gleiche sein könne[220]. — Mit der Gründung von Genossenschaften ist es aber noch nicht getan: Die Arbeit auf dem Lande muss auch attraktiver werden. Dieses Ziel kann durch Gründung von Schulen, Bibliotheken und Lesezimmern sowie "Stätten gesellschaftlichen Kunstgenusses" erreicht werden[221].

Zusammenfassend lässt sich feststellen, dass *Kautsky* die Agrartheorie von *Marx* und *Engels* systematisiert und ausbaut. Am besten gelingt ihm das zweifellos mit der systematischen Zusammenstellung der Gründe, die für den Grossbetrieb in der Landwirtschaft sprechen. Eben dagegen wenden sich die Revisionisten der Agrarlehre *Marx'ens*, welche meinen, dass *Marx* und *Kautsky* in unzulässiger Weise die Gesetze der Industrie auf die Landwirtschaft übertragen haben. Davon soll im nächsten Abschnitt die Rede sein.

3.4. EDUARD DAVID

3.4.1. Ausgangspunkt

Die landwirtschaftlichen Betriebszählungen sprechen nicht eben für die von *Marx* und *Engels* vorausgesagte Verdrängung des Klein- durch den Grossbetrieb. Während *Kautsky* diese Resistenz des Kleinbetriebs in der Landwirtschaft als *vorübergehend* hinstellt und dafür eine Reihe von Gründen findet[222], ist *David* der Ansicht, dass, wenn der Klein- und Mittelbauer nicht an Bedeutung verliere, die marxistische Agrartheorie revidiert werden müsse[223]. Insbesondere wendet er gegen die marxistische Agrartheorie ein, dass diese einfach die für die Industrie geltenden wirtschaftsgeschichtlichen Gesetze auf die Landwirtschaft übertrage[224]. Für die Landwirtschaft gelten aber laut *David* ganz andere Entwicklungstendenzen als für die Industrie:

---

218 *Kautsky,* Die Sozialisierung..., a.a.O., S. 75f.
219 *Ebendort,* S. 71; im ähnlichen Sinne in der 'Agrarfrage', a.a.O., S. 443.
220 *Kautsky,* Die Agrarfrage, a.a.O., S. 443f. und: Die Sozialisierung..., a.a.O., S. 75. — Im gleichen Sinne: *Adler Eduard,* a.a.O., S. 718.
221 *Kautsky,* Die Sozialisierung..., a.a.O., S. 76.
222 Vgl. S. 68ff.
223 *David E.,* Die neuere Entwicklung des Agrarproblems innerhalb der Sozialdemokratie, in: Sozialistische Monatshefte, 6. Jg., 1902, S. 371.
224 *Derselbe,* Zur Frage der Konkurrenzfähigkeit des landwirtschaftlichen Kleinbetriebs, Neue Zeit, 1894/2, S. 678.

"Die wirtschaftliche Überlegenheit des Grossbetriebs über den Kleinbetrieb ist einer der Grundgedanken der sozialdemokratischen Lehren. Derselbe ist durch die fortschreitende Überwältigung des handwerklichen Kleingewerbes durch das kapitalistische Grossgewerbe auf fast allen Gebieten der Industrie offensichtlich bestätigt worden. Anders auf dem Gebiete der Landwirtschaft. Hier fehlt bis jetzt die entsprechende Bestätigung durch die Wirklichkeit ... Es wäre ein unerhörtes Ding, wenn ein Krupp seinen Besitz durch Verpachtung in Teilen an kleine, selbständige Schmiede, Schlosser, Bergleute etc. ausnutzen wollte. Agrarkapitalisten pflegen es so zu machen. Sie müssen ökonomische Gründe für dieses den Industriekapitalisten entgegengesetzte Verhalten haben ...[225]"

Und eben nach diesen ökonomischen Gründen forscht *David*, nach Gründen also, welche die grundsätzlich andere Natur des landwirtschaftlichen Produktionsprozesses gegenüber dem industriellen zeigen sollen.

Vor allem habe *Marx* — so meint *David* — nicht berücksichtigt, dass in der Landwirtschaft die *Natur* an erster, die *menschliche Arbeitskraft* hingegen erst an zweiter Stelle stehe. Nach seitenlangen Vorbemerkungen kommt *David* zu folgender Schlussfolgerung:

"In der Landwirtschaft handelt es sich um die *Entwicklung lebender Wesen;* in der Industrie handelt es sich um die *Verarbeitung toter Dinge.* Hier ist es der menschliche Wille, der die zur Herstellung des Produkts notwendige Trennung und Verbindung von Substanzen durch *direkten* Impuls, d.h. durch Benutzung nur *willenlos weitergebender* Zwischenglieder vollzieht. Der Landwirt dagegen muss die trennende und vereinende Aktion dem selbsttätigen Wirken der lebendigen Natur überlassen. Diese ist die *unmittelbare* Produzentin. Die menschliche Arbeit steht erst an zweiter Stelle; sie hat sich den Gesetzen und Launen jener *anzupassen* ... *Die industrielle Güterherstellung ist ein mechanischer, die landwirtschaftliche Produktion ist ein organischer* Prozess[226]."

Die innere Logik dieses *organischen* Produktionsprozesses führt nun nach *David* dazu, dass in der Landwirtschaft nicht dieselben Konzentrationstendenzen wie in der Industrie gelten, mehr noch, dass in der Landwirtschaft sogar der Kleinbetrieb dem Grossbetrieb weitgehend überlegen sei.

---

225 *Derselbe*, Ökonomische Verschiedenheiten zwischen Landwirtschaft und Industrie, Neue Zeit, 1894/2, S. 449.
226 *David*, Sozialismus ..., a.a.O., S. 44. — Gegen diese Naturbedingtheit des Produktionsprozesses wendet *Kautsky* ein, dass sich der moderne Grossbetrieb just dadurch auszeichne, dass er mit Hilfe der angewandten Wissenschaften die Kräfte der Natur unterjochen könne. (*Kautsky*, Die Konkurrenzfähigkeit ..., a.a.O., S. 483.)

3.4.2. Die Vorteile des Kleinbetriebs

3.4.2.1. Die Kritik an Kautsky

David hebt hervor, dass die Frage der Konkurrenzfähigkeit der einen oder andern Betriebsform nicht nach einer für alle Verhältnisse passenden Schablone zu beantworten sei. Dazu seien die Unterschiede zwischen den verschiedenen Produktionszweigen der Landwirtschaft zu gross[227]. Immerhin ist er der Ansicht, dass sich der landwirtschaftliche Kleinbetrieb sehr rasch durchsetzen würde, wenn die politischen Massnahmen (Kornzölle, etc.) — welche vor allem zugunsten der Grossbetriebe wirken — aufgehoben würden[228].

Im einzelnen kritisiert *David* an *Kautsky*, dass sich dieser in seinen Ausführungen vor allem auf den *Ackerbau* konzentriere, wo der Grossbetrieb tatsächlich noch die besten Möglichkeiten habe[229]. Dass landwirtschaftliche Infrastrukturen von Grossbetrieben besser errichtet werden können, bezweifelt *David*, da hiezu meist die Fläche eines Grossbetriebes auch nicht ausreiche[230]. Gegen die Kostenersparnisse durch grössere Ställe wendet *David* ein, dass die Seuchengefahr proportional mit der Viehzahl in einem Stalle wachse[231]!

Geben wir noch einem andern sozialdemokratischen *Kautsky*-Kritiker das Wort: *Paul Ernst* versucht, *Kautsky* mit zwei empirischen Argumenten zu widerlegen. So weist er in bezug auf Holland, die Schweiz und England nach, dass in diesen Ländern eindeutig in den Kleinbetrieben die edlen Viehrassen gezüchtet worden seien[232]. Des weitern frägt er *Kautsky* an, weshalb wohl die Kaufpreise der kleinen Güter verhältnismässig höher seien als die der grossen Güter. *Ernst* kann sich das nur damit erklären, dass die *Rentabilität* im Kleinbetrieb grösser ist[233].

3.4.2.2. Der Produktionsfaktor 'Arbeit'

Den Kern des Überlegenheitsgedankens des landwirtschaftlichen Kleinbetriebs finden wir in der unterschiedlichen Auffassung über die Rolle der menschlichen Arbeitskraft im Produktionsprozess der Landwirtschaft. Dahinter wiederum verbirgt sich u.E. eine *Anthropologie,* welche von derjenigen von *Marx* und *Kautsky* erheblich abweicht. So geht *David* davon aus, dass der Arbeiter

---

227 *David*, Die neuere . . ., a.a.O., S. 373.
228 *Ebendort*, S. 371: "Ohne diese mächtige Hilfe auf Kosten der Gesamtheit hätte der stolze 'Eisenbahnzug' des Grossbetriebs noch viel kläglicher abgeschnitten im Wettlauf mit der kleinbäuerlichen 'Schubkarre'."
229 *David*, Zur Frage . . ., a.a.O., S. 681.
230 *Ebendort*, S. 686.
231 *Ebendort*, S. 687.
232 *Ernst Paul*, Zur Frage der Konkurrenzfähigkeit des Kleinbetriebs in der Landwirtschaft, in: Neue Zeit, 1894/2, S. 750.
233 *Ebendort*, S. 752.

beaufsichtigt werden müsse, damit er nicht zum Faulenzen verleitet werde. Dies mag zwar bei *Marx* und *Kautsky* für eine kapitalistische Wirtschaft noch zutreffen, kaum jedoch für eine sozialistische. *David* stellt nun fest, dass diese notwendige Beaufsichtigung in einem industriellen Grossbetrieb viel leichter durchzuführen sei als im landwirtschaftlichen mit notwendigerweise dezentralisierter Produktion. Ausserdem könne in der Industrie grobe Fahrlässigkeit eines Arbeiters meist viel rascher festgestellt werden als in der Landwirtschaft, wo das Arbeitsprodukt oft erhebliche Zeit nach dem Arbeitseinsatz anfalle[234]. Den Arbeiter-Kooperationsgedanken lässt *David* zwar gelten, meint aber, dass das traditionelle landwirtschaftliche Dorf die notwendige gesellschaftliche Kontrolle bereits verwirkliche, indem es "den einzelnen nicht nur unter die unbewusst wirkende suggestive Beeinflussung durch seine Dorfgenossen (stellt), sondern sie erzeugt auch eine bewusste moralische Kontrolle über Fleiss und Tüchtigkeit des einzelnen"[235]. − *David* ist also der Ansicht, dass die notwendige gesellschaftliche Kontrolle und gesellschaftliche Arbeits-Anreize in einer Landwirtschaft, welche aus Kleinbetrieben besteht, durchaus vorhanden sind[236].

Im übrigen kritisiert *David* an *Marx* und *Kautsky*, dass diese nie erkannt hätten, dass zwischen der *Arbeitsteilung* in der Manufaktur und derjenigen in der Landwirtschaft ein grundlegender Unterschied bestehe[237], ein Unterschied, welcher *Adam Smith* nicht entgangen sei:

"Die Natur der Landwirtschaft dagegen erlaubt nicht so viele Unterabteilungen der Arbeit wie die Gewerbe, oder eine so vollständige Trennung einer Tätigkeit von der anderen. Es ist unmöglich, die Tätigkeit des Viehzüchters von der des Kornbauers so völlig zu trennen, wie das Gewerbe des Zimmermanns von dem des Schmiedes gewöhnlich getrennt ist[238]."

Wenn aber die Arbeitsteilung in der Landwirtschaft wirklich nicht so weitgehend möglich ist wie in der Industrie, so entfällt nach *David* ein Hauptbeweggrund für die Konzentration. Und diese Arbeitsteilung sei eben deswegen nicht möglich, weil zwischen mechanischer und organischer Produktion ein grundlegender Unterschied bestehe: "Die der organischen Produktion dienende Arbeit entbehrt gänzlich des kontinuierlichen Flusses, den wir bei der Fabrikation eines mechanisierten Machwerks finden..."[239] So müsse in der Landwirtschaft die *Arbeitsart* ständig gewechselt werden — beispielsweise müsse man die Tätigkeit des Säens jeweils wieder für ein Jahr unterbrechen. Ferner: In

---

[234] *David*, Ökonomische Verschiedenheiten..., a.a.O., S. 450.
[235] *Derselbe*, Sozialismus..., a.a.O., S. 54.
[236] *David* weist auch auf die *Gefahren* der Zusammenarbeit vieler hin: "Auch die Faulheit wirkt ansteckend..." *(Ebendort)*
[237] *Ebendort*, S. 86ff.
[238] *Smith Adam*, Der Reichtum der Nationen (1776), Leipzig 1910, 1. Band, S. 4.
[239] *David*, Sozialismus..., a.a.O., S. 45.

der industriellen Fabrikation könne der *Arbeitsgegenstand* wandern, im Landwirtschaftsbetrieb sei es der *arbeitende Mensch* selbst, der wandern müsse (Stall – Hof – Wiese). Und schliesslich: Der Produktionsfaktor 'Boden' führe dazu, dass sich bei Betriebsvergrösserungen die Distanz zu den Arbeitsstellen vergrössere, was zu 'diseconomies of size' (wie wir das heute nennen würden) führen müsse und auch eine Arbeitsbeaufsichtigung erschwere[240].

3.4.2.3. Die Anwendung von Maschinen

Es scheint, dass die Argumente *Kautskys* und seiner Anhänger bezüglich der Anwendungsmöglichkeiten von Wissenschaft und Technik im landwirtschaftlichen Grossbetrieb nicht so leicht widerlegt werden können. *David* unternimmt einen solchen Widerlegungsversuch, wobei er wieder davon ausgeht, dass in der Landwirtschaft die *Natur* das primäre sei: Diese bestimme das Tempo des Produktionsprozesses, ein Tempo, welches durch die Maschinen nicht wesentlich erhöht werden könne[241]. *David* gibt zwar zu, dass die 'Maschinerie' dem Grossbetrieb bei extensiver Bewirtschaftung gewisse Vorteile verschaffe. Aber: Er ist zugleich der Ansicht, dass die Produktionssteigerungen in der Landwirtschaft in zunehmendem Masse nur noch über eine *Intensivierung* des Landbaus möglich sei. Im Zuge dieser Intensivierung werde die starke Seite des Kleinbetriebs – nämlich die Qualitätsarbeit – immer stärker zur Geltung kommen und die relative Bedeutung der Maschinen werde abnehmen[242].

Diese Ansicht kann heute als endgültig widerlegt angesehen werden. *David* sah nicht voraus – vielleicht *konnte* er es zu seiner Zeit noch nicht voraussehen – dass auch Maschinen für traditionell arbeitsintensive landwirtschaftliche Arbeiten erfunden werden könnten[243]. – Des weitern meint *David*, dass sich der *Motor* in der Landwirtschaft kaum in grossem Masse anwenden lasse. Weshalb nicht? Die Antwort mutet heute eher seltsam an: Weil der Motor keinen Mist gibt! "Das ergänzende Verhältnis, in welchem Pflanzenleben und Tierleben zueinander stehen, ist ein Naturgesetz, dem sich jede Agrikulturweisheit zu unterordnen hat[244]." Man darf wohl feststellen, dass dieses 'Naturgesetz' im Laufe der Zeit durch die Kunstdüngerproduktion weitgehend aufgehoben worden ist.

---

[240] Diese Argumente – kurz zusammengefasst – bringt *David* in: Sozialismus..., a.a.O., S. 45–48.
[241] *Ebendort*, S. 48.
[242] *Ebendort*, S. 405ff.
[243] Wir denken etwa an Kartoffelsortiermaschinen, Melkmaschinen, Mähmaschinen verschiedenster Art, aber auch an Hackmaschinen oder Bewässerungsvorrichtungen für den Gemüsebau.
[244] *David*, Ökonomische Verschiedenheiten..., a.a.O., S. 451.

3.4.3. Politische Implikationen

Angesichts der Position *Davids* und seiner Anhänger zum bäuerlichen Kleinbetrieb muss man sich natürlich fragen, ob diese Gruppe überhaupt noch als 'Sozialisten' angesehen werden kann. Offensichtlich sehen sie in gemeinschaftlicher Arbeit in irgend einer Form — mindestens in der Landwirtschaft — keine entscheidenden Vorteile. Gewiss treten sie gegen Machtstellungen in Form von Grossgrundbesitz auf. An deren Stelle wollen sie aber nicht irgendwelche Staatsfarmen oder Produktionsgenossenschaften errichten, sondern die Stellung des Parzellenbauern festigen, evt. in der Form von Familiengenossenschaften, wie sie etwa *F.O. Hertz* vorschlägt:

"Die angemessenste Besitzgrösse ist die des mittleren Bauerngutes. Dieses kann aber nur mit mehreren sesshaften Personen betrieben werden, also entweder mit Dienstboten, was die Schäden dieses Systems sowohl für die Arbeiter, als die Besitzer bedingt, oder in Hausgemeinschaften, wie es ja ohnehin zuweilen geschieht. Die Aufgabe des Staates ist es nun, eine angemessene Rechtsform dafür zu schaffen auf Basis der Familiengenossenschaft[245]."

David steht der Genossenschaftsbewegung keineswegs feindlich gegenüber. Er widerspricht aber der Interpretation *Kautskys*, dass diese Vergenossenschaftlichung notwendigerweise auch eine Tendenz zum Grossbetrieb beinhalte[246]. Die landwirtschaftlichen Genossenschaften seien zwar *Produzenten*genossenschaften, aber keine *Produktiv*genossenschaften. Die Produktion im engeren Sinne bleibe bei den entstehenden Genossenschaften individuell; die Assoziation diene vor allem einer Betriebsvor- und Nachbereitung (z.B. gemeinsamer Düngereinkauf, gemeinsame Verarbeitung oder Absatz der Produkte). *David* sieht in diesen Genossenschaften — und auch damit steht er im schärfsten Gegensatz zu *Kautsky* — "machtvolle Anfänge des Sozialisierungsprozesses in der Landwirtschaft"[247].

Noch ein letztes: Für den politischen Alltag empfiehlt *David* den Kampf gegen das Herreneigentum der Grundbesitzer und die Förderung des bäuerlichen Eigentums. Dies läuft zwangsläufig auf ein Klassenbündnis zwischen Arbeitern und Bauern gegen das Unternehmer- und Junkertum heraus. Interessant ist, dass eben dieses Klassenbündnis in der russischen und chinesischen Revolution wichtig werden sollte — wenn auch im Falle Russlands dieses Bündnis einen 'bias' zugunsten der Arbeiter aufwies[248].

---

[245] *Hertz Friedrich Otto*, Agrarfrage und Sozialismus, Berlin 1901, S. 97.
[246] *Davids* Stellung zu den Genossenschaften findet sich in: Zur Frage ..., a.a.O., S. 684—686.
[247] *David*, Die neuere Entwicklung ..., a.a.O., S. 376.
[248] Vgl. dazu: *Gottschalch* u.a., a.a.O., S. 162.

3.5. DIE BEURTEILUNG DER AGRARDEBATTE

Wir haben bereits in den beiden letzten Kapiteln (3.3. und 3.4.) einzelne Argumente der Teilnehmer an der Agrardebatte kritisch beleuchtet. Kurz soll an dieser Stelle noch eine abschliessende Würdigung und eine Gegenüberstellung der beiden Positionen erfolgen.

Von kommunistischer Seite wird heute an der ganzen landwirtschaftlichen Betriebsgrössendiskussion sicher mit Recht kritisiert, dass diese zu sehr nur das Kriterium *'Bodenfläche'* berücksichtige[249]. Dieser Einwand gilt bestimmt auch für die Diskussionen im Zusammenhang mit der Agrardebatte. Heute gibt es – vielleicht mehr als zu Beginn des Jahrhunderts – landwirtschaftliche Grossbetriebe, für welche der Boden relativ unwichtig ist (Schweine- und Geflügelfarmen, aber auch intensiver Gemüse- und Obstbau). So wird in dieser Debatte eigentlich ein willkürliches und einseitiges Konzentrationskriterium verwendet: Nur die *Bodenfläche* wird berücksichtigt, nicht oder nur am Rande die *Kapitalintensität*[250]. Dies ist bestimmt langfristig und retrospektiv betrachtet ein gewichtiger Einwand gegenüber der Aussagekraft der Agrardebatte.

Noch wichtiger scheint uns ein anderer Einwand methodischer Art zu sein[251]: In der Agrardebatte werden ständig zwei Konzepte vermengt, die an sich scharf zu trennen wären: Einmal ist von der landwirtschaftlichen *Betriebsgrösse* die Rede, dann wieder von der *Besitzgrösse*. In einem Fall betrachtet man also den Betrieb als *technische,* im andern als *eigentumsrechtliche* Einheit. Wenn nun – wie meistens in der Agrardebatte – die *Produktivität* der einen oder andern Betriebsform zur Diskussion steht, ist eindeutig das Kriterium der *Betriebsgrösse* interessant. So wirkt auch der Umweg *Kautskys* nicht sehr überzeugend, den zunehmenden Konzentrationsprozess in der Landwirtschaft mit den Pacht- und Hypothekarverhältnissen zu 'beweisen': Mit diesem Umweg entfernt er sich jedenfalls von der Argumentation *Marx'ens,* welcher als Hauptantriebskraft für die Konzentration in der Landwirtschaft eindeutig die *Produktivitätsvorteile* des Grossbetriebs betrachtete. Ein Kritiker *Kautskys* – Friedrich O. Hertz – bestreitet mit einem überzeugenden Argument, dass die Konzentration der Hypotheken in wenigen Händen dieselbe Wirkung habe wie die Konzentration des Grundbesitzes:

---

[249] Vgl.: *Ritter Kurt,* Zu einigen aktuellen Tendenzen und Widersprüchen in der kapitalistischen Landwirtschaft, Berlin (Ost) 1959, S. 16f.

[250] Dieser Aspekt wird hervorgehoben von: *Bergmann,* Die Agrarfrage . . ., a.a.O., S. 181. – *Gal Michael,* Die optimale Betriebsgrösse in der Landwirtschaft. Eine dogmenhistorische Untersuchung, Diss. Winterthur 1963, S. 13–19, gibt sechs verschiedene Kriterien der Betriebsgrösse in der Landwirtschaft: Fläche, Kapital, Arbeitsaufwand, Rohertrag, Rohertrag + Betriebsaufwand, Betriebseinkommen.

[251] Darauf weisen besonders hin: *Bauer-Mengelberg Käthe,* Agrarpolitik in Theorie, Geschichte und aktueller Problematik, Leipzig 1931, S. 30f.; und: *Weber Adolf,* Agrarpolitik, neu bearbeitet von *W. Meinhold,* Berlin 1951, S. 142.

"Wenn, wie es sehr oft vorkommt, ein Kleinbauer einen Acker kauft und den hohen stehengebliebenen Posten nach ein paar Jahren abzahlt, so war die Hypothek nicht das Mittel, einen *Eigentümer* zum *Nichteigentümer*, sondern umgekehrt, einen *Nichteigentümer* zum *Eigentümer* zu machen ...[252]"

Es scheinen auch noch einige Überlegungen zur Meinung *Davids* angebracht, dass es sich in der Industrie um einen *mechanischen*, in der Landwirtschaft hingegen um einen *organischen* Produktionsprozess handle[253]. Besonders deutlich werden *Davids* Gedanken hiezu im folgenden Zitat:

"Der Landwirt schafft nur die Vorbereitung, beim Produktionsprozess selbst ist er Zuschauer und vielfach ganz hilfloser Zuschauer. *Nicht er, sondern die Natur produziert im Feld, auf der Wiese, im Garten und im Viehstall.* Frost und Hitze, Nässe und Dürre, Sturm und Ungewitter sind bestimmende Faktoren für die Ergiebigkeit des Betriebs, deren Walten den Grossen wie auch den Kleinen trifft[254]."

Gegen diesen *Fatalismus* in bezug auf die Einflussmöglichkeit des Menschen auf den landwirtschaftlichen Produktionsprozess ist heute verschiedenes einzuwenden. Sicher bleibt der Mensch in der Landwirtschaft in grösserem Masse von der Natur abhängig als im industriellen Produktionsprozess. Das heisst aber noch lange nicht, dass der Bauer zum 'hilflosen Zuschauer' verurteilt ist, wie *David* annimmt. So hat der Mensch auch in der Landwirtschaft die Möglichkeit, sich den Einflüssen der Natur mehr und mehr zu entziehen. Am vollständigsten gelingt ihm das, wenn die Produktion in *Treibhäuser* verlegt wird. Aber selbst bei landwirtschaftlichen Produktionsverfahren im *Freien* hat der Bauer mannigfaltige Möglichkeiten der Naturbeeinflussung: So erlauben neue Saatsorten und/oder Dünger eine wesentliche Beschleunigung des Produktionsprozesses. Bewässerungs- und Entwässerungsanlagen können die Launen der Natur 'korrigieren'. Impfstoffe und Ernährung auf wissenschaftlicher Grundlage ermöglichen wesentliche Verbesserungen in der Viehzucht. Diese Beispiele könnten vermehrt werden. Hier sei nur noch angemerkt, dass im heutigen China einer der wesentlichsten Punkte beim 'Kulturwandel' des traditionellen Bauern eben darin besteht, diesem Bauern die Überzeugung zu geben, dass er der Natur *nicht* hilflos ausgeliefert ist[255].

---

[252] *Hertz F.O.*, a.a.O., S. 22. — Dagegen wäre vom marxistischen Standpunkt aus einzuwenden, dass dieser Umweg 'Ausbeutung' impliziert.
[253] Diese Unterscheidung wird später auch von *Weber Adolf*, a.a.O., S. 145, vorgenommen.
[254] *David*, Ökonomische Verschiedenheiten ..., a.a.O., S. 453.
[255] Etwa mit der Parole: "Nur wenn die Menschen ihr Denken revolutioniert haben, können sie die Natur umwandeln, eine neue Technik einführen und hohe Erträge einbringen ..." (Peking Rundschau, Nr. 8/1970, S. 8.)

Wir können bei dieser Beurteilung der Agrardebatte nicht abschliessend feststellen, welche Seite nun eigentlich 'recht' hat. Im grossen ganzen scheinen uns die Argumente der *Kautsky*-Gruppe überzeugender, wenn diese auch gut daran getan hätte, einige Einwände der Gegner zu berücksichtigen. So scheint es uns sicher zu sein, dass der Konzentrationsprozess in der Landwirtschaft andern Gesetzen als derjenige in der Industrie unterworfen ist. Solch riesige landwirtschaftliche Betriebe wie die Industriekomplexe in fortgeschrittenen Staaten scheinen für die Landwirtschaft undenkbar zu sein. Dies vor allem deshalb, weil sich in der Landwirtschaft mit zunehmender Grösse 'diseconomies of size' bemerkbar machen, und zwar nicht nur solche im Sinne *Parkingsons,* welche ja auch und in erster Linie für Industrie und Verwaltung gelten. Die 'diseconomies of size' der Landwirtschaft beruhen vor allem auf innerbetrieblichen Transportkosten, welche bis zu 20 % der Gestehungskosten ausmachen können[256] und mit zunehmender Grösse des Betriebs natürlich stark ansteigen. Man wird also jedenfalls diese 'diseconomies of size' den 'economies of size' – welche vor allem durch die Maschinenanwendung bedingt sind – gegenüberstellen müssen.

Vor allem die Entwicklung einer Vielfalt von landwirtschaftlichen Maschinen in diesem Jahrhundert trägt dazu bei, dass die Argumente der *David*-Gruppe stark an Gewicht verlieren. Es liegt auf der Hand, dass die meisten Maschinen in einem Grossbetrieb besser ausgenutzt werden können als im Kleinbetrieb, wo meist zwangsläufig grössere Leer-Kapazitäten vorkommen oder wo sich die Anschaffung mancher Maschinen gar nicht lohnt. Dagegen wird etwa eingewandt, dass die neuere Technik auch für die Kleinbetriebe relativ kostengünstige 'Universalgeräte' zur Verfügung stelle[257]. Das mag zutreffen. Man muss sich aber hier die Frage stellen – und das gilt sowohl für die Landwirtschaft der Industrie- als auch diejenige der Entwicklungsländer – welche Zukunft der Universal-Landwirt überhaupt noch hat. Wenn wir diese Frage aufwerfen, so geschieht dies im Hinblick auf das zentrale *Marx/Kautsky*'sche Argument der Bedeutung der *Wissenschaft* für die Landwirtschaft. Zweifellos drängt die sich rasch entwickelnde agronomische Wissenschaft auf eine *Spezialisierung* in der Agrarproduktion. Das heisst aber: Der Landwirt der Zukunft wird – ähnlich wie der Arzt, der Ingenieur, der Ökonome – in immer kleinerem Masse fähig sein, die Erkenntnisse *aller* oder auch nur einer Vielzahl von neuen Techniken und Entwicklungen in der Landwirtschaft zu absorbieren. Er muss sich – will er auf dem neuesten Stand des Wissens bleiben – *spezialisieren.*

---

256 Vgl.: *Weber A.,* a.a.O., S. 146 und: *Gal M.,* a.a.O., S. 29ff.
257 *Wildbrandt H.,* Die Betriebsgrössenfrage der Landwirtschaft in der sozialistischen Theorie und in der Praxis, Sozialistische Monatshefte, 1927, S. 445; ähnlich: *Weber A.,* a.a.O., S. 147. – Eine neuere Untersuchung legt allerdings den Schluss nahe, dass mit zunehmender Mechanisierung die optimale Betriebsgrösse eindeutig *ansteigt.* (Vgl.: *Herlemann H.H., Stammer H.,* Produktionsgestaltung und Betriebsgrösse in der Landwirtschaft unter dem Einfluss der wirtschaftlich-technischen Entwicklung, Kiel 1958, S. 37ff.)

Auch bei der Frage der Spezialisierung soll ein u.E. wichtiger *Unterschied* zu ähnlichen Tendenzen in der Industrie nicht verschwiegen werden: Da die landwirtschaftliche Produktion nach wie vor — wenn auch in geringerer Weise — an die *Natur* gebunden ist, ergibt sich ein von dieser Natur abhängiger, unregelmässiger *Arbeitsanfall*. Dies wird dazu führen, dass die Spezialisierung in der Landwirtschaft nicht so weit gehen kann wie in der Industrie. Die Synthese von notwendiger Spezialisierung und kontinuierlichem Arbeitsanfall sehen wir wiederum in erster Linie im *Grossbetrieb:* Nur dieser ist in der Lage, sich auf mehrere Produkte zu spezialisieren, auf Produkte aber, deren Hauptarbeitszyklen auseinanderfallen.

Selbst wenn der Kleinbetrieb dank Universalgeräten in der Maschinenanwendung mit dem Grossbetrieb einigermassen konkurrieren könnte, bleibt ein anderes Argument zugunsten des Grossbetriebs bis heute bestehen: Der Fortschritt in der Bodenkultur und in der Tierzucht ist bis heute meist von *grossen Wirtschaften* ausgegangen; die bäuerlichen Kleinwirtschaften sind jeweils nur zögernd nachgefolgt[258], sofern sie sich diese Neuerungen überhaupt aneignen konnten. Auch für die Landwirtschaft gilt: Nur *Spezialisierung* — welche sich der Grossbetrieb aus verschiedensten Gründen eher leisten kann — bringt in der Regel die Einführung neuer Produktionsverfahren[259]. Unter diesem dynamischen Aspekt scheint also dem Grossbetrieb — gerade in Entwicklungsländern — erhebliche wirtschaftliche Bedeutung zuzukommen.

Es ist wohl unmöglich, eine für jeden Stand der Technik, jede Art der Bodenbeschaffenheit, jedes Klima und jede Betriebsform gültige Antwort bezüglich einer *'optimalen Betriebsgrösse'* zu geben. In den Jahren nach der Agrardebatte wurde von manchen Autoren angenommen, dass im Getreide-, Futter- und Pflanzenbau der Grossbetrieb, im Obst- und Gemüsebau, beim Geflügel und in einem Teil der Viehzucht der Kleinbetrieb überlegen sei[260]. Demgegenüber weist eine neuere empirische Untersuchung gerade für Milchwirtschaft, Schweinezucht und Hennen-Farmen eindeutige 'economies of size' nach[261].

Zur Abrundung dieses Problemkreises weisen wir noch kurz auf die Stellung zweier moderner Marxisten zur Agrarfrage hin. *Paul A. Baran* kommt in bezug auf die Analyse der Landwirtschaft eigentlich kaum über die Erkenntnisse der

---

[258] *Philippovich*, a.a.O., S. 29.
[259] *Reisch E.*, Grundlagen und Erscheinungsformen der Schwerpunktbildung und Spezialisierung in den landwirtschaftlichen Betrieben, in: *Rintelen P.*, Hrsg., Konzentration und Spezialisierung in der Landwirtschaft, München 1965, S. 48f. — Als Alternative zur generellen Einführung des Grossbetriebs in der Landwirtschaft bietet sich in diesem Sektor die *Verstaatlichung* der Entwicklung neuer Technologien (Research and Development) an. Die zentralisierten Staatsbetriebe könnten dann die neue Technologie an die Kleinbetriebe weiter geben (Diffusionsproblem).
[260] Dazu etwa: *Wagner Friedrich*, a.a.O., S. 658; *Philippovich*, a.a.O., S. 31; *Weber A.*, a.a.O., S. 149ff.
[261] *Reisch*, a.a.O., S. 48.

Agrardebatte hinaus. Er stellt die moderne Technik in den Mittelpunkt seiner Überlegungen und meint, dass diese nur im Grossbetrieb genutzt werden könne. Dabei vernachlässigt er eine alternative Technologie, welche möglicherweise auch im Kleinbetrieb genutzt werden könnte[262]. — Auch *Kurt Ritter* stellt fest, dass die Konzentration in der Landwirtschaft "im Grunde ... derselbe Prozess wie in der Industrie"[263] sei. Immerhin bringt *Ritter einen* neuen interessanten Aspekt, welcher für den Grossbetrieb in der Landwirtschaft spricht: Er weist auf gewisse spezifische *'externalities'* hin, etwa die Bekämpfung von Unkraut, Pflanzenschädlingen und Viehseuchen, welche in der Regel viel weniger wirksam sind, solange der Nachbar auf diese Massnahmen verzichtet[264].

Wir werden im weiteren Verlauf unserer Abhandlung sehen, dass die Frage der *Produktivität* in der ganzen Betriebsgrössendiskussion nur *ein* möglicher Aspekt ist. Die grossbetriebliche Landwirtschaft Russlands und Chinas hat auch wichtige *Verwaltungs*-Funktionen, welche möglicherweise für Entwicklungsländer stärker ins Gewicht fallen als die von *Marx*, *Engels* und *Kautsky* in erster Linie berücksichtigten produktionstechnischen Aspekte[265].

4. LENINS ÜBERTRAGUNG DER THEORIE AUF RUSSLAND

Es kann nicht verwundern, dass *Lenins* Äusserungen zu Fragen der Landwirtschaftstheorie und -politik unvergleichlich viel zahlreicher sind als jene von *Marx* und *Engels*. Während die letzteren als eine der Konsequenzen des sich entwickelnden Kapitalismus eine an Bedeutung verlierende Bauernschaft voraussahen, strebte *Lenin* in einem typischen Agrarland die sozialistische Revolution an. Ob er dabei die *Marx'sche* Lehre bloss 'weiterentwickelte' oder in entscheidenden Punkten veränderte, interessiert uns an dieser Stelle nicht. Sicher ist jedenfalls, dass seine Schriften stark von der wirtschaftlichen Situation um die Jahrhundertwende beeinflusst sind, weshalb wir uns einige wichtige, typische Merkmale der Agrarverfassung Russlands zu diesem Zeitpunkt vergegenwärtigen müssen.

---

[262] *Baran Paul A.*, Politische Ökonomie des wirtschaftlichen Wachstums (1957), Neuwied 1966, S. 406f.
[263] *Ritter K.*, a.a.O., S. 20.
[264] *Ebendort*, S. 18.
[265] Vgl. IV. Teil, 1.3.

4.1. DIE AGRARVERFASSUNG RUSSLANDS VOR 1917

4.1.1. Die Leibeigenschaft

Vielleicht ist die Situation der Bauern in Russland bis ins letzte Jahrhundert hinein mit der Bemerkung treffend gekennzeichnet, dass 9/10 der russischen Bevölkerung — eben die Bauern — im Bewusstsein der Oberschicht gar nicht vorkamen[266]. Die seit Ausgang des Mittelalters die Bauern bedrückende *Leibeigenschaft* und die damit verbundene prekäre soziale Situation führte zwar dazu, dass sich diese Bevölkerungsschicht verschiedentlich bei der Oberschicht in Erinnerung zu rufen versuchte: Diverse Bauernaufstände im 17., 18. und 19. Jahrhundert — wir erinnern nur an ihre Führer *Bolotnikow, Rasin* oder *Pugatschow* — wurden jeweils auf grausame Art und Weise unterdrückt[267]. Allein von 1825—1855 wird von 556 Bauernrevolten berichtet[268].

Die Verschiedenheit der sozialen Bedingungen in Russland von denjenigen Westeuropas zeigt sich vielleicht am besten in der Sozialstruktur:

Statistik II—4[269]:
Russland 1860: Sozialstruktur

26 Mio. Staatsbauern
23 Mio. Leibeigene
4 Mio. Städter
1 Mio. Adelige
0,7 Mio. Geistliche

Im Jahre 1861 wurde dann die Leibeigenschaft der Bauern durch ein Dekret des Zaren *Alexander II.* aufgehoben. Damit jedoch war der Weg zu einer kapitalistischen Entwicklung der Landwirtschaft wegen einer spezifisch russischen Institution noch *nicht* geebnet:

---

[266] *Eckhardt H. von*, Russland, Leipzig 1930, S. 80.
[267] Detaillierte Angaben zu diesen Aufständen finden sich in: *Mühlestein Hans*, Bauernschaft und Sozialismus, Berlin 1948, S. 11ff.
[268] *Ebendort*, S. 19.
[269] Quelle: *Leontovitsch V.*, Geschichte des Liberalismus in Russland, Frankfurt 1957, S. 116.

4.1.2. Die Mir-Gemeinde

Mit der Aufhebung der Leibeigenschaft wurden die bisherigen Rechte der Grundbesitzer auf die *Mir-Gemeinde* übertragen[270]. Aber auch dieser Mir-Gemeinde gelang die Erreichung dessen nicht, was nach *Marx* für den Kleinbauern Westeuropas typisch war: Seine *Individualisierung*. Das Mir galt alles, der Einzelne nichts[271].

Für den Staat war die Mir-Gemeinde insofern eine geeignete Institution, als sie *solidarisch* für die Steuern und Abgaben ihrer Mitglieder haftete[272]. Neben diesen *fiskalischen* hatte die Gemeinde auch *verwaltungsmässige* und *richterliche* Befugnisse. So konnte die Mir-Gemeinde beispielsweise alle 'schädlichen' oder 'lasterhaft' scheinenden Mitglieder der Regierung zur Deportation nach Sibirien zur Verfügung stellen[273]. *Adolf Wagner* stellt in einem Kommentar zu dieser russischen Institution fest, das zwar die Leibeigenschaft mit 1861 zu existieren aufgehört habe, dass aber der russische Bauer *Sklave der Gemeinde* geworden sei[274].

Die Agrarreform von 1861 krankte aber auch daran, dass die Landzuteilungen an die Bauern sehr *klein* ausfielen: Die Staatsbauern erhielten durchschnittlich 7 ha, die Gutsbauern 2 bis 3,5 ha Boden[275]. Dieser Anteil wurde im Laufe der Zeit immer *kleiner,* da sich die Bevölkerung rascher als das bebaute Land vergrösserte:

Statistik II–5[276]:
Landanteile pro männl. Arbeitskraft in Russland, 19. Jh.

        1860:   4,8 Dessjatinen[277]
        1880:   3,5 Dessjatinen
        1900:   2,6 Dessjatinen

---

[270] 'Mir' bedeutet 'Welt'. Die Mir-Gemeinde entstand schon im Zeitalter der Leibeigenschaft. Zu den verschiedenen Entstehungstheorien des Mir: *Loesch H.H. von,* Die Mir-Verfassung, Berlin 1931, S. 5ff.

[271] So gab es in Russland das Sprichwort: 'Nicht der Bauer kommt in den Himmel, sondern das Mir'. (Entnommen aus: *Müller H.,* Russland unter weissen und roten Zaren, Frankfurt 1953, S. 26.)

[272] Dazu: *Schiller Otto,* Beitrag unter 'Sowjetunion' im HdSW, Band 9, S. 354.

[273] *Loesch,* a.a.O., S. 23.

[274] *Wagner Adolf,* Die Abschaffung des privaten Grundeigentums, Leipzig 1870, S. 57.

[275] *Gitermann Valentin,* Die Lage der russischen Bauern nach der Aufhebung der Leibeigenschaft, in: Rote Revue, 28. Jg., Heft 2, Febr. 1949, S. 62. — Dies sind natürlich *unechte Durchschnitte,* da nach wie vor grosse regionale Unterschiede festzustellen waren. Detaillierte Zahlen bei: *Tschajanow Alexander,* Die Lehre von der bäuerlichen Wirtschaft, Berlin 1923, S. 19.

[276] *Quelle: Loesch,* a.a.O., S. 27.

[277] 1 Dessjatine = 1,0925 ha.

Die starke *Bevölkerungszunahme* und die Beharrlichkeit der Bauern, nicht in die Stadt abzuwandern, hatte denselben Grund: Das *Bodenrecht* der Mir-Gemeinde. Das Land wurde nämlich periodisch[278] *umverteilt* mit dem Zwecke, den Umfang des Anteillandes der jeweiligen Familiensituation anzupassen. Diese Umteilung wurde entweder gemäss der Zahl der Esser oder der männlichen Familienmitglieder vorgenommen. Sie kann als soziale Massnahme mit dem Ziel 'Gerechtigkeit' verstanden werden. Diese Umverteilungen förderten jedoch einerseits den Kinderreichtum und verhinderten andererseits die Abwanderung in die Stadt, da eine solche Abwanderung das Anteilland der Familie geschmälert hätte. Da man bei den Umverteilungen auch noch die *Bodenqualität* berücksichtigte, wurden die einzelnen Parzellen der Bauernhaushalte immer *kleiner*: Nach *Loesch* erhielt der einzelne Bauer im Laufe der Zeit in Extremfällen 100 und mehr Bodenstreifen zugeteilt, deren Breite oft kleiner als ein Meter war[279]!

Unter diesen Umständen war natürlich an eine *Intensivierung* des Landbaus nicht zu denken. Jeder Bauer musste ständig damit rechnen, dass das von ihm genutzte Land durch Gemeinde-Beschluss einem andern zur Nutzung übergeben würde, ja dass möglicherweise gerade seine Düngungs- und Bewässerungsinvestitionen den *Anlass* zu einer solchen Umverteilung geben könnten. Im gleichen Sinne wirkte auch die *solidarische Haftung* der Mir-Gemeinde für Steuerschulden: Im allgemeinen vermieden es die Bauern, ihr Wirtschaftsinventar zu vergrössern, da dieses bei armen Gemeinden oft zur Tilgung von Steuerschulden eingezogen werden musste[280]. – So verfügten gegen Ende des letzten Jahrhunderts 23 % der Bauern Russlands über keine Anspannung, 13 % über kein Vieh (!) und 30 % über kein Inventar[281].

So also funktionierte die von *Marx* mit vorsichtigem Optimismus beurteilte Mir-Gemeinde. Zweifellos waren darin – wenn auch nicht in der Produktion – *Gemeinschafts*-Elemente zu finden wie kaum irgendwo in der Landwirtschaft Westeuropas. Vom *wirtschaftlichen* Standpunkt aus muss aber das Mir als Hemmschuh betrachtet werden. Das sahen auch die russischen Machthaber ein, weshalb nach den Revolutionswirren von 1905 von *Stolypin* eine Agrarreform durchgeführt wurde. Diese gewährte den Bauern *Freizügigkeit* und hob die administrativ-polizeiliche Allmacht der Mir-Gemeinde auf[282]. Wichtiger noch: Die Bauern konnten von der Mir-Gemeinde die Überführung ihres Landanteiles in ihr privates Eigentum verlangen. Damit wurde zusätzlich ermöglicht, dass der

---

[278] Alle ein bis dreissig Jahre, im Durchschnitt alle 12 Jahre. Dazu: *Kramer Matthias*, Die Bolschewisierung der Landwirtschaft, Köln 1951, S. 14.
[279] *Loesch*, a.a.O., S. 31. – Diese Landzersplitterung war allerdings teilweise auch durch die traditionelle *Dreifelderwirtschaft* bedingt. Zu diesem Aspekt: *Simkhovitsch W.G.*, Die Feldgemeinschaft in Russland, Jena 1898, S. 7.
[280] *Loesch*, a.a.O., S. 31.
[281] *Kramer M.*, a.a.O., S. 16. – Detaillierte Zahlen über die 'Kapitalausstattung' der Bauern gibt: *Tschajanow*, a.a.O., S. 46ff.
[282] *Loesch*, a.a.O., S. 25.

einzelne Bauer sein Land auch *verkaufen* konnte, was die Abwanderung der Bevölkerung in die Stadt begünstigte. Um der *Landnot* noch weiter Rechnung zu tragen, wurden schliesslich 2,5 Mio. Bauern nach Sibirien umgesiedelt[283].

Ob diese Reform zu einem Erfolg geführt hätte, lässt sich heute nicht mit Sicherheit sagen, da der Krieg und die Revolution die Reformen beendeten. Immerhin befanden sich trotz aller Reformen 1917 noch 42 % des Landes in den Händen der Gutsbesitzer und des Klerus[284]. Ferner waren bis 1915 im europäischen Teil Russlands erst 21,6 % der Bauern mit nur 16,4 % des Landes aus dem Mir ausgeschieden[285]. Die agrarische *Überbevölkerung* und die *Landnot* der Bauern — verbunden mit einem *Landhunger* — bestanden weiter, was *Lenin* in seiner Revolutionslehre zu berücksichtigen wusste.

4.2. LENINS STELLUNG ZUR AGRARFRAGE

4.2.1. Einleitung

Wir haben früher festgehalten, dass bei *Marx* und *Engels* die Fragen der Landwirtschaft kaum je im Zentrum der Überlegungen standen, weil die Bedeutung dieses Zweiges der Volkswirtschaft in den kommenden sozialen Umwälzungen als gering eingeschätzt wurde. Diese Meinung konnte *Lenin* bei der Übertragung der *Marx'schen* Lehre auf Russland nicht unverändert übernehmen, war doch Russland zu Beginn dieses Jahrhunderts noch ein ausgesprochenes *Agrarland*. *Lenin* selbst zitiert in einer seiner frühen Schriften (1899) eine russische Statistik, nach der der Anteil der städtischen an der Gesamtbevölkerung gegen Ende des 19. Jh. nur 12,76 % betrug[286]. Zum Zeitpunkt der Revolution (1917) waren noch immer 80 % der Bevölkerung in der Landwirtschaft tätig[287]. Schliesslich sei noch angemerkt, dass 1913 der Anteil der Landwirtschaft am Volkseinkommen noch rund 60 % ausmachte[288]. Es ist klar, dass unter diesen Umständen die Bauern in der ökonomischen Theorie und in der Revolutionstaktik nicht einfach ignoriert werden konnten[289].

---

283 *Rauch Georg von,* Russland im Zeitalter des Nationalismus und Imperialismus, München 1961, S. 51.
284 *Fickenscher W.,* Hrsg., Die UdSSR, Enzyklopädie der Union der sozialistischen Sowjetrepubliken, Übersetzung aus dem Russischen, Leipzig 1959, S. 387.
285 *Loesch,* a.a.O., S. 50.
286 *Lenin,* Die Entwicklung..., a.a.O., S. 575.
287 *Schiller Otto,* Das Agrarsystem der Sowjetunion 1917–1953, Köln 1960, S. 10.
288 *Fickenscher,* Enzyklopädie, a.a.O., S. 774.
289 *Herbert Marcuse,* a.a.O., S. 47, meint sogar, dass der Leninismus sich vom Marxismus vor allem durch den Versuch unterscheide, "die Bauernschaft in den Bereich der Marxschen Theorie und Strategie einzubeziehen..." (Als zweites Hauptmerkmal des Leninismus nennt *Marcuse Lenins* neue Ansätze der Aussichten der kapitalistischen Entwicklung.)

Besonders interessant ist für uns, dass *Lenin* sowohl das Werk *Kautskys* wie auch dasjenige *Davids* gekannt und eingehend studiert hat. Während er für das erstere nur höchstes Lob findet[290], überschüttet er *David* mit Hohn und Spott. Dieses Buch sei ein "besonders ungeschickt gemachtes und schwerfälliges Sammelsurium", ein hoffnungsloser Fall, die "Narretei eines reaktionären Spiessbürgers", usw.[291].

In bezug auf die zentralen *Marx-Kautsky'schen* Thesen — Überlegenheit des Grossbetriebs, Aufhebung des Unterschieds zwischen Stadt und Land — steht *Lenin* durchaus in der *Marx'schen* Tradition. Allerdings: Die Akzente werden anders gesetzt. Der bei *Marx* und *Engels* noch im Mittelpunkt stehende *ökonomische Determinismus* wird abgelöst durch einen *Lenin'schen politischen Pragmatismus*. Dieser Pragmatismus führt auch zu Akzentverschiebungen in der Argumentation:

> "Lenin hat den Marxismus in einem ganz bestimmten Sinn aufgefasst. Er erblickte in der sozialen Revolution nicht ein entferntes Ziel, sondern die Tagesaufgabe... Sein Hauptinteresse galt daher den Übergangsformen zum Sozialismus. Damit wurde aber die Frage des Weges und der Mittel zum Ziel immer vorrangiger, und die Zielvorstellung selbst geriet in den Hintergrund...[292]"

Deswegen auch ist bei *Lenin* im Zusammenhang mit der Agrarfrage meist von der Stellung der Bauern in einer allfälligen Revolution die Rede. Da wir hier nicht eine Geschichte der Revolutionstheorien geben können, werden wir diesen Aspekt nur kurz behandeln. Wir müssen uns allerdings im folgenden immer vor Augen halten, dass *Lenins* Stellung zur Agrarfrage stark von der Tatsache geprägt wurde, dass in Russland weit über die Hälfte der Bevölkerung aus Bauern bestand. Da er die sozialistische Revolution verwirklichen wollte, musste er auf die Wünsche dieser Bauern Rücksicht nehmen — selbst wenn ihn diese Rücksicht in Konflikt mit 'reinen' sozialistischen Ideen brachte.

4.2.2. Analyse der russischen Landwirtschaft

4.2.2.1. Sonderfall Russland

Lenin kam nicht umhin, bei der Übertragung der *Marx/Kautsky'schen* Agrartheorie auf Russland gewisse *Unterschiede* zur auf West-Europa bezogenen Analyse seiner Vorgänger zu berücksichtigen. *Marx* hatte bekanntlich unter

---

[290] Vgl. S. 66
[291] Vgl.: *Lenin*, Die Agrarfrage und die 'Marxkritiker' (1901–1907), in: Werke, a.a.O., Band 13, S. 169, 171 und 174.
[292] *Weber Hermann*, Einleitung zu: *Lenin*, Ausgewählte Schriften, München 1963, S. 32.

bestimmten Umständen der russischen *Mir-Gemeinde* bei einer sozialistischen Umgestaltung gute Überlebenschancen zugebilligt. Für *Lenin* hingegen war die Mir-Gemeinde in jeder Hinsicht nur ein *Hemmnis* der weiteren Entwicklung. Was an der Dorfgemeinde noch funktioniert, ist nach *Lenin* ein "Überbleibsel der rein mittelalterlichen Vergangenheit"[293]. Entgegen verschiedener bestehender Theorien vermöge die Bauernschaft in der russischen Dorfgemeinde dem Kapitalismus nichts entgegenzusetzen, sie sei "im Gegenteil seine (des Kapitalismus, H.S.) tiefste und festeste Grundlage"[294]. Nach der Agrarreform von *Stolypin* nehme die Bedeutung des Anteillandes bei der bäuerlichen Wirtschaft ab und die Klassengegensätze verschärften sich. Kurz, *Lenin* ist der Ansicht, dass die Institution 'Mir' die russische nicht wesentlich von der westlichen Landwirtschaft unterscheide[295].

Es muss aber hier doch kurz angemerkt werden, dass eine andere Gruppe russischer Sozialisten — die *Narodniki* oder *Sozialrevolutionäre* — die Mir-Gemeinde als wichtigstes Instrument bei der Umgestaltung der Sozialstruktur Russlands ansahen. Insbesondere unter den Bauern gewann diese Partei viele Anhänger und angesichts der Popularität ihrer Theorien muss man sich ernstlich fragen, ob *Lenin* mit seiner Geringschätzung der Tradition der Mir-Gemeinde wirklich recht hatte[296].

Lenin ist bezüglich der russischen Landwirtschaft der Ansicht, dass sie im wesentlichen dieselbe Entwicklung wie die westeuropäische vor sich habe:

"Die kapitalistische Entwicklung hat das *allgemeine* Wirtschaftssystem nicht nur der westeuropäischen Staaten im Vergleich zueinander, sondern auch Russlands im Vergleich zum Westen, bereits so weit einander angenähert, dass die *Grundzüge* der Ökonomik der Bauernwirtschaft in Deutschland sich als die gleichen erweisen wie in Russland. Allerdings befindet sich jener Prozess der Auflösung der Bauernschaft, der durch die russische marxistische Literatur eingehend nachgewiesen wurde, in Russland noch in einem Anfangsstadium der Entwicklung...[297]"

Lenin stellt insbesondere auch für Russland die von *Marx* für Westeuropa (besonders England) aufgestellte These der zunehmenden *kapitalistischen Tendenzen* in der Landwirtschaft fest, welche sich durch eine fortschreitende Arbeitsteilung, eine Abnahme der agrarischen Bevölkerung und den Ruin des

---

[293] *Lenin*, Die Entwicklung..., a.a.O., S. 328.
[294] *Ebendort*, S. 167f.
[295] Vgl. *Lenins* Position zum Mir insbesondere in: Die Agrarfrage in Russland am Ende des 19. Jahrhunderts (1908), Berlin 1920, S. 12, 29f., 38f., 44 und 68.
[296] Mehr zu den Theorien der Narodniki siehe: *Raupach Hans,* Geschichte..., a.a.O., S. 26ff.; *Tschernow Victor,* Das Bauerntum im Programm der sozialrevolutionären Partei Russlands, in: Sozialistische Monatshefte, Januar 1927, S. 32—38; eine kurze heutige sowjetische Darstellung in: *Lenin,* Werke, a.a.O., Band 40, Anmerkung 43, S. 486—488.
[297] *Lenin,* Die Agrarfrage und..., a.a.O., S. 184f.

Kleinproduzenten manifestiere[298]. Dieser Kapitalismus in der Landwirtschaft ist aber "seiner geschichtlichen Bedeutung nach eine grosse fortschrittliche Kraft"[299]. Dadurch nämlich konnte der Feudalismus überwunden und die Produktivkräfte durch Umgestaltung der landwirtschaftlichen Technik gefördert werden[300].

Diese Zitate stammten alle aus *Lenins* Werk 'Die Entwicklung des Kapitalismus in Russland' von 1899. Interessant und unseres Wissens bisher nicht näher untersucht ist die Tatsache, dass *Lenin* in einer späteren (1908), eingehenderen Untersuchung[301] viel stärker die mittelalterlichen Erscheinungen und die Rückständigkeit der russischen gegenüber der westeuropäischen Landwirtschaft betonte. Als wichtigstes Element dieser Rückständigkeit beschreibt er die *Abarbeit* als Überrest der Fron, durch welche der Bauer dem 'Junker' zu einem niedrigeren Lohn als der auf dem Arbeitsmarkt herrschende diene:

"Diese Tatsache ist von ungeheurer Wichtigkeit, denn sie beweist unumstösslich, dass der hauptsächlichste und wichtigste Grund der landwirtschaftlichen Rückständigkeit Russlands, der Stillstand seiner ganzen Volkswirtschaft und das auf Erden noch nie gesehene Elend des Landwirts im Abarbeitungssystem liegt, in diesem direkten Überreste der Leibeigenschaft[302]."

Diese Abarbeit führe zu einer "Verschmelzung der leibherrlichen und bürgerlichen Ausbeutungsmethoden"[303]. Wenn *Lenin* also in dieser Schrift auch eine Rückständigkeit der russischen Landwirtschaft konstatiert, so zweifelt er doch keinen Moment daran, dass der Kapitalismus in der russischen Landwirtschaft rasch an Boden gewinne[304]. So macht er sich denn daran, die russische Landbevölkerung in *Klassen* zu unterteilen.

4.2.2.2. Die Klasseneinteilung der Landbevölkerung

Das für *Lenin* entscheidende Merkmal der russischen Landwirtschaft ist der Umstand, dass auf der einen Seite die 10,5 Mio. armen Bauernhöfe 75 Mio. Dessjatinen Land bebauen, während auf der andern Seite 30'000 Bauernhöfe fast über dieselbe Landfläche verfügen[305]. Ausgangspunkt bei seiner Klassenanalyse ist also eine ausgesprochen *ungleiche Bodenverteilung:* Die Gruppe der ärmsten Bauern verfügt pro Hof über 350 mal weniger Land als die Gruppe der reichsten Bauern. Etwas detaillierter ergibt sich im europäischen Russland in bezug auf die Verteilung des Privatlandes folgendes Bild:

298 *Derselbe,* Die Entwicklung..., a.a.O., S. 25ff.
299 *Ebendort,* S. 316.
300 *Ebendort,* S. 317.
301 Die Agrarfrage in Russland am Ende des 19. Jh., a.a.O.
302 *Ebendort,* S. 24.
303 *Ebendort,* S. 63.
304 *Ebendort,* S. 8 und S. 69ff.
305 *Ebendort,* S. 15.

Statistik II—6[306]:
Privates Grundeigentum im europ. Russland am Ende des 19. Jh.

Landbesitzergruppen	% der Besitzungen	% des Landes
10 Dessj. und weniger	54,5 %	1,9 %
10— 50 Dessj.	27,8 %	5,7 %
50— 500 Dessj.	14,1 %	20,2 %
500— 2000 Dessj.	2,9 %	23,9 %
2000—10000 Dessj.	0,7 %	24,0 %
über 10000 Dessj.	0,01 %	24,3 %

Diese Statistik zeigt die höchst ungleichmässige Besitzverteilung des Bodens in Privatbesitz in voller Deutlichkeit. *Lenin* hebt besonders hervor, dass die 700 grössten Latifundien-Inhaber drei Mal so viel Land besitzen wie die 600'000 kleinen Landeigentümer.

Das Bild wird zwar ein wenig korrigiert, wenn zum Privatland noch das *Anteilland* (von der Mir-Gemeinde) gerechnet wird. Aber auch dann bleibt eine höchst ungleichmässige Besitzverteilung bestehen[307].

Auf dieser Grundlage unternimmt es *Lenin* dann, die landwirtschaftliche Bevölkerung in *Klassen* einzuteilen[308]. Zwar hatte auch schon *Engels* eine solche Klassifizierung vorgenommen[309], ohne allerdings seiner Einteilung konkrete Betriebsgrössenkategorien zu Grunde zu legen. Anders *Lenin*, welcher in der russischen Landbevölkerung folgende Klassen unterscheidet:

A) *Verarmte Bauernschaft:* Betriebsgrösse bis 15 Dessjatinen. Dazu gehört auch das *Landproletariat,* die Klasse der Landarbeiter mit oder ohne Bodenanteil. Mit 15 Dessjatinen Boden lässt sich nach *Lenin* äusserst knapp leben, d.h. aber, dass ca. 4/5 der landwirtschaftlichen Bevölkerung Russlands an der Grenze des Hungers stehen.

B) *Mittlere Bauernschaft:* Betriebsgrösse 15—20 Dessjatinen. Diese Gruppe ist in einer höchst labilen Situation: "Was die gesellschaftlichen Verhältnisse dieser Gruppe betrifft, so schwankt sie zwischen der oberen Gruppe, zu der sie aufsteigen möchte... und der unteren, in die sie durch den ganzen Gang der gesellschaftlichen Entwicklung gedrängt wird..."[310]

---

[306] *Quelle: Ebendort,* S. 8. — *Lenin* gibt absolute Zahlen. Wir haben diese der bessern Übersichtlichkeit wegen auf eine %-Basis umgerechnet.

[307] Vgl. genauere Angaben: *Ebendort,* S. 10.

[308] Das folgende ist eine Zusammenfassung verschiedener Aussagen *Lenins* zu diesem Thema: *Lenin,* Das Agrarprogramm der Sozialdemokratie in der ersten russischen Revolution von 1905—1907 (1907), in: Werke, a.a.O., Band 13, S. 222f.; *Derselbe,* Die Entwicklung..., a.a.O., S. 168ff.; *Derselbe,* Die Agrarfrage in..., a.a.O., S. 14f.

[309] Vgl. S. 37ff.

[310] *Lenin,* Die Entwicklung..., a.a.O., S. 176.

C) *Bäuerliche Bourgeoisie:* Betriebsgrösse 20–500 Dessjatinen. Diese Klasse wird auch als 'wohlhabende Bauernschaft' bezeichnet.
D) *Leibherrliche Latifundien:* Betriebsgrösse über 500 Dessjatinen.

Zahlenmässig ergibt sich folgendes Bild[311]:

A) umfasst 10,5 Mio. Haushalte mit 75 Mio. Dessj. Land
B) umfasst 1,0 Mio. Haushalte mit 15 Mio. Dessj. Land
C) umfasst 1,5 Mio. Haushalte mit 70 Mio. Dessj. Land
D) umfasst 0,03 Mio. Haushalte mit 70 Mio. Dessj. Land.

Lenin glaubt nun einen Prozess verfolgen zu können, den er *'Entbauerung'* oder *'Auflösung der Bauernschaft'* nennt: Zwei der vier Gruppen nämlich werden immer bedeutender: In der Klasse A die landwirtschaftlichen *Lohnarbeiter* ohne Landbesitz und in der Klasse C die durch den Waren- und Geldcharakter ihrer Wirtschaft sich auszeichnende *Dorfbourgeoisie.* Der Klassenkampf wickelt sich also vor allem zwischen den Gruppen C (und natürlich D) und einem grossen Teil der Gruppe A ab.

4.2.2.3. Der polare Differenzierungsprozess

Lenin spricht des weitern von einer zunehmenden *Proletarisierung* der Bauernschaft Russlands. Zwar gibt er zu, dass er diese These *nicht* mit exakten Zahlen stützen kann[312]. Immerhin nennt er einige Anhaltspunkte zur Stützung seiner Hypothese: Die armen Bauern haben viel mehr Mühe, Land zu *pachten,* da sie (noch) wenig für den Markt produzieren und somit nicht mit Geld bezahlen können. Also bewirkt das aufkommende Pachtwesen nur eine Vergrösserung der ohnehin schon umfangreichen Wirtschaften. Dem armen Bauern bleibt als Ausweg nur die *Naturalpacht* oder die *Fronarbeit.* In beiden Fällen wird er aber vom Landbesitzer schamlos ausgenutzt[313]. – So vereinigen je nach Gebiet die 20 % der wohlhabendsten Höfe 50–84 % des gesamten Pachtlandes auf sich, während die 50 % der ärmsten Höfe nur 5–16 % des Pachtlandes zu beanspruchen vermögen[314].

Dasselbe Bild zeigt sich bei dem nach der *Stolypin'schen* Landreform möglich gewordenen *Kauf und Verkauf* von Grund und Boden: Den 50 % der ärmsten Höfe gelingt es je nach Gebiet nur, 0,4–15,4 % des Bodens aufzukaufen, während die 20 % der wohlhabendsten Höfe 60–99 % des Landes aufkaufen[315]. – Immer mehr Bauern werden nach *Lenin* ihrer Armut wegen auch dazu gezwungen, nebenbei als Lohnarbeiter Dienst zu leisten[316].

311 *Derselbe,* Das Agrarprogramm..., a.a.O., S. 223.
312 *Derselbe,* Die Entwicklung..., a.a.O., S. 177.
313 *Lenin,* Die Agrarfrage in..., a.a.O., S. 33.
314 *Ebendort,* S. 37.
315 *Ebendort,* S. 41.
316 *Ebendort,* S. 58.

Kurz, in der Landwirtschaft Russlands ist nach der *Lenin'schen* Analyse der Kapitalismus in einem unaufhaltsamen Vormarsch: Die mittlere Bauernschaft verschwindet, nach unten findet eine Proletarisierung, nach oben eine Kapitalisierung statt. Das Zahlenmaterial zu dieser polaren Differenzierung ist allerdings eher dürftig und ein solcher Prozess wird auch von verschiedenen Autoren bestritten[317].

4.2.3. Vernachlässigte Elemente

Lenin wendet bezüglich der Theorie über die Landwirtschaft insofern dieselbe Methode wie *Marx* an, als er die bestehende Landwirtschaft *analysiert*. Im übrigen jedoch legt *Lenin* die Schwerpunkte anders. Bei *Marx* sind zweifelsohne die beiden wichtigsten Vorstellungen über die sozialistische Landwirtschaft der Gedanke der Überlegenheit des Grossbetriebs über den Kleinbetrieb und die These der Aufhebung des Unterschieds zwischen Stadt und Land. Diese beiden Fragen treten bei *Lenin* in den Hintergrund zugunsten der Untersuchung der Stellung der Bauern in einer sozialistischen Revolution (vgl. 4.2.4.). Das soll nicht heissen, dass *Lenin* bezüglich der zentralen *Marx'schen* Thesen seinem Lehrmeister widersprochen hätte. Aber: Er setzt andere Akzente und leistet kaum etwas Neues bei der Weiterentwicklung der beiden grundlegenden *Marx'schen* Thesen.

4.2.3.1. Die Aufhebung des Unterschieds zwischen Stadt und Land

Wahrscheinlich hat sich *Lenin* deshalb weniger mit dieser Frage beschäftigt, weil er den von *Marx* nur angedeuteten Unterschied zwischen Sozialismus und Kommunismus ausbaut und dabei die Aufhebung des Unterschieds zwischen Stadt und Land (wie übrigens auch die These des Absterbens des Staates) in die ferne Zukunft des Kommunismus verweist. In zwei seiner früheren Werke[318] geht *Lenin* immerhin noch auf die *Marx'sche* These ein. Interessant ist dabei, dass *Lenin* sowohl für die Trennung wie auch die Möglichkeit der Aufhebung des Unterschieds zwischen Stadt und Land Argumente anführt, die sich aus der *Logik der Technik* ergeben. Einerseits vollende die kapitalistische maschinelle Grossindustrie die Scheidung der Industrie von der Landwirtschaft[319], weil die Industrie eine Spezialisierung der Arbeiter erfordere, welche diese endgültig für die Landwirtschaft unbrauchbar mache[320]. Anderseits aber ermögliche es

---

317 Etwa von *Tschernow*, a.a.O., S. 37. — Dieser stellt statt dessen eine Konsolidierung der auf Selbstarbeit basierenden Familienwirtschaft fest.
318 Nämlich 1899: Die Entwicklung..., a.a.O., S. 383f., S. 442f. und S. 562f.; und: 1901: Die Agrarfrage und..., a.a.O., S. 148ff.
319 *Lenin*, Die Entwicklung..., a.a.O., S. 562.
320 *Ebendort*, S. 442.

dieselbe moderne Technik, diese Scheidung wieder rückgängig zu machen. Dabei denkt *Lenin* vor allem an die aufkommende Elektrizität und an die sich rasch entwickelnde Verkehrstechnik[321]. Mehr noch: Die Ausbeutung der Wasserkräfte zugunsten der Elektrizitätserzeugung mache die "Zerstreuung der Industrie"[322] in Zukunft unumgänglich. Dieses letzte Argument vermag uns freilich nicht eben zu überzeugen, ermöglicht doch die Elektrizität eine relativ energieunabhängige Standortwahl der Industrie.

Mehr Neues lässt sich bei *Lenin* zu dieser Frage nicht finden. Wir dürfen aber nicht vergessen, dass von einem andern russischen Sozialisten (bzw. Anarchisten) die Frage der Trennung von Stadt und Land geradezu in den Mittelpunkt seines Werkes gestellt wurde: *Peter Kropotkin* entwickelt die *Marx'sche* These weiter und fordert statt Arbeits*teilung* eine Arbeits*ergänzung,* weil nur eine Kombination von geistiger, industrieller und landwirtschaftlicher Arbeit langfristig den Erfordernissen der menschlichen Gemeinschaft entspreche[323]. Neben dem alten Argument der Frühsozialisten ('bessere Gesundheit') bringt *Kropotkin* auch einen neuen und heute besonders in China relevanten Hinweis auf die Notwendigkeit der Vereinigung von Industrie und Handwerk: Er konstatiert nämlich den zeitlich *unregelmässigen Arbeitsanfall* in der Landwirtschaft und meint, diesen durch eine Verbindung von Industrie und Handwerk aufheben zu können[324]. Nach *Kropotkin* ist diese Aufhebung des Unterschieds zwischen Stadt und Land sowie ein entsprechendes neues Erziehungssystem[325] der erste Schritt bei einer 'Reorganisation' der Gesellschaft[326]. Und in dieser Vorstellung unterscheidet er sich bestimmt von *Lenin,* welcher diesen Schritt in die ferne Zukunft des Kommunismus verlegt. – Nur am Rande sei noch angemerkt, dass manche der russischen 'Volkssozialisten' (Narodniki) die *Marx/Kropotkin'sche* These der Aufhebung des Unterschieds zwischen Stadt und Land viel stärker betonten als *Lenin*[327].

4.2.3.2. Die Vorteile des Grossbetriebs

Auch hiezu finden wir bei *Lenin* nicht viel Neues, vielleicht deshalb nicht, weil für ihn die Vorteile des Grossbetriebs – bedingt durch bessere Maschinenanwendung und Verwertung der Erkenntnisse der Wissenschaft – überhaupt nicht in Frage standen. Den Statistiken, welche eine entsprechende Bodenbesitz-

---

[321] Lenin, Die Agrarfrage und..., a.a.O., S. 150.
[322] *Ebendort.*
[323] *Kropotkin Peter,* Landwirtschaft, Industrie und Handwerk (1898), Berlin 1921, S. 3f. – Zur Aktualität dieses Buches lese man etwa die Seite 4, von welcher ein Abschnitt der 'Peking Rundschau' über das Wesen der heutigen Kommune in China entnommen sein könnte!
[324] *Ebendort,* S. 161.
[325] Vgl. die höchst interessanten Ausführungen über die Erziehung: *Ebendort,* S. 165f.
[326] *Ebendort,* S. 162.
[327] Dazu: *Raupach,* Geschichte..., a.a.O., S. 26f.

Konzentration in der kapitalistischen Landwirtschaft zu widerlegen schienen, hielt *Lenin* eine zunehmende Konzentration von *Kapitalgütern* entgegen[328]. Im übrigen wiederholt er die Argumente zugunsten des Grossbetriebs[329], wie wir sie von *Kautsky* her kennen[330]. — Für Russland stellt *Lenin* empirisch die gegenseitige Abhängigkeit von Betriebsgrösse und Mechanisierungsgrad fest: 20 % der wohlhabendsten Höfe verfügen zu Beginn des Jahrhunderts über 70—80 % der "vervollkommneten Gerätschaften"[331]. Aber selbst der Grossbetrieb setze in Russland nicht in dem Masse Maschinen ein, wie dies eigentlich technisch möglich wäre. Grund: Der Ackerbautaglöhner arbeitet zu einem Hungerlohn[332], so dass potentieller Maschineneinsatz durch Arbeit substituiert werden kann. — Im übrigen aber verstärke die zunehmende Maschinenanwendung in der Agrarwirtschaft Russlands auf zweierlei Art die Entwicklung des Kapitalismus: Einerseits erfordere die Einführung von Maschinen ein bedeutendes Kapital (es entstehe ein Markt für Produktionsmittel) und andererseits rufe die Anwendung der Maschinen nach einem Markt für (Fach-)Arbeitskräfte[333].

Das Vertrauen *Lenins* in die revolutionäre Kraft der modernen Technik für eine völlige Umgestaltung der Landwirtschaft ist womöglich noch ausgeprägter als bei *Marx*. So betont er in einer Auseinandersetzung mit dem '*David*' Russlands, *Bulgakow*, dass das Ertragsgesetz der Klassiker nur bei *gegebener Technik* gelte[334]. Und dank dieser Technik — so meint *Lenin* — vor allem aber dank der "elektrischen Revolution"[335], lasse sich der Bodenertrag noch stark steigern. Dabei ist für ihn selbstverständlich, dass dies nur auf der Basis einer grossbetrieblichen Landwirtschaft geschehen kann.

4.2.4. Landbevölkerung und Revolution

Wir haben schon darauf hingewiesen, dass diese Frage im Mittelpunkt der Agrartheorie *Lenins* stand — ganz im Gegensatz zu *Marx*. Dies kann uns nicht verwundern: *Lenin* strebte die Revolution in einem Agrarland mit einem Anteil der Bauern von 80 % an der Gesamtbevölkerung an. Demgegenüber erwartete *Marx* die Revolution in einem Land, in welchem die Agrarbevölkerung (auch

---

328 Dazu: *Bergmann*, a.a.O., S. 183 mit den entsprechenden *Lenin*-Zitaten. — Einen eher misslungenen Versuch der Interpretation der Zahlen der landwirtschaftlichen Betriebszählungen in Deutschland findet sich in: *Lenin*, Die Agrarfrage und ..., a.a.O., S. 191ff.
329 Vgl. etwa: *Lenin*, Der Kapitalismus ..., a.a.O., S. 399ff.; *Derselbe*, Das Agrarprogramm ..., a.a.O., S. 309ff.; *Derselbe*, Die Entwicklung ..., a.a.O., S. 330ff.; usw.
330 Dies vermag uns nicht zu verwundern, hält er doch das Kapitel über Gross- und Kleinbetrieb in *Kautskys* Buch als das beste. (*Lenin*, Der Kapitalismus ..., a.a.O., S. 391.)
331 *Lenin*, Die Agrarfrage in ..., a.a.O., S. 54.
332 *Derselbe*, Die Agrarfrage und ..., a.a.O., S. 174.
333 *Derselbe*, Die Entwicklung ..., a.a.O., S. 228.
334 *Lenin*, Die Agrarfrage und ..., a.a.O., S. 102f.
335 *Ebendort*, S. 141.

zahlenmässig) bereits eine unbedeutende Rolle spielte. Man könnte über *Lenins* Einschätzung der Bauern als Bundesgenossen für die Arbeiter manches schreiben — wir müssen uns hier auf einige Bemerkungen beschränken. Bevor wir dann auf die Entwicklung nach der Revolution von 1917 eingehen, werden wir noch die wenigen Gedanken *Lenins* zur Gestaltung einer sozialistischen Landwirtschaft darstellen.

4.2.4.1. Lenins Charakterisierung der Bauern

Für die Revolutionstaktik in einem ausgesprochenen Agrarland ist nicht selbstverständlich, was der junge *Lenin* in einer seiner frühen Schriften (1897) schreibt:

> "Unsere Arbeit ist vor allem und hauptsächlich auf die städtischen Fabrikarbeiter eingestellt. Die russische Sozialdemokratie darf ihre Kräfte nicht zersplittern, sie muss sich auf die Arbeit unter dem Industrieproletariat konzentrieren, weil dieses die grösste Empfänglichkeit für die sozialdemokratischen Ideen, die höchste intellektuelle und politische Reife aufweist....[336]"

Mit andern Worten: Die grosse Masse der Bevölkerung — die Bauern — wird als unfähig zu revolutionärer Aktivität angesehen, denn "die Bauern sind eine besondere Klasse, als Werktätige sind sie Feinde der kapitalistischen Ausbeutung, gleichzeitig sind sie aber Besitzer"[337]. *Lenin* wagt sogar die Prognose — und darin sollte ihm die Geschichte recht geben — dass der *Eigentumssinn* der Bauern nicht so leicht zu besiegen sei:

> "Immer und überall auf der ganzen Welt verwächst der kleine Landwirt so sehr mit seiner Wirtschaft..., dass er zwangsläufig in bestimmten Geschichtsperioden und für einen bestimmten Zeitabschnitt das Eigentum am Grund und Boden 'fanatisch' verteidigen wird[338]."

Die russische Bauernwirtschaft charakterisiert *Lenin* als "altväterlich", "verknöchert", "primitiv", "barbarisch" und "elend"[339]. Es verwundert ihn darum nicht, dass der in einem solchen Betrieb arbeitende Bauer nicht rational, nicht in Kausalzusammenhängen denken kann. So erklärt die Landbevölkerung eine Hungersnot oder eine Missernte als elementare Katastrophe, als eine Fügung

---

[336] *Lenin,* Die Aufgaben der russischen Sozialdemokraten (1897), in: Ausgewählte Schriften, a.a.O., S. 76.
[337] *Lenin,* Werke, Band XXIX, 4. Aufl., russ., S. 336, zitiert nach: *Kuropatkin A.,* Die Ökonomik der landwirtschaftlichen Arbeit in der UdSSR, Berlin (Ost) 1953, S. 77.
[338] *Lenin,* Das Agrarprogramm..., a.a.O., S. 288.
[339] *Ebendort,* S. 287.

Gottes. Kurz, das *Bewusstsein* der Bauern ist noch wenig entwickelt[340]. Diese Beschränktheit des Bauern sowie dessen Vorurteile dürfen aber den Proletarier nicht daran hindern, ihn aufzuklären[341].

Die Revolution von 1905 bestärkt *Lenin* in seiner Geringschätzung der Bauernschaft und Hochachtung des Industriearbeiters als Träger einer Revolution: "Die führende Rolle des Proletariats ist klar zutage getreten. Zutage getreten ist auch, dass seine Kraft in der geschichtlichen Bewegung unermesslich grösser ist als sein Anteil an der Gesamtbevölkerung[342]." Innerhalb der Bauernschaft stellt er einen bedenklichen Antagonismus der Besitzertendenzen und der proletarischen Tendenzen fest[343]. Mehrfach charakterisiert er die Bauern als 'kleinbürgerlich'[344].

4.2.4.2. Politik der Bolschewisten gegenüber den Bauern

Angesichts dieser Charakterisierung der russischen Bauernschaft durch *Lenin* ist nicht verwunderlich, dass er dieser zahlenmässig weitaus bedeutendsten Gruppe der russischen Bevölkerung bei einer allfälligen Revolution nicht sehr viel Vertrauen entgegenbringen kann:

> "Die Bauernschaft umfasst neben der Masse der halbproletarischen Elemente auch kleinbürgerliche. Deshalb ist auch die Bauernschaft unbeständig, so dass das Proletariat gezwungen ist, sich zu einer strengen Klassenpartei zusammenzuschliessen[345]."

Lenin begründet also seine Theorie der revolutionären Arbeiter-*Elitepartei* ex post teilweise geradezu mit einer *labilen Bauernschaft*. Theoretisch wird dieser Gedanke in seiner berühmten Schrift 'Was tun[346]?' begründet. Darin unterteilt er das Proletariat in ein solches, wie es *ist* und eines, wie es sein *sollte*. Der Soll-Zustand wird nun meist nicht aus eigener Kraft erreicht, die *Partei* muss dabei eine entscheidende Rolle spielen. Die Partei ist nach dieser Schrift die (kleine) Vorhut derer, die das Bewusstsein erlangt haben. Der *Repräsentations-*

---

[340] Vgl. dazu: *Lenin,* Innerpolitische Rundschau (1901), in: Werke, Band 5, a.a.O., S. 276ff.; oder: *Derselbe,* Die Verfolger des Semstwos und die Hannibale des Liberalismus (1901), Werke, Band 5, a.a.O., S. 25.

[341] *Derselbe,* Ein Schritt vorwärts — zwei Schritte zurück (1904), zitiert nach: *Fetscher Iring,* Der Marxismus, Seine Geschichte in Dokumenten, Band II, München 1964, S. 463.

[342] *Lenin,* Vorwort zu: Die Entwicklung..., a.a.O. (1908), S. 17.

[343] *Ebendort,* S. 17f.

[344] *Ebendort,* S. 17; ferner: *Lenin,* Die Agrarfrage in..., a.a.O., S. 67; *Derselbe,* Zwei Taktiken der Sozialdemokratie in der demokr. Revolution (1905), Ausgewählte Schriften, a.a.O., S. 598.

[345] *Ebendort,* S. 598.

[346] *Lenin,* Was tun? Brennende Fragen unserer Bewegung (1901/1902), Berlin (Ost) 1968.

gedanke fällt also in dieser Theorie ganz weg, weswegen es auch auf dem Kongress in London (1903) zur Trennung der russischen Sozialdemokraten in die Bolschewisten *(Lenin)* und Menschewisten *(Plechanow)* kam.

Dieser kleine Exkurs in die Parteitheorie schien uns nötig, um verständlich zu machen, dass die Bolschewisten gemäss der Theorie ihres Führers keineswegs die Unterstützung der Bauern brauchten; wichtig war in erster Linie ein revolutionäres *Proletariat*. Das heisst nun allerdings nicht, dass *Lenin* die Bauernschaft bei seiner Revolutionstaktik ganz ausgeschlossen hätte. Dazu ist ihm diese Bevölkerungsschicht wohl doch zu bedeutend. An verschiedener Stelle spricht er von der Notwendigkeit des *Bündnisses des Proletariats mit der Bauernschaft*, allerdings unter einem absoluten Führungsanspruch der ersteren Gruppe: Die Bauern selbst sind ohne Proletarier keinerlei revolutionärer Initiative fähig:

"Da aber die Warenproduktion die Bauernschaft nicht zusammenschliesst und zentralisiert, sondern sie zersetzt und spaltet, so ist eine *Bauern*revolution in einem bürgerlichen Lande nur unter der Führung des Proletariats möglich[347]."

In seinem 'Abschiedsbrief an die Schweizer Arbeiter'[348] (1917) nennt *Lenin* als wichtigsten und zuverlässigsten Bundesgenossen des russischen Proletariats nicht etwa die Bauern, sondern die Arbeiter Europas und Amerikas. Völlig anders tönt es wenige Wochen später bei seiner Rückkehr nach Russland:

"Davon, ob es dem Stadtproletariat gelingen wird, die Dorfproletarier mitzureissen und mit ihnen zugleich die Masse der Dorfhalbproletarier; oder ob diese Masse der Dorfbourgeoisie folgen wird . . ., davon wird das Schicksal und der Ausgang der russischen Revolution abhängen[349]."

Lenin erkennt unmittelbar vor der Revolution in immer stärkerem Masse die unbedingte Notwendigkeit, mindestens den armen Teil der Bauernschaft Russlands zu gewinnen, wenn auch dem städtischen Proletariat nach wie vor eindeutig die Führungsrolle zustand. Diese Notwendigkeit der Gewinnung der Bauern erklärt teilweise auch die seltenen Äusserungen *Lenins* zur Gestaltung einer sozialistischen Landwirtschaft: Er musste auf die Wünsche der Bauern Rücksicht nehmen, selbst wenn diese seinen und den *Marx'schen* Vorstellungen über eine sozialistische Landwirtschaft widersprachen.

4.2.4.3. Vorstellungen über eine sozialistische Landwirtschaft

Wie sehr *Lenin* beim Herannahen der Revolution bereit war, den Bauern Zugeständnisse zu machen, wie wenig er seine oder die *Marx'sche* Theorie in bezug auf die Stellung der Bauern in einer sozialistischen Gesellschaft verabso-

---

[347] Lenin, Das Agrarprogramm . . . (1907), a.a.O., S. 347f.
[348] In: Ausgewählte Schriften, a.a.O., S. 628.
[349] Lenin, Zur Agrarpolitik der Bolschewiki. Lenins Stellungnahmen vom April bis Oktober 1917, Wien 1921, S. 45.

lutierte, in welch grossem Masse er Pragmatiker war, zeigt sich vielleicht am besten im folgenden Zitat:

> "Die Bauern wollen ihre Kleinbetriebe behalten, diese Betriebe gleichartig normieren und sie periodisch wieder zerteilen ... Gut. Deshalb wird kein vernünftiger Sozialist mit den Dorfarmen brechen... Dann wird, wenn das Proletariat die *Herrschaft* in den ausschlaggebenden Orten errungen und die politische Macht errungen hat, alles andere sich *von selbst* finden, als Resultat der 'Macht des Beispiels'[350], als Resultat praktischer Erwägungen. Der Übergang der politischen Macht an das Proletariat — das ist der Kern der Sache... Das Leben wird schon nachher zeigen, welche Abweichungen notwendig werden. Das ist Nebensache. Wir sind keine Doktrinäre. Unsere Teilnahme ist kein Dogma, sondern eine Anleitung zur Tat. Wir nehmen uns nicht heraus zu behaupten, dass Marx oder die Marxisten ganz konkret den Weg zum Sozialismus kennen. Das ist Unsinn ..."[351]

Lenin ist also bereit, den Bauern erhebliche Konzessionen zu machen, sogar das Land zu verteilen und somit den Kleinbetrieb zu fördern, nur um an die Macht zu kommen. Früher (1908) war diese Machtübernahme für ihn offensichtlich noch nicht aktuell: "Es ist nichts verkehrter als die Ansicht, dass die Nationalisierung des Bodens irgend etwas mit Sozialismus oder gar mit Landnutzung zu gleichen Teilen zu tun hätte..."[352] Diese scharfe Unterteilung zwischen Nationalisierung des Bodens und Verteilung desselben einerseits (das forderten auch die Narodniki) und dem Sozialismus andererseits findet sich auch an anderer Stelle im Werke *Lenins*[353]. Die Verteilung des Bodens könne als eine konsequente *bürgerliche* Revolution betrachtet werden, welche dann der kapitalistischen Entwicklung Tür und Tor öffne und neue Ungleichheiten schaffe. Eine kapitalistische Entwicklung in der Landwirtschaft — verbunden mit höherer Produktivität — sei ausserdem nur möglich, wenn sich die 'bärenhäuterischen' Bauern änderten und zu 'Farmern' würden. — *Lenin* hatte also im ersten Jahrzehnt des Jahrhunderts gegen die einfache Nationalisierung und Verteilung einiges einzuwenden. In der bolschewistischen Revolution von 1917 beschränkte sich dann aber das Agrarprogramm praktisch auf eben diese Nationalisierung und Aufteilung. Dies rechtfertigte *Lenin* im 'Nachwort' von 1917 zum eben zitierten Buch damit, dass es sich bei der Nationalisierung des Grund und Bodens wegen der Kriegswirren nicht nur um das 'letzte Wort' der bürgerlichen Revolution, sondern auch um einen Schritt zum Sozialismus hin handle[354].

350 Damit spielt er auf eine Stelle in *Engels'* 'Die Bauernfrage' an. Vgl. Zitat auf S. 60.
351 *Lenin*, Zur Agrarpolitik..., a.a.O., S. 40.
352 *Derselbe*, Die Agrarfrage in..., a.a.O., S. 77.
353 *Derselbe*, Das Agrarprogramm..., a.a.O., S. 233f. und S. 256ff., S. 275f. und S. 291.
354 *Ebendort*, S. 436f.

Natürlich kann die vorgesehene Verteilung des Landes nach der Revolution nicht die letzte und endgültige Massnahme einer sozialistischen Regierung sein. *Lenin* gibt der Hoffnung Ausdruck, dass "das Land zur gemeinsamen Bestellung durch die Bauern genommen"[355] wird. In welcher Form aber diese 'gemeinsame Bestellung' zu erfolgen habe, wird nicht weiter erklärt. Man findet überhaupt bei *Lenin* vor der Revolution kaum Hinweise auf eine allfällige genossenschaftliche Organisation der sozialistischen Landwirtschaft. Hingegen weist er ab und zu auf die Notwendigkeit der Errichtung von *staatlichen Musterwirtschaften* hin[356]. Die 30'000 grossen gutsherrlichen Grundbesitze sollen nicht aufgeteilt, sondern von den 'Räten der Landarbeiterdelegierten' verwaltet und unter "Anleitung von Agronomen und unter Anwendung der besten technischen Hilfsmittel"[357] betrieben werden. *Lenin* stellt sich vor, dass solche Mustergüter 200–300 Dessjatinen Land umfassen sollten[358]. Nur am Rande sei angemerkt, dass damit *wesentlich* kleinere Einheiten als die später tatsächlich realisierten vorgeschlagen werden.

Zum Abschluss dieses zweiten Teiles kommen wir nochmals auf die Frage zurück, ob angesichts der Tatsache, dass Russland zu Beginn des Jahrhunderts noch ein Bauernland war, überhaupt im Jahre 1917 von einer sozialistischen Revolution im Sinne *Marx'ens* gesprochen werden kann. *Lenin* sah in der russischen Revolution immer den Beginn der Weltrevolution. So meinte er 1917, dass die Revolution in Russland "den *Prolog* zur sozialistischen Weltrevolution", eine "*Stufe* zu dieser Revolution"[359] sein werde. Damit aber besteht eine Übereinstimmung zur *Marx'schen* Äusserung in der russischen Ausgabe des 'Manifests', wo er Russland zugestand, den Prolog zu einer sozialistischen Weltrevolution sein zu können[360]. Wenn diese Weltrevolution dann nicht kommt – so hätte *Marx* wahrscheinlich gefolgert – kann sich der Sozialismus in einem Entwicklungsland wie Russland mit einem geringen Stand der Produktivkräfte nicht halten. Nun, die russische Revolution blieb für lange Jahre die einzige dieser Art. Es ergaben sich deshalb beim Aufbau des Sozialismus Fragen, die weder von *Marx* noch von *Lenin* hatten vorausgesehen werden können. Diesen Fragen und ihren Lösungsmöglichkeiten wenden wir uns nun im dritten Teil zu.

---

355 *Lenin*, Zur Agrarpolitik..., a.a.O., S. 15.
356 Z.B.: *Lenin*, Über die Aufgaben des Proletariats in der gegenwärtigen Revolution (1917), Ausgewählte Schriften, a.a.O., S. 634; *Derselbe*, Zur Agrarpolitik..., a.a.O., S. 30 und S. 47.
357 *Ebendort*, S. 47.
358 *Lenin*, Über die Aufgaben..., a.a.O., S. 634.
359 *Derselbe*, Abschiedsbrief..., a.a.O., S. 627; vgl. auch: *Hölzle Erwin*, Lenin und die russische Revolution, Bern 1968, S. 21ff. und: *Weber H.*, a.a.O., S. 60f. – Dort vermittelt *Weber* auch andere *Lenin*-Zitate, welche klar zeigen, dass *Lenin* niemals den späteren *Stalin'schen* 'Sozialismus in *einem* Lande' vertrat.
360 Vgl. Zitat auf S. 53f.

III. TEIL:

VON DER THEORIE ZUR PRAXIS

Wir möchten in diesem knapp gehaltenen Teil keineswegs eine Geschichte der Agrarpolitik der Sowjetunion und Chinas geben, sondern lediglich — auf der Grundlage der bis anhin vermittelten Agrartheorien — die Theorien mit der sozialistischen Praxis konfrontieren. Dabei werden wir feststellen, in welcher Weise ökonomische Probleme Theorie und Ideologie zu beeinflussen imstande sind. Die Wichtigkeit eines Zusammenspiels von Theorie und Praxis wird übrigens in der Sowjetunion bis heute ausdrücklich betont. So lesen wir in den 'Grundlagen des Marxismus-Leninismus': "Die marxistisch-leninistische Theorie ist kein Dogma, sondern eine *Anleitung zum Handeln*[1]". Und das dialektische Zusammenspiel von Theorie und Praxis lässt sich am Beispiel der sowjetischen Agrarpolitik besonders gut zeigen.

Bezüglich der Entwicklung in der Sowjetunion werden wir das Hauptaugenmerk auf die *Industrialisierungsdebatte* in den 20-er Jahren legen, weil uns diese Debatte grundsätzlich interessant für die Probleme der heutigen Entwicklungsländer erscheint. Mit dem Tode *Stalins* endet dann unsere kurze Agrargeschichte: Der hauptsächlichste Transformationsprozess, der 'take-off' der sowjetischen Wirtschaft, war zu diesem Zeitpunkt vollzogen.

Wir legen dann die Grundlagen der Agrarpolitik Chinas mit einer Darstellung der Agrartheorie *Mao Tse-tungs* und einem ebenfalls summarischen Abriss der Agrarpolitik im kommunistischen China. Damit sind dann die Voraussetzungen für den IV. Teil dieser Arbeit geschaffen: Dort folgt eine eher analytische Behandlung einzelner Probleme der Landwirtschaft Chinas und der Sowjetunion, welche auch für heutige Entwicklungsländer von direktem Interesse sind.

1. ABRISS DER AGRARPOLITIK DER UDSSR 1917—1953

1.1. KRIEGSKOMMUNISMUS: 1917—1921

1.1.1. Die bolschewistische Revolution

"Wie ich mich erinnere, hat Napoleon einmal geschrieben: 'On s'engage et puis ... on voit.' In freier Übersetzung heisst das etwa: 'Zuerst stürzt man sich ins Gefecht, und das weitere wird sich finden'. Wir haben uns eben zuerst im Oktober 1917 ins Gefecht gestürzt ...[2]"

So sieht *Lenin* retrospektiv die bolschewistische Revolution von 1917. Und das 'Gefecht' wurde gewonnen mit den beiden Schlagworten:

FRIEDE + BROT

---

1 Grundlagen des Marxismus-Leninismus, a.a.O., S. 11.
2 *Lenin*, Über unsere Revolution (1923), in: Ausgewählte Schriften, a.a.O., S. 1176.

In unserm Zusammenhang ist das zweite Ziel, die Sicherung der Versorgung der Bevölkerung, von besonderem Interesse. Die Bauern, welche das *Brot* liefern sollten, liessen sich für die Sache der Revolution nur dann gewinnen, wenn man ihnen den Boden zur individuellen Bewirtschaftung zugestand. Zwar wurde das Land mit dem *Bodendekret*[3] vom 26. Okt. 1917 verstaatlicht, d.h. das Privateigentum am Grund und Boden wurde abgeschafft. Das Dekret postulierte aber nicht kollektivistische Formen grossbetrieblicher Landwirtschaft, sondern der Boden wurde "allen, die ihn bearbeiten, zur Nutzung übergeben"[4]. Während *Lenin* vor der Revolution noch hoffte, dass die grösseren Gutsbetriebe in *staatliche Musterwirtschaften* umgewandelt werden könnten, betraf diese Massnahme im Bodendekret nur noch *hochentwickelte* Wirtschaften wie Plantagen, Pflanzenschulen, Baumschulen, Treibhäuser, usw.[5]. Mit der Politik einer *Bodenverteilung* wurden sogar an sich produktive Grosswirtschaften zersplittert[6]. So ist auch die Bemerkung von *Mitrany* gar nicht so abwegig, welcher meint, dass durch die Revolution von 1917 die Kapitalisten und Grossgrundbesitzer zwar expropriiert, die grosse Masse der Bevölkerung — nämlich die Bauern — aber *impropriiert* wurden[7]. *Lenin* selbst gab unmittelbar nach der Revolution zu, dass mit dem Bodendekret eigentlich das Programm der *Sozialrevolutionäre* verwirklicht worden sei. Er hoffte aber darauf, dass die Bauern bald selbst erkennen würden, dass ihre individuellen Kleinbauernwirtschaften ökonomisch keine Zukunft haben können[8].

1.1.2. Die Agrarpolitik der Bolschewisten

Mit dem *Bodengesetz*[9] vom 19. Febr. 1918 wurde dann das Bodendekret der Revolution legalisiert. In diesem Gesetz postulierte man zwar programmatisch die 'Entwicklung der kollektiven Landwirtschaft', viel wichtiger war aber die Regelung über die Art der Bodenverteilung. Diese Verteilung muss — wie schon zur Zeit der Mir-Gemeinde — als ausgesprochen *produktionsfeindlich* angesehen werden, wurde doch meist nach Essern und nicht nach Arbeitskräften verteilt[10]. Um bei der Verteilung nicht leer auszugehen, strömten 8 Mio. Städter — d.h. rund 1/4 — aufs Land zurück[11]. Zum Teil nahm diese Landverteilung chaotische

---

3 Dekret über den Grund und Boden, in: *Lenin/Stalin*, a.a.O., S. 39ff.
4 *Ebendort*, S. 40.
5 *Ebendort*, S. 40.
6 Dazu, sowie auch zur allgemeinen Tendenz Richtung Kleinbetrieb nach der Revolution, siehe: *Raupach H.*, Geschichte der Sowjetwirtschaft, Hamburg 1964, S. 38f.
7 *Mitrany*, a.a.O., S. 73.
8 *Lenin*, Rede über die Bodenfrage (26. Okt. 1917), in: *Lenin/Stalin*, a.a.O., S. 42.
9 Abgedruckt in: *Diehl/Mombert*, Bd. 12, a.a.O., S. 228ff.
10 *Raupach*, Geschichte ..., a.a.O., S. 37.
11 *Schiller O.*, Das Agrarsystem ..., a.a.O., S. 14.

Formen ('Schwarze Umteilung') ohne Kontrolle von oben an. Jedenfalls — und das ist für uns wichtig — sah die sozialistische Landwirtschaft der ersten Jahre keineswegs so aus, wie *Marx, Kautsky* und *Lenin* sie sich vorgestellt hatten: Der Anteil der Kleinstbesitze von zwei und weniger Dessjatinen im europäischen Russland stieg von 1917 bis 1919 von 28,7 % auf 42,8 %, während Besitztümer von über 22 Dessjatinen völlig verschwanden[12]. Ausgenommen sind bei diesen Zahlen die wenigen Kollektivwirtschaften (Kolchosen) und Sowjetwirtschaften (Sowchosen), deren Bedeutung aber sehr gering war. So ergab sich am 1. Nov. 1920 für 36 Gouvernemente im europäischen Russland folgende Situation:

Statistik III—1[13]*:*
Aufteilung des Bodens 1920

93,7 % des Bodens war unter die Bauern verteilt.

4,6 % des Bodens wurde von Sowchosen bestellt.

1,7 % des Bodens wurde von Kolchosen bewirtschaftet.

Die Bedeutung der Sowchosen nahm übrigens im folgenden ständig ab: Waren es 1920 noch 4000 Staatsgüter, so verringerte sich deren Zahl bis 1928 auf 1500[14].

Auf einer *Ideal-Ebene* forderten natürlich verschiedene Bolschewisten weiterhin die Einführung von Sowchosen und Kollektivwirtschaften[15]. Dabei verliess man sich aber in erster Linie darauf, dass die Bauern die Vorteile kollektiver und grossbetrieblicher Landwirtschaft einsehen würden. Dies war nicht der Fall, und so meinte *Lenin* 1920 resignierend: "Die zentralisierte Grossbourgeoisie zu besiegen ist tausendmal leichter, als Millionen und aber Millionen kleiner Besitzer zu 'besiegen'[16]."

Der Vormarsch der von *Marx* zum Untergang verurteilten kleinen Bauernwirtschaften im bolschewistischen Russland rief natürlich einige Kritik westlicher Sozialisten hervor[17]. So meinte *Rosa Luxemburg* zur bolschewistischen Agrarpolitik:

---

12 *Mitrany,* a.a.O., S. 235.

13 *Quelle: Raupach,* Geschichte . . ., a.a.O., S. 38.

14 Grosse sowjetische Enzyklopädie, Moskau 1957, S. 309. (Zitiert nach: *Czugunow T.I.,* Die staatliche Leibeigenschaft, München 1964, S. 21.)

15 Als Beispiel: Das neue Programm der Bolschewisten vom 22. März 1919, in: *Diehl/Mombert,* Band 12, a.a.O., S. 199—227; *Bucharin N.,* Programm der Kommunisten, Berlin 1919, S. 59ff.

16 *Lenin,* Der 'Radikalismus', die Kinderkrankheit des Kommunismus (1920), in: Ausgew. Schriften, a.a.O., S. 1007.

17 Etwa: *Kautsky,* Die Sozialisierung..., a.a.O., S. 10; *Bauer Otto,* Bolschewismus oder Sozialdemokratie? Wien 1920, S. 48f.; *Luxemburg Rosa,* Die russische Revolution, zitiert nach: *Fetscher I.,* Der Marxismus. Seine Geschichte in Dokumenten, Band III, München 1965, S. 385f.

"Sie (die Agrarpolitik, H.S.) hatte aber leider ihre zwei Seiten, und die Kehrseite bestand darin, dass die unmittelbare Landergreifung durch die Bauern mit der sozialistischen Wirtschaft meist gar nichts gemein hat... Was geschaffen wurde, ist nicht gesellschaftliches Eigentum, sondern neues Privateigentum, und zwar Zerschlagung des grossen Eigentums in mittleren und kleinen Besitz, des relativ fortgeschrittenen Grossbetriebes in primitiven Kleinbetrieb, der technisch mit den Mitteln aus der Zeit der Pharaonen arbeitet[18]."

Gegen solche und ähnliche Kritik wandte *Lenin* ein, dass in erster Linie der *Erfolg* der Revolution wichtig gewesen sei. Im übrigen sei die Errichtung grosser und zahlreicher Staatsgüter gar nicht in Frage gekommen, weil diese einen fortgeschrittenen, revolutionär bewussten Landproletarier vorausgesetzt hätten, welcher in Russland 1917 gefehlt habe[19]. Es gelte nun, die materiellen Voraussetzungen und das Kulturniveau zu schaffen, um auch auf dem Lande zum Sozialismus übergehen zu können[20]. Die fehlende kapitalistische Entwicklung mit einem entsprechend hohen Stand der Produktivkräfte sollte also *nachträglich* vollzogen werden, um zum Sozialismus in der Landwirtschaft übergehen zu können.

Vorläufig aber bestand das Grundproblem der Regierung darin, die Menschen im Lande zu *ernähren*. Und das erwies sich als ziemlich schwierig: Eine Inflation und ein starker Rückgang der Industrieproduktion[21] führten dazu, dass die Bauern kaum mehr für den Markt produzierten, weil sie mit dem Geld doch kaum etwas kaufen konnten. Des weitern hatten sich einige Bauern bei den Umteilungen vor allem an das Land, andere eher an das Inventar gehalten, so dass die Kapitalgüter nicht eben optimal eingesetzt werden konnten.

Zu diesen Schwierigkeiten in der Landwirtschaft trug auch der Bürgerkrieg bei sowie die Tatsache, dass sich zweifelsohne nicht alle Bauern rasch an die selbständige Landbebauung gewöhnen konnten. So sah sich denn die Regierung gezwungen, auf dem Lande *Zwangseintreibungen* von Lebensmitteln vorzunehmen, was dem Regime einen Grossteil der Sympathien unter den Bauern wieder kostete. Auch der *freie Handel* wurde den Bauern verboten, was wir mit einem Zitat *Lenins* belegen wollen, um uns das Ausmass und die Bedeutung der Neu-Orientierung der Agrarpolitik von 1921 klarzumachen:

---

[18] *Ebendort*, S. 386.
[19] *Lenin*, Ursprünglicher Entwurf der Thesen zur Agrarfrage (1920), in: *Lenin/Stalin*, a.a.O., S. 116.
[20] *Lenin*, Über unsere Revolution, a.a.O., S. 1176; vgl. dazu auch die im ähnlichen Sinne gemachten interessanten Äusserungen von: *Chrajschtschjew A.*, Zur Charakterisierung der russischen Bauernwirtschaften in der Kriegs- und Revolutionszeit, Leipzig 1921, S. 27.
[21] 1921 war die Industrieproduktion auf rund 30% des Vorkriegsstandes (1913) abgesunken. (*Maddison Angus*, Economic Growth in Japan and the USSR, London 1969, S. 95.)

"Bei weitem nicht alle Bauern verstehen, dass freier Handel mit Getreide ein Staatsverbrechen ist ... Wir aber sagen, *dass das ein Staatsverbrechen ist.* Freier Handel mit Getreide bedeutet Bereicherung durch dieses Getreide, und das ist Rückkehr zum alten Kapitalismus, das werden wir nicht zulassen, dagegen werden wir kämpfen, koste es, was es wolle[22]."

1.2. NEUE ÖKONOMISCHE POLITIK: 1921–1928

Es war genau der von *Lenin* verpönte Handel mit Getreide, der im Rahmen der NEP (Novaja Ekonomičeskaja Politika) wieder zugelassen werden musste. Als wichtigste die Landwirtschaft betreffende Massnahme ist die Ersetzung der Zwangseintreibungen von Lebensmitteln durch eine *Naturalsteuer* zu nennen. Die Überschüsse konnten von den Bauern auf dem Markt verkauft werden. Um aber eine solche Marktproduktion attraktiv zu machen, mussten die Bauern für den Erlös auch etwas kaufen können. So wurde denn auch das private Unternehmertum wieder begrenzt geduldet. Mehr noch: In der Landwirtschaft wurde sogar die *Pacht* und die *Lohnarbeit* mit wesentlichen Einschränkungen[23] wieder zugelassen.

Mit diesen Massnahmen konnte zwar die Agrarproduktion bis 1926/27 auf das Vorkriegsniveau gesteigert werden, was verglichen mit der katastrophalen Lage um 1920 und der Hungersnot im Winter 1921/22 als Erfolg angesehen werden kann. Immerhin steht fest, dass dieser Erholungsprozess in der Landwirtschaft "im wesentlichen auf der Grundlage der überkommenen Technik und ohne Erneuerung von Anlagen und Maschinen vor sich ging"[24]. Man konnte also von der Landwirtschaft kaum Impulse für einen 'take-off' der russischen Wirtschaft erwarten. Dies umso weniger, als die Zahl der landwirtschaftlichen Betriebe seit 1917 erheblich anstieg, die bebaute Fläche pro Betrieb also kleiner wurde[25]. So zählte man 1917 18 Mio. bäuerliche Betriebe, anfangs 1929 hingegen 27 Mio.[26]! Auch die *Aufsplitterung* des Bodens setzte einer Erhöhung der Produktivität in der Landwirtschaft enge Grenzen: So hatten die Bauern im Nordwesten oft ihre Landstücke an 10–100 verschiedenen Stellen, manchmal genügte die Breite der Landstücke nicht einmal für den Einsatz einer Egge! Im Südosten lagen 1/3 der individuellen Landstücke 10 oder mehr Kilometer vom Hof entfernt. An rationelle Fruchtfolgen und Sortenauswahl war unter diesen Umständen natürlich nicht zu denken[27].

22 *Lenin*, Rede auf dem I. Kongress der landwirtschaftlichen Kommunen und Artels (1919), in: *Lenin/Stalin*, a.a.O., S. 87.
23 Über die Einschränkungen siehe: *Loesch H.H.*, a.a.O., S. 69; und: *Sack*, a.a.O., S. 19. Das entsprechende Gesetz wurde am 22. Mai 1922 erlassen.
24 *Raupach Hans*, Geschichte ..., a.a.O., S. 49.
25 *Neuland* wurde in jener Zeit kaum erschlossen.
26 *Schiller O.*, Das Agrarsystem ..., a.a.O., S. 17.
27 Dazu: *Raupach*, Geschichte ..., a.a.O., S. 66.

Weiter ist zur NEP-Periode zu sagen, dass sich die Zahl der kooperativen Wirtschaften von 1921 bis 1924 von 15'600 auf 9'700 verminderte[28]. — Die Produktion der staatlichen und kooperativen Wirtschaften zusammen erreichte zwischen 1925 und 1928 immer nur zwischen zwei und drei Prozent der Gesamtproduktion[29], war also praktisch bedeutungslos. — Auf diesem Hintergrund muss die *Industrialisierungsdebatte* gegen Ende der 20er Jahre gesehen werden, welche die theoretische Fundierung für die Kollektivierung der Landwirtschaft abgeben sollte.

1.3. DIE INDUSTRIALISIERUNGSDEBATTE

1.3.1. Ökonomische Ausgangslage

Es kann kein Zweifel daran bestehen, dass in den ersten Jahren nach der Revolution alle Bolschewisten damit rechneten, dass die sozialistische Revolution bald auch in andern, industriell weiter fortgeschrittenen Ländern stattfinden würde. Dies war nicht der Fall. So ergab sich für Russland die Notwendigkeit, die Funktionsfähigkeit einer sozialistischen Gesellschaft zu beweisen, indem man sich aus eigenen Kräften wirtschaftlich entwickelte. Unter den Bedingungen der 'Neuen ökonomischen Politik' erschien zumindest eine *rasche* Industrialisierung undenkbar:

"The 'contradictions' confronting Soviet society at the end of the NEP era can be summed up in a series of simple and forbidding propositions: no chance of economic reconstruction and military security without a heavy-industrial base; no heavy industry without massive investment financed from outside industry, in the last resort through the agricultural surplus product . . .[30]"

"Die 'Widersprüche', vor welche sich die Gesellschaft in der UdSSR am Ende der NEP-Periode gestellt sah, lassen sich etwa durch die folgenden Tatsachen zusammenfassen: Keine Chance ökonomischer Entwicklung und militärischer Sicherheit ohne schwerindustrielle Basis, keine Schwerindustrie ohne bedeutende Investitionen, welche von ausserhalb der Industrie finanziert werden mussten, letztlich also durch einen landwirtschaftlichen 'Surplus' . . .[30]" (Übersetzung von H.S.)

Und eben ein solcher landwirtschaftlicher 'Surplus' schien unter der quasikapitalistischen NEP-Politik nicht erreichbar zu sein: So sank der Anteil des

---

28 *Sack A.,* a.a.O., S. 19.
29 *Ebendort,* S. 28.
30 *Strauss,* a.a.O., S. 93.

Handelsgetreides an der Gesamt-Getreide-Produktion von 1914 bis 1926/27 von 26 auf 13 %[31]! Auch die Naturalsteuer des Staates war sehr bescheiden und erreichte – je nach Jahr – kaum mehr als 3 % des agrikolen Outputs[32]. Nach einer Schätzung von *Erlich* beliefen sich die Belastungen der Bauern durch Steuern im Jahre 1924/25 auf weniger als 1/3 der Vorkriegsverpflichtungen[33]. Unter diesen Umständen konnte auch nicht überraschen, dass *Exporte* landwirtschaftlicher Produkte kaum mehr vorgenommen werden konnten. Die gleichmässigere Landverteilung hatte zwar eine Einkommensumverteilung und eine Hebung des Lebensstandards der ärmeren Schichten auf dem Lande hervorgebracht. Dies wurde aber mit einem wesentlich geringeren 'marketable surplus' erkauft.

Die 'Entwicklungsländer'-Situation der UdSSR von 1928 wird vielleicht noch deutlicher, wenn man sich vergegenwärtigt, dass im Industriebereich nebst 3 1/2 Mio. Beschäftigten rund 2 Mio. Arbeitslose zu finden waren. Die 'versteckte' ländliche Arbeitslosigkeit wird mit 10–20 Mio. Menschen angegeben[34]. *Raupach* schätzt den Bedarf an Investitionen für die Schaffung der notwendigen Arbeitsplätze auf 50 Mia. Rubel, während 1927/28 in der Industrie nur 1,5 Mia. Rubel investiert wurden[35].

In der Sowjetunion der späten 20er Jahre war man sich darüber einig, dass eine rasche Industrialisierung anzustreben sei. Einigkeit herrschte auch darüber, dass der Landwirtschaft dabei eine wichtige Rolle zufalle. *Nicht* einig war man sich aber bezüglich der Methoden, mit welchen diese Industrialisierung durchzuführen sei.

1.3.2. Die Debatte

1.3.2.1. Lew M. Schanin[36]

Schanin und *Grigori Ja. Sokolnikow* waren die Hauptvertreter jener Richtung, welche in Russland die Landwirtschaft *vordringlich* entwickeln wollten. *Schanin* erklärte das relativ starke Wachstum der Industrie bis 1925 mit einem Hineinwachsen in die Produktionskapazitäten. Diese Periode sei nun aber zu Ende: Eine Einheit Investitionen in der Industrie bringe von nun an weniger Output-Steigerung als dieselbe Investition in der Landwirtschaft (also niedrigere

---

31 *Raupach*, Geschichte ..., a.a.O., S. 68.
32 *Strauss*, a.a.O., S. 72.
33 *Erlich A.*, The Soviet Industrialization Debate, 1924–1928, Cambridge Mass. 1960, S. 25.
34 *Raupach*, Geschichte ..., a.a.O., S. 72.
35 *Ebendort*, S. 73.
36 Das folgende stützt sich auf: *Erlich*, a.a.O., S. 25ff.; und: *Spulber Nicolas,* The Soviet Economy. Structure, Principles, Problems, Revised ed., New York 1969, S. 220.

Kapital-Produktivität in der Industrie). Innerhalb der *Industrie* müsse die Leichtindustrie gefördert werden, welche relativ wenig Kapital erfordere und sich auf die Verarbeitung landwirtschaftlicher Produkte spezialisiere. Erst in dritter Linie sollten die kapitalintensiven Investitionen in die Schwerindustrie erfolgen. Als einzige Ausnahme von dieser Regel liess *Schanin* das *Transportsystem* gelten, weil hier keine Import-Substitution — wie bei den meisten Industrieprodukten — möglich sei. Die Wichtigkeit des Aussenhandels betonte vor allem *Sokolnikow* (1926):

"Only by stimulating agricultural exports can we obtain during the next years an amount of foreign currency which will enable us to finance the importation of equipment as well as of raw materials for our industry ...[37]"

"Nur wenn wir die Landwirtschafts-Exporte steigern, erhalten wir in den nächsten Jahren die notwendigen Devisen, welche uns erlauben, die Importe von Ausrüstungen und Rohmaterialien für unsere Industrie zu finanzieren ...[37]" (Übersetzung von H.S.)

Zusammenfassend: Da Investitionen in der Landwirtschaft schnellere Produktionssteigerungen ermöglichen als jene in der Industrie, sollten die ersteren gefördert werden. Dahinter steht die stillschweigende Annahme eines limitierten Kapitalangebots bzw. Akkumulations-Potentials. Die notwendigsten Industrieprodukte könnten für eine gewisse Zeit im internationalen Austausch erworben werden.

1.3.2.2. Nikolai Bucharin[38]

Wichtiger als die eben dargelegten wurden die Überlegungen *Bucharins* und *Rykows* zur Industrialisierungspolitik der Sowjetunion. *Bucharin* war im Gegensatz zu *Schanin* der Auffassung, dass sich die Industrie und die Landwirtschaft *gleichzeitig* entwickeln müssten, da sich diese beiden Wirtschaftssektoren gegenseitig positiv beeinflussen werden: Die Industrie hänge vom Landwirtschaftsprodukte-Angebot der Bauern und der Nachfrage der Bauern nach Industrieerzeugnissen ab. Am Anfang sollten die notwendigsten Landwirtschafts-Maschinen auf Kosten von Weizenexporten importiert werden.

Bucharin war davon überzeugt, dass in der wirtschaftlichen Entwicklung von Industrie und Landwirtschaft die letztere das Tempo des Wirtschaftswachstums bestimme: "The greatest sustained speed is achieved when industry develops on the basis provided by the rapidly growing agriculture[39]." "Der andauerndste Erfolg wird erreicht, wenn sich die Industrie auf der Basis einer rasch wach-

---

37 Zitiert nach: *Erlich*, a.a.O., S. 28.
38 Das folgende stützt sich auf: *Erlich*, a.a.O., S. 79ff.; *Raupach H.*, Geschichte ..., a.a.O., S. 71 und S. 196f.; *Bucharin N.*, Über die Bauernfrage (1925), Hamburg 1925; *Spulber*, a.a.O., S. 220f.

senden Landwirtschaft entwickelt[39]." (Übersetzung von H.S.) Im Gegensatz zu den Vertretern einer rapiden Industrialisierung auf Kosten der Landwirtschaft (siehe nächster Abschnitt) meinte *Bucharin,* dass eine Industrialisierung in der UdSSR eine Grundlage brauche, welche nur in der Landwirtschaft liegen könne und dort bewusst durch Verbesserungen geschaffen werden müsse: "Sogar nach *Boehm-Bawerk* ist es nicht möglich, heute eine Fabrik mit Steinen von morgen zu bauen...[40]" (Übersetzung von H.S.)

Zwar sollen also nach der Meinung von *Bucharin* und *Rykow* Landwirtschaft und Industrie *gleichzeitig* entwickelt werden; diese Gruppe von Theoretikern war aber doch immer der Ansicht, dass das Wachstum der Industrieproduktion direkt vom Anstieg des landwirtschaftlichen Outputs abhänge. Im übrigen hofften sie, dass mit zunehmendem Einkommen im Landwirtschafts-Sektor auch die *Spartätigkeit* zunehmen werde, wobei dann die Ersparnisse über Darlehen und Sparkassen in Investitionen verwandelt werden könnten.

1.3.2.3. Ewgeni A. Preobraschenski[41]

Preobraschenski war der wichtigste ökonomische Theoretiker der sog. 'Linken Opposition' unter der Führung *Trotzkis. Preobraschenski* beurteilte 1926 die 'Neue ökonomische Politik' wie folgt: "We did not accumulate — the best thing we could do was to use up our resources as economically as possible[42]." "Wir haben nicht akkumuliert — alles, was wir taten, war, für den bestmöglichen Einsatz unserer Ressourcen zu sorgen[42]." (Übersetzung von H.S.) Wie aber konnte das Entwicklungsland Russland zu einer umfangreichen Kapitalakkumulation kommen? *Preobraschenski* entwickelte im Anschluss an die *Marx'sche* 'ursprüngliche Akkumulation'[43] unter dem Kapitalismus das Gesetz einer *'ursprünglichen sozialistischen Akkumulation'*[44]:

> "Das Grundgesetz der ursprünglichen sozialistischen Akkumulation ist die bewegende Triebkraft der ganzen sowjetischen Staatswirtschaft... Je wirtschaftlich zurückgebliebener, kleinbürgerlicher, bäuerlicher dieses oder jenes Land ist, das zur sozialistischen Organisation der Produktion übergeht, je geringer das Erbe ist, welches das Proletariat eines gegebenen Landes im Augenblick der sozialen Revolution in den Fonds der eigenen sozialistischen Akkumulation erhält — desto verhältnismässig mehr wird die sozialistische Akkumulation gezwungen sein, sich auf die Enteignung eines Teils des

---

[39] *Bucharin* (1928), zitiert nach: *Erlich,* a.a.O., S. 82.
[40] *Ebendort,* S. 83.
[41] Die folgenden Ausführungen stützen sich auf: *Erlich,* a.a.O., S. 31ff.; *Sherman,* a.a.O., S. 71ff.; *Spulber,* a.a.O., S. 221f.
[42] Zitiert nach: *Erlich,* a.a.O., S. 32.
[43] Vgl.: *Marx,* Kapital I, MEW, Band 23, S. 741ff.
[44] Diese Wortschöpfung stammt *nicht* von *Preobraschenski,* sondern von *V.M. Smirnow.* (Siehe: *Erlich,* a.a.O., S. 43.)

Mehrprodukts der vorsozialistischen Wirtschaftsform zu stützen, und desto geringer wird das spezifische Gewicht der Akkumulation auf seiner eigenen Produktionsbasis sein, d.h. desto weniger wird die Akkumulation aus dem Mehrprodukt der Arbeiter der sozialistischen Industrie bestehen ...[45]"

Bei dieser 'vorsozialistischen Wirtschaftsform', deren Mehrprodukt für die Akkumulation abgeschöpft werden soll, kann es sich im wesentlichen nur um die *Landwirtschaft* handeln. Hinter dieser Meinung steht die Überzeugung, dass in der Landwirtschaft Russlands die potentiellen Ersparnisse über dem Niveau der aktuellen Ersparnisse liegen. Diese Meinung rechtfertigte *Preobraschenski* u.a. auch damit, dass die Bauern in der Zarenzeit einen erheblichen Teil ihrer Einkünfte ohne Gegenleistung dem Staat und/oder dem Landbesitzer abliefern mussten. Damit konnte vermieden werden, dass sich eine immer grösser werdende effektive Nachfrage der Bauern nach Industrieprodukten entwickelte. Etwas ähnliches schwebte dem Theoretiker der 'Linksopposition' auch für das sozialistische Russland vor.

Nach *Preobraschenski* sollte sich die Industrie möglichst rasch auf *Kosten der Landwirtschaft* entwickeln, denn die Industrie sei "der Schlüssel zur Lösung aller wichtigen Probleme in der Übergangsperiode . . ."[46] Dabei sei die Einführung der neuesten Techniken in der Industrie sogar dann sinnvoll, wenn die Arbeit billiger als das Kapital zu sein scheine. *Preobraschenski* muss in diesem Zusammenhang an eine gewisse Eigendynamik (vor allem an Ausstrahlungseffekte) der modernen Technik gedacht haben.

Offen bleibt noch die Frage nach dem ökonomischen Instrumentarium zur Verwirklichung der ursprünglichen sozialistischen Akkumulation. *Preobraschenski* sah schon 1924, dass sich dafür direkte Steuern im Landwirtschaftssektor *nicht* eignen: "Die Methode der direkten Besteuerung ist die gefährlichste, welche zu einem Bruch mit den Bauern führen muss[47]." Statt dessen sah er vor, das Austauschverhältnis zwischen Landwirtschafts- und Industrieprodukten mittels *indirekter Steuern* zu Ungunsten der Landwirtschaft zu verändern und dem Staat auf diese Weise die notwendigen Investitions-Mittel bereitzustellen. Wir werden im IV. Teil auf die sowjetische Praxis der Besteuerung der Landwirtschaft im einzelnen zurückkommen.

Wir können uns hier die Darstellung der Position *Stalins* ersparen. Wir halten nur fest, dass er und die Mehrheit der Partei zuerst die Ansichten der 'linken Opposition' *(Trotzki, Preobraschenski)* aufs schärfste zurückwiesen, diese Opposition ausschalteten und dann mit der 'rechten Opposition' *(Bucharin)* gleich verfuhren und schliesslich im wesentlichen die Vorstellungen Preobra-

---

[45] Preobraschenski (1926), zitiert nach: *Raupach,* Geschichte . . ., a.a.O., S. 200f.
[46] Zitiert nach: *Erlich,* a.a.O., S. 38. (Übersetzung von H.S.)
[47] *Ebendort,* S. 50. (Übersetzung von H.S.)

schenskis durchsetzten. Dies lässt sich vielleicht am besten mit einem Zitat *Stalins* aus dem Jahre 1928 zeigen:

> "Wo aber sind die Hauptquellen dieser Akkumulation? Es gibt, wie ich bereits sagte, zwei dieser Quellen: erstens die Arbeiterklasse, die Werte schafft und die Industrie voranbringt; zweitens die Bauernschaft. Mit der Bauernschaft verhält es sich bei uns in dieser Hinsicht folgendermassen: Sie zahlt dem Staat nicht nur die üblichen Steuern, direkte und indirekte, sondern sie muss ausserdem überzahlen durch verhältnismässig hohe Preise für Industriewaren — das als erstes — und wird mehr oder weniger unterbezahlt durch die Preise für landwirtschaftliche Erzeugnisse — das als zweites.
> Das ist eine zusätzliche Besteuerung der Bauernschaft im Interesse der Hebung der Industrie ... Das ist ohne Zweifel eine unangenehme Sache. Aber wir wären keine Bolschewiki, wollten wir diese Tatsachen vertuschen und die Augen davor verschliessen, dass unsere Industrie und unser Land bedauerlicherweise ohne diese zusätzliche Besteuerung der Bauernschaft einstweilen noch nicht auskommen können ...[48]"

Und diese 'zusätzliche Besteuerung der Bauernschaft' sollte in den folgenden Jahren noch einen ganz andern Umfang annehmen. Das wichtigste Instrument zur Erreichung dieses Ziels war zweifellos die *Kollektivierung* der Landwirtschaft. Diese Kollektivierung wurde u.E. bisher im allgemeinen viel zu sehr unter ideologischen Gesichtspunkten und viel zu wenig unter einem bestehenden ökonomischen Imperativ analysiert. Der ökonomische Imperativ war eben die 'ursprüngliche sozialistische Akkumulation'. Akzeptierte man dieses Ziel, so mussten die individualistischen Bauernwirtschaften umgestaltet werden — wenn nötig mit Gewalt.

1.4. DIE KOLLEKTIVIERUNG DER LANDWIRTSCHAFT

1.4.1. Lenins Genossenschaftsplan

Es kann wohl nicht verwundern, dass *Lenin* mit den Verhältnissen der sowjetischen Landwirtschaft in der Periode der 'Neuen ökonomischen Politik' mit ihren Kleinbauernwirtschaften nicht zufrieden war. So schrieb er denn kurz vor seinem Tode (1923) noch die während der Kollektivierung viel zitierte Schrift 'Über das Genossenschaftswesen'[49]. Darin vertrat er die Ansicht, dass die wichtigste Aufgabe der Zukunft für die Bolschewisten jene sei, die Bevölkerung in Genossenschaften zu organisieren. Wie schon immer seit 1917, hoffte aber

---

[48] *Stalin*, Die Industrialisierung und das Getreideproblem, Rede vom 9. Juli 1928 auf dem Plenum des ZK der KPdSU, Werke, Band 11, Berlin 1954, S. 140f.
[49] Abgedruckt in: *Lenin/Stalin*, a.a.O., S. 7—16.

Lenin im Anschluss an *Engels* auf eine freiwillige[50] und spontane Bildung von Genossenschaften. Eine solche freiwillige Bewegung sei aber weitgehend vom Bildungs- und Zivilisationsstand der Bevölkerung abhängig:

"Eigentlich bleibt uns 'nur' eines zu tun: unsere Bevölkerung so 'zivilisiert' zu machen, dass sie alle aus der allgemeinen Beteiligung an den Genossenschaften entspringenden Vorteile einsieht und diese Beteiligung organisiert. 'Nur' das. Wir brauchen jetzt keine anderen Weisheiten, um zum Sozialismus überzugehen. Um aber dieses 'Nur' zu vollbringen, bedarf es einer ganzen Umwälzung, einer ganzen Periode kultureller Entwicklung der gesamten Volksmasse ... Wir können im günstigsten Fall diese Epoche in ein, zwei Jahrzehnten zurücklegen....[51]"

Für diese Übergangsperiode bis zur Bildung von Genossenschaften sah *Lenin* als wichtigste Aufgaben an: Elementarschulbildung der gesamten Bevölkerung und materielle Sicherung gegen Missernten und Hungersnöte. Am wichtigsten aber sei die kulturelle Arbeit unter der Bauernschaft; die Voraussetzung für eine genossenschaftliche Organisation sei eine umfassende 'Kulturrevolution'[52]. Interessant ist, dass sich *Lenin* im ganzen 'Genossenschaftsplan'[53] nicht über die Art und Organisationsform der zu gründenden Genossenschaften äusserte.

1.4.2. Die Kollektivierung Stalins

Es haben sich bisher in der bolschewistischen Theorie zwei Konzepte herausgeschält: Auf der einen Seite vertrat *Lenin* am Ende seines Lebens die Meinung, dass zuerst das Kulturniveau der Bauern gehoben und erst *dann* zur Kollektivierung der Landwirtschaft geschritten werden sollte. Auf der andern Seite stand das Konzept der ursprünglichen sozialistischen Akkumulation und der Gedanke einer raschen Industrialisierung, was eine Reorganisation der kleinbetrieblichen Landwirtschaft *sofort* (d.h. zu Beginn des ersten 5-Jahres-Planes) unumgänglich machte. *Stalin* entschloss sich für den zweiten Weg und rechtfertigte diesen Entschluss vor allem mit den bereits bekannten Argumenten zugunsten des Grossbetriebs:

---

[50] Die *Freiwilligkeit* der Genossenschaftsbewegung betont *Lenin* vor allem in: Die proletarische Revolution und der Renegat Kautsky (1918), in: *Lenin/Stalin*, a.a.O., S. 425; Rede auf dem I. Kongress ... (1919), a.a.O., S. 95ff.; Bericht über die Arbeit im Dorf (1919), in: *Lenin/Stalin*, a.a.O., S. 62f.; Resolution über das Verhältnis zur Mittelbauernschaft (1919), in: *Lenin/Stalin*, a.a.O., S. 69.
[51] *Lenin*, Über das ..., a.a.O., S. 10f.
[52] *Ebendort*, S. 15.
[53] Der Ausdruck 'Genossenschaftsplan' stammt aus der nachleninistischen Periode und täuscht eigentlich etwas vor, das gar nicht existiert. Korrekter wäre es, in bezug auf den *Lenin'schen* Artikel von den 'Genossenschaftsvoraussetzungen' zu reden.

"Die Stärke des landwirtschaftlichen Grossbetriebs, ob es sich nun um eine gutsherrliche, kulakische oder kollektive Wirtschaft handelt, besteht darin, dass der Grossbetrieb die Möglichkeit hat, Maschinen anzuwenden, wissenschaftliche Errungenschaften auszunutzen, Kunstdünger anzuwenden, die Arbeitsproduktivität zu steigern und auf diese Weise die grösste Menge an Warengetreide zu liefern ...[54]"

Stalin griff auch auf jene Aussage *Engels'* zurück, in welcher dieser die *Freiwilligkeit* bei einer Vergenossenschaftlichung der Landwirtschaft betont hatte, weil der Bauer erfahrungsgemäss an seiner Parzelle hange. Dies könne — so meinte *Stalin* — für Russland nicht im selben Masse gelten wie für Westeuropa, worauf sich die *Engels'sche* Analyse nur bezogen habe. Grund: In Russland gebe es gar kein Privateigentum an Grund und Boden mehr, ergo könne der Bauer auch nicht mehr an diesem Boden hangen[55]!

Es ist nicht unsere Absicht, hier das Ausmass des Zwanges und die Rolle des Klassenkampfes (Vernichtung der Kulaken) bei der Kollektivierung zu diskutieren. Jedenfalls wurden die zersplitterten Bauernhaushalte in relativ kurzer Zeit in *Kolchosen* zusammengefasst. Parallel dazu entstand eine im Hinblick auf die Probleme heutiger Entwicklungsländer interessante Institution zur *Mechanisierung* der Landwirtschaft: Die *Maschinen-Traktoren-Stationen*. Damit gelang es, die knappen Produktionsmittel für die Landwirtschaft besser auszunutzen, als wenn sie im Besitze der Kollektive geblieben wären. Wir werden im IV. Teil auf diese Organisationsform zurückkommen[56].

"Enforced collectivization was in ideologically acceptable means of financing industrialization, a transitional stage to ultimate public ownership, and the key to agrarian failures in the Soviet Union[57]." "Die erzwungene Kollektivierung war ein von der Ideologie her akzeptables Mittel zur Finanzierung der Industrialisierung, ein vorübergehendes Stadium auf dem Wege zum Gemeineigentum und ein Grund für Misserfolge in der sowjetischen Landwirtschaft[57]." (Übersetzung von H.S.) Dieser Meinung von *Jeffries* kann man sich wohl im wesentlichen anschliessen. Es geht nicht an — wie das in der westlichen Literatur oft geschieht — immer nur auf die relativen Misserfolge[58] in der russischen Landwirtschaft

---

54 *Stalin*, An der Getreidefront (1928), in: *Lenin/Stalin*, a.a.O., S. 243; im ähnlichen Sinne: *Stalin*, Über die rechte Abweichung in der KPdSU (1928), in: Leninismus, Heft 5, Die Agrar- und Bauernfrage, Moskau 1935, S. 78.
55 *Stalin*, Zu Fragen der Agrarpolitik in der UdSSR (1929), Leninismus, a.a.O., S. 71—74.
56 Vgl. IV. Teil, 4.1.
57 *Jeffries Jan*, a.a.O., S. 55.
58 Bei der Beurteilung dieser relativen Misserfolge hängt allerdings alles vom *Bezugspunkt* ab: Vergleicht man die Agrarwirtschaft der Sowjetunion mit westlichen Industrienationen, insbesondere mit den USA, so schneidet die sowjetische Landwirtschaft nicht sehr vorteilhaft ab. Vergleicht man allerdings mit heutigen Entwicklungsländern, so wird auch die isolierte Betrachtung der russischen Landwirtschaft zu positiven Resultaten führen.

(besonders während der *Stalin*-Zeit) hinzuweisen. Man muss auch und vor allem den Beitrag der Landwirtschaft zum sowjetischen 'take-off' sehen. Und dazu war wohl die Kollektivierung eine wirtschaftliche Notwendigkeit, wie wir im IV. Teil nachzuweisen versuchen werden.

Das soll nicht heissen, dass die *Methode* der Kollektivierung auch die einzig mögliche war. Insbesondere der Einbezug des Viehs in den Kollektivierungsprozess führte zu einer Katastrophe: Der Viehbestand sank von 1928 bis 1933 um rund 50 %, weil die Bauern lieber ihr Vieh schlachteten, als es den Kolchosen zum Gemeinschaftseigentum zu übergeben[59].

Im übrigen war in der Kolchose im wesentlichen nur die *Produktion*, nicht aber die *Konsumtion* vergesellschaftet. Deswegen auch wurde anfänglich die Kolchose als eine *Übergangsform* angesehen, eine Form allerdings, welche bis heute im wesentlichen bestehen blieb. Zitat aus dem Beschluss des 16. Parteitages von 1930:

"Die Grundform des 'Kolchos' ist im gegenwärtigen Zeitpunkt das landwirtschaftliche Artel. Zu verlangen, dass die Bauern beim Beitritt zum Kolchos auf alle ihre individuellen Gewohnheiten und Interessen verzichten werden, ... hiesse, das Alphabet des Marxismus-Leninismus vergessen ... Der Kolchos kann sich zur höchsten Form, der Kommune, weiterentwickeln[60]."

1.5. DER SOWJETISCHE 'TAKE-OFF': 1928–1953

Kurz wollen wir noch anhand einiger Zahlen den *Transformationsprozess* darstellen, dem die sowjetische Wirtschaft in der Phase der 'ursprünglichen sozialistischen Akkumulation' unterworfen war. Dabei begnügen wir uns mit einer Beschreibung. Wir fragen uns noch nicht, *wie* das möglich war und welche Rolle dabei die Landwirtschaft zu spielen hatte. Die Beantwortung dieser Frage bleibt dem analytischen IV. Teil dieser Arbeit vorbehalten.

Der erste 5-Jahres-Plan (1928/32) postulierte ehrgeizige Industrialisierungs-Ziele. Die damit verbundene Zunahme der Industriearbeiterschaft machte es absolut notwendig, den Anteil des während der NEP-Zeit auf (gegenüber 1913) rund die Hälfte abgesunkenen Markt-Getreides zu erhöhen. Dieses Ziel wurde trotz eines Produktionsrückganges erreicht:

---

[59] *Stökl G.,* a.a.O., S. 46. – Dieser Fehler wurde übrigens von den osteuropäischen Staaten nicht mehr begangen. So war 1964 der Kuhbestand im Privatbesitz 90 % in Polen, 62 % in Rumänien und 57 % in Ungarn. (*Wilber,* a.a.O., S. 128.)
[60] Beschluss des XVI. Parteitages (1930), zitiert nach: *Güdel,* a.a.O., S. 57.

Statistik III–2[61]:
Marktgetreide 1928/32 in Mio. Tonnen

	Output	Collections	Exports
1928/29	73,3	10,8	0,1
1929/30	71,7	16,1	4,8
1930/31	83,5	22,1	5,1
1931/32	66,0	22,8	1,7

Schon aus diesen wenigen Zahlen geht deutlich hervor, dass es durch ein spezielles Erfassungssystem gelang, den Bauern bzw. den Kolchosen die Last der *Ernteschwankungen* aufzubürden. Die kollektivierte Landwirtschaft hatte die Funktion eines *Puffers* innerhalb der Volkswirtschaft zu übernehmen.

In Ergänzung zu diesen Zahlen kann als Globalgrösse angegeben werden, dass 1938 der vom Staat erfasste (bzw. vermarktete) Surplus der Landwirtschaft um 250 % höher lag als 1928[62].

Es liegt wohl auf der Hand, dass die Erfassung des Getreides durch den Staat viel leichter von einigen Hunderttausend Kolchosen als von 25–30 Mio. isolierten Bauern-Haushalten vorgenommen werden konnte. Diese Mobilisierung von Getreide – Brot war das wichtigste Nahrungsmittel der Russen – war absolut notwendig, wuchs doch die städtische Bevölkerung von 1926–1939 von 26 auf 56 Millionen[63], die Lohn- und Gehaltsempfänger ausserhalb der Landwirtschaft wiesen einen Anstieg von 9,9 Mio. (1928) auf 20,1 Mio. (1932) und 35,5 Mio. (1950) auf[64].

Die Techniken der Benutzung der Landwirtschaft zugunsten der Akkumulation im Industriebereich und in der Infrastruktur wirkten sich *negativ* auf die Erhöhung der Produktion im Agrarbereich aus: Während sich die Industrieproduktion von 1928–1940 je nach Schätzung um 583 % (offizielle russische Statistik) bzw. um 263–462 % (diverse westliche Schätzungen) erhöhte[65], blieb die Agrarproduktion in dieser Periode praktisch konstant[66]. Aber: Durch die 'ursprüngliche sozialistische Akkumulation' zu Lasten der Landwirtschaft gelang es, in der Periode der beiden ersten 5-Jahrespläne im Industriebereich erhebliche und entscheidende Investitionen vorzunehmen: So stammten 1937 80 % allen industriellen Outputs von ganz neuen oder (gegenüber 1928) komplett renovierten Fabriken[67].

61 *Quelle: Sherman*, a.a.O., S. 76.
62 *Ebendort*, S. 90.
63 *Hoeffding Oleg*, The Soviet Union: Model for Asia? – State Planning and Forced Industrialization, Problems of Communism, Vol. VII, No. 6, 1959, S. 44.
64 *Kahan Arcadius*, The Collective Farm System in Russia: Some Aspects of its Contribution to Soviet Economic Development, in: *Eicher/Witt*, a.a.O., S. 256.
65 Die entsprechenden Schätzungen finden sich bei: *Sherman*, a.a.O., S. 96.
66 *Karcz Jercy F.*, Soviet Agriculture: A Balance Sheet, in: Studies on the Soviet Union, Vol. VI, No. 4, 1967, S. 113.
67 *Sherman*, a.a.O., S. 90.

Eine abschliessende Beurteilung der Agrarpolitik während der 25 Jahre der Herrschaft *Stalins* muss zum Schluss kommen, dass mit noch zu beschreibenden wirtschaftspolitischen Techniken *alles aus der Landwirtschaft herausgeholt wurde,* was überhaupt möglich war. Die Landwirtschaft wurde ganz den ehrgeizigen Industrialisierungsplänen unterstellt. Und es besteht kein Zweifel daran, dass dies auch in einem Staat mit grossen Machtmitteln nur bei kollektiver Landwirtschaft, niemals aber bei individuellen Kleinbetrieben möglich gewesen wäre. Dies gibt auch ein kritischer Experte der sowjetischen Landwirtschaft *(N. Jasny)* zu, welcher meint, dass die Kollektivierung der Landwirtschaft in der Hauptsache ihren entscheidenden wirtschaftlichen Zweck, nämlich als Basis für die Industrialisierung zu dienen, erfüllt habe[68].

Es könnten hier interessante dogmengeschichtliche Betrachtungen angestellt werden: *Marx* und *Engels, Kautsky* und *Lenin* befürworteten eine grossbetriebliche kollektivierte Landwirtschaft vor allem aus produktionstechnischen und ideologischen (Abschaffung des Privateigentums) Überlegungen. Wenn auch diese Tradition bei der Kollektivierung der russischen Landwirtschaft weiterhin eine gewisse Rolle spielte, so hatte doch die Kollektivierung in diesem Lande in erster Linie *verwaltungstechnische* Vorteile: Die Kollektivierung machte es möglich, den Bauern die Hauptlast der Industrialisierung aufzuerlegen, eine Last, auf welche isolierte Bauernhaushalte zweifellos mit Produktionseinschränkungen reagiert hätten. — Die von den sozialistischen 'Klassikern' erwartete wesentliche Flächen-Produktivitätssteigerung trat hingegen bei der sowjetischen Form der grossbetrieblichen kollektiven Landwirtschaft *nicht* ein.

Bevor wir in eine analytische Diskussion der Rolle der Landwirtschaft im Industrialisierungsprozess eintreten, wenden wir uns der Agrartheorie *Mao Tse-tungs* und einem Abriss der Agrarpolitik Chinas zu.

2. DIE AGRARTHEORIE MAO TSE–TUNGS

2.1. AUSGANGSLAGE

Die ganz andere Ausgangslage der Landwirtschaft Chinas gegenüber derjenigen der Sowjetunion ist schon durch die einfache Tatsache gekennzeichnet, dass in China rund 1/4 der Menschheit lebt — dass diese Nation aber nur über knapp 8 % des kultivierten Bodens der Erde verfügt[69]. Weiter: Pro Einwohner entfällt in China rund sechs Mal weniger kultiviertes Land als in der UdSSR[70]. Oder ein

---

[68] *Jasny,* The Socialized . . ., a.a.O., S. 33.
[69] *Joint Economic Committee,* ed., An Economic Profile of Mainland China, Washington 1967, S. XI.
[70] *Ebendort,* S. XII, findet sich die Durchschnittszahl für China. Die entsprechende Zahl für Russland errechneten wir aus den Angaben in: Annuaire de l'U.R.S.S. 1968, Paris 1968, S. 734.

Vergleich mit andern Entwicklungsländern in der ähnlichen Lage wie China: Die durchschnittliche Grösse der Bauernhöfe erreichte um 1930 nur rund die Hälfte des Umfangs der Bauernwirtschaften Indiens oder Ägyptens[71]. Die durchschnittliche Nutzfläche von rund einer Hektare pro Hof war zudem meist noch auf mehrere Parzellen aufgeteilt, welche oft einige Kilometer vom Hof entfernt lagen[72].

Die grundlegende marxistisch-leninistische Frage muss nun lauten: Wie ist dieses knappe Land unter die Bevölkerung verteilt? Für 1934 ergab sich die folgende Situation:

Statistik III–3[73]:
Bodenverteilung China 1934

Klassen	⌀ Grundeigentum in ha je Haushalt	% der ländlichen Haush.	% des Kulturlandes
Grundherren	11,5	3	26
Reiche Bauern	5,1	7	27
Mittelbauern	2,2	22	25
Arme Bauern	0,46	68	22

Die Kommunistische Partei Chinas machte diese ungleiche Bodenverteilung zu einem Stützpfeiler ihrer Revolution. Detaillierte Teil-Statistiken zeigen immerhin deutlich, dass eigentliche *Grossgrundbesitzer* wie im zaristischen Russland in China kaum existierten[74].

Die wachsende Bevölkerung (Verdoppelung von 1751–1851[75]) und das knappe Land führten aber zu periodischen *Hungersnöten:* So stellte *John L. Buck* um 1930 fest, dass im Norden Chinas 9/10 aller Befragten bis zu 6 Hungersnöten erlebt hatten, der Rest noch mehr[76]. So ist denn auch nicht zu verwundern, dass die Geschichte Chinas viele *Bauernaufstände* verzeichnet[77].

---

[71] *Dawson Owen L.,* Communist China's Agriculture. Its Development and Future Potential, New York 1970, S. 4.
[72] *Ebendort.*
[73] *Quelle: Simonis Udo Ernst,* Die Entwicklungspolitik der Volksrepublik China 1949 bis 1962, Berlin 1968, S. 38.
[74] Vgl. etwa die Statistik bei: *Kashin Alexander,* Fünfzehn Jahre Rotchina, München 1965, S. 24. — Nach dieser Statistik machte der Anteil des Bodens im Besitz von Landeigentümern mit über 20 ha nur 4,4 % aus.
[75] *Franke Wolfgang,* Das Jahrhundert der chinesischen Revolution, München 1958, S. 38.
[76] Nach: *Baade,* a.a.O., S. 99.
[77] *Han Suyin* erwähnt in der Geschichte Chinas 18 bedeutende und mehrere hundert kleinere Bauernaufstände. (*Han Suyin,* Das China Mao Tse-tungs, München 1968, S. 25.) — Einen ausgezeichneten Überblick über die Rolle der Bauern in der Geschichte Chinas gibt: *Franke,* a.a.O., S. 12ff.

Etwas überspitzt kann man die soziale Revolution von 1949 als vorläufig letzten dieser Bauernaufstände bezeichnen. Zwar stützte sich der Führer dieser letzten Revolution — *Mao Tse-tung* — auf das Gedankengut von *Marx* und *Lenin*. Wir werden aber am Beispiel der Einschätzung der Rolle der Bauern in der Gesellschaft sehen, dass *Mao* schon relativ früh eine chinesische Abart des Marxismus entwickelte. Dabei mag entscheidend wichtig sein, dass der chinesische Sozialismus schon bald die Theorie und die Praxis miteinander verbinden konnte — wenn auch bis 1949 stets nur in Teilgebieten Chinas.

2.2. DIE SINIFIZIERUNG DES MARXISMUS

Wir haben festgestellt, dass *Lenin* bezüglich der Analyse der Agrarprobleme Russlands zwar andere Akzente setzte, sich im allgemeinen aber doch bemühte, die *Marx'schen* Erkenntnisse über das sich industrialisierende Westeuropa auf das wirtschaftlich zurückgebliebene Russland anzuwenden. Demgegenüber gab es in China im Laufe der Zeit eine fundamentale, den Verhältnissen in diesem Lande angepasste Neu-Interpretation des Marxismus, was *Liu Schao-schi* in einem Interview mit *Anna Louise Strong* wie folgt begründete:

"Marx und Lenin waren Europäer; sie haben in europäischen Sprachen über europäische Geschichte und Probleme geschrieben und selten Asien oder China behandelt. Die Grundprinzipien des Marxismus sind zweifellos auf alle Länder anwendbar, aber ihre allgemeine Wahrheit lässt sich schwer auf die revolutionäre Praxis in China anwenden. Mao Tse-tung ... hat den Marxismus nicht nur auf neue Verhältnisse angewandt ..., er hat eine chinesische oder asiatische Form des Marxismus geschaffen[78]."

Diese 'Sinifizierung' des Marxismus durch *Mao Tse-tung* kann sich durchaus auf Aussagen von *Marx* und *Lenin* stützen. So meinte *Marx* bereits 1850: "Der chinesische Sozialismus mag sich nun freilich zum europäischen verhalten wie die chinesische Philosophie zur Hegelschen[79]." Auch *Lenin* wies 1919 auf durch den Feudalismus bedingte Besonderheiten im Kampf der "erwachenden Völker des Ostens" hin[80].

Für *Mao* selbst scheinen chinesischer Nationalismus und chinesische Tradition ebenso wichtig wie die Erkenntnisse und Methoden des Marxismus-Leninismus zu sein:

"Wir müssen unsere Geschichte von Kon Fu-tse bis Sun Yat-sen zusammenfassen und von diesem wertvollen Erbe Besitz ergreifen. Das wird uns in

---

78 Zitiert nach: *Thiess Frank,* Plädoyer für Peking, Stuttgart 1966, S. 152.
79 *Marx/Engels,* Revue (1850), MEW, a.a.O., Band 7, S. 222.
80 *Lenin,* Werke, a.a.O., Band 30, S. 146.

bedeutendem Masse helfen, die grosse Bewegung der Gegenwart zu lenken. Die Kommunisten sind internationale Marxisten, aber wir können den Marxismus nur dann in die Praxis umsetzen, wenn wir ihn mit den konkreten Besonderheiten unseres Landes integrieren und ihm eine bestimmte nationale Form geben ... Für die chinesischen Kommunisten, die ein Teil der grossen chinesischen Nation, deren eigenes Fleisch und Blut sind, ist jedes von den Besonderheiten Chinas losgelöste Gerede über Marxismus bloss ein abstrakter, hohler Marxismus ...[81]"

Nun könnte man meinen, dass bei einer schöpferischen Anwendung des Marxismus *Lenin* und *Mao* bezüglich der Bauernschaft zu denselben Resultaten hätten kommen müssen: Beide entwickelten ihre Theorien für Agrarländer, beide sahen sich einer erdrückenden Mehrheit von Bauern gegenüber, welche *Marx* als reaktionär und kleinbürgerlich bezeichnet hatte. Während *Lenin* an der Führungsrolle des Proletariats als *Elitepartei* trotz der Überzahl von Bauern festhielt, glaubte *Mao* an die Schöpferkraft und das revolutionäre Potential der Massen, d.h. im wesentlichen der Bauern. Dieser Glaube zieht sich wie ein roter Faden durch das ganze Werk *Mao Tse-tungs*. Bezüglich seiner Agrartheorien bedeutete dies, dass er in seinen Forderungen viel gemässigter war als die westlichen Marxisten. Es verwundert daher nicht, dass *Mao* am Anfang oft als ein *Agrarreformer*[82] angesehen wurde.

2.3. BAUERNREVOLUTION

Es ist typisch für *Mao Tse-tung,* dass er nicht aus theoretischer Erkenntnis, sondern aus praktischer Erfahrung heraus zum Glauben an die Bauern als revolutionäre Kraft gelangte. Am Anfang schien sich nämlich die Kommunistische Partei Chinas (KPCh) ganz nach dem Muster des sowjetischen Vorbilds zu entwickeln. So war im ersten 'Manifest der KPCh zur gegenwärtigen Lage' vom 10. Juni 1922 praktisch nur vom *Proletariat* die Rede: "Die KPCh kämpft als Avantgarde des Proletariats für die Befreiung der Arbeiterklasse und für die proletarische Revolution . . .[83]" Auch *Mao Tse-tung* vernachlässigte in den frühen 20er Jahren die Bauern und konzentrierte sich nach dem Muster

---

[81] *Mao Tse-tung,* Der Platz der kommunistischen Partei Chinas im nationalen Krieg (1938), in: Ausgewählte Werke, Peking 1968f., Band II, S. 246. — Ähnlich in: Über die Neue Demokratie (1940), Ausgewählte Werke, a.a.O., Bd. II, S. 445; unveränderte Position auch *nach* der Revolution von 1949, aber noch *vor* dem Bruch mit Moskau: Über die richtige Lösung von Widersprüchen im Volke (1957), Berlin (Ost) 1958, 2. Aufl., S. 51.

[82] Vgl. dazu: *Shewmaker Kenneth E.,* The 'Ágrarian Reformer' Myth, China Quarterly, No. 34/1968, S. 66—81.

[83] *Brandt Conrad, Schwartz B., Fairbank J.K.,* Der Kommunismus in China. Eine Dokumentargeschichte (engl. Original 1952), München 1955, S. 39.

westlicher und russischer Marxisten ganz auf das städtische Proletariat[84]. Später befasste sich *Mao* mit der Organisierung von Geheimbünden unter den Bauern. Seine Erfahrungen fasste er im 'Untersuchungsbericht über die Bauernbewegung in Hunan' (1927) zusammen[85]. Er kam zum Schluss, dass die Kommunisten Chinas bisher die Bauernbewegung meist ganz falsch beurteilt hätten: Unter den *Bauern* nämlich sei die wahre revolutionäre Kraft zu finden:

"Der gegenwärtige Aufschwung der Bauernbewegung ist ein gewaltiges Ereignis. Es dauert nur noch eine sehr kurze Zeit, und in allen Provinzen Mittel-, Süd- und Nordchinas werden sich Hunderte Millionen von Bauern erheben; sie werden ungestüm und unbändig wie ein Orkan sein, und keine noch so grosse Macht wird sie aufhalten können[86]."

In eben diesem Bericht stellte *Mao* auch die von *Marx* und *Lenin* völlig abweichende These auf, dass den Bauern 7/10, der städtischen Bevölkerung aber nur 3/10 bei der Verwirklichung der Revolution zufalle[87]. Diese Ansichten stiessen vorerst in der Partei auf kein Gehör. Im Gegenteil: Als *Mao* begann, Bauernarmeen aufzustellen und Agrarreformen durchzuführen, wurde er mehrfach vom Zentralkomitee verwarnt und schliesslich gar seines Postens als ausserordentliches Mitglied des Zentral-Politbüros enthoben[88]. Noch 1928 beschloss der 6. Nationalkongress der KPCh:

"Die Hauptaufgabe der Partei ist die *Gewinnung der Arbeiterklasse* . . . Grösste Aufmerksamkeit muss der Arbeiterbewegung gewidmet werden, insbesondere der Industriearbeiterschaft. Nur so kann die Führerstellung der Arbeiterklasse gegenüber der Bauernschaft gefestigt werden . . .[89]"

Nun, schliesslich war es die praktische Erfahrung, welche *Mao Tse-tung* in dieser Auseinandersetzung recht gab. Während die Aktionen der KPCh in den Städten nicht die erhofften Erfolge zeigten, gelang es schliesslich *Mao*, in Kiangsi die 'Chinesische Räterepublik' mit einer Bevölkerung von 50 Mio. zu errichten. Zahlreich sind die Stellen in *Maos* Werk, mit denen man die grosse Abweichung in der Beurteilung der Bauern gegenüber *Marx* und *Lenin* belegen könnte. Wir begnügen uns mit einem besonders markanten Zitat:

---

[84] Dazu: *Devillers Philippe*, Was Mao wirklich sagte, Zürich 1969, S. 19ff.
[85] In: Ausgewählte Werke, Bd. I, a.a.O., S. 21−63.
[86] *Ebendort*, S. 21f.
[87] Diese Aussage ist in der eben erwähnten Peking-Ausgabe der 'Ausgewählten Werke' nicht mehr zu finden. Zu dieser Unterschlagung: *Schram Stuart*, The Political Thought of Mao Tse-tung, New York 1963, S. 181−184; *Leonhard Wolfgang*, Die Dreispaltung des Marxismus. Ursprung und Entwicklung des Sowjetmarxismus, Maoismus und Reformkommunismus, Düsseldorf 1970, S. 282; Brandt u.a., a.a.O., S. 61f.; *Franke Wolfgang*, a.a.O., S. 204.
[88] *Brandt u.a.*, a.a.O., S. 97.
[89] *Ebendort*, S. 109f.

"Die Bauern – sie sind es, von denen die chinesischen Arbeiter abstammen . . .
Die Bauern – sie sind die Hauptfigur auf dem Markt der chinesischen Industrie . . .
Die Bauern – sie sind die Quelle der chinesischen Armee . . .
Die Bauern – sie sind die Hauptkraft im Kampf für die Demokratie im gegenwärtigen Stadium . . .[90]"

Wenn also auch die Bauern die Hauptkraft in der revolutionären Bewegung darstellen, so sprach *Mao* doch auch wiederholt von der Notwendigkeit der Führung dieser Bauern durch das Proletariat und die Kommunistische Partei[91]. Dabei bestand allerdings die kommunistische Partei 1944 zu ungefähr 90% aus Bauern[92]! In der ganzen chinesischen Geschichte – so meinte *Mao* – seien die Bauernaufstände und -kriege die wahren Triebkräfte der historischen Entwicklung gewesen[93]. Jetzt sei erstmals eine Kraft – eben die Kommunistische Partei – vorhanden, welche diese revolutionären Bauernmassen in richtige Bahnen zu lenken vermöge. In einem Interview mit *Edgar Snow* zeigte sich *Mao* davon überzeugt, dass derjenige, welcher die Bauern gewinnen würde, auch China gewinnen werde. Und um die Bauern zu gewinnen – so fuhr er in diesem Interview fort – müsse das Agrarproblem gelöst werden[94]. Dass diese Lösung des Agrarproblems vorerst nur wenige marxistische Züge aufwies, wollen wir im nächsten Abschnitt zeigen.

2.4. DIE AGRARREFORMEN

2.4.1. Klasseneinteilung der Landbevölkerung

Die Agrarreformen in den von der KPCh seit den 30er Jahren kontrollierten Gebieten Chinas waren wohl die wichtigste Grundlage für den schliesslichen Erfolg der sozialistischen Revolution. Man kann diese Reformen aber nur begreifen, wenn man die dahinter stehende *Perspektive* kennt, nämlich eine *Klasseneinteilung* der Landbevölkerung. Die grosse *Marx'sche* Klasseneinteilung in Kapitalisten und Proletarier wurde abgelöst durch eine differenziertere Klassifizierung der Landbevölkerung.

Dabei knüpfte *Mao Tse-tung* an die *Lenin'sche* Tradition an. Wie für *Lenin*

---

90 *Mao Tse-tung*, Über die Koalitionsregierung (1945), in: Ausgewählte Werke, Bd. III, a.a.O., S. 294f.
91 Etwa in: Strategische Probleme des revolutionären Krieges in China (1936), Ausgew. Werke, Bd. I, a.a.O., S. 225; oder: Die Bewegung des 4. Mai (1939), *ebendort*, Bd. II, S. 276.
92 Brandt u.a., a.a.O., S. 333.
93 *Mao Tse-tung*, Die chinesische Revolution und die KPCh (1939), Ausgew. Werke, Bd. II, a.a.O., S. 357.
94 *Snow Edgar*, Gast am andern Ufer (1961), München 1964, S. 72.

war auch für *Mao* weniger die Stellung des Bauern im Produktionsprozess[95] (wie bei *Marx*) massgebend, als vielmehr seine *soziale Lage*. Diese wiederum hing in China natürlich in erster Linie vom Umfang des Landbesitzes ab.

Maos erste in die 'Ausgewählten Werke' aufgenommene Schrift befasste sich bezeichnenderweise mit einer 'Analyse der Klassen in der Chinesischen Gesellschaft' (1926)[96]. Diese Schrift zeigt noch in stärkerem Masse eine Übernahme *Marx'scher* Konzepte aus Westeuropa als die späteren Schriften. Nach 1930 kam *Mao* zu folgender definitiver Klasseneinteilung der Landbevölkerung:

A) *Grundherren:* Diese Klasse zeichnet sich dadurch aus, dass sie Grund und Boden besitzt, diesen aber nicht selbst bebaut, sondern verpachtet oder Landarbeiter beschäftigt. Beide Möglichkeiten implizieren *Ausbeutung,* welche durch Leihgeschäfte noch verstärkt wird.

B) *Grossbauern:* Im Gegensatz zu den Grundherren arbeiten sie selbst auf dem Lande, besitzen aber in der Regel mehr und bessere Produktionsinstrumente als die ärmeren Bauern: "Die Quelle des Grossteils oder eines Teils ihrer Einnahmen ist stets die Ausbeutung...[97]" Die Form der Ausbeutung ist in diesem Fall meist Lohnarbeit.

C) *Mittelbauern:* "Die Mittelbauern besitzen in gewissem Umfang eigene Ackergeräte. Die Existenz der Mittelbauern ist ausschliesslich oder hauptsächlich ihre persönliche Arbeit[98]." Sofern sie Ausbeutung betreiben, ist dies *nicht* ihre Haupteinnahmequelle.

D) *Arme Bauern und Landarbeiter:* Das ist jene Kraft, mit der *Mao* seine Bauernrevolution zu verwirklichen hofft: "Die armen Bauern bilden die gewaltige Masse der Bauern, die entweder überhaupt kein oder nicht genügend Land besitzen. Sie sind das ländliche Halbproletariat, die grösste Triebkraft der chinesischen Revolution...[99]" Die armen Bauern verfügen über wenig Geräte, wenig Land und müssen deshalb oft Land pachten und ihre Arbeitskraft teilweise oder ganz (Landarbeiter) verkaufen.

Die Lage ist nun so, dass die Grundherren und die Grossbauern je etwa 5% der Landbevölkerung umfassen, die Mittelbauern etwa 20% und die Armen Bauern und Landarbeiter etwa 70%. *Mao* ruft nun aber keineswegs einfach zum Kampf der 'Armen Bauern' gegen die übrigen Klassen auf.

---

[95] Zentrale Frage: Produktion für den Markt oder nur zur Selbstversorgung?
[96] Ausgew. Werke, Bd. I, a.a.O., S. 9–19. — Neben dieser Schrift stützt sich das folgende auf die Artikel: *Mao Tse-tung,* Untersuchungsbericht..., a.a.O., S. 29ff.; *Derselbe,* Wie man die Klassen im Dorf unterscheidet (1933), Ausgew. Werke, Bd. I, a.a.O., S. 157–160; *Derselbe,* Die chinesische Revolution..., a.a.O., S. 158.
[97] *Mao Tse-tung,* Wie man die Klassen..., a.a.O., S. 158.
[98] *Ebendort,* S. 159.
[99] *Derselbe,* Die chinesische Revolution..., a.a.O., S. 376.

2.4.2. Reformen vor 1949

Im schon erwähnten 'Untersuchungsbericht' von 1927 sprach *Mao* von 14 grossen Errungenschaften der Bauern im Verlaufe ihrer revolutionären Bewegung in Hunan. Unter diesen Errungenschaften figurieren zwar gewisse Massnahmen gegen die Grundherren, z.B. ein Spekulationsverbot für Reis. Daneben finden sich aber auch 'reformistische' Massnahmen wie eine Senkung des Darlehenszinses und der Pacht. Des weitern sollten vor allem die alten Hierarchien geschwächt werden, vom Sippensystem bis zur Allgewalt der Ehemänner. Auch Verbote von Glücksspielen und des Opiumrauchens gehören zu diesen 'Errungenschaften'. Interessant ist, dass die 'Genossenschaftsbewegung' erst an 13. Stelle genannt wird. Dabei ist aber nicht von Produktions-, sondern nur von Konsum-, Absatz- und Kreditgenossenschaften die Rede.

Ein Jahr später (1928) äussert sich *Mao* über die 'Beschlagnahme und Neuverteilung des ganzen Bodens'[100]. Dies wurde später als ein *Fehler* deklariert, welcher sich aus einem Mangel an Erfahrungen erklären lasse[101]. Man begnügte sich in der Folge meist mit der Beschlagnahmung eines Teils des Bodens der Grundbesitzer und einer Einschränkung der Macht der Grossbauern[102]. Wie wenig radikal die Massnahmen der KPCh in den 30er und 40er Jahren von einem marxistischen Standpunkt aus waren, geht daraus hervor, dass in den von den Kommunisten kontrollierten Gebieten während des chinesisch-japanischen Krieges die Höchstgrenze des Pachtzinses auf 37,5 % festgelegt wurde[103]. Dass in dieser Zeit die Agrar-Reform-Massnahmen der chinesischen Kommunisten alles andere als radikal waren, zeigt auch folgendes Zitat von *Mao*:

> "Auf dem Gebiet der Agrarverhältnisse setzen wir einerseits die Pacht- und Darlehenszinsen herab, damit sich die Bauern ernähren können, und sorgen andererseits für die Bezahlung der reduzierten Pacht- und Darlehenszinsen, damit auch die Grundherren leben können ...[104]"

Von besonderem Interesse ist dann die Zeit nach dem Krieg gegen Japan bis zur endgültigen Machtübernahme von 1949. Jetzt traten zwei neue Konzepte in den Vordergrund:

— 'Jedem Pflüger sein Feld'

und: — 'Organisierung der gegenseitigen Arbeitshilfe'.

Mit dem ersten Konzept schloss sich *Mao* einer Forderung *Sun Yat-sens* an[105].

---

100 *Mao Tse-tung*, Der Kampf im Djinggang-Gebirge (1928), Ausgew. Werke, Bd. I, a.a.O., S. 97.
101 *Ebendort*, Anmerkung 17, S. 118.
102 Vgl. z.B.: Die Grundgesetze der chinesischen Räterepublik, Moskau 1934, S. 23ff.
103 *Brandt* u.a., a.a.O., S. 209.
104 *Mao Tse-tung*, Rede vor der Volksversammlung des Grenzgebiets Schensi-Kansu-Ningsia (1941), Ausgewählte Werke, Bd. III, a.a.O., S. 31.
105 Vgl. zu den 'drei Prinzipien' *Sun Yat-sens* (Volksnationalismus, Volkssouveränität

Mao machte aber immer deutlich, dass dieses Ziel nur für die Zwischenstufe der bürgerlich-demokratischen Revolution gelten könne; für die Kommunisten sei die Landverteilung niemals das Endziel[106].

Knüpfte *Mao* mit der Losung 'Jedem Pflüger sein Feld' an die Tradition *Sun Yat-sens* an, so griff er mit der 'Organisierung der gegenseitigen Arbeitshilfe' auf eine alte bäuerliche Praxis zurück. Hoffte er mit der ersten Losung die Bauern zu gewinnen, so versprach er sich von der zweiten eine Steigerung der Produktivität in der Landwirtschaft: "Der Schlüssel zum Sieg in der Produktionskampagne liegt in der Organisierung der grossen Mehrheit der Produzenten zu Produktionsorganisationen der gegenseitigen Hilfe[107]."

Marx, Kautsky und *Lenin* legten das Hauptaugenmerk bezüglich der Produktionssteigerung in der Landwirtschaft auf die Betriebsgrösse, die Anwendung der Wissenschaft und der Maschinen. *Mao Tse-tung* hoffte – wenigstens für eine gewisse Übergangszeit – dieses Ziel mit einer gleichmässigeren Bodenverteilung, Pachtsenkung und einer einfachen organisatorischen Massnahme zu erreichen. Bei diesen 'Teams der gegenseitigen Hilfe' sollten sich die Bauern bei der Arbeit und beim Einsatz von Zugtieren und andern Produktionsmitteln aushelfen. Es verwundert daher nicht, dass *Mao* oft als gemässigter Agrarreformer angesehen wurde. Er machte zwar verschiedentlich klar, dass diese Umgestaltung der Landwirtschaft nur eine vorläufige Stufe sei. Die diesbezüglichen Äusserungen gingen aber in der Fülle taktischer Anweisungen bei der Durchführung des eben skizzierten gemässigten Agrarprogramms unter.

2.5. DIE VORSTELLUNGEN ÜBER DIE SOZIALISTISCHE ZUKUNFT

Drei Monate vor seinem endgültigen Sieg meinte *Mao* zur Zukunft der chinesischen Landwirtschaft:

"Ein ernstes Problem ist die Erziehung der Bauern. Die bäuerliche Wirtschaft ist zersplittert. Nach den Erfahrungen der Sowjetunion wird die Vergesellschaftung der Landwirtschaft eine lange Zeit brauchen und eine umsichtige Arbeit erfordern. Ohne die Vergesellschaftung der Landwirtschaft kann es keinen vollständigen, gefestigten Sozialismus geben ...[108]"

und Volkswohl, wobei zum letzteren eine gleichmässigere Landverteilung gehörte) vor allem: *Franke*, a.a.O., S. 174ff.; *Fahrle Robert, Schöttler Peter*, Chinas Weg – Marxismus oder Maoismus, Frankfurt 1969, S. 31–34; *Viechtbauer Helmut, Wegmann Konrad*, Sun Yat-sen, in: *Opitz Peter J.*, Hrsg., Vom Konfuzianismus zum Kommunismus, München 1969, S. 107–148.
[106] *Mao Tse-tung*, Über die ..., a.a.O., S. 290f.
[107] *Derselbe*, Pachtsenkung und Produktion – zwei wichtige Aufgaben bei der Verteidigung der befreiten Gebiete (1945), in: Ausgew. Werke, Bd. IV, a.a.O., S. 72.
[108] *Mao Tse-tung*, Über die demokratische Diktatur des Volkes (1949), Ausgew. Werke, Bd. IV, a.a.O., S. 447.

Diese 'Vergesellschaftung' der Landwirtschaft sei nicht zuletzt aus Produktivitäts-Gründen absolut notwendig: So meinte *Mao* 1943, dass die zersplitterten Kleinwirtschaften die Bauern zur Armut verdammen würden[109]. Erst die genossenschaftliche Zusammenarbeit ermögliche eine Verbesserung der Agrartechnik, eine Förderung der Saatzucht und den Bau von Be- und Entwässerungsanlagen[110].

Über die Funktionsweise der sozialistischen Genossenschaften macht sich *Mao* keine Gedanken. Wie wir dem obigen Zitat entnehmen können, schwebte ihm eine ähnliche Institution wie die sowjetische Kolchose vor. Dieses Endziel der Kollektivierung hatte er schon 1943 postuliert[111]. Die Erreichung dieses Ziels strebte er aber in verschiedenen *Stufen* an, denn: "Die kulturelle Rückständigkeit des chinesischen Volkes und sein Mangel an genossenschaftlicher Tradition wird uns eventuell Schwierigkeiten bereiten . . .[112]"

3. DIE AGRARPOLITIK CHINAS NACH 1949

Nach Russland kam im Oktober 1949 eine weitere kommunistische Partei in einem typischen *Agrarland* zur Macht, in China, einem Land mit 3 Mio. Industriearbeitern, was nur 0,6 % der Gesamtbevölkerung entsprach[113]. In einem Land aber auch, in welchem die 'Produktivkräfte' wenig entwickelt waren, was bestimmt im Gegensatz zu den *Marx'schen* Revolutionsvoraussetzungen steht. In den Auseinandersetzungen der Kulturrevolution wurde die Theorie der Produktivkräfte als *'reaktionär'* bezeichnet und somit die chinesische soziale Revolution nachträglich gerechtfertigt. So lesen wir etwa in der 'Peking Rundschau':

"Historische Erfahrungen haben bewiesen, dass eine grosse Entwicklung der Produktivkräfte nur dann möglich ist, wenn zuerst eine revolutionäre öffentliche Meinung geschaffen und die politische Macht ergriffen und dann die Produktionsverhältnisse geändert wurden. Das ist das allgemeine Gesetz der sozialen Entwicklung[114]."

Der 'Überbau' in Form eines revolutionären Bewusstseins ist also nach der chinesisch-maoistischen Theorie mindestens ebenso wichtig, wenn nicht wichti-

---

[109] *Derselbe*, Organisieren (1943), Ausgew. Werke, Bd. III, a.a.O., S. 178f. – Dieser Artikel ist deshalb von besonderer Bedeutung, weil er zu den drei 'ständig zu lesenden' Artikeln gehört.
[110] *Derselbe*, Rede auf einer Kaderkonferenz (1948), Ausgew. Werke, Bd. IV, a.a.O., S. 253.
[111] *Derselbe*, Organisieren, a.a.O., S. 179.
[112] *Derselbe*, Bericht auf der zweiten Plenartagung (1949), Ausgew. Werke, Bd. IV, a.a.O., S. 392.
[113] *Tschou En-lai*, Das grosse Jahrzehnt, in: Glanzvolle 10 Jahre, Peking 1960, S. 38.
[114] *Hung Hsüä-bing*, Widerstand gegen die proletarische Revolution ist das Wesen der 'Theorie der Produktivkräfte', Peking Rundschau, Nr. 38/1969, S. 5.

ger als der Stand der Produktionsverhältnisse. Diese grundlegende Abweichung von der *Marx'schen* Lehre müssen wir im Auge behalten, wollen wir die 20 Jahre Kommunismus in China mit vielen scheinbaren oder tatsächlichen Abweichungen vom Marxismus-Leninismus verstehen.

3.1. REKONSTRUKTION: 1949–1952

3.1.1. Das Agrargesetz vom 30. Juni 1950

Im Gegensatz zu den entsprechenden Gesetzen in Russland wurde in China mit diesem Agrargesetz nicht einmal der Boden verstaatlicht. Man kann wohl von einem 'quasi-kapitalistischen' Agrargesetz sprechen, wenn man sich die beiden folgenden Artikel vergegenwärtigt:

Art. 1
"Die Agrarverfassung der feudalen Ausbeutung durch die Grundbesitzerklasse soll abgeschafft und eine Agrarverfassung, *gekennzeichnet durch bäuerlichen Eigenbesitz an Grund und Boden*, soll eingeführt werden..."
Art. 30
"Nach Vollendung der Reform soll die Volksregierung Eigentümerurkunden ausgeben und das Recht aller Landeigentümer anerkennen, *ihr Land frei zu bestellen, zu kaufen, verkaufen oder zu verpachten*...[115],"

Im übrigen befasste sich das Gesetz vor allem mit der *Landverteilung*. Dabei war das oberste Prinzip jenes der *Gleichheit* innerhalb der einzelnen Regionen. Die durchschnittliche Besitzgrösse nahm dabei von Norden nach Süden kontinuierlich ab, von 7 Mu pro Person in der Nord-Mandschurei bis 1,5 Mu in den dicht besiedelten Gebieten Ostchinas[116].

Von *Genossenschaften* ist im ganzen Gesetz nicht die Rede, hingegen in den Art. 15 und 19 von landwirtschaftlichen *Versuchsstationen* und *Staatsfarmen*[117].
– Man kann also sagen, dass die 'reformistische' Tradition bezüglich der Agrarfrage in den ersten Jahren nach der endgültigen Machtübernahme durchaus gewahrt wurde und dass von grossbetrieblicher und genossenschaftlicher Landwirtschaft überhaupt nicht die Rede war. Jedenfalls trug das Agrargesetz von 1950 kaum dazu bei, produktionstechnisch günstige Betriebsgrössen zu schaffen[118].

[115] The Agrarian Reform Law of the People's Republic of China, Peking 1950; diese beiden Artikel sind übersetzt bei: *Kindermann Gottfried Karl*, Hrsg., Kulturen im Umbruch – Studien zur Problematik und Analyse des Kulturwandels in Entwicklungsländern, Freiburg 1962, S. 125. – Hervorhebungen von H.S.
[116] Die Zahlen finden sich bei: *Lethbridge Henry J.*, Communism in China: A Handbook, Hong Kong 1965, S. 87.
[117] Vgl.: The Agrarian Reform..., a.a.O., S. 9f.
[118] Diese Meinung wird jedenfalls vertreten von: *Grossmann B.*, Die wirtschaftliche Entwicklung der VR China, Stuttgart 1960, S. 56.

3.1.2. Anfänge der Kollektivierung: Teams der gegenseitigen Hilfe

Die Kollektivierung wurde in China — ganz anders als in der Sowjetunion — sehr behutsam eingeleitet. Neben einem Netz von Versorgungs- und Vertriebskooperativen knüpfte man im Produktionsbereich in der Landwirtschaft an eine alte und bereits vor der Revolution von den Kommunisten reaktivierte Institution zurück: Auf die Arbeitsgemeinschaften der gegenseitigen Hilfe. Der *wirtschaftliche* Grund für diese Zusammenarbeit war die allgemeine Knappheit an Produktionsgeräten und Zugtieren. Neben dem Austausch dieser Produktionsmittel halfen sich die Bauern in diesen Gemeinschaften auch mit Arbeitskräften aus.

Bezüglich dieser Produktionsteams lassen sich zwei *Stufen* unterscheiden[119]: Eine erste Art dieser Institution wurde meist nur während der *Hauptarbeitszeit* gebildet und umfasste 5—10 Haushalte. Die sog. *'Ganz-Jahres-Teams'* umfassten demgegenüber meist über 10 Haushalte. Diese zweite Art von Teams beschäftigten sich oft neben der Landwirtschaft auch noch mit dem lokalen Handwerk. Ende 1952 waren 65 % der Bauern in den vor 1949 kontrollierten Gebieten und 25 % in den erst später kontrollierten Gebieten in Produktionsteams der einen oder andern Art zusammengeschlossen[120]. Nach einer chinesischen Verlautbarung waren diese Gruppen eine "Grundform des Übergangs von der bäuerlichen Einzelwirtschaft zur sozialistischen Landwirtschaft"[121]. Wir erfahren durch dieselbe Quelle, dass die Arbeitsproduktivität in den Teams um 10—30 % höher gewesen sei als bei den individuell wirtschaftenden Bauern[122]. Man muss sich deshalb fragen, weshalb diese Organisationsform überhaupt einer Änderung bedurfte. Nun, dieselbe Quelle nennt uns einen Grund: Es habe sich ein *Widerspruch* ergeben, der Gegensatz nämlich zwischen kollektiver Arbeit und individueller Wirtschafts- und Rechnungsführung[123].

Nach offiziellen chinesischen Angaben lag 1952 das Sozialprodukt um 77,5 % über demjenigen von 1949, wobei die Industrieproduktion um 178,6 %, die Landwirtschaftsproduktion um 48,5 % zugenommen habe und der Anteil der Industrie- an der Gesamtproduktion von 17 auf 27 % gestiegen sei[124]. Wenn auch

---

[119] Dazu: *Larsen Marion R.*, China's Agriculture under Communism, in: Joint Economic Committee, ed., a.a.O., S. 215f.; *Chao Joseph,* Die Reorganisation der chinesischen Landwirtschaft, Diss. Köln 1962, S. 97.
[120] *Grossmann,* a.a.O., S. 56.
[121] *Hsüä Mu-tjiao, Su Hsing, Liu Dsi-li,* Die sozialistische Umgestaltung der chinesischen Volkswirtschaft, Peking 1964, 2. Aufl., S. 111.
[122] *Ebendort,* S. 114.
[123] *Ebendort,* S. 115.
[124] *Li Fu-dshun,* Bericht über den ersten Fünfjahresplan zur Entwicklung der Volkswirtschaft in der Volksrepublik China von 1953—1957, Berlin (Ost) 1956, S. 4.

diese Zahlen vielleicht etwas übertrieben sind, so kann doch auch nach Ansicht westlicher Experten von einem *Erfolg* dieser Rekonstruktionsperiode gesprochen werden[125].

3.2. DER ERSTE 5-JAHRES-PLAN: 1953–1957

3.2.1. Die sukzessive Kollektivierung der Landwirtschaft

In China zeigte sich dasselbe Phänomen wie in der Sowjetunion während der NEP-Zeit: Der Anteil der vermarkteten Agrarprodukte *sank* nach der Agrarreform, weil die reicheren Bauern, welche ja durch die Agrarreform ärmer gemacht wurden, einen grösseren Teil ihres Outputs zu vermarkten pflegten als die armen Bauern[126]. Wir können an dieser Stelle bereits eine im Hinblick auf andere Entwicklungsländer wichtige Schlussfolgerung ziehen: *Eine Agrarreform mit dem Ziel 'Gleichheit' ohne komplementäre Massnahmen tendiert den 'marketable surplus' zu vermindern. Dadurch wird die Ernährung der nicht landwirtschaftlichen Bevölkerung in Frage gestellt.*

Natürlich war die Kollektivierung in China wie jene in der UdSSR teilweise durch die *Ideologie* bestimmt, natürlich war in beiden Ländern *ein* Ziel der Kollektivierung die Gewinnung grösseren Einflusses auf dem Lande. Während in Russland mit dem Instrument 'Kollektivierung' in erster Linie ein 'Surplus' für die Industrialisierung mobilisiert wurde, spielte dieser Aspekt in China eine kleinere Rolle. Dort scheint die Kollektivierung – wenigstens am Anfang – vor allem als Instrument der Diffusion von neueren Techniken gedient zu haben[127]. Nach Meinung des stellvertretenden Ministerpräsidenten des Staatsrates bietet die Kollektivierung

"die Möglichkeit, die Arbeitskraft zu organisieren und den Boden rationeller auszunutzen. Sie ermöglicht auch die Akkumulation von Geldmitteln für grössere Investitionen in der Landwirtschaft, den Gebrauch besserer Geräte, den Bau von Bewässerungsanlagen, die Verbesserung der Technik in der Landwirtschaft und andere Massnahmen zur Erhöhung der Produktion, die für Einzelbauern schwierig durchzuführen sind ...[128]"

---

[125] *Liu Ta-chung,* The Tempo of Economic Development of the Chinese Mainland, 1949–1965, in: Joint Economic Committee, ed., a.a.O., S. 55f.
[126] Dazu: *Perkins Dwight D.,* Centralization and Dezentralization in Mainland China's Agriculture, Quarterly Journal of Economics, LXXVIII/1964, S. 209f. – 1955 vermarkteten die noch nicht von der Kollektivierung erfassten 'reichen Bauern' 43,1 %, die 'armen Bauern' hingegen nur 22,1 % des Outputs. (*Ebendort,* S. 210.)
[127] *Ebendort,* S. 221.
[128] *Li Fu-dshun,* a.a.O., S. 54f.

Wir werden im IV. Teil sehen, dass die hier aufgezählten Kollektivierungs-Aspekte in der Tat für die Bewältigung der Landwirtschaftsprobleme Chinas die wichtigsten zu sein scheinen.

Ein wesentlicher Unterschied zur Kollektivierung in Russland bestand darin, diese in *Stufen* vorzunehmen, damit "die breiten Massen der Bauern den Eintritt in ein vollkommenes sozialistisches Wirtschaftssystem nicht als etwas Plötzliches empfanden, sondern psychologisch und materiell darauf vorbereitet waren...[129]" Man hatte also von den Erfahrungen der UdSSR etwas gelernt. Damit soll nicht gesagt werden, dass die Kollektivierung in China spontan von den Bauern und ohne Druck von oben durchgeführt wurde[130]. Bestimmt aber hatte diese Kollektivierung in Stufen — (1) Teams gegenseitiger Hilfe, (2) LPG[131] niederer Ordnung, (3) LPG höherer Ordnung, (4) Kommune — gegenüber der russischen Methode einige Vorteile.

3.2.1.1. Die LPG niederer Ordnung

Anfangs 1954 waren etwa die Hälfte der ländlichen Haushalte Chinas in den 'Teams für gegenseitige Hilfe' organisiert[132]. Diese erste Kollektivierungsstufe wurde nun durch die 'Landwirtschaftlichen Produktionsgenossenschaften' ersetzt. Dabei behielten — dies im Gegensatz zur Kollektivierung in Russland — die Bauern im wesentlichen ihr Recht am Land und an den Produktionsmitteln. Diese Genossenschaften sollten aber allmählich eigenes Kollektivvermögen akkumulieren, und sie setzten die Arbeitskräfte zentralisiert ein. Die Bauern erhielten für den eingebrachten Boden und das Inventar eine *Rente*, weshalb dieser Genossenschafts-Typ auch *'halb-sozialistisch'* genannt wurde.

Im Gegensatz zu den 'Teams gegenseitiger Hilfe' (5—20 Haushalte) umfassten diese Genossenschaften im Durchschnitt 32 Haushalte mit etwa 40 ha Land[133]. Doch diese Form der Kollektive blieb nur etwa zwei Jahre erhalten; dann wurde sie abgelöst durch die

3.2.1.2. LPG höherer Ordnung

Ein Hauptkennzeichen dieser *'vollsozialistischen'* Genossenschaften war ihre Grösse: Sie umfassten durchschnittlich etwa drei Mal so viele Haushalte und Land wie die vorherigen Kollektive[134]. Als weitere Neuerung erloschen nun alle Grundbesitzrechte der Mitglieder, die *Entlohnung* erfolgte ausschliesslich nach

---

129 Verlautbarung des ZK der KPCh, zitiert nach: *Deng Dsi-hui*, Die sozialistische Umgestaltung der Landwirtschaft in China, in: Glanzvolle 10 Jahre, a.a.O., S. 349.
130 Dagegen sprechen verschiedene Aussagen von Chinesen, etwa: *Mao Tse-tung*, Zitat bei: *Kindermann*, Kulturen ..., a.a.O., S. 133; oder: *Hsüä Mu-tjao* u.a., a.a.O., S. 104.
131 LPG = Landwirtschaftliche Produktionsgenossenschaft.
132 *Biehl Max*, Die Landwirtschaft in China und Indien, Frankfurt/M 1966, S. 31.
133 *Kindermann*, Kulturen ..., a.a.O., S. 132.
134 *Ebendort*, S. 133.

der Arbeitsleistung. Im wesentlichen entsprach dieser Typ den sowjetischen *Kolchosen.* — 1957 waren bereits etwa 90 % der Familien in diesen Kollektiven zusammengefasst[135].

Der *Umfang* der Produktionseinheiten erhöhte sich im Laufe der stufenweisen Kollektivierung kontinuierlich:

Tabelle III—4[136]:
Betriebsgrösse in der kollektivierten Landwirtschaft Chinas

Organisationsform	Anzahl Haushalte	Bebaute Fläche in ha
Teams für gegens. Hilfe	5— 20	ca. 10
LPG niederer Ordnung	20— 50	ca. 40
LPG höherer Ordnung	100—300	ca. 120

3.2.2. Schwerpunkte und Erfolge

Der erste 5-Jahres-Plan in China stand in einem viel kleineren Zusammenhang mit der Kollektivierung als die erste Planperiode in der UdSSR. So wurde der chinesische Plan auch erst ein Jahr vor seinem Abschluss ganz fertig gestellt[137]. Bezüglich Planungstechnik und Schwerpunktbildung übernahm man hingegen in China sehr viel von der UdSSR, d.h. insbesondere: Forcierter Aufbau einer Basis-Industrie. Während sich die Industrieproduktion im ersten Planjahrfünft um 141 % erhöhte, stieg der Output der Landwirtschaft nur um 25 %[138]. Die beträchtliche *Umstrukturierung* der Wirtschaft in diesen fünf Jahren wird auch durch die Aussage *Lius* bestätigt, dass der Anteil der modernen Industrie am Output der Volkswirtschaft von 26,7 % (1952) auf 40 % im Jahre 1957 anstieg[139]. Man hätte also eigentlich annehmen müssen, dass die Machthaber mit den Erfolgen zufrieden waren. Aber nein: 1958 kam die grundlegende Neuorientierung mit dem 'Grossen Sprung' und der Bildung von Volkskommunen.

---

135 *Biehl,* 66, a.a.O., S. 31.
136 Quelle: *Pang Thérèse,* Les communes populaires rurales en Chine, Diss. Fribourg 1967, S. 17; sowie die übrigen oben bereits zitierten Zahlen.
137 *Li Fu-dshun,* a.a.O., S. 6.
138 *Liu Schao-schi,* Der Sieg des Marxismus-Leninismus in China, in: Glanzvolle 10 Jahre, a.a.O., S. 2.
139 *Ebendort.*

3.3. NACH 1958: 'GROSSER SPRUNG' UND VOLKSKOMMUNEN

3.3.1. Der 'grosse Sprung'

Ohne den 'grossen Sprung' gegen Ende der 50er Jahre und die damit verbundene Neuorientierung in der chinesischen Wirtschaftspolitik hätten wir in dieser Arbeit kaum Anlass, das Beispiel 'China' neben dem Modell 'Sowjetunion' gesondert zu untersuchen. Wir hätten dann einfach feststellen können, dass China im wesentlichen die Politik der UdSSR kopiert hat und dabei bezüglich der Kollektivierung der Landwirtschaft etwas langsamer vorgegangen ist. Die Politik des 'Grossen Sprungs' leitete aber auf wirtschaftspolitischem Gebiet die Abkehr von der Übernahme der Politik der Sowjetunion ein, eine Abkehr, welche durch die 'Kulturrevolution' noch deutlicher wurde.

Es kann den westlichen China-Experten kein Vorwurf gemacht werden, dass sie diese Neuorientierung nicht vorausgesehen haben. Denn: Der zweite 5-Jahresplan wurde in China bereits seit 1956 diskutiert. Er sollte im Prinzip den ersten Plan mit ungefähr denselben Schwerpunkten weiterführen[140]. Der 'grosse Sprung' machte dann eine mittelfristige Planung unmöglich und ad hoc-Jahrespläne traten an die Stelle des zweiten 5-Jahres-Planes.

Bezüglich der wirtschaftspolitischen Motivierung des 'Grossen Sprungs' werden im Westen im wesentlichen die folgenden zwei Meinungen vertreten: Die einen sind der Ansicht, dass die Führer in Peking angesichts der beachtlichen Erfolge im ersten Planjahrfünft zur Überzeugung kamen, dass man diese Erfolge noch wesentlich *schneller* erreichen könnte. Die andern vertreten die Meinung, dass man sich in China Rechenschaft darüber ablegte, dass der *Abstand* zu den übrigen Nationen gerade in den Schwerpunktsektoren des 1. Planes noch immer so gross war, dass eine Annäherung an das Wirtschaftspotential der Industrieländer ohne grundlegende Neuorientierung in der Wirtschaftspolitik unmöglich erschien. Dieser entmutigende Abstand lässt sich etwa durch folgende Tabelle zeigen:

Statistik III—5[141]:
1957: Output pro Kopf der Bevölkerung in ausgew. Ländern

Land	Kohle in kg	Elektrizität in kWh	Rohstahl in kg
USA	2'725	4'409	596
UdSSR	2'260	1'023	250
Japan	584	900	139
China	193	30	8

140 *Lethbridge*, a.a.O., S. 78f.
141 *Quelle: Ingram David*, The Communist Economic Challenge, London 1965, S. 109.

Im Laufe des Jahres 1958 trat an die Stelle des bisherigen Slogans — vom grossen Bruder in der Sowjetunion zu lernen — das Prinzip der *Mobilisierung der Arbeitskraft der Bevölkerung*. Die *Marx'sche* Tradition der Kritik an *Malthus* wurde dabei fortgesetzt. So kritisierte man an den Neo-Malthusianern, dass diese nur beachten,

"dass die Menschen Verbraucher sind und dass daher mit einer grösseren Bevölkerungszahl der Verbrauch steigt. Sie vergessen dabei aber, dass die Menschen vor allem Produzenten sind, und dass mit einer grossen Bevölkerungszahl auch die Möglichkeit grösserer Produktion und Akkumulation gegeben ist[142]."

Wir können uns hier mit der Aufzählung der wesentlichsten Elemente dieser neuen Wirtschaftspolitik begnügen, da wir im IV. Teil an verschiedenen Stellen auf jedes dieser Elemente noch eingehen werden:

A) *Kapitalbildung durch Arbeitskraft*
Dabei nahmen die Initianten des 'Grossen Sprungs' an, dass ein Grossteil der Bevölkerung in den ländlichen Gebieten während vieler Monate des Jahres unterbeschäftigt seien. Diese Periode der Unterbeschäftigung konnte durch den Bau von Dämmen und Deichen, Ausheben von Bewässerungsgräben, Strassenbau usw. überbrückt und produktiv genutzt werden.

B) *Abstimmung zwischen Landwirtschaft und Industrie*
Anders als im ersten Planjahrfünft und in der Sowjetunion wurde von 1958 an in China die Landwirtschaft als das *Fundament* beim Aufbau der Wirtschaft betrachtet.

C) *'Auf zwei Beinen gehen'*
Dieses Konzept beinhaltet verschiedenes. So die (unmarxistische) gleichzeitige Entwicklung von Gross- und Kleinbetrieben in der Industrie, die gleichzeitige Anwendung von modernen und landesüblichen Methoden in bezug auf die Wahl der Technik.

D) *Dezentralisierung der Industrie*
An Stelle einer Kopierung der Industrialisierungszentren nach dem Muster westlicher Industrieländer oder der UdSSR sollte die sog. *'lokale Industrialisierung'* treten. Die Träger dieser Industrialisierung sollten die landwirtschaftlichen Kollektive werden. Diese 'lokale Industrialisierung' entspricht tendenziell der *Marx'schen* Vorstellung der 'Aufhebung des Unterschieds zwischen Stadt und Land'.

Die wichtigste Institution bei der Erreichung dieser wirtschaftspolitischen Ziele war zweifellos die *Volkskommune*. Damit wurde die Landwirtschaft Chinas

---

142 *Liu Schao-schi*, Bericht über die Arbeit des ZK der KPCh auf der zweiten Plenartagung des VIII. Parteikongresses (1958), in: Die Dokumente der zweiten Plenartagung des VIII. Parteitages der Kommunistischen Partei Chinas, Peking 1958, S. 51.

erneut reorganisiert, was eigentlich verwundern musste, hatte sich doch *Mao Tse-tung* noch 1957 sehr befriedigt über den Verlauf der Kollektivierung geäussert: "Meine Ansicht ist: Wenn im ersten Planjahrfünft die Genossenschaften gebildet und gegründet und im zweiten Planjahrfünft gefestigt werden, dann ist das sehr gut...[143]" Für diese 'Festigung' blieb aber keine Zeit: Die neue wirtschaftspolitische Konzeption erforderte neue Institutionen.

3.3.2. Die Volkskommunen

1958 wurden die 740'000 landwirtschaftlichen Produktionsgenossenschaften in 24'000 Kommunen zusammengeschlossen[144]. Die Kommune kann nach *Joan Robinson* als 'mikrokosmische Volkswirtschaft'[145] angesehen werden, deren Aufgaben viel umfassender sind als jene der bisherigen landwirtschaftlichen Kollektive. Zwar gibt es kein Musterstatut für die Kommunen, aber es ist anzunehmen, dass die Satzung der ersten Volkskommune 'Sputnik' als repräsentativ und vorbildlich gelten kann. Dort heisst es in Art. 1, die Volkskommune sei

"eine gesellschaftliche Grundeinheit, in der sich die arbeitende Bevölkerung unter der Führung der kommunistischen Partei und der Volksregierung freiwillig zusammenschliesst und die in ihrem Bereiche alle Aufgaben der industriellen und landwirtschaftlichen Produktion, der Distribution, der Arbeiten auf den Gebieten der Kultur und Erziehung sowie die politischen Angelegenheiten wahrnimmt[146]."

Die wichtigsten Kennzeichen der Volkskommunen können wie folgt zusammengefasst werden:

A) Die Kommune wird als Instrument beim *Übergang vom Sozialismus zum Kommunismus* angesehen[147]. Dies ist nach sowjetischer Ansicht eine Abweichung vom Marxismus-Leninismus: Voraussetzung für diesen Übergang sei nämlich eine mächtige materiell-technische Basis[148].

---

143 *Mao Tse-tung,* Über die richtige..., a.a.O., S. 24.
144 *Charrière Jacques,* Planung und Leitung der Produktionseinheiten, in: *Bettelheim C.* u.a., Hrsg., Der Aufbau des Sozialismus in China (1965), Übersetzung aus dem Französischen, München 1969, S. 59. — 1961 erfolgte wieder eine Aufteilung zu ca. 74'000 Kommunen *(Ebendort).*
145 *Robinson Joan,* Kleine Schriften zur Ökonomie (1965), Edition Surkamp 1968, S. 117.
146 Zitiert nach: *Grossmann,* a.a.O., S. 263.
147 *Tao Dschu,* Volkskommunen auf dem Vormarsch, Peking 1965, S. 10f.
148 Artikel von *Stepanow* in der 'Prawda' 1963, teilweise übersetzt in: *Weber Hermann,* Konflikte im Weltkommunismus. Eine Dokumentation zur Krise Moskau—Peking, München 1964, S. 63f. — Kritik von *Chruschtschow* an den Volkskommunen bei: *Dollinger Hans,* Mao und die rote Garde, München 1968, S. 24f.

B) Damit hängt die zunehmende *Kollektivierung* des ganzen Lebens zusammen: Die Einführung von Esshallen, Schneidereien, Kindergärten, Schlafsälen[149]. Davon ist man teilweise wieder abgekommen. So sind heute viele der Kantinen nur noch während der Hauptarbeitszeiten in der Landwirtschaft zwecks Freisetzung der Frauen für landwirtschaftliche Arbeiten in Betrieb[150].
C) Das *Verteilungssystem* wurde umgestaltet. Das sozialistische Prinzip 'Jedem nach seiner Arbeitsleistung' wurde anfänglich und teilweise durch das kommunistische Prinzip 'Jedem nach seinen Bedürfnissen' ersetzt. Auch davon ist man teilweise wieder abgekommen. Immerhin gibt es mehr und mehr Gemeinschaftseinrichtungen, welche als unentgeltlicher Kollektivkonsum angesehen werden können[151].
D) Die Kommune wurde zugleich *Verwaltungseinheit* für die ländlichen Gegenden. Damit war sie nicht nur für die landwirtschaftliche Produktion, sondern auch für die lokale *Industrie,* den *Handel,* die *Ausbildung* und die *Justiz* verantwortlich.
E) Die *Arbeitskräfte* wurden intensiver ausgenutzt, weil eine 'verzweigte Wirtschaft'[152] mit verschiedenen ökonomischen Aktivitäten den saisonbedingten ungleichen Arbeitsanfall 'korrigieren' konnte. So wurden etwa die überschüssigen Arbeitskräfte beim 'Kurzstreckentransport' eingesetzt[153]. Viel wichtiger war aber zweifellos der arbeitsintensive Bau von Be- und Entwässerungsanlagen in der Landwirtschaft:

"The most important economic function which a larger unit could undertake was the organization of much larger quantities of labor for work on water conservation projects and in local industries[154]."

"Der wichtigste ökonomische Zweck grösserer landwirtschaftlicher Betriebseinheiten war derjenige einer Mobilisierung von vielen Arbeitskräften für Irrigationsprojekte und für die lokalen Industrien[154]." (Übersetzung von H.S.)

Der grösste Unterschied zwischen der sowjetischen Kolchose und der chinesischen Kommune liegt darin, dass letztere in weit grösserem Masse politische, ökonomische, soziale und militärische Funktionen wahrnimmt. Der Arbeitsbereich wurde in der Volkskommune entscheidend erweitert: Die *lokale Selbstversorgung* nicht nur mit Konsum-, sondern teilweise auch mit Produktionsgütern führte zu weitgehend autonomen sozialen Gebilden innerhalb Chinas.

149 Zur anfänglichen 'totalen' Kollektivierung siehe: *Dollinger,* a.a.O., S. 25f.
150 *Pang,* a.a.O., S. 126.
151 *Charrière,* a.a.O., S. 58.
152 *Tao Dschu,* a.a.O., S. 15.
153 *Ebendort.*
154 *Perkins D.D.,* Centralization . . ., a.a.O., S. 227f.

3.3.3. Schwierigkeiten und Erholung

Im Rahmen des 'Grossen Sprungs' hätten die Ziele des zweiten 5-Jahres-Planes in *einem* Jahr erreicht werden sollen: Man hoffte auf eine Wachstumsrate in einem Jahr von etwa 100 %[155]! Nach anfänglichen Erfolgen stellten sich aber — teilweise durch das Wetter bedingte — wirtschaftliche Schwierigkeiten mit dem Kulminationspunkt 1960/61 ein. Diese Schwierigkeiten lassen sich etwa aus der Struktur des Aussenhandels ablesen: Während 1959 der Anteil der Lebensmittel und Dünger an allen Importen nur etwa 4 % ausmachten, stieg dieser Prozentsatz bis zum Jahre 1965 auf 47 % an[156]. Allerdings wurde die Bedeutung der Lebensmittelimporte im Westen oft übertrieben: So betrug der Anteil der Getreide-Importe in ihrem Höhepunkt (1961) nur etwa 2,4 % der Inlandsproduktion an Getreide[157].

Die *Beurteilung* der Politik des 'Grossen Sprungs' fällt bei westlichen Experten sehr unterschiedlich aus. Während die einen der Ansicht sind, dass die mit dieser Politik verbundenen wirtschaftlichen Schwierigkeiten das Land in der Entwicklung um 10 Jahre zurückgeworfen habe[158], sind andere der Ansicht, dass das Abweichen von den sowjetischen Methoden dem Land langfristig Vorteile bringen werde[159]. Von manchen westlichen Autoren wird der *Lerneffekt* der Mobilisierungskampagnen (Klein-Stahl-Öfen etc.) betont: "The attempt, to bring industry to the country-side at least provided an educational bonus, giving peasants their first contact with industry. At times this resulted to the discovery of unknown talent . . .[160]" "Der Versuch, die Industrie aufs Land hinaus zu bringen, hatte bestimmt positive Erziehungseffekte: Die Bauern kamen in den ersten Kontakt mit der Industrie, wodurch manche neue Talente entdeckt wurden . . .[160]" (Übersetzung von H.S.)

Wie dem auch sei: Jedenfalls begann sich die Wirtschaft nach 1962 wieder zu erholen, ohne dass die vorhin skizzierte neue Wirtschaftspolitik wesentliche Änderungen erfahren hätte. Man lernte zwar von den negativen Auswirkungen der Übertreibungen (etwa bei der Mobilisierung der Massen), hielt aber im Prinzip an den neuen Leitlinien und den Volkskommunen als grundlegende Institutionen fest. Der dritte 5-Jahres-Plan begann dann 1966, ohne dass man sehr viel über seinen Inhalt weiss.

---

155 *Joint Economic Committee,* a.a.O., S. X.
156 *Ebendort,* S. XVI. — Dabei ist allerdings zu beachten, dass in vermehrtem Masse qualitativ hochstehende Lebensmittel *exportiert* wurden *(Ebendort).*
157 *Pang,* a.a.O., S. 160.
158 Joint Economic Committee, a.a.O., S. Xf.
159 *Han Suyin,* a.a.O., S. 152. — *Baade,* a.a.O., S. 100 bezeichnet sogar die Art und Weise, wie China mit den Katastrophenjahren 1959/62 fertig geworden ist, als ein 'chinesisches Wirtschaftswunder'.
160 *Barrass Gordon,* Measures of Economic Planning, in: *Klatt Werner,* ed., The Chinese Model, Hong Kong 1965, S. 79f.

Die 'grosse proletarische Kulturrevolution' von 1966 knüpfte an die Tradition des 'Grossen Sprungs' an, indem von neuem versucht wurde, die Massen zu mobilisieren:

"Im Wogen der grossen proletarischen Kulturrevolution wurden die Massen in einem Umfange, tiefgehend und weitreichend wie niemals zuvor mobilisiert ... Schaffenskraft und Weisheit der revolutionären Massen sind voll erblüht ... In unserm sozialistischen Aufbau macht sich nunmehr ein neuer Sprung vorwärts bemerkbar[161]."

Diese erneute Mobilisierung hatte einen ihrer Schwerpunkte in der Umformung des Erziehungssystems mit einer *Verbindung der Schulung mit körperlicher Arbeit.* Wir werden auf die Bedeutung dieses Konzepts im IV. Teil noch eingehen[162].

---

[161] Peking Rundschau, Nr. 1/1969, S. 7.
[162] Vgl. Teil IV, 2.4.2.

… IV. TEIL:

EINIGE IMPLIKATIONEN FÜR ENTWICKLUNGSLÄNDER

Wir hoffen mit dem II. Teil aufgezeigt zu haben, welche Elemente in der sozialistischen Agrartheorie der 'Klassiker' (vor allem: *Marx, Engels, Kautsky* und *Lenin)* wichtig waren und die spätere Agrarpolitik (siehe III. Teil) massgeblich beeinflusst haben. Wir versuchen uns jetzt möglichst weitgehend von der wirtschaftshistorischen und dogmengeschichtlichen Betrachtungsweise zu lösen und die Probleme der Agrarwirtschaft der UdSSR und Chinas *analytisch* darzustellen. Dabei greifen wir jene Problemkreise heraus, welche uns für die heutige Diskussion der Landwirtschaft in Entwicklungsländern besonders relevant erscheinen. Es geht uns weniger um eigentliche *agrartechnische* Probleme als vielmehr um Fragen der Arbeitsorganisation, der landwirtschaftlichen Institutionen und um einige makroökonomische Zusammenhänge. Unsere Auswahl basiert dabei bewusst auf aktuellen Fragestellungen in heutigen Entwicklungsländern. Manchmal beantworten wir die Fragen im Lichte der Erfahrungen Chinas *und* Russlands; in andern Fällen scheint uns das eine Land interessanter als das andere und wird deshalb bei der Darstellung bevorzugt.

Wir kommen nicht darum herum, beim Leser eine gewisse Vorkenntnis der Agrarverfassung der Sowjetunion und Chinas vorauszusetzen. Unsere Zusammenfassung im III. Teil war notwendigerweise sehr summarisch und ausserdem unter einem besonderen Aspekt geschrieben: In welcher Weise - so lautete unsere Hauptfrage — konnte die Agrartheorie der sozialistischen 'Klassiker' in die Praxis umgesetzt werden?

Wir führen diese Betrachtungsweise in diesem vierten Teil insofern weiter, als wir zuerst auf die 'klassischen' marxistischen Fragen nach der *Betriebsgrösse* und *Arbeitsorganisation* in der Agrarwirtschaft eingehen. Anschliessend wird die besonders bei *Marx* und *Kropotkin* im Mittelpunkt stehende Frage der *'Aufhebung des Unterschieds zwischen Stadt und Land'* aufgeworfen. Wir werden sehen, dass dieses auf den ersten Blick eher philosophisch anmutende Konzept in China durchaus in den Bereich der Ökonomie übertragen wird, dass in diesem Land ein ernsthaftes Experiment zur Beseitigung dieses Unterschieds vorliegt, welches als Entwicklungsalternative für die Dritte Welt zumindest diskutiert werden sollte. — Im dritten Kapitel stellen wir die Frage nach dem *Beitrag der Landwirtschaft zur Kapitalbildung* in den beiden analysierten Ländern. Wir werden den Mechanismus aufzeigen, der in der Landwirtschaft selbst zu einer kontinuierlichen Kapitalbildung führt; wir versuchen aber auch, die wesentlich schwierigere Frage nach dem Beitrag der Landwirtschaft zur Kapitalbildung in der übrigen Volkswirtschaft zu beantworten. Im vierten Kapitel dann folgt eine empirische Analyse der *Wahl der landwirtschaftlichen Technik* in China und Russland. Dies ist besonders interessant, weil in den beiden Ländern diesbezüglich im wesentlichen verschiedene Wege eingeschlagen wurden.

1. BETRIEBSGRÖSSE UND ARBEITSORGANISATION

1.1. DIE MARX'SCHE TRADITION

In unserm zweiten, dogmengeschichtlichen Teil wurde klar, dass die konkreteste Vorstellung über eine zukünftige sozialistische Landwirtschaft sowohl bei *Marx* und *Engels* wie auch bei *Kautsky* und *Lenin* die *Betriebsgrösse* betraf: Grössere landwirtschaftliche Betriebe seien in der Lage – ähnlich wie die Industriebetriebe – durch Anwendung von Wissenschaft und Technik eine höhere Produktivität als die Kleinbetriebe zu erreichen. Obwohl es fast alle sozialistischen Theoretiker vermieden, konkrete Zahlen für diese Betriebsgrösse zu nennen, hat man bei ihnen immer den Eindruck des 'Je grösser, desto besser'.

Noch weniger ergiebig sind die Vorstellungen über die *Arbeitsorganisation* in einer sozialistischen Landwirtschaft. In den Werken der sozialistischen Klassiker ist von *Genossenschaften, Staatsfarmen* und *Kommunen* die Rede. Konkretere Angaben über das Entlohnungssystem, die innerbetriebliche Verwaltung, den Einbezug des Handwerks usw. fehlen. Wir werden im folgenden in aller Kürze zuerst die Organisationsformen in China und Russland – Genossenschaften, Staatsgüter und private Nebenwirtschaften – darstellen und danach im Lichte der gewonnenen Erkenntnisse die Frage nach der Betriebsgrösse wieder aufwerfen. Anhand der Entwicklung des Kolchos- und Kommunesystems werden wir feststellen, dass sich bezüglich der Betriebsgrösse vor allem zwei Ziele konkurrenzieren: Auf der einen Seite verlangen die *Planung* und die *Verwaltung* grosse landwirtschaftliche Betriebseinheiten. Auf der andern Seite scheinen Entlohnungs- und Incentive-Gründe in Richtung kleinerer Einheiten zu wirken.

1.2. ORGANISATIONSFORMEN IN DER UdSSR UND IN CHINA

1.2.1. Genossenschaftliche Organisationsformen

1.2.1.1. Die Kolchosen

Diese *Produktions*genossenschaften waren während der *Stalin*-Zeit die wichtigsten landwirtschaftlichen Institutionen. Die rechtlichen Bestimmungen finden sich im allgemein gehaltenen 'Musterstatut des landwirtschaftlichen Artels' vom 17. Februar 1935[1]. Dieses Statut war bis 1970 in Kraft und wurde erst kürzlich durch neue Statuten abgelöst[2].

---

[1] Abgedruckt in: *Lenin/Stalin,* a.a.O., S. 449–466.
[2] Die neuen Statuten sind übersetzt in: Osteuropa, Nr. 4/1970, S. 223–238 ('Neue Statuten für die Sowjetischen Kolchosen').

'Kolchose' ist die russische Abkürzung der beiden Wörter '*kol*lektiwnoje *chos*jajstwo', was etwa mit 'gemeinsamer Wirtschaft' zu übersetzen ist[3]. Diesen Kolchosen wird der Boden für immer zur Bewirtschaftung zugeteilt[4]. Eine kleine Parzelle (1/4 bis 1/2 ha) kann den Kolchosbauern zur eigenen Nutzung überlassen werden[5]. Die *oberste Leitung* der Kolchose liegt bei der Mitgliederversammlung, wo die wichtigsten Beschlüsse im Rahmen des Kolchosstatuts gefasst werden.

Zur Arbeit werden die Kollektivbauern in *Brigaden* eingeteilt; die Brigaden werden unter Umständen in kleinere *Arbeitsgruppen* aufgespalten. Im einzelnen hat die Organisationsform der Kolchosen in den letzten 40 Jahren verschiedene Änderungen erfahren; im allgemeinen dürfte die Organisationsstruktur einer Kolchose etwa wie folgt aussehen (man beachte die strukturelle Ähnlichkeit mit einem Industriebetrieb):

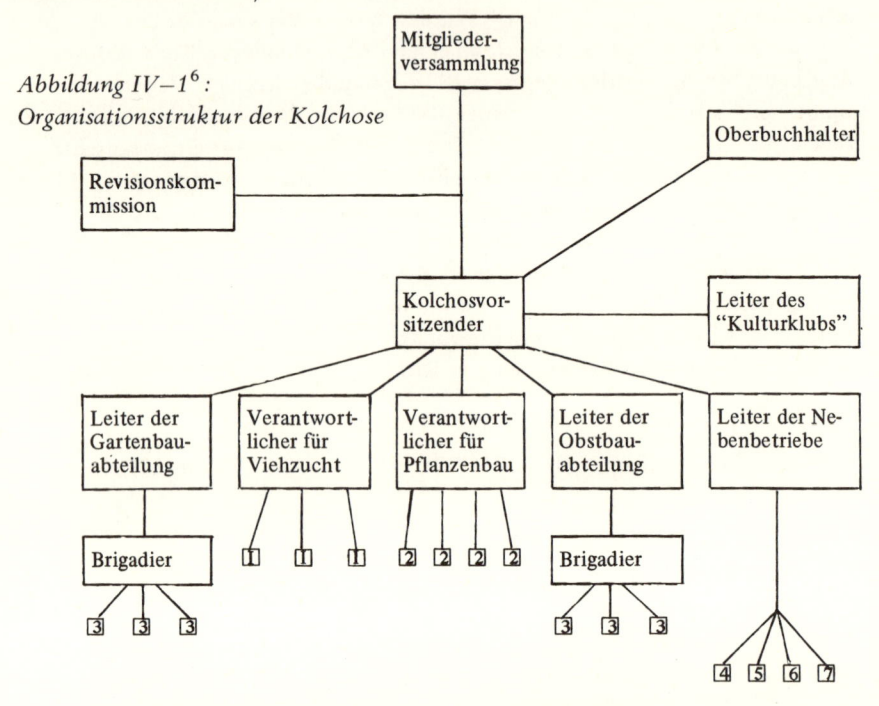

Abbildung IV–1[6]:
Organisationsstruktur der Kolchose

1 Leiter der einzelnen Viehfarmen
2 Brigadiers
3 Tzweno-Führer
4 Chef der Baubrigade
5 Chef der Reparaturwerkstätte
6 Lagerchef
7 Oberelektriker

[3] *Nove Alec,* Die sowjetische Wirtschaft, Wiesbaden 1962, S. 49.
[4] Musterstatut..., a.a.O., S. 450.
[5] *Ebendort.*
[6] Quelle: Güdel, a.a.O., S. 64.

Was uns mehr interessiert als die Organisationsfragen ist der *Entlohnungsmechanismus*. Vergegenwärtigen wir uns die Prinzipien der Rechnungsführung in einer Kolchose und vergleichen wir diese mit dem Verhalten eines individuellen Kleinbauern in einem Entwicklungsland:

Die *Naturalerträge* verwendet die Kolchose folgendermassen[7]:

a) Erfüllung der Verpflichtungen gegenüber dem Staat (Pflichtablieferungen[8]), Entgelt an die Maschinen-Traktoren-Stationen[9], Erfüllung der Verpflichtungen aus andern mit staatlichen Unternehmungen abgeschlossenen Verträgen, besonders für Erträge der 'technischen Kulturen' wie Baumwolle und Zuckerrüben.

b) Rücklage von Saatgut und Futtermitteln. Zur Sicherung gegen Missernten und Futtermangel wird ein unantastbarer Saatgut- und Futtermittelfonds in Höhe von 10–15 % des Jahresbedarfs geschaffen.

c) Rücklage für den Hilfsfonds für Invalide, alte Leute, vorübergehend Arbeitsunfähige etc. in der Höhe von höchstens 2 % der Brutto-Produktion.

d) Verkauf an den Staat oder auf dem freien Markt.

e) *Rest*: Wird nach Arbeitseinheiten unter die Mitglieder verteilt.

Soviel zur *realen* Seite der Kolchosen-Buchhaltung. Die *Geldeinnahmen* der Kolchose werden wie folgt verwendet[10]:

a) *Vordringlich* werden die *Steuern* an den Staat und die *Versicherungsbeiträge* bezahlt sowie die *Darlehen* amortisiert.

b) Laufende Aufwendungen für den *Produktionsbedarf* (Reparaturen, Schädlingsbekämpfung, etc.).

c) *Verwaltungsausgaben*: Höchstens 2 % der Geldeinkünfte.

d) Ausgaben für *kulturelle Zwecke*: Ausbildung, Kinderkrippen, Bibliotheken, Rundfunkanlagen, etc.

e) Abführungen an den *unteilbaren Fonds* für Investitions-Zwecke: Landwirtschaftliche Geräte, Vieh, Bauten. Je nach Kolchose-Art entfallen auf diesen Fonds 12–20 % der Geldeinnahmen.

f) *Rest*: Dieser Rest wird – wie auch der Naturalertrag – nach Arbeitseinheiten unter die Mitglieder verteilt.

Worin liegt nun das besondere dieses Entlohnungssystems gegenüber der Situation in heutigen Entwicklungsländern? Nun, die Versorgung der nicht landwirtschaftlichen Bevölkerung wird durch die *Pflichtablieferungen* in jedem Fall sichergestellt. Ernteschwankungen müssen zum grössten Teil von den Bauern getragen werden. So wurden 1937 dem Staat 25 Mio. Tonnen Getreide

---

[7] Musterstatut..., a.a.O., S. 457f.
[8] Mehr darüber unter 3.3.2.2.
[9] Abkürzung MTS. – Mehr über diese Institution unter 4.1.
[10] Musterstatut..., a.a.O., S. 458.

abgeliefert und im Jahre 1929 24 Mio. Tonnen. Das erstaunliche dabei ist nun aber, dass 1929 die Ernte um 20 Mio. Tonnen geringer als 1937 ausfiel[11]! In gleicher Richtung wirkt, dass *immer* — auch in schlechten Jahren — ein bestimmter Prozentsatz für Saatgut und Sicherheitsreserven zurückgestellt werden muss. Besondere Erwähnung verdient schliesslich der *'unteilbare Fonds'*: Durch ihn wird eine kontinuierliche *Kapitalbildung* in der Landwirtschaft ermöglicht[12].

Erst der *Rest* wird dann unter die Mitglieder der Kolchose verteilt. Dieser Rest nun kann natürlich je nach Ernte ausserordentlich stark *schwanken:* So sagte *Chruschtschow* zur Zeit von 1928—1953: "Es gab zahlreiche Kolchosen, die jahrelang keine einzige Kopeke für die Arbeitseinheit bezahlten[13]." Erst Ende Jahr kann also festgestellt werden, was den Kolchosniki an Naturalien und Geld zusteht. Dabei bewirkt eine 10%-ige Ernteschwankung natürlich eine weit überproportionale Veränderung des Verdienstes der Kolchos-Mitglieder: So bezahlte die 'Strana-Sowetaw'-Kolchose im Jahre 1956 21,70 (alte) Rubel pro Arbeitseinheit, ein Jahr später hingegen nur 3,70 Rubel[14]! *Nove* betont deshalb zu Recht die *Puffer-Funktion* der Kolchose innerhalb der Volkswirtschaft: Ernteschwankungen müssen in erster Linie von den Kolchosniki getragen werden[15].

Vergegenwärtigt man sich dagegen die Lage in den heutigen Entwicklungsländern: Bei schlechten Ernten werden in erster Linie die Bauern (und gegebenenfalls die Pächter) konsumieren; die Versorgung der Stadtbevölkerung ist in Frage gestellt. Bei guten Ernten wird die Landbevölkerung zwar ihre Produkte verkaufen, aber mit grosser Wahrscheinlichkeit auch den eigenen Konsumstandard über das Subsistenzminimum erhöhen. Von einer kontinuierlichen Rücklage für schlechte Zeiten oder für Kapitalgüter wird nur in den seltensten Fällen die Rede sein können. Dagegen könnte eingewandt werden, dass für das Funktionieren solcher Mechanismen keine Kolchosen notwendig seien: Der Staat könnte diesbezügliche Gesetze erlassen, dass jede individuelle Bauernwirtschaft 10% ihres Geldeinkommens zu technologischen Verbesserungen verwenden müsse. Ein solches Gesetz würde wahrscheinlich an der *Durchsetzbarkeit* scheitern: Es ist eben einfacher und wirksamer, 200'000 Kolchosen bzw. deren Buchhalter zu instruieren und zu kontrollieren als 25 Mio. isolierte Bauernhaushalte!

---

11 *Wilber*, a.a.O., S. 33.
12 Mehr darüber unter 3.2.1.1.
13 Nach: 'Neue Zürcher Zeitung' vom 27.8.1964.
14 *Lisickin G.*, Vopresy Ekonomiki, Nr. 7/1960, S. 62. (Zitiert nach: *Nove*, Die sowjetische Wirtschaft, a.a.O., S. 209.) — Erklärung dafür: 1956 fielen genügend Niederschläge, 1957 nicht!
15 *Nove*, Die Agrarwirtschaft, in: Osteuropa Handbuch, Köln 1965, S. 350.

Unter dem Aspekt einer kontinuierlichen technologischen Verbesserung (durch regelmässige und institutionalisierte Kapitalbildung) kann also die Kolchose als durchaus nachahmenswert für Entwicklungsländer bezeichnet werden. Aber das eben beschriebene System hat auch seine schwache Seite: Sein Entlohnungssystem — verbunden mit den niedrigen Preisen für Agrarprodukte — enthält zu wenige incentives für die Kolchosniki. Es kann nicht verwundern, dass bei einer dermassen unsicheren Entlohnung der Arbeitseifer der Kolchosbauern nicht allzu gross ist. Vor allem fehlt der Anreiz zur *Mehrarbeit*, da man nie weiss, ob sich diese Mehrarbeit auch in einem höheren Lohn auszahlen wird.

Solche incentives versuchte man mit dem sog. *'Trudoden-System'* einzubauen. 'Trudo-den' (= Arbeits-Tag) wird in der deutschen Literatur meist mit 'Tagwerk' übersetzt. Dabei wird ein Trudoden (Mehrzahl: Trudodni) mit *'durchschnittlicher Arbeit von durchschnittlicher Qualität'* definiert[16]. So erhält ein Nachtwächter für 8 Std. Arbeit 0,5 Trudoden gutgeschrieben, ein Viehzüchter 1,2 bis 1,5 Trudodni für die gleich lange Arbeitszeit und hochwertige Facharbeiter schliesslich erhalten für 8 Std. Arbeit eine Gutschrift von 2,5 bis 3,2, Trudodni[17]. Nach Begleichung der übrigen Ausgaben (siehe oben) wird dann der Rest — sofern noch ein solcher existiert — nach Massgabe der im letzten Jahr geleisteten Trudodni unter die Bauern verteilt: Ein Teil in *bar*, ein Teil in *natura*.

Aber auch dieses incentive-System erwies sich als wenig wirksam. So wurde denn in zunehmendem Masse neben dem eben erwähnten *Qualitätsfaktor* für Arbeit auch noch ein *Leistungsfaktor* mitberücksichtigt: Die Produktionsleistungen der *Brigaden* werden im allgemeinen mit höchstens ± 25 % bei Über- und Untererfüllung des Planes bei der Lohnauszahlung in Rechnung gestellt[18]. Weitere Beispiele dazu: Die *Kuhhirten* erhalten 10 % vom überplanmässigen Gewicht ihres Viehs und die *Schweinehirten* jedes fünfte überplanmässige Ferkel[19].

Doch all diese Bemühungen zeigten nicht den erhofften Erfolg. So ist denn auch eines der wesentlichsten Merkmale des neuen Kolchosstatuts von 1970, dass den Kolchosniki ein (monatlicher) Minimallohn bezahlt werden *muss*, obgleich die Lohn-Endabrechnung nach wie vor erst Ende Jahr erfolgen kann[20]. In gleicher Richtung wirkt die ständige Erhöhung der Erfassungspreise für Agrarprodukte, wodurch sich natürlich die Einkommenslage der Kolchose-Mitglieder verbessert. Etwas Resignation und zugleich Kapitulation vor der menschlichen Natur kommt in folgendem Ausspruch eines Kolchos-Direktors

---

16 *Nove,* Die sowjetische Wirtschaft, a.a.O., S. 137.
17 Diese Beispiele sind zusammengestellt aus: *Klimansankas E.,* Sovetskaja Litva, Vilno, 4.11.1965, S. 2 (SOI-Nachrichten, Nr. 48/1965); und: *Nove,* Die sowjetische Wirtschaft, a.a.O., S. 137.
18 *Schiller,* Das Agrarsystem ..., a.a.O., S. 35.
19 *Palienko G., Mustaleva A.,* Kolchoznoe-Sovchoznoe proizovdstvo, Moskau, Nr. 4/1963, S. 31f. (SOI-Nachrichten, Nr. 25/1963).
20 Neue Statuten ..., a.a.O. — Vgl. besonders die Artikel 28, 30, 36 und 37.

zum Ausdruck: "Wissen Sie, wie es uns gelungen ist, die Produktivität der Kolchose zu vergrössern? Nicht etwa durch Appelle oder Bitten, sondern dadurch, dass wir die Bauern gut bezahlen...[21]"

Sicher ist, dass die grossbetriebliche kollektive Landwirtschaft der UdSSR nicht so automatisch zu Produktivitätserhöhungen geführt hat, wie dies noch von *Marx, Kautsky* und *Lenin* angenommen wurde. Aus Gründen der *Planung* und der *Verwaltung* waren aber grosse Betriebseinheiten innerhalb der sowjetischen Wirtschaftsverfassung unumgänglich (siehe unten, 1.3.). Bis 1950 blieb die Zahl und Grösse der Kolchosen mehr oder weniger unverändert; seither ist ein Rückgang der Zahl der Kolchosen zu verzeichnen, der nur zum Teil durch Umwandlungs-Aktionen in Sowchosen erklärt werden kann:

Statistik IV–1[22]:
Zahl der Kolchosen 1950–1965

Anfangs	1950	254'000 Kolchosen
Ende	1950	123'000 Kolchosen
	1953	94'000 Kolchosen
	1960	52'000 Kolchosen
	1965	36'000 Kolchosen

Es zeigte sich in der UdSSR schon recht bald, dass nicht alle landwirtschaftlichen Arbeiten aus technischen Gründen grosse Betriebseinheiten erfordern; jedenfalls nicht so grosse wie die durch die Gründung der Kolchosen realisierten. So verzeichneten 1965 die 36'000 Kolchosen folgende Mitglieder-Bestände[23]:

    42 % umfassten weniger als 300 Haushalte
    28 % umfassten 300 bis 500 Haushalte
    30 % umfassten mehr als 500 Haushalte.

Unter dem Aspekt eines rationellen *Arbeitseinsatzes* erwiesen sich diese Einheiten im allgemeinen als zu *gross*. Diese Einsicht setzte sich schon bald nach der Kollektivierung der Landwirtschaft durch[24]. Die *'Brigade'* als Organisationsprinzip der Kolchose wurde erstmals in einer Parteidirektive von 1932 genannt und diese Institution ist seither aus den Arbeitsorganisations-Prinzipien der

---

[21] *Domnach S.N.,* in: Sowetskaja Rossija, Moskau, 23.3.1962 (SOI-Nachrichten, Nr. 16–17/1962).
[22] *Quellen: Schiller,* Das Agrarsystem..., a.a.O., S. 51; *Thalheim Karl C.,* Grundzüge des sowjetischen Wirtschaftssystems, Köln 1962, S. 61; *Spulber Nicolas,* The Soviet..., a.a.O., S. 81.
[23] *Spulber,* The Soviet..., a.a.O., S. 81.
[24] Das folgende stützt sich – wenn nichts anderes angegeben – auf: *Jasny,* The Socialized..., a.a.O., S. 335ff. und S. 406ff.

Kolchose nicht mehr wegzudenken. Anfangs umfasste eine Arbeits-Brigade durchschnittlich 50–100 Personen. Schon bald zeigte es sich, dass diese Grösse für manche Arbeiten noch immer übersetzt war. Deshalb ging man daran, die Brigaden vorerst für *technische Kulturen* (Zuckerrüben, Baumwolle, später auch für Kartoffeln und Gemüse) in *Arbeitsgruppen* ('sweno') mit 5–15 Personen aufzuteilen. Ab 1939 plädierte man aus Gründen von *Arbeitsanreizen* und *persönlicher Verantwortung* für eine möglichst weite Verbreitung dieser Arbeitsgruppen. In einigen Flachs-, Tabak- und Kautschuk-Gebieten ging man zeitweise sogar so weit, jeder Familie ein Stück Land zur individuellen Bebauung (natürlich unter Aufsicht der Kolchose) zuzuweisen. Die Bedeutung der Arbeitsgruppen scheint umso grösser gewesen zu sein, je *arbeitsintensiver* die entsprechenden Tätigkeiten waren.

Es würde hier zu weit führen, alle Strömungen für und gegen Vergrösserung der Arbeitseinheiten aufzuzählen[25]. Wenn auch als Entlohnungs-Grundeinheit die Kolchose bestehen blieb, so ergaben sich durch Unterteilungen in Brigaden und Arbeitsgruppen doch vermehrte Möglichkeiten, bei der Entlohnung den persönlichen Einsatz zu berücksichtigen:

"In 1942 all kolkhozy are to apply the law regarding premiums for the kolkhozniki, which is a powerfull means for raising the productivity of kolkhoz labor. For this it is necessary that the squads and brigades be firmly organized, that the work of each kolkhoznik be strictly counted, and that the harvest of the brigades and squads be as certained separatly[26]."

"Ab 1942 haben alle Kolchosen ihren Mitgliedern Prämien zu bezahlen. Das ist ein wirksames Instrument zur Steigerung der Arbeitsproduktivität. Deswegen müssen die Arbeitsgruppen und Brigaden in der Weise organisiert werden, dass die Arbeit eines jeden Kolchosniki exakt ermittelt werden und dass die Ernte der Brigaden und Gruppen möglichst genau ausgeschieden werden kann[26]." (Übersetzung von H.S.)

In den 50er Jahren setzten sich in immer grösserem Masse die sog. *'Komplex-Brigaden'* durch. So hatten z.B. die Viehbrigaden auch für die notwendige Futterbeschaffung aufzukommen. Diese Ausweitung der Tätigkeiten erwies sich vor allem deshalb als sinnvoll, weil es damit gelang, die Kolchosniki arbeitsmässig und übers Jahr gleichmässiger auszulasten[27]. Es zeigte sich in jüngster Zeit immer deutlicher, dass die zweckmässige Grösse einer Brigade (bzw. eines Teams) in grossem Masse vom *Mechanisierungsstand* und der damit

---

[25] Vgl. dazu: *Jasny*, The Socialized ..., a.a.O., S. 336ff.; *Hofmann Werner*, Die Arbeitsverfassung der Sowjetunion, Berlin 1956, S. 280ff.; *Güdel*, a.a.O., S. 65.
[26] *Chuvikov V.*, On Premiums for Work of the Kolkhozniki, Socialist Agriculture, June/July 1942, S. 24; zitiert nach: *Jasny*, The Socialized ..., a.a.O., S. 409.
[27] Dazu: *Hofmann*, a.a.O., S. 282.

verbundenen *Arbeitsintensität* der betreffenden Landwirtschafts-Branche abhängt. So umfasste 1961 durchschnittlich eine nicht mechanisierte Feldbrigade 14 Erwachsene, welche 400 ha Land bebauten. Eine mechanisierte Feldbrigade verfügte demgegenüber durchschnittlich über 121 Erwachsene und 1120 ha Land. Schliesslich seien noch die mechanisierten Mehrzweckbrigaden genannt, bei welchen 183 Kolchosniki 1700 ha Land bebauten[28].

Zum Schluss sei noch auf das neue Kolchosstatut von 1970 verwiesen, in welchem der Terminus *'Produktionsabteilungen'* als Oberbegriff für die verschiedenen Arbeitsorganisations-Formen verwendet wird. Diesen Abteilungen (früher vor allem: Brigaden und Gruppen) werden nach dem neuen Statut Boden, Traktoren, Arbeitsvieh, Gebäude usw. fest zugewiesen. Auch sollen diese kleineren Einheiten mehr und mehr zu *Verrechnungseinheiten* werden[29].

1.2.1.2. Die Volkskommunen

Die bis zur Gründung der Volkskommunen (1958) in China bestehenden 'Landwirtschaftlichen Produktionsgenossenschaften höheren Typs' entsprachen im wesentlichen den Kolchosen in der Sowjetunion. 1958 wurden dann die rund 700'000 Landwirtschaftlichen Genossenschaften im Rahmen der Politik des 'Grossen Sprungs' in rund 25'000 Volkskommunen umgewandelt[30].

Während 1957 eine Produktionsgenossenschaft durchschnittlich 170 Haushalte umfasste, vereinigte die Volkskommune im Durchschnitt 5000 Haushalte[31]. Wenn auch in der Folge die Zahl der ländlichen Kommunen wieder auf 74'000 anstieg, sich die Kommunen also durchschnittlich wieder verkleinerten (unter einer gleichzeitig verstärkten regionalen Differenzierung[32]), bleibt doch die Tatsache bestehen, dass in China mit den Kommunen ausserordentlich *grosse* landwirtschaftliche Organisations-Einheiten entstanden. Diese Betriebsgrösse nun hängt nicht in erster Linie mit Fragen der Landwirtschafts-Technik zusammen, sondern vielmehr mit den umfassenden Aufgaben der Kommunen, welche weit über das Gebiet der Landwirtschaft hinausgehen:

"The functions of the new unit were to be far more than economic. For the activities of the communes were not, like those of the old cooperatives, to be restricted to the field of agriculture. One of the basic features of the

---

28 Zahlen von: *Strauss,* a.a.O., S. 280.
29 Neue Statuten..., a.a.O., S. 229.
30 Zahlen von: *Simonis,* a.a.O., S. 112; und: *Lethbridge Henri J.,* Communism in China: A Handbook, Hong Kong 1965, S. 91. — Mehr über den 'Grossen Sprung' auf S. 136ff.
31 *Pang,* a.a.O., S. 93. — Dies ist allerdings ein *unechter Durchschnitt.* Detaillierte Provinzzahlen zeigen Schwankungen in der *Durchschnittsgrösse* pro Provinz von unter 1500 bis rund 12000 Haushalte. (Entsprechende Tabelle bei: *Chao Joseph,* Die Reorganisation der chinesischen Landwirtschaft, Diss. Köln 1962, S. 152.)
32 Mehr dazu bei: *Pang,* a.a.O., S. 94.

communes was that they were to provide a unified form of administration covering agriculture, exchange, culture, education and military affairs. The communes took over the administrative functions of the *hsiang,* previously the smallest unit of local government. At the same time they took over many of the local branches of central government agencies, shops, factories, schools and other institutions. They trained their own militia forces. Such an innovation was a radical departure from the practice of other communist countries. In these, the two main units of agricultural production, the state farm and the collective farm, had neither of them at any time possessed any functions — except perhaps cultural — outside the field of agriculture[33]."

"Die Aufgaben dieser neuen Einheiten gingen weit über das Wirtschaftliche hinaus. Das Tätigkeitsgebiet der Kommunen war nicht wie früher bei den Kooperativen auf die Landwirtschaft beschränkt. Eines der wichtigsten Kennzeichen der Kommunen war, dass sie alle Verwaltungsfunktionen innerhalb der Landwirtschaft, des Waren-Austausches, der Erziehung und des Militärwesens übernahmen. So fielen die Verwaltungskompetenzen des 'hsiang' (vorher die unterste Stufe der lokalen Verwaltung) an die Kommunen. Gleichzeitig übernahmen sie auch manche Funktionen der Zentralregierung. So betrieben die Kommunen Läden, Fabriken, Schulen und vieles mehr. Die Kommunen bildeten ihre eigenen Truppen aus. All das kann als eine grundsätzliche Neuerung gegenüber der Praxis anderer kommunistischer Staaten betrachtet werden. In diesen haben die Kollektive und Staatsfarmen kaum je andere Funktionen als jene der landwirtschaftlichen Produktion besessen — ausgenommen vielleicht einige kulturelle Aufgaben[33]." (Übersetzung von H.S.)

Diese Organisationsform mag zwar als Entwicklungsinstrument einige Vorteile aufweisen (siehe unter 3.3. und 2.4.), als Institution zum rationellen Einsatz der landwirtschaftlichen Arbeitskräfte erwies sie sich aber als zu gross und zu schwerfällig. (Einzelne Kommunen umfassten bis 100'000 Personen). Es würde hier zu weit führen, die einzelnen Schritte der nach 1958 sukzessiven erneuten Dezentralisierung des Einsatzes der landwirtschaftlichen Arbeitskräfte im einzelnen zu beschreiben. Zusammenfassend kristallisierte sich ab 1960 innerhalb der Kommune folgende Funktionsaufteilung heraus:

A) *Kommune*[34]: Sie ist bis heute für die unteren Organisationsstufen (siehe B, C und D) das wichtige Verbindungsglied zu den Planstellen der Regierung

---

[33] *Luard Evan,* The Chinese Communes, Far Eastern Affairs, No. 3, (*Hudson G.G.,* ed.), London 1963, S. 63.
[34] Das folgende stützt sich vor allem auf: *Myrdal Jan,* Bericht aus einem chinesischen Dorf (1963), München 1969; *Pang,* a.a.O., S. 93ff.; *Zao Koe-tseng,* La Réforme agraire en Chine Communiste, Louvain 1964, S. 143ff.; *Larsen,* a.a.O., S. 218ff.; *Luard,* a.a.O.; *Robinson,* Kleine Schriften..., a.a.O., S. 107.

geblieben. Die Kommune betreibt wichtige industrielle Unternehmungen, ist für die militärische Ausbildung verantwortlich und unterhält höhere Schulen. Ferner trägt sie die Verantwortung für die grösseren Infrastrukturarbeiten. Sie hat alle wesentlichen *Verwaltungs-Funktionen:* So werden auf Kommune-Ebene zivile Streitigkeiten geschlichtet, Geburt, Tod und Ehe registriert, Krankenhäuser betrieben, für die Verbreitung besserer Techniken die notwendigen Anstrengungen unternommen. In Einzelfällen vermittelt sie auch den Austausch von Arbeitskräften zwischen den Brigaden. *Jan Myrdal* meint, dass eine der wesentlichsten Funktionen der Kommunen die Gewährung von grösserer *sozialer Sicherheit* sei: Die Produktionsgenossenschaften seien zum Risiko-Ausgleich zu klein gewesen[35].

B) *Brigade*[36]: Die Brigaden entsprechen in manchen Fällen den früheren Produktionsgenossenschaften und umfassen durchschnittlich rund 200 Haushalte. Von diesem Durchschnitt gibt es natürlich grosse Abweichungen; entweder wird eine Brigade in einer geographischen *Region* gebildet, oder sie besteht aus einem *Dorf*. Ein weiteres Kriterium der Brigade-Bildung innerhalb einer Kommune kann das *Bewässerungssystem* sein. – Heute obliegt der Brigade vor allem die Aufgabe, die Produktion der 'Equipen' zu überwachen und bei Bedarf Arbeits- und Produktionsmittel-Austausch zu organisieren. Im allgemeinen werden auch die *Grundschulen* von den Brigaden organisiert. Daneben betreiben sie oft auch kleine Unternehmungen; vor allem Betriebe, welche sich mit der Verarbeitung lokaler Produkte befassen. – Immerhin kann man wohl mit *Pang* sagen, dass die Brigaden heute zwischen der Kommune und der Equipe ein *Schattendasein* führt[37].

C) *Equipe*[38]: (andere Ausdrücke: Team, Gruppe). Diese umfasst in der Regel 20–40 Haushalte und kann seit den 60er Jahren als eigentliche *Produktionsbasis* der Landwirtschaft betrachtet werden: "Sie wurde zur Produktionsbasiseinheit ebenso wie zur Einkommens- und Ausgabenverteilungseinheit[39]." – Bei kleineren Dörfern umfasst die Equipe oft das ganze Dorf; grössere werden in mehrere Arbeitsequipen aufgeteilt. Wenn auch die Produktionsziele weitgehend vorgeschrieben werden, kann die Equipe doch praktisch frei entscheiden, *wie* sie diese Ziele erreichen will. So kann sie insbesondere frei über ihre Arbeitskräfte, die Tiere, die kleineren landwirtschaftlichen Geräte und das zugeteilte Land verfügen.

D) *Work Squad*[40]: Oft werden die Equipen in noch kleinere Arbeitseinheiten

---

35 *Myrdal Jan*, a.a.O., S. 147.
36 Das folgende stützt sich auf: *Pang*, a.a.O., S. 94ff.; *Tao Dschu*, a.a.O., S. 25ff.; *Marchisio Hélène*, Die Entlohnungssysteme in den Volkskommunen, in: *Bettelheim* u.a., Hrsg., a.a.O., S. 74; *Lethbridge*, a.a.O., S. 90f.
37 *Pang*, a.a.O., S. 98.
38 Quellen: Siehe Angaben unter 'Brigade'; ferner: *Dawson*, a.a.O., S. 23f.
39 *Ebendort*, S. 23f.
40 *Pang*, a.a.O., S. 102; und: *Lethbridge*, a.a.O., S. 91.

aufgespalten, für welche sich in der deutschen Terminologie u.W. noch kein einheitlicher Begriff durchgesetzt hat; in der englischen Terminologie werden diese kleinsten Einheiten 'squads', in der französischen 'groupes opérationels' genannt. — Dabei werden die *'groupes temporaires'* z.B. nur während der Erntezeit gebildet. Sie umfassen 3—8 Personen[41]. Die *'groupes permanents'* sind oft etwas grösser, und sie sind für ganze Arbeitsabläufe verantwortlich. Die Produktionsmittel verbleiben aber in beiden Fällen bei der Equipe und werden abwechslungsweise von den verschiedenen Arbeitsgruppen benutzt[42].

Der *Entlohnungsmechanismus* funktioniert in den Volkskommunen in den Grundzügen ähnlich wie in den sowjetischen Kolchosen. Immerhin wird im allgemeinen darauf geachtet, dass 50—70 % des landwirtschaftlichen Ertrages zur Verteilung unter die Kommune-Mitglieder gelangen[43] — selbst wenn dadurch andere Ausgaben beschnitten werden müssen. Bezüglich der Entlohnung hatte und hat man mit denselben Schwierigkeiten zu kämpfen wie in der Sowjetunion: So ist teilweise auch die Arbeitsaufteilung (siehe oben) zu erklären, weil nämlich in einer kleinen Arbeitsgruppe besser nach Quantität und Qualität der Arbeit entlohnt werden kann. Es würde uns nicht viel weiter führen, wenn wir alle Entlohnungsformen innerhalb der Volkskommunen aufzählten[44]. Dieses Bemühen wäre ohnehin nur noch geschichtlich interessant, da seit der Kulturrevolution verschiedentlich gegen die (sowjetische!) Ideologie der *materiellen Anreize* polemisiert wurde[45]. Schon viel früher (1957) stellte aber *Tschou En-lai* grundsätzlich fest, dass die Frage der Entlohnung nicht nur ein Incentive-Problem sei (wie man in der sowjetischen Diskussion oft den Eindruck gewinnt), sondern dass die Entlohnungsfrage viele weitere Probleme aufwerfe:

"Die Frage des Lohnes ist eine äusserst komplizierte Frage der Produktion und der Verteilung. Sie umfasst die Beziehungen innerhalb der Arbeiterklasse, zwischen Produktionszweigen, zwischen Gebieten und zwischen Werktätigen verschiedener Kategorien, sowie die Beziehungen zwischen der Arbeiterklasse

---

[41] In den Kibbuzim Israels konnten wir dieses Organisationsprinzip als das am weitesten verbreiteste auch feststellen.
[42] *Pang,* a.a.O., S. 102.
[43] *Robinson Joan,* Kleine Schriften..., a.a.O., S. 115; *Myrdal Jan,* a.a.O., S. 174; *Hughes Richard,* The Chinese Communes, London 1960, S. 28; *Pang,* a.a.O., S. 119; *Noirot Paul,* Les Communes Populaires, Economie et Politique, L'Economie en URSS et en Chine, Numéro Spécial, Jan./Febr. 1960, S. 157; *Feng Jordan,* Die Taktik und die Tendenzen der Kommunistischen Agrarrevolution in China, Diss. Freiburg 1960, S. 101; etc. — Globale Zahlen sind u.W. nicht verfügbar. Die meisten der hier zitierten Autoren stützen sich auf eine oder mehrere Abrechnungen von Kommunen.
[44] Vgl. dazu die beiden ausgezeichneten Artikel: *Marchisio Hélène,* Die Entlohnungssysteme in den Volkskommunen, in: *Bettelheim/Marchisio/Charrière,* a.a.O., S. 71—100; und: *Hoffmann Charles,* Work Incentives in Chinese Industry and Agriculture, in: Joint Economic Committee, ed., a.a.O., S. 471—498.
[45] Vgl. etwa: Peking Rundschau, Nr. 22/1969, S. 31; Peking Rundschau, Nr. 27/1969, S. 25; Peking Rundschau, Nr. 34/1969, S. 22; etc.

und den Bauern, der Akkumulation und der Konsumtion, den kollektiven und individuellen Interessen, den Tagesinteressen und den Interessen auf lange Sicht...[46]"

Es scheint, dass sich auch durch die Kulturrevolution nichts daran geändert hat, die kleineren Arbeitseinheiten (meistens Equipe, seltener Brigade) als *Verrechnungsstellen* bestehen zu lassen. Am Anfang (1958) versuchte man noch, die Einkünfte der Kommune unter allen Brigaden gleichmässig zu verteilen. Davon musste abgewichen werden, weil sich dies eindeutig als 'disincentive' für die reicheren und tüchtigeren Brigaden erwies[47]. Immerhin ist hier noch grundsätzlich festzuhalten, dass die Kommunen keineswegs im ganzen Lande nach denselben Prinzipien verwaltet werden. So sagte 1963 ein Distriktverantwortlicher: "In diesem Distrikt gibt es keine zwei Volkskommunen, die genau die gleichen Verwaltungs- und Verteilungsregeln hätten...[48]" Oft vermutete man im Westen, dass die Verlagerung der Kompetenzen innerhalb der Volkskommune auf untere Einheiten (Brigade, Equipe, Squad) zu einer schliesslichen Auflösung der Kommune führen könnte. Dies dürfte kaum zutreffen[49]. Man wird vielmehr *Joan Robinson* zustimmen können, welche die Ansicht vertritt, dass sowohl die kleinen Einheiten innerhalb der Kommune wie auch die Kommune selbst ihre ganz bestimmten Funktionen hätten: "Das Team ist klein genug, privaten Initiativen einen Spielraum zu geben. Die Kommune ist gross genug, die erwiesenen Vorteile der kollektiven Organisation zu entfalten...[50]" Und schliesslich darf auch nicht vergessen werden, dass es das *Fernziel* der Wirtschaftspolitik Chinas ist, im Laufe der Zeit wieder vermehrt die Brigade und dann die Kommune zur Verrechnungs- und Verteilungseinheit zu machen[51].

1.2.2. Die Staatsfarmen

Die Staatsfarmen haben in *China* bis heute bezüglich des Produktionspotentials keine grosse Bedeutung erlangt: Sie bebauten 1961 knapp 5 % der Anbaufläche Chinas und produzierten weniger als 2 % des Getreides[52]. Seither spielten sie zwar vor allem bei Neulandgewinnungen im Nordosten und Nordwesten noch eine gewisse Rolle; die Zahl der Staatsfarmen wuchs bis 1964

---

46 *Tschou En-lai,* Entscheidende Siege des Sozialismus in China. Bericht auf der IV. Tagung des Nationalen Volkskongresses am 26. Juni 1957, Berlin (Ost) 1958, S. 71.
47 *Zao,* a.a.O., S. 147; *Perkins,* a.a.O., S. 231.
48 Nach: *Marchisio,* a.a.O., S. 72.
49 *Mende Tibor,* China — Weltmacht von morgen. Übersetzung aus dem Französischen, Goldmanns Gelbe Taschenbücher, Nr. 1444/45, S. 129.
50 *Robinson Joan,* Kleine Schriften..., a.a.O., S. 117.
51 *Tao Dschu,* a.a.O., S. 33.
52 *Carin Robert,* State Farms in Communist China, 1947–1961, Hong Kong 1962 (Vervielfältigung), Einleitung, S.a.

auf etwa 7000[53]. Die meisten dieser Farmen haben die ähnliche Funktion wie die landwirtschaftlichen Staatsbetriebe in kapitalistischen Staaten oder in Entwicklungsländern: Sie dienen als *Versuchsfarmen* für die Verbesserung der Saaten und der Viehzucht, als Bahnbrecher aber auch für Mechanisierungsprogramme[54]. Dabei wird auch darauf geachtet, dass möglichst *Ausbreitungs-Effekte* auf die umliegenden Kollektive entstehen.

Über die *Sowchosen* in der Sowjetunion müsste an sich wesentlich mehr gesagt werden angesichts der Bedeutung, welche diese landwirtschaftlichen Staatsgüter seit 1954 erlangt haben. Wir halten uns kurz, weil unser Hauptinteresse bezüglich der UdSSR der Zeit vor *Chruschtschow* gilt. Und für diese Zeit können wir festhalten: Bis 1954 betrug der Anteil der Sowchosen am Gesamt-Output der Landwirtschaft der UdSSR meist weniger als 10 %[55]. So standen im Jahre 1940 den 237'000 Kolchosen lediglich 4'200 (allerdings grosse!) Sowchosen gegenüber[56].

1919 heisst es in einer Verlautbarung des ZK über den *Zweck* der Sowchosen:

"Soviet farms are being organized (a) to obtain the greatest possible increase in supplies by raising the productivity of agriculture, (b) to create the conditions for a complete shift to communist agriculture, and (c) for the purpose of creation and development of centers of best farming techniques[57]."

"Die Staatsfarmen werden eingerichtet, um (a) durch Produktivitätsverbesserungen den grösstmöglichen Zuwachs an landwirtschaftlichen Produkten zu erreichen, (b) die Grundlagen zu legen für einen Übergang zu einer kommunistischen Landwirtschaft und (c) um Zentren zur Entwicklung von neuen landwirtschaftlichen Techniken zu schaffen[57]." (Übersetzung von H.S.)

Man wird sagen können, dass bis in die 50er Jahre der letzte der hier aufgeführten Punkte — die Verbreitung und Erprobung moderner landwirtschaftlicher Techniken — am wichtigsten war.

Bei der Errichtung von Sowchosen trat die *Marx/Kautsky'sche* Vorstellung der Überlegenheit von Grossbetrieben noch deutlicher zu Tage als bei der Kolchosen-Bildung. So betrachtete *Tschajanow* in den 30er Jahren als optimale Grösse für Getreide-Sowchosen eine Fläche von 100'000 Hektaren[58]! — Diesbe-

---

[53] Länder der Erde, Politisch-ökonomisches Handbuch, Berlin (Ost) 1967, 4. Aufl., S. 131.
[54] *Carin*, a.a.O., S.a.; *Grossmann*, a.a.O., S. 190f.
[55] *Kahan Arcadius*, The Collective Farm System in Russia: Some Aspects of its Contribution to Soviet Economic Development, in: *Eicher/Witt*, a.a.O., S. 253.
[56] Annuaire de l'U.R.S.S. 1968, Droit — Economie — Sociologie — Politique — Culture. Centre de Recherches sur l'U.R.S.S. et les pays de l'Est, Paris 1968, S. 729.
[57] Zitiert nach: *Jasny*, The Socialized ..., a.a.O., S. 236.
[58] Nach: *Jasny*, The Socialized ..., a.a.O., S. 244; und: *Güdel*, a.a.O., S. 85. — Im Nord-Kaukasus existiert die Sowchose 'Gigant' mit einer Fläche von 165'000 ha, also mehr

158 BETRIEBSGRÖSSE UND ARBEITSORGANISATION

züglich ist eine Analyse des ersten Planjahrfünfts interessant. Man hoffte, in dieser Zeit einen wesentlichen Teil der Agrarprodukte von den Staatsgütern zu erhalten. Wie die meisten Sozialisten seit den 'Utopisten' erwartete man eine sprunghafte Produktivitäts-Steigerung vor allem durch eine Betriebsvergrösserung. Zwar konnte das Planziel des von Sowchosen bebauten *Landes* zu über 70 % erreicht werden; die Planung der *Produktion* erwies sich aber als zum Teil mehrfach zu hoch, was folgende Graphik deutlich zeigt:

Graphik IV–2[59]:
Erster 5-Jahresplan UdSSR: Sowchosen-Planerfüllung

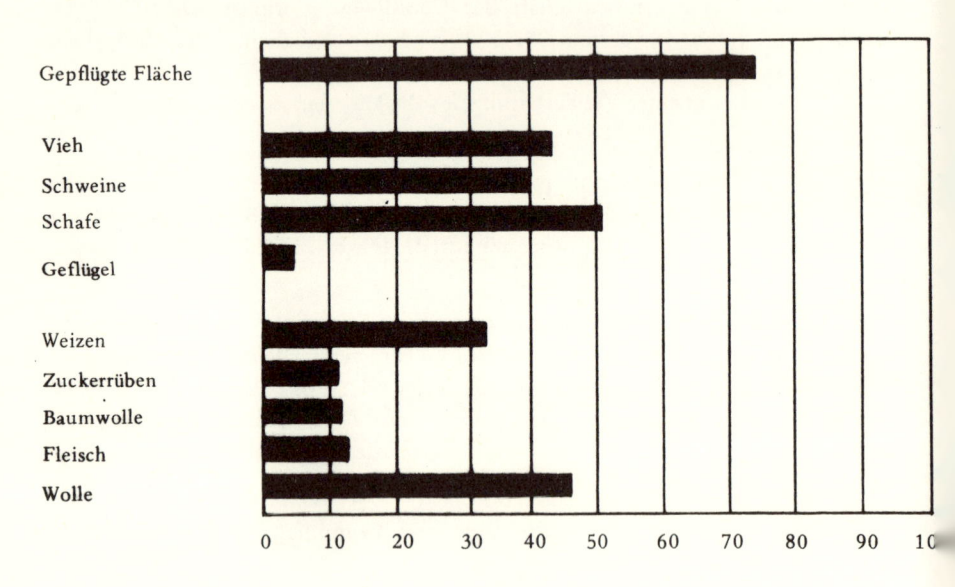

Diese Graphik zeigt uns besser als viele Worte, wie weit die tatsächlich erreichte Produktivität hinter der geplanten zurückgeblieben ist. — In der Folge (nächste 5-Jahrespläne) konsolidierte sich das Sowchosen-System nur noch und weitete sich nicht mehr wesentlich aus. Insbesondere die *Getreidesowchosen* wurden während des 2. Planjahrfünfts systematisch auf etwa 1/3 der ursprünglichen Grösse verkleinert und ausserdem noch in Arbeitsgruppen mit eigener

als die Fläche der Kantone Basel, Baselland und Solothurn zusammengenommen! Der Direktor muss ein Flugzeug benutzen, um seinen Betrieb zu inspizieren. (*Schiller O.,* Das Betriebsgrössenproblem in der sowjetischen Landwirtschaft, Osteuropa Wirtschaft, Nr. 1/1963, S. 4.)
[59] *Quelle: Jasny,* The Socialized..., a.a.O., S. 247.

Rechnungsführung aufgespalten[60]. Des weitern kam man auch von der anfänglichen übermässigen *Spezialisierung* teilweise wieder ab[61]. Hingegen blieb der Grad der *Mechanisierung* generell höher als in den Kolchosen[62]. Von diesem Standpunkt aus behielten die Sowchosen immer ihre Bedeutung als Schrittmacher für die übrige Landwirtschaft.

Unabhängig von Produktivitätsüberlegungen ist verständlich, dass der Ausbau des Sowchose-Systems in der *Stalin*-Ära nicht weiter gefördert wurde. Die beschriebene *Puffer-Funktion* der Kolchose kann nämlich in den Staatsgütern nicht verwirklicht werden, da die Arbeiter auf diesen Gütern ähnlich wie die Industriearbeiter fest entlohnt werden. Aus Incentive-Gründen werden freilich nur 70 % des Grundlohnes ohne Rücksicht auf die Planerfüllung ausbezahlt; 30 % wird – in Abstufungen – von der Planerfüllung ahängig gemacht; ausserdem kann für Plan*über*erfüllung eine Prämie bis zu 10 % des Grundlohnes ausbezahlt werden[63]. – Die *Arbeitsorganisation* weicht im übrigen von jener der Kolchosen nicht grundlegend ab: Es wird eine Einteilung in *Abteilungen* und *Brigaden* vorgenommen.

An dieser Stelle wäre abschliessend noch die Frage nach der *Produktivität* der Sowchosen und Kolchosen zu stellen. Diese Frage nach der Produktivitäts-Überlegenheit der einen oder andern Betriebsform ist nicht abschliessend zu beantworten, da der Mechanisierungsgrad der beiden Betriebsarten zu unterschiedlich ist, die Sowchosen (vor allem seit den Neulanderschliessungen in den 50er Jahren) vorwiegend in andern klimatischen Zonen liegen und weil bis in jüngste Zeit die Entlohnung und damit die incentives für Sowchos-Arbeiter doch wesentlich besser und vor allem sicherer als jene der Kolchosniki waren. Wegen der komplizierten Preispolitik kommt auch nur ein Produktivitäts-Vergleich in *realen Grössen* für einzelne Produkte in Frage. Solche Vergleiche ergeben meist – man beachte aber die obigen Einschränkungen! – einen Vorteil zugunsten der Sowchosen:

---

60 *Ebendort,* S. 255f.
61 *Ebendort,* S. 245 und S. 256.
62 *Ebendort,* S. 263 (Detaillierte Zahlen).
63 Ekonomiceskaja gazeta, Moskau, 15.2.1964, S. 7 (SOI-Nachrichten, Nr. 9/1964).

Statistik IV–2[64]:
Vergleich der Flächenproduktivität: Kolchose und Sowchose
(Quintals pro ha)

	1940		1953	
	Sowchosen	Kolchosen	Sowchosen	Kolchosen
Alles Getreide	8,7	8,4	10,4	7,4
Weizen	8,4	7,8	10,8	8,3
Reis	8,7	8,8	9,3	7,0
Hafer	8,1	8,1	10,0	6,0
Kartoffeln	68	85	66	50
Gemüse	82	77	102	50

Diese Zahlen ergeben kein eindeutiges Bild. Interessant ist, dass im Laufe der Jahre die Produktivitäts-Unterschiede gewachsen zu sein scheinen. Das hängt unter Umständen damit zusammen, dass gegen Ende der *Stalin*-Zeit die Aufkaufpreise für landwirtschaftliche Produkte der Kolchosen im Verhältnis zu den Konsumgüterpreisen immer geringer wurden, wodurch natürlich der Reallohn der Kolchosniki sank.

Ein ähnliches Bild – generell höhere Produktivität der Sowchose – ergibt sich auch, wenn man als Masszahl die aufgewendete *Arbeitszeit pro Output-Einheit* heranzieht[65]. Die bei einem solchen Vergleich auftretenden, z.T. beträchtlichen Unterschiede müssen wohl in der Hauptsache durch den unterschiedlichen Mechanisierungsgrad erklärt werden. In neuerer Zeit hat freilich die Kolchose gegenüber der Sowchose in bezug auf die Arbeitsproduktivität aufgeholt[66]. – Letztlich hängt zweifellos die Produktivität davon ab, wie gut die Kolchosen und Sowchosen verwaltet und bewirtschaftet werden[67]. Insofern ist also in der UdSSR die Frage nach Staats- oder Kollektivgütern nicht entscheidend. Wie wir schon gezeigt haben und im dritten Kapitel noch eingehender nachweisen werden, eignete sich aber die Kolchose viel besser als die Sowchose als ein Instrument zur Kapitalbildung.

---

[64] *Quelle: Strauss*, a.a.O., S. 145.
[65] *Ebendort*, S. 185.
[66] Annuaire ..., 1968, a.a.O., S. 733.
[67] Vgl. dazu den bezeichnenden Vergleich zweier ähnlicher Kolchosen mit völlig unterschiedlichen Erfolgen, welche sich vor allem aus der Verwaltungs-Qualität erklären lassen, bei: *Chruschtschow N.*, Rede vom 3.9.1953, Über Massnahmen zur Weiterentwicklung der Landwirtschaft in der UdSSR, Bericht auf dem Plenum des ZK der KPdSU, Berlin (Ost) 1955, S. 23.

1.2.3. Nebenwirtschaften

Wie bei den Staatsgütern beginnen wir auch beim privaten Hofland der kleineren Bedeutung wegen in *China:* Dort werden bzw. wurden den Kommune-Mitgliedern kleine Parzellen zur privaten Nutzung zugewiesen. *Jan Myrdal* stellt in der von ihm besuchten Kommune Hofland-Parzellen in der Grösse von etwa 3 Aren pro Familienmitglied fest[68]. Die nicht dem Eigenkonsum dienenden Erträge dieses Hoflandes konnten teilweise auf dem freien Markt verkauft werden. Allerdings machten diese Einkünfte um 1960 nach einer Schätzung von *Pang* höchstens 20 % der Geld-Einkünfte der Kommune-Mitglieder aus[69]. *Joan Robinson* schätzt, dass der Ertrag von diesen Nebenwirtschaften in den 60er Jahren weniger als 10 % der Landesversorgung an Agrarprodukten erreichte[70]. — Es ist nicht ganz klar, ob diese Nebenwirtschaften in der Folge der Kulturrevolution ganz liquidiert wurden. Jedenfalls haben sie weiter an Bedeutung verloren. Mehr noch: Auch diese Nebenwirtschaften wurden von den Chinesen zu einem Streitpunkt im ideologischen Konflikt mit der Sowjetunion gemacht:

"Seitdem die sowjetrevisionistische Renegatenclique die Führung von Partei und Staat in der Sowjetunion usurpierte, hat sie die privilegierte bürgerliche Schicht auf dem Lande energisch gefördert und den privaten Sektor der bäuerlichen Wirtschaft entwickelt. Infolgedessen ist das Land von kapitalistischen Kräften überflutet worden ... Da die sowjetrevisionistische Renegatenclique die Entwicklung von Privatgrundstücken und privater Nebenbeschäftigung energisch ermutigte, entwickeln sie sich auf dem Lande in der Sowjetunion bösartig. Es wurde enthüllt, dass schon 1964 ungefähr ein Drittel der gesamten landwirtschaftlichen Arbeitskraft in der Privatwirtschaft beschäftigt war, während auf den 'Kolchosen' kräftige Kollektivbauern zwei Drittel ihrer Arbeitskraft auf Privatgrundstücke verwandten[71]."

Was ist an diesen chinesischen Vorwürfen berechtigt? Nun, man könnte über die privaten Nebenwirtschaften in der UdSSR ein ganzes Buch schreiben. In der westlichen Literatur über die sowjetische Landwirtschaft werden diese Nebenwirtschaften auch immer gebührend hervorgehoben[72]. Wir müssen uns hier auf wenige Bemerkungen beschränken.

Im Art. 6 der russischen Staatsverfassung lesen wir: "Aller Grund und Boden in der Sowjetunion ist Staatseigentum, das heisst Gemeingut des Volkes, kann

[68] *Myrdal Jan,* a.a.O., S. 14.
[69] *Pang,* a.a.O., S. 114.
[70] *Robinson Joan,* Kleine Schriften ..., a.a.O., S. 110.
[71] Peking Rundschau, Nr. 27/1969, S. 25; ähnlich in: Peking Rundschau, Nr. 9/1969, S. 26f.
[72] Am vollständigsten ist wohl das folgende, fast 300-seitige Werk: *Waedekin Karl-Eugen,* Privatproduzenten in der sowjetischen Landwirtschaft, Köln 1967.

aber zur *Nutzung* an Organisationen und Privatpersonen überlassen werden[73]." Dieser Möglichkeit wurde im Kolchosstatut von 1935 Rechnung getragen, indem den Kolchosen das Recht gegeben wurde, ihren Mitgliedern bis 1/2 ha Land zur Nutzung zu überlassen[74]. Von den Kolchosniki dürfen ausserdem auf eigene Rechnung *Tiere* gehalten werden: Eine Kuh und ein Kalb, ein Mutterschwein mit Ferkeln, 20 Bienenschwärme und eine nicht beschränkte Zahl von Geflügel[75]. Das alles tönt recht bescheiden. Umso mehr erstaunt die Tatsache, dass noch 1965 *rund 1/3 der sowjetischen Agrarproduktion auf diese privaten Nebenwirtschaften entfielen*[76]. Es ist klar, dass davon ein beträchtlicher Teil dem *Eigenkonsum* der Kolchosniki dient[77]. Während diese Privatwirtschaften für die Getreideproduktion und auch für die technischen Kulturen immer nur eine kleine Rolle spielten, sind sie für Fleisch, Gemüse, Kartoffeln, Milch und Eier bedeutend. Allerdings nimmt diese Bedeutung seit 1940 ständig ab[78].

Vor einem allzu voreiligen Trugschluss muss gewarnt werden: Es wird häufig behauptet, dass in der UdSSR nur etwa 3 % des Bodens privat genutzt werde, dass aber auf diesen 3 % über 30 % der sowjetischen Agrarproduktion hergestellt würde. Dazu ist zu bemerken: Das 'private Vieh'[79] der Kolchosniki weidet vorwiegend auf Kolchosfeldern. Weiter wird ein grosser Teil der naturalen Entlohnung der Kolchosniki eben diesem Vieh verfüttert, Futter also, welches von Gemeinschaftsfeldern stammt. Etwas weiteres: Der grösste Teil des *Düngers* des Privatviehs kommt auf dem Hofland zur Anwendung, wodurch dieses viel intensiver mit Naturdünger versorgt werden kann als das Kolchose-Land (Etwa 50 % Vieh düngen rund 3 % des Bodens!). So ist es nicht verwunderlich, dass – teilweise sicherlich auch wegen sorgfältigerer und intensiverer Arbeit – die *Flächen*produktivität auf dem Hofland wesentlich höher als auf dem Kolchos-Land ist. Anders steht es mit der *Arbeits*produktivität: Etwa 30 % ihrer Arbeitszeit verbrachten die Kolchosniki in den 60er Jahren auf dem Hofland[80]. Früher dürfte dieser %-satz noch höher gewesen sein. Ferner weiss man, dass

---

73 Nach: *Waedekin*, Privatproduzenten . . ., a.a.O., S. 9. – Hervorhebung von H.S.
74 Musterstatut . . ., a.a.O., S. 450.
75 Im einzelnen sind die Bestimmungen ziemlich kompliziert, vgl.: Musterstatut, a.a.O., S. 451ff.
76 *Waedekin*, Privatproduzenten . . ., a.a.O., S. 12. – Er zitiert russische Quellen.
77 Selbstversorgunszahlen bei: *Malenko M.*, Voprosy ekonomiki, Moskau, Nr. 10/1966, S. 57ff. (SOI-Nachrichten, Nr. 46/1966).
78 Vgl. die entsprechenden Zahlen bei: *Waedekin*, Privatproduzenten . . ., a.a.O., S. 24; *Nove*, Die sowjetische Wirtschaft, a.a.O., S. 65; Annuaire . . ., 1968, a.a.O., S. 733 und S. 758.
79 1950 waren 66 % aller Kühe, 35 % der Schweine und 53 % der Ziegen in Privatbesitz. (*Waedekin*, Privatproduzenten . . ., a.a.O., S. 19.)
80 *Maisimow I.*, Kommunist Belorussii, Minsk, Nr. 12/1965, S. 27 (SOI-Nachrichten, Nr. 3/1966). – *Nimitz Nancy*, Farm Employment in the Soviet Union 1928–1963, Santa Monica 1965, S. 18ff., schätzt diesen in den Nebenwirtschaften aufgewendeten Anteil gar auf etwa 40 % der Gesamtarbeitszeit der Kolchosniki.

täglich durchschnittlich 700'000 Kolchosbauern auf dem Markt Handel treiben und dass dadurch jährlich mindestens 250 Mio. Arbeitstage für landwirtschaftliche Arbeit verloren gehen[81].

Angesichts dieser Tatsachen kann man sich fragen, weshalb eigentlich das Privatland und der freie Kolchosmarkt nicht kurzerhand verboten wurden. Dagegen spricht, dass bei der staatlichen Preispolitik (siehe 3. Kapitel) die Kolchosen und vor allem die einzelnen Kolchosniki absolut auf die Erträge der Verkäufe auf dem freien Kolchosmarkt angewiesen waren. Neben dem hohen Selbstversorgungsgrad durch die Nebenwirtschaften (siehe oben) stammten noch in den 60er Jahren 30—40 % der Geldeinkünfte der Kolchosniki von diesem 'Hofland'[82]. Dieser Prozentsatz muss in der *Stalin*-Zeit noch höher gewesen sein. Mehr noch: Nach russischer Quelle stammten selbst die Gelderlöse der *Kolchosen* 1940 zu fast der Hälfte vom freien Kolchosmarkt[83]! Dies ist damit zu erklären, dass die Preise für landwirtschaftliche Produkte auf dem freien Kolchosmarkt um ein mehrfaches über den staatlichen Erfassungspreisen lagen. (Details über die Preispolitik im dritten Kapitel.)

Das im Westen oft gehörte Urteil, die russische Landwirtschaft würde ohne das private Hofland zusammenbrechen, lässt sich nur aufrechterhalten, wenn die Preis- (und damit Lohn-)Politik gegenüber den Kolchosen als gegeben angenommen wird. Der Nachweis kann wohl kaum erbracht werden, dass bei wesentlich höheren staatlichen Erfassungspreisen für Agrarprodukte die russische Landwirtschaft ohne dieses Hofland nicht auskommen könnte.

1.3. LANDWIRTSCHAFTLICHE BETRIEBSGRÖSSE: PRODUKTIVITÄT VERSUS VERWALTUNG

Wir haben gesehen, dass in Russland und China mit der *Marx/Kautsky*'schen Forderung nach Vergrösserung der landwirtschaftlichen Betriebe ernst gemacht worden ist. Gleichzeitig wurden aber diese grossen landwirtschaftlichen Einheiten organisatorisch wieder ziemlich stark aufgegliedert (Brigaden, Teams, Equipen, Arbeitsgruppen). Sicher scheint uns zu sein, dass die Betriebsvergrösserungen nicht zu den von *Marx* und *Kautsky* quasi automatisch erwarteten Produktivitätsfortschritten geführt haben. Zur landwirtschaftlichen Betriebs-

---

[81] *Bergson A.,* The Economics of Soviet Planning, New Haven 1964, S. 61. — *Bergson* gibt an dieser Stelle detaillierte Zahlen und stützt sich ausschliesslich auf russische Quellen. — Man könnte sich natürlich fragen, ob dieser Handel auf dem freien Kolchosmarkt nicht rationeller organisiert werden könnte, indem etwa *ein* Kolchos-Mitglied die Produkte seiner Kollegen verkauft. Dagegen spricht nach der sowjetischen Ideologie das Argument der 'Ausbeutung'.
[82] Ekonomia sel'skogo chosjajastva, Nr. 2/1965. (Nach: Osteuropa Wirtschaft, Nr. 3/1967.)
[83] *Strauss,* a.a.O., S. 116.

grösse stellen wir im Lichte der Erfahrungen Chinas und Russlands drei Thesen auf, welche wir anschliessend begründen werden:

1) Die 'optimale' landwirtschaftliche Betriebsgrösse bezüglich der Produktivität ist eine Funktion verschiedener Umstände. Sie ist abhängig vom Klima, der Bodenbeschaffenheit, dem Stand der Mechanisierung, der Qualität des Saatgutes (z.B. kürzere Reifezeit) und der Art der erzeugten Produkte.

2) In einem Entwicklungsland mit geplanter Wirtschaft können *Planung* und *Verwaltung* grosse Betriebe erfordern (z.B. zwecks systematischer Erfassung eines landwirtschaftlichen 'Surplus'), während die Produktivität von dieser Betriebsgrösse negativ beeinflusst werden kann.

3) Die Frage der *Produktivität* ist nur *eine* mögliche Frage bei der Diskussion um die Reorganisation der Landwirtschaft in Entwicklungsländern. Strebt man eine umfassende *Regionalpolitik* ausserhalb der grossen Agglomerationen an, so können landwirtschaftliche Institutionen zu Trägern dieser Politik gemacht werden, wobei sich bezüglich der Grösse dieser Institutionen wiederum Konflikte ergeben können, je nachdem, welches Ziel als vordringlich angesehen wird. (Mögliche Ziele: Produktivität der Landwirtschaft, Industrialisierung ländlicher Gebiete, Erstellung von Bewässerungsanlagen oder von Infrastrukturen im weiteren Sinne, Erzielung von hohen Steuereinnahmen etc.)

Seit man in der UdSSR gemerkt hat, dass Betriebsvergrösserungen in der Landwirtschaft nicht automatisch zu sprunghaften Produktivitätsfortschritten führen, hat man sich durchaus Gedanken über eine 'optimale' landwirtschaftliche Betriebsgrösse gemacht. Man hat gemerkt, dass auf diese Grösse verschiedene Einflüsse einwirken[84], z.B. das *Intensitätsniveau* (in Geld ausgedrückter Aufwand je Flächeneinheit, also Arbeits- und Kapitalkosten), das *Mechanisierungsniveau,* der Stand der *Transportmittel,* die *Wasserversorgung* und die (mehr oder weniger gegebene) *Verteilung der Siedlungspunkte* sowie die *Verwaltbarkeit.* Es versteht sich von selbst, dass auf die meisten dieser Faktoren wiederum 'objektive' Gegebenheiten wie Klima und Bodenbeschaffenheit einwirken. So wurden denn auch in Empfehlungen je nach Gebiet verschiedene Betriebsgrössen als 'optimal' vorgeschlagen: Für Milchviehfarmen werden in den baltischen Republiken und im Bezirk Leningrad 200–400 Kühe pro Betrieb empfohlen, im Bezirk Moskau 400–600 Kühe und im Nordkaukasus 800–1000 Kühe[85]. Es erscheint deshalb auch wenig sinnvoll, einfach die Durchschnittsgrösse der Kolchosen in der UdSSR anzugeben, da die regionalen Differenzierungen beträchtlich sind:

---

[84] Nach: *Schinke E.,* Spezialisierung und Konzentration in der Landwirtschaft der Sowjetunion, in: *Rintelen,* a.a.O., S. 365ff.
[85] *Ebendort,* S. 372. – Auf den Seiten 372ff. finden sich weitere Beispiele.

Statistik IV–3[86]:
Durchschnittliche Kolchosen-Grösse (Bebaute Ackerfläche in ha)

		1932	1937
(a)	Nicht-Schwarzerde-Zone		
	Nordwesten	104	171
	Zentrale Nicht-Schwarzerde-Zone	172	258
(b)	Getreidegebiete im S und im Wolga-Gebiet		
	Nordkaukasus und Krim	1485	1268
	Zentral- und unteres Wolga-Gebiet	2138	1699

Selbst wenn man nach (politischen) Verwaltungskreisen differenziert, ergeben sich im Jahre 1938 grosse Unterschiede: Auf eine Kolchose entfielen je nach Distrikt *durchschnittlich* zwischen 31 und 202 Haushalte[87]! — Die gleiche Erscheinung starker regionaler Differenzierung der Betriebsgrösse lässt sich auch in *China* feststellen: Dort finden sich die grossen Kommunen einerseits in den Gebieten mit grosser Bevölkerungsdichte und andererseits im Nordosten mit zwar dünnerer Besiedlung, aber grossen Ebenen. Die kleinen Kommunen befinden sich hingegen in den Bergen[88]. So sind die kleinsten Kommunen nicht einmal so gross wie die grössten Brigaden in andern Kommunen[89]! Da die *Mechanisierung* der landwirtschaftlichen Arbeiten in China viel weniger weit fortgeschritten ist als in der UdSSR[90], scheint auf den ersten Blick die Betriebsvergrösserung durch Kollektivierung und Kommunen-Bildung in diesem Land weniger gerechtfertigt. Dagegen lauten die Argumente für Grossbetriebe von chinesischer Seite wie folgt:

"In der Einzelwirtschaft gehörten das Land und andere Produktionsmittel den einzelnen Bauernhaushalten, von denen jeder eine Produktionseinheit bildete. Es war deshalb unmöglich, in der Bewirtschaftung eine Zusammenarbeit und Arbeitsteilung einzuführen, noch war es möglich, das Land rationell auszunutzen, neue landwirtschaftliche Geräte einzuführen oder Investbauten, die mehr Arbeitskräfte und mehr Material erforderten, zu beginnen[91]."

Auf die *Wahl der Technik* und die hier angesprochenen *'Investbauten'* kommen wir später noch zurück. An dieser Stelle sind noch einige Anmerkungen

---

[86] *Quelle: Smith R.E.F.,* The Amalgamation of Collective Farms: Some Technical Aspects, Soviet Studies, Vol. VI/1955, S. 17.
[87] *Ebendort.*
[88] *Pang,* a.a.O., S. 93. — Die Durchschnittszahlen pro Provinz finden sich bei: *Chao,* a.a.O., S. 152.
[89] *Pang,* a.a.O., S. 95.
[90] Vgl. unten, 4.2.
[91] *Hsüä Mu-tjiao* u.a., a.a.O., S. 85.

zu der in diesem Zitat ebenfalls erwähnten *Arbeitsteilung* zu machen: Ein Vorteil des Grossbetriebs sollte es ja sein — ähnlich wie im Industriebetrieb — durch *Spezialisierung* und *Arbeitsteilung* in den Bereich von 'economies of scale' (bzw. 'economies of size') zu gelangen. Am Anfang plante man denn auch in der Landwirtschaft der UdSSR mit der Errichtung von Grossbetrieben eine weitgehende *Spezialisierung* in der Agrarproduktion. So sprach man von Milch- und Weizenfabriken[92]. Doch schon 1934 am XVII. Parteitag wurde die übermässige Spezialisierung kritisiert[93]. Es zeigte sich, dass in der Landwirtschaft keine gleich weit gehende Spezialisierung wie in einigen Branchen der Industrie in Frage kommt: So gilt denn heute die Regel, dass selbst in den vorwiegend Getreide anbauenden Gebieten der Anteil des Getreides an der bestellten Fläche nicht über 75% sein soll[94]. Die Gründe für diese notwendige Diversifizierung[95] der Agrarproduktion lassen sich wie folgt zusammenfassen:

1) Spezialisierung impliziert ein besseres Verteilungssystem und vermehrte Inanspruchnahme der Transportmittel.
2) Die grossen Vorteile der Spezialisierung treten in der Regel — ähnlich wie in der Industrie — erst mit zunehmender *Mechanisierung* zu Tage.
3) Ein *Fruchtwechsel* hilft Dünger sparen: Spezialisierung impliziert also Düngerproduktion. Bei völliger Spezialisierung auf Pflanzenbau fehlt zudem der Naturdünger des Viehs.
4) Je nach Landwirtschafts-Branche schwankt der Arbeitskräfte-Bedarf übers Jahr hinweg: Es muss bei der Spezialisierung auf wenige Produkte darauf geachtet werden, dass Produkte mit zeitlich unterschiedlichem Spitzenbedarf an Arbeitskräften produziert werden.

Es versteht sich von selbst, dass dieser Problematik der Spezialisierung teilweise mit der Brigade-Unterteilung innerhalb der Kolchosen und Kommunen Rechnung getragen wurde.

Im Westen wird oft die Frage aufgeworfen, ob die heute bestehende Grossflächenlandwirtschaft der UdSSR zweckmässig sei. Oft kommt man zum Resultat, dass dies für den hochmechanisierten *Weizenanbau* zutreffe[96]. Es wird etwa auch darauf hingewiesen, dass die hochproduktive Landwirtschaft der USA eine durchschnittlich *wesentlich* kleinere landwirtschaftliche Betriebsgrösse als die UdSSR aufweise[97]. Dabei wird allerdings oft die Funktionsaufteilung

---

[92] *Güdel*, a.a.O., S. 86.
[93] *Ebendort*.
[94] *Schinke*, a.a.O., S. 372.
[95] Diese Diversifizierung geht nun freilich nicht so weit wie diejenige des durchschnittlichen Schweizer Bauern-Betriebes: Meist werden nach wie vor *einige wenige* landwirtschaftliche Produkte erzeugt.
[96] Etwa: *Sirc Ljubo*, Economics of Collectivization, in: Soviet Studies, Vol. XVIII (1966/67), S. 369.
[97] Vergleichszahlen bei: *Sherman*, a.a.O., S. 172. — Dort wird allerdings auch auf

innerhalb der Kolchosen vergessen. Immerhin kann man wohl mit *Schiller* der Meinung sein, dass im allgemeinen die sowjetischen Landwirtschafts-Betriebe zu gross sind[98] — wenigstens wenn man nur den Produktivitätsgesichtspunkt beachtet. Man darf dabei allerdings nicht vergessen, dass die Unterteilung in Brigaden und Arbeitsgruppen *faktisch* eine Betriebsverkleinerung mit sich gebracht hat. Und diese Aufteilungen stehen in engem Zusammenhang mit Arbeitsanreizen: "The essential point ... is to link the advantages of large-scale farming with the incentives of personal interest ...[99]" "Die entscheidende Frage ist jene, wie die Vorteile der grossbetrieblichen Landwirtschaft in Übereinstimmung mit der Notwendigkeit von Arbeitsanreizen und persönlichem Interesse gebracht werden können ...[99]" (Übersetzt von H.S.) Eine Schlussfolgerung für Entwicklungsländer könnte also sein, dass *Grossbetriebe in der Landwirtschaft vor allem aus Incentive-Gründen funktional in kleinere, aber höher spezialisierte Arbeitsgruppen aufgeteilt werden sollten.*

Wir können wohl zusammenfassend feststellen, dass der Grossbetrieb in der Landwirtschaft Chinas und Russlands aus den verschiedensten Gründen nicht die von den Frühsozialisten, *Marx* und *Kautsky* erwarteten Produktivitätsfortschritte gebracht hat. Gleichwohl kommen wir nicht zur selben negativen Einschätzung der grossbetrieblichen Landwirtschaft Russlands und Chinas wie manche westliche Experten, welche sich *ausschliesslich* auf agrartechnische und Produktivitäts-Probleme beschränken. Selbst unter diesem Aspekt sind die Produktions-Resultate nur dann negativ einzuschätzen, wenn man als Vergleichsmassstab die Landwirtschaft der USA oder Westeuropas wählt. Vergleicht man hingegen mit andern Entwicklungsländern, können sich die Resultate durchaus sehen lassen. — Abgesehen davon sind wir überzeugt, dass den landwirtschaftlichen Kollektiven der beiden Länder wichtige *Verwaltungsfunktionen* zufielen und noch zufallen, welche der ökonomischen Rationalität teilweise zuwider laufen können:

> "In a bureaucratic system of government, administrative functions tend to take precedence over economic functions, and the considerable administrative tasks with which State and collective farms are entrusted make it most unlikely that farm size in the Soviet Union will be determined simply by the criterion of reducing costs to a minimum ...[100]"

> "In einem bürokratischen System besteht die Tendenz, dass die administrativen Fragen wichtiger als die wirtschaftlichen werden. Da die Kolchosen und Sowchosen erhebliche administrative Funktionen haben, ist es unwahrscheinlich, dass die Planung der landwirtschaftlichen Betriebsgrösse in der Sowjet-

---

US-Studien verwiesen, welche als 'optimale' landwirtschaftliche Betriebsgrösse ein mehrfaches der heute realisierten stipulieren.

[98] *Schiller,* Das Betriebsgrössenproblem ..., a.a.O., S. 3ff.
[99] *Derselbe,* Cooperation and Integration in Agricultural Production. Concepts and Practical Application, Bombay 1969, S. 193.

union nur den Gesichtspunkt möglichst geringer Produktionskosten berücksichtigt ...[100]" (Übersetzt von H.S.)

Es ist klar, dass diese *Verwaltungsfunktionen* in einer Planwirtschaft nach russischem oder chinesischem Modell besonders wichtig sind. So ist denn auch bezeichnend, dass in beiden Ländern die Kollektivierung der Landwirtschaft erst mit den Fünfjahresplänen begann[101]. Nach diesen Plänen musste eben (besonders in der UdSSR) die rasch anwachsende Industriearbeiterschaft ernährt werden; ferner war die Industrie auf regelmässige Lieferungen von Rohstoffen aus der Landwirtschaft angewiesen[102]. So meint *Sirc* u.E. mit Recht, dass die höhere Vermarktung von Agrarprodukten nach der Kollektivierung nicht eine Folge höherer Produktivität, sondern der bessern Verwaltbarkeit der Sowchosen und Kolchosen war[103]. Es ist eben wesentlich einfacher, die geplanten Produktlieferungen von 200'000 landwirtschaftlichen Grossbetrieben einzuziehen als von 25 Mio. Kleinbetrieben, wozu man ein Heer von Beamten gebraucht hätte und der Korruption Tür und Tor geöffnet worden wäre. Zur Aufgabe der Kolchose in der UdSSR meint *Nurkse:*

"This crucial problem of collecting the food seems to be solved in Soviet Russia by the system of collective farms. The word 'collective' has here a double meaning. The collective farm is not only a form of collective organization; it is above all an instrument of collection ...[104]"

"Das wichtige Problem der Mobilisierung von Nahrungsmitteln scheint in der UdSSR durch die Errichtung von Kollektivfarmen gelöst worden zu sein. Das Wort 'kollektiv' hat in diesem Fall zwei Bedeutungen: Die Kolchose ist nicht nur eine Form kollektiver (Arbeits-)Organisation; sie hat auch die Funktion des 'Einsammelns'[104]." (Englisch: 'Collective' und 'collection', H.S.)

Da das staatliche Steuer-, Pflichtablieferungs- und Ankaufsystem recht kompliziert sein kann, hätten wohl die isolierten 25 Mio. Kleinbauern dieses System nie ganz begreifen können — jedenfalls schlechter als einige Hunderttausend geschulte Buchhalter der Kolchosen. Dass sich das Kolchose-System für die Erfassung und Bereitstellung der Agrarproduktion bestens eignet, geht auch daraus hervor, dass im 2. Weltkrieg in den von den Deutschen besetzten Gebieten kaum Versuche unternommen wurden, die Kolchosordnung zu beseitigen[105].

100 *Strauss,* a.a.O., S. 284.
101 Dies gilt auch für China, wo bekanntlich der offiziell 1953 beginnende erste 5-Jahresplan erst 1955 fertiggestellt wurde.
102 In China kommen ca. 80 % der Rohstoffe für die Leichtindustrie aus der Landwirtschaft. (Neue Zürcher Zeitung, 12.5.1968.)
103 *Sirc,* a.a.O., S. 263.
104 *Nurkse Ragnar,* Problems of Capital Formation in Underdeveloped Countries (1953), 7. Aufl., Oxford 1960, S. 43.
105 *Rochlin R.P.,* Agrarpolitik und Agrarverfassung der Sowjetunion, Berlin 1960, S. 20.

Und unter diesem Aspekt der *Verwaltungsfunktion* der grossbetrieblichen Kollektive Chinas und Russlands liegt auch deren Hauptbedeutung für Entwicklungsländer. Dies ist zwar bis heute eher eine Aussenseiter-Position, die nach unserer Kenntnis bisher vor allem von *Philip Raup* und *Wilber* vertreten wird. Wir lassen *Raup* mit einem längeren Zitat zu Worte kommen, da wir seine Gedanken nicht besser und kürzer ausdrücken können. *Raup* meint zu den landwirtschaftlichen Kollektiven als Trägerinnen von Verwaltungsfunktionen (das ganze gilt in womöglich noch stärkerem Masse für China):

> "In this respect the many efforts around the world to introduce communal, cooperative, or collective types of farm organization can be viewed in a new light. It may well be that large-scale, collective-type farm have their greatest value as proxy forms of local government, rather than efficient forms of farm production organization ... In many functional respects, the Soviet collective farm is the minor civil division of local government. It has been responsible for road building within the farm area, and it administrators local distribution of electric power. Health, sanitation, and welfare programs are also administered through collective and state farm offiices. It is at least arguable that the cumbersome inefficiency of the collective farm as a production organization is partially offset by its relative efficiency as a unit of local government ... Whether efficient or not, the Soviet collective farm filled the rural governmental vacuum left by the distruction of the prerevolutionary land tenure system ...[106]"

"Unter diesem Aspekt können die vielen Bewegungen in aller Welt zugunsten von Kommunen, Kooperativen oder kollektiven Typen der Landwirtschafts-Organisation in einem neuen Licht betrachtet werden. Möglicherweise haben die grossen, kollektiven Farmen ihre grössten Vorteile nicht unter dem Aspekt höherer Produktivität, sondern als Instrumente der Lokalverwaltung ... In mancher Beziehung ist die sowjetische Kolchose die ausführende Gewalt der lokalen Regierung. Sie war für den Strassenbau innerhalb des Kolchosengebiets verantwortlich und überwachte die Verteilung der Elektrizität. Auch der Gesundheitsdienst, die sanitären Anlagen und die soziale Fürsorge werden weitgehend von Kolchosen und Sowchosen besorgt. Es kann wohl gesagt werden, dass die Nachteile der Kolchose als Produktionseinheit teilweise durch die Vorteile in Verwaltungsangelegenheiten aufgehoben werden ... Ob leistungsfähig oder nicht, sicher ist folgendes: Die sowjetischen Kolchosen füllten ein administratives 'Vakuum' aus, welches durch die Zerstörung des vorrevolutionären Pachtsystems entstanden war[106]." (Übersetzung von H.S.)

---

[106] *Raup Philip M.*, Some Interrelationships between public administration and agricultural development, in: *Montgomery J.D., Hirschman A.O.*, eds., Public Policy, Vol. XVI, Cambridge Mass. 1967, S. 37f.

Und ein solches Vakuum müsste bei praktisch jeder mehr oder minder radikalen Landreform in Entwicklungsländern entstehen. Wie sollen sich Landarbeiter, arme Pächter oder von Händlern und Geldverleihern abhängige Bauern plötzlich in einer 'freien' Wirtschaft zurechtfinden? Alternative Institutionen müssen bei einer Landreform in jedem Fall geschaffen werden. Zur Bedeutung der Kolchosen für die 'dritte Welt' und zu den Unterschieden zu 'westlichen' Genossenschaften meint *Raup*:

"The evidence from developing countries suggests that the most promising institution with which to begin is the cooperative, but not the cooperative as it has been commonly understood. The organizational form of the European or North American Cooperative has evolved through the provision of credit and production requirements to commercial agriculture or through promotion of product marketing. The administrative norms are properly taken from the private business sector. Success is measured by the tests of business success. But, cooperatives in newly developing countries are not exclusively and often not even primarily involved in factor supply or product marketing. They are instead performing a role as proxy governments, with the collective farm of soviet-type economies or the cooperatives of Eastern Europe as special cases[107]."

"Die Situation in den Entwicklungsländern zeigt, dass die am Anfang wahrscheinlich erfolgsversprechendste Institution Kollektive sind. Dabei dürfen wir aber nicht einfach unsere Kooperative als Modell nehmen. Denn: Die Kooperative in Europa oder in Nordamerika hatten meist den Zweck, Kredite zu vermitteln oder die Vermarktung der Produkte in einer kommerziellen Landwirtschaft sicherzustellen. Dabei wurden die administrativen Verwaltungsformen weitgehend von der Privatwirtschaft übernommen. Der Erfolg wurde nach privatwirtschaftlichen Kriterien ermittelt. Demgegenüber geht es bei Kooperativen in heutigen Entwicklungsländern weniger um Vermarktung und Produktionsfaktoren. Wichtiger wäre es, wenn die Kooperative die Verwaltung übernehmen könnten, z.B. nach dem Muster von sowjetischen Kollektiven oder anderer osteuropäischer Staaten[107]." (Übersetzung von H.S.)

Wie schon gesagt, ist die eben zitierte vorläufig noch die Meinung eines Aussenseiters. Es würde sich aber u.E. lohnen, diese Gedanken weiter zu verfolgen. Bisher war es meist so, dass man die Verwaltungsfunktionen der landwirtschaftlichen Kooperative auf die Frage des *Zwanges* reduzierte: Man vertrat etwa die Meinung, dass ein 'totalitärer' Staat eben besser in der Lage sei, seine Wünsche durchzusetzen als ein 'demokratisches' Land. Dies mag teilweise

---

[107] *Ebendort*, S. 55f.

stimmen. Es stimmt aber auch, dass ein 'demokratisches' Entwicklungsland gegenüber landwirtschaftlichen Kollektiven Steuer- und Kapitalbildungsforderungen wesentlich leichter durchsetzen und kontrollieren kann als gegenüber Einzelbauern. Ferner würde es auch einem 'totalitären' Staat wie China schwerfallen, von 100 Mio. Bauernhaushalten einigermassen gerecht die Steuern einzuziehen und die diversen Produkte aufzukaufen, die entsprechenden Verträge abzuschliessen usw. Daneben werden — wie wir schon angedeutet haben und noch im Detail zeigen werden — den Kolchosen und vor allem den Kommunen weitere Verwaltungsaufgaben zugewiesen, so dass diese landwirtschaftlichen Institutionen geradezu als Trägerinnen einer *Regionalpolitik* (dies besonders in China) bezeichnet werden können. Es erscheint uns notwendig, bei Produktivitätsdiskussionen der Landwirtschaft Chinas und Russlands immer auch diese weitergehendere Bedeutung der landwirtschaftlichen Kollektive zu berücksichtigen.

Noch ein letztes: In der westlichen Fachliteratur wird meist mit viel Nachdruck auf den grossen Produktivitätsrückstand der russischen gegenüber der amerikanischen Landwirtschaft hingewiesen. Bei diesem Vergleich wird vorwiegend die *Flächenproduktivität* herangezogen. Nun muss man sich aber vergegenwärtigen, dass es der UdSSR seit 1928 gelungen ist, den Anteil der in der Landwirtschaft Beschäftigten von rund 80 % auf unter 30 % zu reduzieren. Betrachtet man die *Arbeitsproduktivität,* so ergibt sich in der sowjetischen Landwirtschaft von 1928 bis 1959 ein durchschnittlicher jährlicher Anstieg von respektablen 3,1 %, bei Ausklammerung der Kriegsjahre sogar ein Anstieg von 4,1 %[108]. Wir werden besonders für China noch nachweisen, dass es durch die kollektive Landwirtschaft gelang, die *landwirtschaftlichen Arbeitskräfte wesentlich besser auszunutzen*[109]. — Nun kann man dagegen einwenden, dass für dichtbesiedelte Entwicklungsländer der *Flächenproduktivität* eine ungleich grössere Bedeutung zukomme als der Arbeitsproduktivität: Letztere sei nur relevant, wenn die Erschliessung von Neuland für die Agrarproduktion möglich sei oder wenn es gelingt, in kurzer Zeit viele Arbeitsplätze ausserhalb der Landwirtschaft zu beschaffen. Diese Bedingungen mögen in gewissen Teilen Afrikas oder Südamerikas gegeben sein, kaum aber in Südasien. Wir werden im 3. Kapitel am Beispiel China auch für Asien nachzuweisen versuchen, dass eine Intensivierung der Landwirtschaft durch bessere Wasserregulierung auch eine Möglichkeit grossbetrieblicher kollektiver Landwirtschafts-Organisation ist.

---

108 *Wilber*, a.a.O., S. 38.
109 Vgl. unter 3.2.2.

2. DIE AUFHEBUNG DES UNTERSCHIEDS ZWISCHEN STADT UND LAND

2.1. RELEVANZ DIESER THESE

Es mag erstaunen, dass wir auf diese scheinbar doch vorwiegend philosophische und weniger ökonomische Frage von *Marx* und *Engels* nochmals zurückkommen[110]. Es scheint uns aber, dass gerade dieses Problem in der zweiten Hälfte des 20. Jahrhunderts an Aktualität gewinnt. Wir denken an die *Urbanisierungsprobleme* und den wirtschaftlichen *Dualismus* in den Entwicklungsländern, aber auch an die mit der Urbanisierung verbundenen, kaum zu bewältigenden *Sozialkosten* in Industrieländern.

Kurz nach der Revolution stand in der Sowjetunion die *Marx'sche* These von der Aufhebung des Unterschieds zwischen Stadt und Land durchaus noch im Zentrum des Interesses. So lesen wir im Parteiprogramm von 1919:

"Da nun der Gegensatz zwischen Stadt und Land einer der Hauptgründe der Zurückgebliebenheit des Landes in wirtschaftlicher und kultureller Hinsicht ist, ... so richtet die russische kommunistische Partei ihr Hauptaugenmerk auf die Beseitigung dieses Gegensatzes ...[111]"

Später ideologisierte man die Argumentation und behauptete kurzerhand: "Durch die Kollektivierung der Landwirtschaft wurde im Sowjetlande der Gegensatz zwischen Stadt und Land restlos beseitigt ...[112]" Denselben Standpunkt vertritt auch *Abramow,* welcher allerdings als Begründung dafür die zunehmende *Mechanisierung* der Landwirtschaft anführt, welche die landwirtschaftliche Arbeit mehr und mehr zu einer Abart der industriellen Arbeit zu machen tendiere[113].

Aktuell ist die These der Aufhebung des Unterschieds zwischen Stadt und Land auch deshalb, weil diese Frage im sino-sowjetischen Konflikt eine Rolle gespielt hat. In der Antwort in 25 Punkten auf ein sowjetisches Schreiben vom 30.3.1963 hiess es in der Verlautbarung der KPCh in Punkt 18 u.a.:

"Die Arbeiter in den volkseigenen Betrieben und die Bauern auf den Farmen in kollektivem Besitz sind zwei verschiedene Kategorien der Werktätigen in der sozialistischen Gesellschaft. Deshalb gibt es in allen sozialistischen Staaten ohne Ausnahme Klassenunterschiede zwischen Arbeitern und Bauern. Diese

---

[110] Vgl. S. 47ff.
[111] Das neue Parteiprogramm der Bolschewisten vom 22. März 1919, a.a.O., S. 221f.
[112] *Woronowitsch A.,* Das Agrarprogramm der KPdSU und seine Verwirklichung in der Sowjetunion, Übersetzung aus dem Russischen, Berlin (Ost) 1956, S. 90.
[113] *Abramow W.A.,* Der Aufbau der Maschinen-Traktoren-Stationen und ihre Rolle bei der Festigung der Kollektivwirtschaften (1951), Übersetzung aus dem Russischen, Berlin (Ost) 1953, S. 23.

Unterschiede können nur nach dem Übergang zur höheren Stufe des Kommunismus verschwinden ... Daher wird es noch sehr, sehr lange Zeit dauern, bis die Klassenunterschiede zwischen Arbeitern und Bauern beseitigt werden können[114]."

Als Instrument zur Erreichung des Zieles der Aufhebung des Unterschieds zwischen Arbeitern und Bauern wurde in China ausdrücklich die *Volkskommune* bezeichnet[115]. Dabei spielte das System der 'lokalen Industrialisierung' eine wichtige Rolle[116].

Vom Standpunkt der *Entwicklungspolitik* aus muss man sich ernsthaft fragen, ob in Zeiten eines schnellen Transformationsprozesses wie in der UdSSR 1928 bis 1953 – mit einer starken Umstrukturierung der erwerbstätigen Bevölkerung in die Industrie – eine rasche Aufhebung des Einkommensdifferentials zwischen Arbeitern und Bauern überhaupt sinnvoll ist. Diese Einkommensdifferenz trägt nämlich dazu bei, den (notwendigen) Abgang von Arbeitskräften aus der Landwirtschaft in sekundäre und tertiäre Wirtschaftszweige zu beschleunigen.

2.2. EMPIRISCHES MATERIAL

Welche Indikatoren gibt es, um die *Marx'sche* Forderung nach Aufhebung des Unterschieds zwischen Stadt und Land in einer sozialistischen Gesellschaft zu verifizieren oder zu falsifizieren? Man könnte etwa sagen, dass sich das Leben der Bauern durch die Arbeitsorganisation in Kollektiven und Staatsgütern demjenigen der städtischen Industriearbeiter in bezug auf die Arbeitszeit und Urlaubsmöglichkeiten einigermassen angeglichen hat. Weiter könnte gesagt werden, dass eine zunehmende Mechanisierung der Landwirtschaft die Rationalität der Bauern in ähnlicher Weise wie jene des Städters erhöht. Zu einer solchen Angleichung der Lebensbedingungen gehört auch die mit der Kollektivierung verbundene zunehmende *Arbeitsteilung*.

Was in diesem Zusammenhang ebenfalls wichtig ist und der Erwähnung bedarf: die *Bildungsmöglichkeiten*. Und diese haben sich – insbesondere für die Bauern – in China und in Russland bedeutend verbessert. So stieg in China die

---

114 Zitiert nach: *Weber Hermann*, Konflikte im ..., a.a.O., S. 109. – Ausführlicher zur Bedeutung der Volkskommune im sino-sowjetischen Konflikt siehe: *Meissner B.*, The People's Commune: A Manifestation of Sino-Soviet Differences, in: *London Kurt*, ed., Unity and Contradiction, New York 1962, S. 122–141.
115 Vgl. dazu die Resolution des ZK der KPCh über die Errichtung von Volkskommunen auf dem Lande von 1958, teilweise übersetzt bei: *Snow*, a.a.O., S. 433. – Im Art. 2 der Statuten der Kommune 'Sputnik' heisst es zur Zielsetzung der Kommune: "Insbesondere sind die landwirtschaftliche und industrielle Produktion und Kultur und Erziehung zu entwickeln, die technologische und kulturelle Revolution voranzutreiben und der Unterschied zwischen Stadt und Land und zwischen körperlicher und geistiger Arbeit zu beseitigen ..." (Zitiert nach: *Grossmann*, a.a.O., S. 263f.)
116 Vgl. unten: 2.4.1.

Zahl der Absolventen der Primarschulen von jährlich 2,4 Mio. (1949) auf jährlich 16,2 Mio. (1958)[117]. In der Sowjetunion fiel die auf dem Lande in den 20er Jahren gegenüber der Stadt wesentlich höhere Analphabetenquote praktisch auf Null:

Statistik IV–4[118]:
Analphabetentum in der UdSSR 1926–1959
(in % der Bevölkerung zwischen 18 und 49 Jahren)

Jahr	Gesamt	Stadt	Land
1926	43,4	19,1	49,4
1939	12,6	6,2	16,0
1959	1,5	1,3	1,8

Bei der Betrachtung dieser Tabelle wird man zugeben müssen, dass unter dem Aspekt einer elementaren Schulung mit der These des Aufhebens des Unterschieds zwischen Arbeitern und Bauern wahrgemacht worden ist.

Der wichtigste Test bei der Prüfung dieser These wird jedoch ein *Einkommensvergleich* zwischen Arbeitern und Bauern sein. Und bei diesem Test werden wir in der UdSSR zu vielleicht überraschenden Resultaten kommen.

2.2.1. Die Situation in der UdSSR

Vor der Kollektivierung lebten die Bauern besser als die Städter. Diese Situation veränderte sich im Laufe des ersten 5-Jahres-Planes kontinuierlich zugunsten der Städter, wie folgende Tabelle zeigt:

Statistik IV–5[119]:
UdSSR: Konsumtion ausgewählter Produkte 1928–1932 (in kg)
(pro Kopf der Bevölkerung)

---

117 Chinesische Angaben, nach: *Emerson John Philip,* Employment in Mainland China: Problems and Prospects, in: Joint Economic Committee, ed., a.a.O., S. 425.
118 *Quelle: Leptin Gert,* Langfristige Wandlungen im Wirtschaftswachstum und in der Wachstumspolitik der Sowjetunion, in: *Thalheim K.C.,* Hrsg., Wachstumsprobleme in den osteuropäischen Volkswirtschaften, Bd. I, Berlin 1968, S. 51.
119 *Quelle: Strauss,* a.a.O., S. 103.

DIE AUFHEBUNG DES UNTERSCHIEDS ZWISCHEN STADT UND LAND

	Landwirtschaftl. Bevölkerung			Nicht lw. Bevölkerung		
	1928	*1930*	*1932*	*1928*	*1930*	*1932*
Brot[120]	250	241	215	174	198	211
Kartoffeln	141	147	125	88	136	110
Fleisch u. Fett	24,8	21,2	11,2	51,7	33,2	16,9
Butter	1,6	1,0	0,7	3,0	2,3	1,8

Diese Tabelle belegt, dass das Konsumniveau der Bauern in dieser Periode durchwegs gesenkt wurde, während die Konsumtion der nicht landwirtschaftlichen Bevölkerung von Brot und Kartoffeln von 1928–1932 trotz des ausgesprochen schlechten Erntejahres 1932 zunahm. Noch aufschlussreicher sind die Zahlen des ersten *Planes:* Geplant war nämlich, dass das Konsumniveau der nicht landwirtschaftlichen Bevölkerung bis 1932/33 für Fleisch, Milch und Eier *wesentlich* höher als dasjenige der Bauern sein sollte[121]. Die städtische Bevölkerung sollte also nach diesem Plan eindeutig bevorzugt werden.

Damit nahm eine Politik der *Benachteiligung* der Bauern gegenüber den Industriearbeitern ihren Anfang, die der These von der Aufhebung des Unterschieds zwischen Arbeitern und Bauern widerspricht. Das ganze Ausmass der Benachteiligung wird uns erst klar werden beim Kapitel 'Der Beitrag der Landwirtschaft zur Kapitalbildung'[122].

Von 1937 bis 1952 sank das Realeinkommen der Kolchosniki[123]. Noch 1955 war in der Ukraine das Jahreseinkommen der Industriearbeiter rund doppelt so hoch wie dasjenige der Sowchosarbeiter[124]. Die *Chruschtschow'schen* Reformen liessen dann das Einkommen der Bauern allmählich ansteigen. Immerhin war das durchschnittliche Geldeinkommen der Kolchosniki auch 1966 nur rund 2/3 des Sowchos-Arbeiters und etwa die Hälfte des Industriearbeiters[125]. Eine andere Schätzung geht dahin, dass in den 60er Jahren das ländliche Pro-Kopf-Einkommen in der UdSSR (vorwiegend Kolchose- und Sowchose-Mitglieder) bloss etwa 40 % des städtischen betrug[126].

Zum Einkommen sollten ja auch die gratis zur Verfügung gestellten Güter und Dienstleistungen gezählt werden. Auch hier sind die Kolchosniki gegenüber den

---

120 In Weizen-Einheiten.
121 Die detaillierten Planzahlen finden sich bei: *Strauss*, a.a.O., S. 102.
122 Vgl. unten, 3. Kapitel.
123 *Osad'ko M.*, in: Voprosy ekonomiki, Nr. 2/1959, S. 83, zitiert nach: *Nove*, Die Agrarwirtschaft, a.a.O., S. 347.
124 *Rabinovitch V.M.*, The Level of Wages of State-Farm Workers and the Conditions of their Increase (1957), teilweise übersetzt und zusammengefasst aus dem Russischen in: Soviet Studies, Vol. IX/1957–58, S. 346.
125 *Sherman*, a.a.O., S. 170.
126 *Schenk Karl Ernst*, Volkswirtschaftliche Disproportionen und Agrarpolitik, in: *Böttcher* u.a., Hrsg., Bilanz der Aera Chruschtschow, Köln 1966, S. 110.

städtischen Arbeitern benachteiligt: Bei letzteren machen diese unentgeltlichen Güter und Dienste 30 % des Realeinkommens, beim Kolchosniki hingegen nur 16 % aus[127]! — Vom Einkommensstandpunkt aus kann also keine Rede davon sein, dass der Unterschied zwischen Stadt und Land in der UdSSR ausgeglichen wurde — im Gegenteil[128]!

2.2.2. Die Situation in China

Im Gegensatz zur Sowjetunion der 30er und 40er Jahre wurde in China schon während des ersten Planjahrfünfts danach getrachtet, das Lebensniveau der Bauern demjenigen der Industriearbeiter anzugleichen. Das chinesische Regime bemühte sich darum, das Bauerneinkommen mindestens auf dem Niveau des Einkommens der manuell tätigen Arbeiter zu halten[129]. Eine Massnahme zur Erreichung dieses Ziels besteht beispielsweise darin, dass elektrische Energie den Landbewohnern 40 % billiger und Erdölprodukte 30 % billiger als den Stadtbewohnern geliefert wird[130]. Eine gewisse Angleichung im Konsumniveau lässt sich etwa durch folgende Tabelle zeigen:

Statistik IV-6[131]*:*
China: Pro-Kopf-Konsum an Nahrungsgetreide 1953—1957 (in kg)

	1953/54	1954/55	1955/56	1956/57
Total	227,0	234,3	249,7	262,3
Stadtbevölkerung	289,8	279,0	278,4	282,4
Landbevölkerung	218,2	227,3	239,4	258,9

Während also der Getreide-Konsum der Stadtbevölkerung in dieser Periode leicht abgesunken ist, gelang es offenbar, die ländliche Bevölkerung pro Kopf mit rund 20 % mehr Getreide zu versorgen.

Selbstverständlich ist das *Geldeinkommen* der Bauern auch in China wesentlich geringer als jenes der Industriearbeiter (höherer Selbstversorgungs-

---

[127] *Sherman,* a.a.O., S. 170. — So gab es für die Kolchos-Bauern bis in die 60-er Jahre keine staatliche Altersversorgung; diese war Aufgabe der Kolchose. Dazu: *Nove,* Rural Taxation in the USSR, Soviet Studies, Vol. V/1953, S. 165.
[128] Immerhin muss angemerkt werden, dass im 8. Fünfjahresplan (1966/70) die Löhne der Industriearbeiter um 20,5 % ansteigen sollten, jene der Sowchose- und Kolchosenmitglieder hingegen um 38 %. (Der Volkswirt, Nr. 45/1969, S. 26.)
[129] *Hoffmann Charles,* a.a.O., S. 473.
[130] *Han Suyin,* a.a.O., S. 129
[131] *Quelle: Chen Nai-ruenn,* Chinese Economic Statistics, A Handbook for Mainland China, Edinburgh 1967, S. 437.

grad). Während des ersten Planjahrfünfts gelang es lediglich, den Abstand nicht grösser werden zu lassen:

Statistik IV–7[132]:
China: Einkommensniveau der Bauern und Arbeiter 1952–1959

Jahr	ɸ Jahreseinkommen von Arbeitern und Angestellten		ɸ Jahreseinkommen der Bauernfamilien	
	Yuan	Index: 1952 = 100	Yuan	Index: 1952 = 100
1952	446	100,0	244	100,0
1954	519	116,4	270	110,7
1956	610	136,8	304	124,3
1958	656	147,1	349	142,9
1959	690	154,5	383	157,0

Nach 1959 erfolgte dann in China der bekannte Datenstop. Es kann jedoch angenommen werden, dass sich die Situation seither weiter zugunsten der Bauern verbessert hat, da um 1960 die Preise für Agrarprodukte angehoben wurden, um die Bauerneinkommen zu steigern[133].

Zusammenfassend lässt sich sagen, dass China anscheinend mit mehr Nachdruck als die UdSSR versucht, mit der *Marx'schen* These des Aufhebens des Unterschieds zwischen Stadt und Land ernst zu machen. Dies hängt aber auch mit der *Industrialisierungspolitik* der beiden Länder zusammen: Die UdSSR ging im wesentlichen den 'westlichen' Weg mit dem Aufbau grosser Industrie-Zentren. Diese Politik erforderte wahrscheinlich (beim eingeschlagenen Tempo der Industrialisierung), ein erhebliches Einkommensdifferential zwischen Arbeitern und Bauern aufrechtzuerhalten bzw. zu schaffen. Chinas Strategie der 'Lokalen Industrialisierung' (siehe unten) braucht hingegen vom Arbeitskräfte-Mobilitäts-Standpunkt aus kein Einkommensdifferential gleichen Ausmasses.

In der UdSSR wurde – abgesehen vom Lebensstandard-Unterschied – versucht, die *Marx'sche* These des Aufhebens des Unterschieds zwischen Stadt und Land zu verwirklichen. Wir beleuchten im folgenden kurz die Idee der 'Agrostädte'. Anschliessend stellen wir die vom Entwicklungsländer-Standpunkt aus interessanteren Bemühungen Chinas um eine neue Industrialisierungspolitik und ein neues Erziehungssystem dar.

---

132 *Quelle: Simonis*, a.a.O., S. 55.
133 Dazu: *Hoffman*, a.a.O., S. 487.

2.3. SOWJETISCHER ANSATZ: AGROSTÄDTE

Selbst wenn die Arbeitsbedingungen und das Einkommen der Bauern demjenigen der städtischen Arbeiter angeglichen werden könnten, bliebe immer noch die ganz andere Lebensform der Bauern — Einfamilienhäuser im traditionellen russischen Dorf — erhalten. Um 1950 wurde *Chruschtschow* mit seiner Idee der 'Agrostädte' als Agrarfachmann bekannt. Die Idee als solche war allerdings schon älter: So prophezeite der Wirtschaftstheoretiker *Larin* schon 1930: Wir werden "für die Bauern Agrostädte anstelle der jetzigen Dörfer bauen"[134].

Das *Ziel* dieser Städte ist eindeutig die 'Ent-Bauerung' bzw. 'Proletarisierung' der Landbevölkerung. Die erste Agrostadt wurde schon in den 30er Jahren in der Donsteppe geschaffen: Im Zentrum der Sowchose 'Gigant' entstand eine stadtähnliche Siedlung für die Bauern[135]. Dann aber redete man in den 50er Jahren zwar viel über diese Städte, baute aber nur wenig daran. Denn: Die sowjetische Bauwirtschaft wäre bei einer grosszügigen Realisierung dieses Projekts völlig überfordert worden[136]. Einzelne Ansätze zu Agrostädten sind allerdings vorhanden: So wurde 1961 im Moldau-Gebiet eine Muster-Agrostadt mit 2-stöckigen Häusern zu 6 bis 8 Wohnungen gebaut. Auch eine Kinderkrippe und eine Gemeinschaftsküche fehlten nicht[137]. Für *Weissrussland* ist geplant, die heutigen 34'000 Siedlungen im Laufe der Zeit durch 5'500 Siedlungen städtischen Charakters zu ersetzen[138].

Es scheint, dass solche und ähnliche Pläne vor allem an den zu hohen *Kosten* scheitern[139]. Auch vom Standpunkt der Wohnverhältnisse aus kann also (bisher) in der UdSSR noch nicht die Rede davon sein, dass der Gegensatz zwischen Stadt und Land aufgehoben wurde.

2.4. CHINESISCHE ANSÄTZE

2.4.1. Die 'lokale Industrialisierung'

In China versuchte und versucht man mit einer ganz anderen Methode, die *Marx'sche* These der Aufhebung des Unterschieds zwischen Stadt und Land zu

---

[134] *Larin*, Perspektiven und Fragen in der Kolchosbewegung, in: Ekonomika Obosrenje, Jan. 1930, zitiert nach: *Sack*, a.a.O., S. 50.
[135] *Schiller O.*, Die sowjetische Landwirtschaft im Zeichen des 'Übergangs zum Kommunismus', in: Osteuropa Wirtschaft, Nr. 3/1962, S. 171.
[136] *Thalheim*, Grundzüge..., a.a.O., S. 39.
[137] Prawda Moskau, 24.7.1961, S. 2 (SOI-Nachrichten, Nr. 31/1961).
[138] Ekonomiceskaja gazeta, Moskau, Nr. 4/1968, S. 34ff. (SOI-Nachrichten, Nr. 13/1968.)
[139] *Meckelein Wolfgang*, Wandlungen im ländlichen und städtischen Siedlungsbild der Sowjetunion, in: *Böttcher* u.a., Hrsg., Bilanz..., a.a.O., S. 25.

verwirklichen. Es wurde und wird nämlich — besonders seit 1958 — angestrebt, die Industrie aufs Land heraus zu bringen, sie also zu *dezentralisieren*. Die Trägerin dieser Entwicklung ist dabei die *Volkskommune:*

"We have found in the people's commune a form of social organization which is best suited for developing industry and agriculture in the country simultaneously...[140]"

"Wir haben mit der Volkskommune eine Organisationsform gefunden, welche sich dazu eignet, Industrie und Landwirtschaft im ganzen Lande gleichzeitig zu entwickeln...[140]" (Übersetzung von H.S.)

Diese Bedeutung der Volkskommune betonte 1958 auch *Mao Tse-tung:* "Mit der Urbanisierung des Landes und der Ruralisierung der Städte wollen wir ausdrücken, dass ein neuer Wandlungsprozess die Gesellschaft *als Ganzes* ergriffen hat[141]." Im provisorischen Reglement für die Volkskommune Weihsing heisst es über den Zweck der Kommune u.a.: "Sa tâche est d'organiser la production industrielle et agricole, le commerce, les activités culturelles et éducatives et les affaires politiques à l'intérieur de la commune[142]." "Ihre Aufgabe besteht darin, sowohl die landwirtschaftliche wie auch die industrielle Produktion zu organisieren, den Handel, die kulturellen Aktivitäten, die Erziehung und die politischen Angelegenheiten innerhalb der Kommune zu regeln[142]." (Übersetzung von H.S.)

Die 'lokale Industrialisierung' muss als ein Teil des umfassenderen Konzepts des *'Auf zwei Beinen Gehen'* gesehen werden. Lassen wir *Liu Schao-schi* dieses Konzept definieren:

"Das heisst: die gleichzeitige Entwicklung von Industrie und Landwirtschaft und die gleichzeitige Entwicklung der Schwer- und Leichtindustrie, wobei die Schwerindustrie den Vorrang hat; die gleichzeitige Entwicklung von zentral und örtlich geleiteten Industriebetrieben, von grossen, mittleren und kleinen Unternehmen, und die gleichzeitige Anwendung moderner und landläufiger Produktionsmethoden unter zentraler Führung, mit umfassender Planung... Diese ganze Reihe von Massnahmen erhielt später im Volksmund den Namen 'auf beiden Beinen gehen'[143]."

Ein Aspekt dieses 'Auf beiden Beinen gehen' war eben die lokale Industrialisierung. Dabei wurde als *Planziel* angestrebt, den Wert der Industrieprodukte in allen Provinzen, ja selbst in den meisten Bezirken und Kreisen so zu erhöhen,

---

140 *Li Fu-ch'un,* On the Big leap Forward in China's Socialist Construction, 1959, zitiert nach: *Simonis,* a.a.O., S. 111.
141 *Mao Tse-tung* (1958), zitiert nach: *Han Suyin,* a.a.O., S. 55.
142 Zitiert nach: *Pang,* a.a.O., S. 62.
143 *Liu Schao-schi,* Der Sieg des Marxismus-Leninismus..., a.a.O., S. 28f.

dass dieser Wert jenen der landwirtschaftlichen Produktion übersteigt[144]. Man hoffte dabei, die ländliche Bevölkerung — besonders während der arbeitsarmen Zeit in der Landwirtschaft — für den Bau und den Betrieb von kleinen Industrieanlagen beiziehen zu können[145].

Ist das eine grundlegende Abkehr von der *Marx'schen* Aussage der technologischen Überlegenheit des Grossbetriebs? Nun, man war in China der Ansicht, dass gewisse Industrien nur im Grossbetrieb und mit modernsten Verfahren betrieben werden könnten. Für andere wiederum würden sich kleinere und mittlere Betriebe besser eignen, welche den Vorteil hätten, dass sie weniger Investitionen benötigten und schnelle Erfolge bringen würden[146]. Auch sah man ein, dass diese lokalen Kleinbetriebe sich viel elastischer auf das schwankende Arbeitsangebot der landwirtschaftlichen Bevölkerung einstellen können[147]. Es gibt nämlich — so betont *Spulber* — sowohl Rohstoffe als auch Arbeitskräfte, welche zwar für die lokale Kleinindustrie, kaum aber für Grossbetriebe mobilisierbar sind[148].

Um welche Branchen handelt es sich aber *konkret,* welche für die lokale Industrialisierung, für Klein- und Mittelbetriebe innerhalb der Kommunen in Frage kommen? Nun, zum grössten Teil geht es um Betriebe, die wir in unserm Sprachgebrauch als *Handwerker-Betriebe* bezeichnen würden. Zwar betreiben die Kommunen auch kleine Kraftwerke, Düngemittel- und Zementfabriken, Kohlen- und Eisenförderung; wichtiger sind aber doch die *Werkstätten* zur Herstellung und Reparatur landwirtschaftlicher Geräte und vor allem die Fabriken zur *Verarbeitung landwirtschaftlicher Erzeugnisse,* z.B. Reisschälfabriken, Mühlen oder Konservenfabriken[149]. Daneben werden aber in den Kommunen auch in vermehrtem Masse Güter für die landwirtschaftliche Produktion und Konsumgüter hergestellt: Baumaterialien (z.B. Ziegeleien), Geräte für den Ackerbau, Insektenpulver, Schuhe, Kleider und Papier[150].

Bei all dem wurde immer besonderen Wert darauf gelegt, dass im Produktionsprozess örtliche Rohstoffe und — oft leicht verbesserte — heimische Methoden angewandt werden[151].

Und der Erfolg dieser lokalen Industrialisierung? Nun, der Mangel an genauen und vollständigen Daten macht uns eine exakte quantitative Analyse unmöglich. Wir wissen, dass für 1959 angestrebt wurde, dass der Anteil der nicht agraren

---

144 *Derselbe,* Bericht über die Arbeit . . ., a.a.O., S. 43.
145 *Ebendort,* S. 49.
146 *Ebendort,* S. 51f.
147 *Ebendort,* S. 52.
148 *Spulber N.,* Contrasting Economic Patterns: Chinese and Soviet Development Strategies, in: Soviet Studies, Vol. XV, No. 1/1963, S. 11.
149 *Pang,* a.a.O., S. 59.
150 *Ebendort,* S. 60.
151 Vgl. etwa die Aussage des Vizepremiers *T'an Chen-lin* (1960), Zitat bei: *Biehl,* Die Landwirtschaft . . ., a.a.O., S. 59. Denselben Aspekt betont auch *Liu Scho-schi* immer wieder. (Bericht . . ., a.a.O., S. 49ff.)

DIE AUFHEBUNG DES UNTERSCHIEDS ZWISCHEN STADT UND LAND 181

Produktion an der Gesamtproduktion der Kommunen etwa 30 % ausmachen sollte[152]. Wir wissen ferner, dass im Herbst 1959 in den Volkskommunen Chinas ca. 700'000 Werkstätten betrieben wurden[153]. *Charrière* schätzt den Anteil der 'kommunalen' Industrie an der gesamten industriellen Produktion für das Jahr 1964 auf 10 %[154], einer chinesischen Angabe zufolge erbrachten die Kleinanlagen im Jahre 1965 rund 40 % der industriellen Gesamtproduktion[155]. — Noch drei 'typische' chinesische Teil-Angaben aus neuerer Zeit: Aus dem Kreis Yongtschun wird berichtet, dass alle 222 Produktionsbrigaden dieses Kreises eigene Fabriken betreiben, welche sich mit Kohlenförderung, Eisengewinnung, Kunstdüngererzeugung, Maschinenbau, mit der Zement- und Textilproduktion usw. beschäftigen[156]. Von der Kommune Liudji erfährt man, dass der Anteil am Gesamteinkommen dieser Kommune aus der industriellen Tätigkeit von 1957 bis 1968 von 4,3 % auf 24 % angestiegen sei[157]. Und schliesslich noch eine der wenigen Globalzahlen aus neuerer Zeit: Von 1965 bis 1970 soll der Anteil der Stickstoffdüngerproduktion der kleinen, lokalen Fabriken an der Gesamtproduktion von 12 % auf 43 % angestiegen sein[158].

Schumacher ist der Ansicht, dass die Form, in welcher die Industrialisierung in Entwicklungsländern bisher (im wesentlichen nach 'westlichem' Muster) durchgeführt worden sei, sich nicht nur nicht bewährt, sondern sich geradezu als unbrauchbar erwiesen habe[159]. Nun wird uns mit der chinesischen 'lokalen Industrialisierung' eine beachtenswerte Alternative zur Industrialisierung in Westeuropa und den USA, aber auch zu jener der Sowjetunion aufgezeigt. Eine Alternative, welche insbesondere die Entwicklungsländer sorgfältig studieren sollten. Wir kennen heute die sozialen Kosten, welche mit einer Industrialisierung und Urbanisierung verbunden sind. Auch die Sowjetunion blieb mit ihrer Industrialisierungspolitik von den nachteiligen Folgen nicht verschont. So stieg in diesem Lande von 1939 bis 1962 die Gesamtbevölkerung um 15,2 %, die Stadtbevölkerung um 85,1 % und diejenige der grossen Städte (mit über 500'000 Einwohnern) um 126,2 %[160]. Die Urbanisierung der UdSSR konnte nicht kontrolliert werden: So war die Höchsteinwohnerzahl für Moskau ursprünglich auf 4 Mio. geplant; 1962 zählte diese Stadt aber schon 6,3 Mio.

---

152 *Grossmann*, a.a.O., S. 279.
153 *Li Choh-ming*, China's Industrial Development 1958—1963, in: *Li Choh-ming*, ed., Industrial Development in Communist China, New York 1964, S. 22.
154 *Charrière*, a.a.O., S. 62.
155 *Chen T.L.*, Small Plants play a Big Role, in: China Reconstructs, Vol. 15, No. 6, Peking 1966, S. 26ff.
156 Peking Rundschau, Nr. 10/1970, S. 4f.
157 Peking Rundschau, Nr. 46/1969, S. 12.
158 Peking Rundschau, Nr. 30/1970, S. 21.
159 *Schumacher E.F.*, Technische Zwischenlösungen, Übersetzung aus dem Englischen, Nürnberg 1970, S. 16.
160 *Meckelein*, a.a.O., S. 29.

Einwohner[161]. Dabei wären auch in der UdSSR während des Winters noch Arbeitskräfte in der Landwirtschaft zu mobilisieren. Ähnlich wie später in China, war 1929 in der UdSSR im Zusammenhang mit der Kollektivierung von 'agro-industriellen Kombinaten' die Rede. Später allerdings wurde diese Idee als 'abweichlerisch' verurteilt[162]. Die Idee wurde in den 60er Jahren wieder aufgegriffen: So hob *Breschnew* in seiner Rede auf dem 3. Kolchoskongress vom 26.11.1969 die Bedeutung der Kombination agrarischer und industrieller Betriebe hervor[163], welche bereits im Parteiprogramm von 1961 proklamiert worden waren[164].

Auch China hatte 1952 bis 1957 — wie wohl die meisten Entwicklungsländer — gegen typische Urbanisierungserscheinungen anzukämpfen. In dieser Zeit nahm die Stadtbevölkerung um 23 Mio. zu. Diese Zunahme ist 2 1/2 mal so gross wie die Zunahme der nicht landwirtschaftlichen Arbeitsplätze in dieser Periode[165]! Von 1949 bis 1958 stieg die Bevölkerung von Schanghai von 4,1 auf 7,5 Mio., während sie von 1958 bis 1965 dank Volkskommunen und lokaler Industrialisierung nur noch um 0,7 Mio. Personen anwuchs[166]. So wird denn oft ein wichtiger Zweck der Kommune-Bewegung und der damit verbundenen lokalen Industrialisierung in der Notwendigkeit gesehen, die Urbanisierung einigermassen unter Kontrolle zu bekommen[167]. Zur längerfristigen Entwicklung meint *Thérèse Pang:*

> "A plus long terme, les communes pourront jouer un autre rôle: unités d'économie multiple, elles pourront être l'institution idéale à l'ère industrielle: sortes d'agrovilles, elles devraient permettre la reconversion sur place d'une population agricole et population industrielle, sans entraîner les coûts sociaux et économiques qu'impliquerait une urbanisation démesurée dans un pays à forte densité démographique[168]."

> "Auf längere Sicht könnte den Kommunen eine wichtige Aufgabe zufallen. Als umfassende ökonomische Einheiten könnten sie zu Trägern einer Industrialisierung werden. Dank einer Art 'Agrostädte' würden sie sowohl die in der Landwirtschaft wie auch die in der Industrie Beschäftigten auf dem Lande zurückhalten. Auf diese Weise könnten die Sozialkosten vermieden

---

161 *Ebendort.*
162 *Jasny,* The Socialized..., a.a.O., S. 316.
163 *Waedekin Karl-Eugen,* Der Dritte Kolchos-Kongress, Osteuropa, Heft 3/1970, S. 147.
164 Programm und Statut der Kommunistischen Partei der Sowjetunion, angenommen auf dem XXII. Parteitag der KPdSU, Okt. 1961, Berlin (Ost) 1961, S. 80f.
165 *Snow,* a.a.O., S. 442; vgl. dazu auch: *Spulber,* Contrasting..., a.a.O., S. 9.
166 *Howe Christopher,* The Supply and Administration of Urban Housing in Mainland China: The Case of Shanghai, China Quarterly, No. 33/1968, S. 78.
167 So etwa: *Salaff Janet,* The Urban Communes and Anti-City Experiment in Communist China, China Quarterly, No. 29/1967, S. 82—110.

DIE AUFHEBUNG DES UNTERSCHIEDS ZWISCHEN STADT UND LAND

werden, welche mit einer Urbanisierung in einem dicht bevölkerten Entwicklungsland fast zwangsläufig verbunden sind[168]." (Übersetzung von H.S.)

Da eine Industrialisierung mit Ballungszentren ein irreversibler Prozess ist, würden weniger industrialisierte Länder wohl gut daran tun, das Beispiel China sorgfältig zu studieren.

Die 'lokale Industrialisierung' bietet aber auch noch andere Vorteile. Ursprünglich war in China die Industrie vor allem an der Ost-Küste konzentriert, wodurch sich sowohl für die Input-Beschaffung aus dem Hinterland als auch für den Absatz der Produkte z.T. hohe Transportkosten ergaben, welche durch eine weitere Streuung der Industrie vermindert werden konnten[169]. Weiter ist zu beachten, dass in der arbeitsarmen Zeit in der Landwirtschaft die Arbeitskräfte in Fabriken eingesetzt werden können[170]. Dadurch lässt sich das durchschnittliche Beschäftigungsniveau auf dem Lande anheben.

Zum Schluss noch ein weiterer, langfristig wohl schwerwiegender Vorteil der 'lokalen Industrialisierung': Der *Ausbildungseffekt* auf die traditionellen Bauern[171]. Sicher lässt sich der Bauer durch das Handwerk oder die Industrie viel eher rationalisieren als durch landwirtschaftliche Arbeiten, bei welchen immer noch vieles von der Natur abhängt und das Denkenlernen in 'Ursache – Wirkung' erschwert. Zu diesem Ausbildungseffekt der lokalen Industrialisierung meint *Grossmann*:

"Abgesehen davon, dass durch eine – wenn auch nur notdürftige – Befriedigung des industriellen Eigenbedarfs der Volkskommunen die staatliche Industrie entlastet wird, liegt die Hauptbedeutung der Volkskommunen für die Industrialisierung Chinas darin, dass hier in grossem Stile der Bevölkerung erstmals die Probleme der industriellen Fertigung nahegebracht werden. Der Bauer, der jahrelang den Pflug geführt hat und zum ersten Male Eisen erzeugt, das möglicherweise völlig unbrauchbar ist, wird in einer Gesellschaftsordnung, die die Massstäbe der industriellen Fertigung am höchsten bewertet, ein erhöhtes Zutrauen zu sich und vielleicht auch zu seinem Staat gewinnen. Die primitiven Mittel, die er verwendet, regen seinen Sinn für das Praktische an und veranlassen ihn zu Überlegungen, wie man es besser machen kann...[172]"

Wie wir gesehen haben, gibt es im chinesischen System der 'lokalen Industrialisierung' manche Ansätze, welche der *Marx'schen* Forderung nach Aufhebung des Unterschieds zwischen Stadt und Land gerecht werden.

---

168 *Pang*, a.a.O., S. 196.
169 *Ebendort*, S. 60.
170 *Han Suyin*, a.a.O., S. 58; Peking Rundschau, Nr. 46/1969, S. 12.
171 Dieser Ausbildungseffekt wird auch im Bericht von *Liu Schao-schi* erwähnt: Bericht über die Arbeit..., a.a.O., S. 52.
172 *Grossmann*, a.a.O., S. 281f.

Ausserdem sprechen aber auch einige *ökonomische Gründe* für diese Art der Industrialisierung in einem dicht bevölkerten Entwicklungsland.

2.4.2. Neues Erziehungssystem

Bisher behandelten wir nur *einen* Aspekt der *Marx'schen* These der Aufhebung des Unterschieds zwischen Stadt und Land: Die Angleichung der Lebensbedingungen von Bauern und Städtern. In diesem Zusammenhang sprach *Marx* aber auch immer von der Notwendigkeit der *Verbindung von geistiger und körperlicher Arbeit.* Auch diesem Postulat versucht man in China Rechnung zu tragen.

Dies scheint deshalb besonders wichtig zu sein, weil in China die manuelle Arbeit seit dem Altertum gering geachtet wurde, wogegen 'Bildung' gleichbedeutend mit 'Beamtentum' war[173]. So sagte *Men-tsu,* der bedeutendste Schüler von *Kon-Fu-tse:* "Geistig Arbeitende sind die Regierenden, körperlich Tätige dagegen die Regierten[174]." Zwei chinesische Sprichwörter bestätigen diese Haltung: "Alle Berufe sind niedrig, aber das Lernen und Studium am höchsten", und: "Durch Bücher zu schönen Frauen und goldenen Häusern[175]." Eine solche Mentalität galt es natürlich im Interesse des wirtschaftlichen Aufschwunges zu überwinden.

Die Ansätze zu einer revolutionären Ausbildungspolitik sind schon in einem Aufsatz *Maos* von 1942 zu finden:

> "Wir schätzen unsere Intelligenz, das ist völlig richtig, denn ohne eine revolutionäre Intelligenz kann die Revolution nicht siegen. Aber wir wissen, dass sich viele Intellektuelle für sehr gebildet halten und sich mit ihren Kenntnissen brüsten, ohne zu begreifen, dass so ein Grosstun schlecht ist... Sie müssen die Wahrheit begreifen, dass in der Tat viele sogenannte Intellektuelle vergleichsweise höchst unwissend sind, dass die Arbeiter und Bauern zuweilen etwas mehr wissen als sie[176]."

Anschliessend philosophiert *Mao* über das *Wissen.* Er macht die Unterscheidung in *sinnliche* und *rationale* Erkenntnis[177]. Die Studenten verfügten nur über die letztere und ein einseitiges Buchwissen, das sie kaum durch eigene Erfahrung bestätigen könnten: "Wie können Menschen, die nur über Buchwissen verfügen, in Intellektuelle im vollen Sinne des Wortes umgewandelt werden? Die einzige

---

173 Dazu: *Han Suyin,* a.a.O., S. 131.
174 Nach: *Cheng Tong-yung,* Finanzpolitik und Kapitalbildung in der Planwirtschaft. Die Finanzierung der Industrialisierung Kontinentalchinas als Beispiel. Diss. Köln 1963, S. 5.
175 *Ebendort,* S. 6.
176 *Mao Tse-tung,* Den Arbeitsstil der Partei verbessern (1942), in: Werke, Bd. III, a.a.O., S. 39.
177 Wir würden das bei uns wohl 'praktische' und 'theoretische' Erkenntnis nennen.

DIE AUFHEBUNG DES UNTERSCHIEDS ZWISCHEN STADT UND LAND

Methode ist, sie praktisch arbeiten zu lassen...[178]" Mao sieht aber auch die andere Gefahr, dass nämlich 'sinnliche' Erkenntnis allein nicht in einen grösseren theoretischen Kontext eingeordnet werden kann. Die einzige Lösung sieht er darin, praktische und theoretische Arbeit miteinander zu verbinden:

> "Es gibt also zwei Arten unvollständiger Kenntnisse: Kenntnisse, die in fertiger Form aus Büchern erworben werden, und Kenntnisse, die vorwiegend das Ergebnis sinnlicher Wahrnehmung oder Teilerkenntnisse sind. Die einen wie die andern leiden an Einseitigkeit. Nur ihre Vereinigung kann gute, verhältnismässig vollständige Kenntnisse ergeben[179]."

Heute wird die Bedeutung dieser Verbindung von geistiger und körperlicher Arbeit in der 'Peking Rundschau' wie folgt begründet:

> "Durch die manuelle Arbeit beim Studieren der Industrie sollen sich die Schüler gewisse Produktionsfertigkeiten aneignen, damit sie mehr sinnliche Erkenntnis über den sozialistischen Aufbau gewinnen und diese zu rationaler Erkenntnis erheben können. Dadurch wird das Phänomen der Trennung von Theorie und Praxis beseitigt werden[180]."

Und diese Verbindung von geistiger und körperlicher Arbeit wurde in China mit dem sog. 'Hsia Fang-System' verwirklicht. 1957 schien diese Bewegung vor allem der Aktivierung der überbesetzten Administration zu dienen[181]. Die Bewegung wurde 1964 intensiviert; der endgültige Durchbruch stellte sich aber erst mit der Kulturrevolution von 1966 ein[182].

Leonhard sieht den Einbezug der Intellektuellen in die manuelle Arbeit vor allem unter dem Aspekt der *Parteilehre Mao Tse-tungs*, in welcher *Mao* die Wichtigkeit der Verbundenheit mit den Volksmassen betont[183]. Ein Zitat von *Mao* illustriert diese These:

> "Die Intellektuellen müssen vor allem die Arbeiter und Bauern verstehen, sich mit ihrem Leben, ihrer Arbeit und Denkweise vertraut machen, da sie den Arbeitern und Bauern dienen wollen. Wir treten dafür ein, dass die Intellektuellen unter die Massen gehen, in die Betriebe sowie aufs Land[184]."

---

178 *Mao Tse-tung,* Den Arbeitsstil..., a.a.O., S. 40.
179 *Ebendort,* S. 42.
180 Peking Rundschau, Nr. 35/1970, S. 9.
181 *Lee Rensselaer W.,* The Hsia Fang System: Marxism and Modernization, China Quarterly, No. 28/1966, S. 43f.
182 *Han Suyin,* a.a.O., S. 208f.
183 *Leonhard,* Die Dreispaltung..., a.a.O., S. 291ff.
184 Peking Rundschau, Nr. 12/1970, S. 2; ähnlich in: Peking Rundschau, Nr. 1/1969, S. 15; Peking Rundschau, Nr. 31/1969, S. 13; aber schon *Liu Schao-schi* vertrat 1958 dieselbe Auffassung: Bericht über..., a.a.O., S. 57.

186   DIE AUFHEBUNG DES UNTERSCHIEDS ZWISCHEN STADT UND LAND

Ohne diese Verbindung mit den Massen — auch und vor allem durch die Arbeit — werden die Kader laut *Mao* 'revisionistisch'. Das System der Teilnahme der Kader an kollektiver Produktionsarbeit "trägt dazu bei, den Bürokratismus zu überwinden und den Revisionismus und Dogmatismus zu verhüten"[185]. Als letzte Begründung für die Hsia Fang-Bewegung wird schliesslich noch das Ziel genannt, mit der *Marx'schen* These der 'Aufhebung des Unterschieds zwischen geistiger und körperlicher Arbeit' ernst zu machen:

> "Die Verwirklichung der Weisung des Vorsitzenden Mao trägt . . . dazu bei, den Unterschied zwischen Arbeiter und Bauer, zwischen Stadt und Land zu verringern. Eine Generation neuer Menschen bildet sich heraus, mit hochgradigem sozialistischem Bewusstsein und mit Arbeitserfahrung, Menschen, die sich in der Industrie wie in der Landwirtschaft auskennen[186]."

Könnte und sollte ein ähnliches Erziehungssystem auch in andern Entwicklungsländern aufgebaut werden? Welches wären seine Vorteile? Wird sich dieses Erziehungssystem mit zunehmender Industrialisierung und damit verbundener notwendiger Spezialisierung nicht selbst ad absurdum führen?

Zweifelsohne kommt den Intellektuellen in allen Entwicklungsländern bei den notwendigen sozialen und wirtschaftlichen Umgestaltungen eine wichtige Bedeutung zu. Nun ist es aber bekanntlich so, das in manchen Entwicklungsländern ein *intellektuelles Proletariat* existiert, welches gar keine Arbeit findet. Genauer: Diese Intellektuellen finden *keine Arbeit, die ihrem Status* entsprechen würde. Bestimmt könnten sie irgendwo auf dem Lande in einem 'community development programme' eingesetzt werden — wenn sie nur wollten. Sie wollen aber keine nicht 'standesgemässe' Tätigkeit ausüben. Und diese 'Entfremdung' zwischen den Intellektuellen einerseits und den Arbeitern und Bauern andererseits versuchte man in China mit dem neuen Erziehungssystem zu überwinden[187]. Diese Bewegung wurde während der Kulturrevolution von 1966 wieder aktiviert. So hiess es in einem Beschluss des ZK der KPCh vom 8. Aug. 1966:

> "In jeder Art Schule müssen wir die vom Genossen Mao Tse-tung festgelegte Politik, dass die Erziehung der proletarischen Politik dient und Erziehung mit produktiver Arbeit verbunden ist, restlos zur Anwendung bringen[188]."

---

185   *Mao Tse-tung*, zitiert nach: Peking Rundschau, Nr. 48/1969, S. 7.
186   Peking Rundschau, Nr. 20/1968, S. 11.
187   Vgl. Zitat auf S. 185. — Das ZK der KPCh beschloss im Dezember 1958: "The principle of combining education with productive labour must be carried out thoroughly in all schools, without exception." "Das Prinzip der Verbindung von Ausbildung und produktiver Arbeit muss in allen Schulen eingeführt werden, ohne eine einzige Ausnahme." (Übersetzung von H.S.) (Zitiert nach: *Hu C.T.*, Politics and Economics in Chinese Education, in: *Klatt*, ed., The Chinese Model, a.a.O., S. 41.
188   Zitiert nach: *Blumer Giovanni*, Die chinesische Kulturrevolution 1965/67, Frankfurt 1968, S. 182.

DIE AUFHEBUNG DES UNTERSCHIEDS ZWISCHEN STADT UND LAND

Wie aber werden diese Weisungen *konkret* durchgeführt? Nun, es gibt offenbar verschiedene Möglichkeiten. Über einige berichtet *Snow*, welchem der stellvertretende Unterrichtsminister *Dsui Dschung-jüan* 1960 ein Interview gewährte[189]. Es sei klar — so wurde in diesem Interview gesagt — dass ein Landwirtschaftsstudent mehr Zeit mit praktischer Arbeit verbringe als ein Student der theoretischen Physik. Deshalb auch würden an den Hochschulen drei verschiedene Systeme angewandt: Beim ersten System gebe es einen Monat Ferien, vier Monate Arbeit und sieben Monate Bücherstudium. Im zweiten System laute das Verhältnis 1 : 3 : 8 und im dritten schliesslich 2 : 1 : 9. Weiter erfahren wir durch dieses Interview, dass auch die Mittel- und Volksschüler zur praktischen Arbeit herangezogen werden: Die Mittelschüler 8—10 Stunden und die Volksschüler 4—6 Stunden pro Woche.

Als wichtigstes unter diesen Erziehungs-Experimenten nennt *Hu* die landwirtschaftlichen Mittelschulen. 1960 existierten 30'000 davon mit 3 Mio. Schülern. Das entspricht 27 % aller Mittelschüler (13—17 Jahre). Die Studenten verlassen diese Schulen mit dem Titel "junior members of an army of agricultural technicans"[190].

Dasselbe Erziehungsprinzip wird auch in den *Industrie-* und *Verwaltungs-*Betrieben angewandt. Grundsätzlich sollen alle Büroangestellten und Funktionäre periodisch an der praktischen Arbeit teilnehmen, wobei der zeitliche Aufwand für diese Arbeiten sehr stark variiert[191]. Andererseits finden auch viele Kurse und Vorträge für die manuell arbeitende Bevölkerung statt. Wenn diese Kurse von direktem Interesse für die Arbeitsbrigade der Kommune sind, können den Teilnehmern dafür sogar Tagwerke gutgeschrieben werden[192]!

Mit diesen Massnahmen wird also versucht, den Unterschied zwischen geistiger und körperlicher Arbeit aufzuheben, die nachteiligen Folgen einer Entfremdung zwischen Intellektuellen, Funktionären, Arbeitern und Bauern zu vermeiden. Die Meinungen gehen darüber auseinander, ob die manuelle Arbeit in den Schulen auch einen wichtigen *wirtschaftlichen Zweck* erfülle. Die Schüler können auf diese Weise nämlich in grossem Umfang für ihren Unterhalt selbst aufkommen[193]. *Jan Myrdal* glaubt allerdings, dass dieser wirtschaftliche Zweck keinesfalls im Mittelpunkt stehe[194].

Snow berichtet noch von einem interessanten erzieherischen Effekt der kombinierten theoretisch-praktischen Ausbildung. Oft sind in der Theorie weniger begabte Kinder manuell begabt. Dadurch gewinnen sie in der Schule an

---

[189] *Snow*, a.a.O., S. 240f.
[190] *Hu*, a.a.O., S. 43.
[191] Beispiele bei: *Charrière*, a.a.O., S. 55f.; Peking Rundschau, Nr. 8/1970, S. 10.
[192] *Myrdal Jan*, a.a.O., S. 152.
[193] Diesen wirtschaftlichen Zweck betonen vor allem: *Masi Edoardo*, Die chinesische Herausforderung (1968), Übersetzung aus dem Italienischen, Berlin 1970, S. 59; und: *Hu*, a.a.O., S. 44.
[194] *Myrdal Jan*, a.a.O., S. 279.

Selbstbewusstsein, was sich meist auch positiv auf ihre Leistungen in den theoretischen Fächern auswirke[195].

Zweifellos haben die neuen Schulen in den Volkskommunen den wichtigen ökonomischen Zweck, den Spitzenbedarf an Arbeitskräften in der Landwirtschaft einigermassen zu befriedigen. So lesen wir in der 'Peking Rundschau' über eine Volkskommune:

> "In der Volkskommune sind körperliche Arbeit und Studien gemäss den Erfordernissen der Feldarbeit eingeteilt. In der Hochsaison der Landarbeit arbeiten die Lehrer und Schüler den ganzen Tag körperlich ... Auf diese Weise arbeitet eine Abteilung der Lehrer und Schüler auf dem Lande, während die andere im Werk (es handelt sich in diesem Fall um eine Giesserei, H.S.) tätig ist. Jede Abteilung arbeitet ein Jahr abwechselnd auf dem Lande und im Werk[196]."

Der *Hauptzweck* der Verbindung geistiger und körperlicher Arbeit — so geht aus allen chinesischen Verlautbarungen hervor — ist jedoch derjenige der Verhinderung des Aufkommens einer neuen intellektuellen bürokratischen Elite. Und darin dürfte auch die Hauptbedeutung für andere Entwicklungsländer liegen, besonders für jene mit einer kolonialen Vergangenheit:

> "Allgemein betrachtet war es so, dass die *Kolonialregierungen,* durch Heranziehung einer ausgebildeten Elite und gleichzeitige Vernachlässigung der Erziehung des breiten Volkes, *dazu beitrugen, die Barriere zwischen einer isolierten oberen Klasse und der Masse der Bevölkerung nicht nur zu erhalten, sondern unüberwindbar zu machen*[197]."

Über diese neuen Eliten und ihre negativen Auswirkungen schreibt *Riggs*:

> "The end result of this sequence is a parasitic élite which produces not social wealth but merely feeds on wealth produced by others. A parasitic élite, or some version of it, is a familiar phenomenon in societies beginning to modernise and, since it consumes more social wealth than it produces, it is a primary cause of aborted or 'negative' development where it occurs[198]."

> "Schliesslich entsteht eine parasitäre Elite, welche nichts produziert, sondern sich auf Kosten anderer ernährt. Eine solche parasitäre Elite ist das Kennzeichen fast aller Gesellschaften, welche am Anfang einer Modernisie-

---

195 *Snow,* a.a.O., S. 534.
196 Peking Rundschau, Nr. 23/1969, S. 29. — Dasselbe Ziel wird mit der Einrichtung von *Werkstätten* erreicht, in welchen die Bauern während der in der Landwirtschaft arbeitsarmen Zeit arbeiten können. Vgl. dazu: Peking Rundschau, Nr. 20/69, S. 10f.
197 *Myrdal G.,* Politisches Manifest..., a.a.O., S. 171. — Nur am Rande sei angemerkt, dass an diesem 'kolonialen' Erziehungssystem seit der Unabhängigkeit in den meisten Ländern kaum etwas verändert wurde. (*Ebendort,* S. 171ff.)

rung stehen. Weil diese 'Elite' mehr konsumiert als produziert, ist sie mit ein Grund für eine 'negative' Entwicklung[198]." (Übersetzung von H.S.)

Inwieweit diese Erscheinung wirklich von der Distanz zur manuellen Arbeit kommt, sollte von Soziologen und Psychologen noch weiter untersucht werden. *Lee* ist jedenfalls der Ansicht, dass die Experimente in China, welche aktiv solche elitären Tendenzen bekämpfen, für die Entwicklungsländer von grösster Bedeutung sind[199].

Geben wir zum Abschluss dieses Kapitels noch *Tibor Mende* das Wort, welcher zur Bedeutung der Verbindung geistiger und manueller Arbeit für andere Entwicklungsländer meint:

"Diese Methode hilft zwei Hindernisse des Fortschritts zu beseitigen, Hindernisse, die symptomatisch für alle asiatischen, wenn nicht für alle unterentwickelten Länder sind. Erstens haben sie die uralte Verachtung körperlicher Arbeit beseitigt. Zweitens hat man im Gegensatz zu anderen unterentwickelten Ländern nicht etwa eine Handvoll hochqualifizierter Ingenieure ausgebildet, ... sondern eine grosse Zahl fähiger und zur Arbeit an der Maschine williger Techniker, die keine Angst vor schmutzigen Händen haben[200]."

3. LANDWIRTSCHAFT UND KAPITALBILDUNG

3.1. DAS PROBLEM

"Das landwirtschaftliche Mehrprodukt ist die Grundlage jedes Mehrprodukts und darüber hinaus jeder Zivilisation. Wenn die Gesellschaft gezwungen ist, ihre ganze Arbeitszeit der Erzeugung von Lebensmitteln zu widmen, dann wird jede andere berufsmässige Tätigkeit, sei sie handwerklicher, industrieller, wissenschaftlicher oder künstlerischer Art, von vornherein ausgeschlossen[201]."

Dieser an sich banalen Aussage eines modernen Marxisten wird sich auch ein Nicht-Marxist anschliessen können. Die *wirtschaftspolitischen Schlussfolgerungen* aus dieser Erkenntnis können hingegen sehr unterschiedlich sein. So meint ein Doktorand aus einem Entwicklungsland:

---

[198] *Riggs Fred,* Administration in Developing Countries, The Theory of Prismatic Society, Boston 1964, S. 119f.
[199] *Lee,* a.a.O., S. 61.
[200] *Mende,* a.a.O., S. 212.
[201] *Mandel Ernest,* Marxistische Wirtschaftstheorie (1962), Übersetzung aus dem Französischen, Frankfurt/M 1968, S. 101.

"Da angesichts des Gesetzes des abnehmenden Bodenertrages das Durchschnittseinkommen in der Landwirtschaft niedriger ist als in der Industrie ..., so bedeutet dies für die Entwicklungsländer und speziell für Pakistan, wo ca. 52 % des Bruttosozialprodukts in der Landwirtschaft entstehen, dass ihr Sozialprodukt insgesamt geringer ist und aus diesem Grunde die Sparquote ebenfalls tief liegt[202]."

Akzeptiert man diese Aussage, so muss man daraus folgern, dass die Entwicklungsländer von heute mit einem Anteil der landwirtschaftlichen Bevölkerung von 60—80 % kaum in der Lage sein werden, aus eigenen inländischen Quellen Kapital in bedeutendem Umfange zu akkumulieren. Die Schlussfolgerung daraus kann Resignation oder Hoffnung auf Auslands-Hilfe sein. Angesichts des eher stagnierenden Umfanges dieser Hilfe in jüngster Zeit wird man aber kaum damit rechnen können, dass der Auslands-Beitrag die Entwicklungsländer in nützlicher Frist zu einem 'take-off' führen kann. Man wird schon deshalb die Länder China und Russland mit Interesse studieren, weil in beiden Fällen die Hoffnung auf eine bedeutende ausländische Hilfe gering war[203] und man sich in diesen Ländern deswegen fragen musste, wie man aus *eigener Kraft* die Kapitalbildungsrate erhöhen könnte.

Sowohl in der UdSSR wie später in China stellte man fest, dass, wenn 80 % der Bevölkerung in der Landwirtschaft lebt, diese Landwirtschaft auch einen wesentlichen Beitrag zur gesamtwirtschaftlichen Entwicklung zu leisten hat. Obwohl diese Erkenntnis in der Sowjetunion nach der Industrialisierungsdebatte[204] in der Wirtschaftstheorie nicht mehr ausdrücklich formuliert wurde, schuf man ein wirtschaftspolitisches Instrumentarium, mit dem die Landwirtschaft wirksam in den Dienst der gesamtwirtschaftlichen Entwicklung gestellt wurde. In *China* betonte man hingegen seit den 60er Jahren ausdrücklich und wiederholt, dass die Landwirtschaft als eigentlicher Schlüssel zur wirtschaftlichen Entwicklung anzusehen sei:

"Die Landwirtschaft liefert die Nahrung für die ganze Nation. Darüber hinaus machen die Industrieerzeugnisse, bei deren Herstellung landwirtschaftliche Produkte als Rohstoff verwendet werden, gegenwärtig mehr als die Hälfte des Gesamtwerts unserer Industrieproduktion aus. Hinzu kommt, dass der grösste Teil der Devisen, die wir für den Import von Industrieanlagen und Baumaterial benötigen, durch den Export landwirtschaftlicher Produkte

---

[202] *Alam Tariqul,* Einige Gesichtspunkte inländischer Kapitalbildung in Entwicklungsländern unter besonderer Berücksichtigung Pakistans, Diss. Berlin 1964, S. 101.

[203] Das gilt weitgehend auch für *China* trotz der sowjetischen Hilfe bis in die 60-er Jahre. Es wird geschätzt, dass von 1950—1960 lediglich 2—3 % der Netto-Investitionen Chinas vom Ausland (vor allem von der UdSSR) finanziert wurden. (Niedrige Schätzung (2 %) bei: *Zao,* a.a.O., S. 271; höhere Schätzung (3 %) von: *Etienne Gilbert,* Chinas Weg zum Kommunismus, Wien 1963, S. 257.)

[204] Vgl. S. 111ff.

eingenommen wird. *Das Wachstum der Landwirtschaft ist daher eine Grundbedingung für das Wachstum der Industrie* und die Erfüllung des gesamten Wirtschaftsplanes[205]."

Man kann wohl sagen, dass die westliche Entwicklungsländer-Forschung und die nicht-sozialistischen Entwicklungsländer im allgemeinen diese Bedeutung der Landwirtschaft in neuerer Zeit wieder entdecken mussten[206], ohne dass allerdings daraus auch schon weitgehende wirtschaftspolitische Folgerungen gezogen worden wären: So wird der Landwirtschafts-Ertrag in *Pakistan* mit etwa 2 % besteuert, wobei diese Landwirtschaft 55 % zum Sozialprodukt beiträgt[207]. In *Indien* stammten noch im letzten Jahrhundert 36–70 % der Steuer-Einnahmen aus der Landwirtschaft, bis 1939 noch 16–33 %, während dieser Anteil nach der Unabhängigkeit auf unter 10 % abfiel[208]. Auch im *Mittleren Osten* hatte um die Jahrhundertwende die Landsteuer noch eine erhebliche Bedeutung. Aus politischen Gründen wurde sie in der Folge abgebaut[209].

Wir können hier nicht im einzelnen auf die interessante Frage eingehen, welche Rolle die Landwirtschaft im Kapitalbildungsprozess Westeuropas und der USA gespielt hat[210]. Uns genügt an dieser Stelle der Hinweis, dass die Agrarsteuer vor allem in England, aber auch in andern klassischen Industrieländern während der Industrialisierung von grosser Bedeutung war[211]. In *Japan* schliesslich machte die Reis-Steuer vor und nach der Landreform ca. 35 % des Reisertrages aus. Von den Staatseinnahmen stammten im letzten Jahrhundert 60–90 % aus der Landwirtschaft[212]!

[205] *Li Fu-dshun,* Der grosse Sprung beim Aufbau des Sozialismus in unserm Land, in: Glanzvolle zehn Jahre, a.a.O., S. 53 (Hervorhebung von H.S.). — Aus der grossen Zahl ähnlicher Verlautbarungen seit 1958 seien hier nur genannt: *Tao Dschu,* a.a.O., S. 2ff.; *Hsüä Mu-tjiao* u.a., a.a.O., S. 267; *Deng Dsi-hui,* Die sozialistische ..., a.a.O., S. 341f.; etc.

[206] An erster Stelle ist hier wohl *Kaldor* als Beispiel unter seinen zahlreichen Publikationen zu diesem Thema: *Kaldor N.,* The Role of Taxation in Economic Development, in: *Robinson E.A.G.,* ed., Problems of Economic Development, London 1965, S. 170–196. — Aber auch neuere Dokumente von internationalen Organisationen betonen in immer stärkerem Masse die Bedeutung der Landwirtschaft für den gesamtwirtschaftlichen Entwicklungsprozess. Vgl. z.B.: *Martin Edwin M.,* Aus dem Bericht des Vorsitzenden des Ausschusses für Entwicklungshilfe der OECD, Dez. 1968, in: Handbuch der Entwicklungshilfe, II E 10, S. 71ff., oder: Banque Mondiale, Rapport annuel 1970.

[207] *Etienne,* a.a.O., S. 260.

[208] *Ruthenberg,* a.a.O., S. 82.

[209] *Kaldor,* The Role ..., a.a.O., S. 178.

[210] Vgl. dazu die verschiedenen, zum Teil gegensätzlichen Ansichten von: *Nicholls William H.,* The Place of Agriculture in Economic Development, in: *Eicher/Witt,* a.a.O., S. 25; *Felix David,* Profit Inflation and Industrial Growth: The Historic Record and Contemporary Analogies, in: Quarterly Journal of Economics, Vol. LXX/1956, S. 449f.; *Ruthenberg,* a.a.O., S. 18ff.

[211] *Gerloff Wilhelm,* Entwicklungstendenzen in der Besteuerung der Landwirtschaft, in: Festschrift für Carl Grünberg zum 70. Geburtstag, Leipzig 1932, S. 85ff.

[212] Dazu: *Dantwala,* Is Economics in Farming Dead? Economic and Political Weekly, Vol. IV, Nr. 39/1969; *Ogura T.,* ed., Agricultural Development in Modern Japan, Tokyo 1963, S. 23 und S. 126f.

Diese Hinweise vermögen in dieser Form natürlich nichts zu 'beweisen'. Sie sollen lediglich dazu dienen, die im folgenden analysierten Beispiele Russland und China in einen grösseren Zusammenhang zu stellen: Wir werden für diese beiden Länder nachzuweisen versuchen, welch zentrale Bedeutung die Landwirtschaft im Kapitalbildungsprozess gehabt hat bzw. noch hat. Dabei werden wir in einem ersten Abschnitt auf die für Entwicklungsländer besonders relevante Tatsache verweisen, dass es auch eine *Kapitalbildung ausserhalb des monetären Kreislaufes* gibt: Dazu stellen wir zuerst die Kapitalbildungsmechanismen *innerhalb* der landwirtschaftlichen Kollektive der UdSSR und Chinas dar und zeigen daran anschliessend einige makro-ökonomische Zusammenhänge auf zur Beantwortung folgender Frage: In welchem Ausmass und in welcher Weise hat die Landwirtschaft zur Kapitalbildung in der übrigen Volkswirtschaft beigetragen?

3.2. KAPITALBILDUNGSMECHANISMEN INNERHALB DER LANDWIRTSCHAFT

Kapitalbildungsprobleme innerhalb der Landwirtschaft standen bei den sozialistischen Klassikern im Zusammenhang mit der Landwirtschafts-Reorganisation *nicht* im Mittelpunkt der Betrachtungen. Zwar waren sie davon überzeugt, dass die Kapitalgüter bei gemeinschaftlicher Bodenbewirtschaftung besser ausgenutzt werden könnten. Da aber die Sozialisten des letzten Jahrhunderts vor allem die *kapitalistische Landwirtschaft* analysierten, stellte sich für sie das Kapitalbildungsproblem nicht im selben Masse wie heutigen Entwicklungsländern: Dieser Agrar-Kapitalismus erwies sich ja als durchaus fähig, Kapitalgüter in genügenden Mengen bereitzustellen. Als Ausnahme verdient hier *Kropotkin* erwähnt zu werden, welcher als einen der grössten Vorteile gemeinschaftlicher sozialistischer Landwirtschaft die *Verbesserungsmöglichkeiten des Bodens* ansieht[213]. Wir werden sehen (3.2.2.), dass dieser Aspekt vor allem in der Wasser-abhängigen chinesischen Landwirtschaft wichtig wurde. – Zunächst soll aber die für Entwicklungsländer wichtige Frage aufgeworfen werden, welche ökonomischen Mechanismen innerhalb der landwirtschaftlichen Kollektive eine kontinuierliche Kapitalbildung ermöglichten.

---

213 *Kropotkin*, a.a.O., S. 106.

3.2.1. Der 'unteilbare Fonds'[214]

3.2.1.1. Kolchosen

Wir haben schon im Zusammenhang mit dem Entlohnungssystem der Kolchosen deren Buchhaltungs-Prinzipien dargestellt[215]. Wir haben festgehalten, dass bis in die jüngste Zeit hinein in den Kolchosen der Lohn nur eine *Restgrösse* war: Andere Verpflichtungen mussten vorher erfüllt werden. Unter diesen Verpflichtungen ist der *unteilbare Fonds* besonders wichtig: Das Kolchosstatut von 1935 schreibt vor, dass von den Brutto-Geldeinkünften der Kolchosen 12–20 % an diesen Fonds abgeführt werden müssen[216]. Diese Mittel dürfen nur für die Finanzierung von Arbeitsinstrumenten, Arbeits- und Nutzvieh, Gebäude und seit Auflösung der MTS[217] für Landmaschinen verwendet werden. Von den Brutto-Einnahmen der Kolchosen wurden folgende Anteile an den unteilbaren Fonds überwiesen:

Statistik IV–8[218]:
Zuweisungen an den 'unteilbaren Fonds' von den Einnahmen der Kolchosen:

1932:		14 %
1938:		14 %
1950:		16 %
1965:	ca.	30 %[219]

Bis 1958 wurden aus diesem unteilbaren Fonds zu ca. 40–60 % Bauten, zu 15–20 % Zugtiere und Nutzvieh und zu 20–25 % kleine Maschinen, Geräte und Transportmittel finanziert[220].

Um uns die grosse Bedeutung dieser 'unteilbaren Fonds' als Trägerinnen regelmässiger und bedeutender Kapitalbildung innerhalb der Landwirtschaft besonders auch während der Kriegsjahre klarzumachen, geben wir noch eine Statistik des Anteils der von den Kolchosen auf diese Weise realisierten Investitionen an den Gesamt-Investitionen in der Landwirtschaft (ohne MTS):

---

[214] An sich wäre es korrekter, von einem *'unverteilbaren'* Fonds zu reden: Das wesentliche liegt nämlich darin, dass die diesem Fonds zugewiesenen Mittel nicht verteilt werden dürfen.
[215] Vgl. S. 147f.
[216] Musterstatut..., a.a.O., S. 458.
[217] Siehe unten, 4.1.
[218] *Quelle: Jasny,* The Socialized..., a.a.O., S. 687; und: Neue Zürcher Zeitung, 16.11.1969.
[219] Diese Erhöhung ist damit zu erklären, dass seit 1958 die Kolchosen auch für die Finanzierung aller Traktoren und Landmaschinen aufkommen.
[220] *Rochlin,* a.a.O., S. 31.

Statistik IV–9[221]:

Prozentsatz der durch den 'unteilbaren Fonds' finanzierten Investitionen an den gesamten Landwirtschafts-Investitionen:

1929/32:	25 %
1933/37:	45 %
1938/41:[222]	62 %
1941/45:	82 %
1946/50:	55 %
1951/53:	52 %

Wir möchten hier noch besonders darauf hinweisen, dass auch in *absoluten Zahlen* die Investitionen aus dem unteilbaren Fonds während der Kriegsjahre nur wenig abgenommen haben[223].

3.2.1.2. Kommunen

Im Prinzip funktioniert der *'Akkumulations-Fonds'* in den chinesischen Kommunen (vor 1958: In den landwirtschaftlichen Produktionsgenossenschaften) nach denselben Prinzipien wie der 'unteilbare Fonds' in den sowjetischen Kolchosen. Immerhin scheinen uns drei Unterschiede wesentlich zu sein:

1) Aus dem Akkumulations-Fonds finanzierte Investitionen werden auf Equipen-, Brigaden- und Kommune-Ebene vorgenommen. Meist bestehen auf diesen drei Ebenen verschiedene Akkumulations-Fonds[224].

2) Der Prozent-Satz der Akkumulation bezieht sich nicht wie in den Kolchosen auf das Brutto-Einkommen, sondern auf die *Netto-Einkünfte* (= Brutto-Einkünfte ./. Amortisation ./. Unkosten ./. Steuern)[225].

3) Da nach verschiedenen Verlautbarungen 50–70 % der Erträge der Kommunen unter die Mitglieder verteilt werden sollen, kann sich das in schlechten Jahren stärker auf die Höhe der dem Akkumulationsfonds zugewiesenen Mittel auswirken als in den Kolchosen. (In diesen gehen schlechte Ernte in erster Linie zu Lasten des Einkommens.)

Die Zuweisungen an die Akkumulations-Fonds machen je nach Kommune 10–20 % des Netto-Einkommens aus[226]. Bei guter Ertragslage soll allerdings dieser Prozentsatz von der Mitgliederversammlung erhöht werden können[227]. –

---

221 *Quelle: Strauss,* a.a.O., S. 196.
222 Bis Kriegsausbruch.
223 *Strauss,* a.a.O., S. 196.
224 Dazu: *Pang,* a.a.O., S. 119; *Robinson Joan,* a.a.O., S. 114f.; *Charrière,* a.a.O., S. 62.
225 *Pang,* a.a.O., S. 118f.
226 *Grossmann,* a.a.O., S. 361; *Blumer,* a.a.O., S. 314; *Zao,* a.a.O., S. 146; *Noirot,* a.a.O., S. 157; etc.
227 *Grossmann,* a.a.O., S. 361. – So wird von einzelnen Kommunen berichtet, welche in den 60-er Jahren rund die *Hälfte* der Gesamteinkünfte zur kollektiven Kapitalbildung verwendet haben. (*Cheng Tong-yung,* a.a.O., S. 153; *Snow,* a.a.O., S. 461.)

Wie in den Kolchosen werden die Finanzmittel des Akkumulations-Fonds für die Anschaffung von Zug- und Nutztieren, Werkzeugen, Maschinen sowie für Landverbesserungen verwendet.

3.2.1.3. Bedeutung für Entwicklungsländer

Es scheint uns sicher zu sein, dass sich ein System der eben dargestellten, institutionalisierten Kapitalbildung in kollektiven landwirtschaftlichen Grossbetrieben leichter durchsetzen lässt als bei einem System kleiner, isolierter Bauern-Haushalte. Wir sind uns natürlich im klaren darüber, dass in den Entwicklungsländern auch andere Hemmnisse als die Zahl der Bauernbetriebe und deren Grösse einer regelmässigen Kapitalbildung im Wege stehen. Wir denken vor allem an ein vom Ertrag abhängiges *Pachtsystem,* welches für den Pächter eindeutig als 'disincentive' bezüglich Bodenverbesserungen und andern Investitionen wirkt. Abgesehen von solchen institutionellen Hemmnissen — diese könnten durch eine radikale Landreform beseitigt werden — denken wir, dass für Entwicklungsländer einer der grössten Vorteile kollektiver Landwirtschaft gegenüber individuellen Bauernwirtschaften in einer kontinuierlichen Kapitalbildung der dargestellten Art liegen könnte. Folgende Überlegungen stehen hinter dieser Behauptung:

1) Ein traditioneller Bauer sieht den Wert moderner und kapitalintensiverer Arbeitsmethoden oft gar nicht ein. Er hat nicht — wie die Bauern in Westeuropa — Generationen lang Zeit für die Akzeptierung jeweils nur marginal sich ändernder Technik. In kollektiven Grossbetrieben genügt es am Anfang, wenn geschulte Fachkräfte über die notwendigen Kenntnisse der vorhandenen modernen Maschinen und Geräte verfügen.

2) Landwirtschaftliche Grossbetriebe können besser als Parzellenbauern eine *'Mechanisierung in Etappen'* vornehmen. Sie können aus den Mitteln des Akkumulations-Fonds zuerst jene Modernisierungs-Vorhaben realisieren, welche den relativ grössten Erfolg versprechen (z.B. Wasserstauungen, Pumpwerke, Traktoren- und Pflug-Einsatz im Weizenbau etc.). So ist es eher möglich, im Laufe von Jahrzehnten Schritt um Schritt eine Modernisierung der Landwirtschafts-Technik zu erreichen.

3) Selbst wenn man diese beiden ersten Punkte akzeptiert, könnte gegen die Institution 'Akkumulations-Fonds' immer noch eingewandt werden, dass dieser auf *Zwang* beruhe. Und solcher Zwang so könnte das Argument weitergeführt werden — sei eben System-bedingt und verlange nicht notwendigerweise grossbetriebliche kollektive Landwirtschaft. Man könnte auch den Kleinbauern gesetzlich dazu zwingen, jedes Jahr 20 % seines Ertrages für Investitions-Zwecke zu verwenden[228]. — Dagegen ist einzuwenden, dass zwar

---

[228] Bei der Diskussion dieses 'Zwanges' müsste man sich immer auch fragen, wer längerfristig in den Genuss der durch Zwang bewirkten Output-Steigerung gelangt.

entsprechende Gesetze erlassen werden könnten, dass diese aber kaum durchzusetzen wären: Wie schon früher erwähnt, ist es bestimmt einfacher, 200'000 Buchhalter zu instruieren und zu kontrollieren als 25 Mio. Einzelbauern.

Wir stellen *zusammenfassend* fest, dass in der kollektiven Landwirtschaft Chinas und Russlands im Gegensatz zu den meisten Entwicklungsländern von heute eine *kontinuierliche Kapitalbildung* verwirklicht wurde und wird. Besonders in Russland hatte diese Kapitalbildung während der *Stalin*-Zeit *vor* der Entlohnung Priorität, was sich besonders bei schlechten Ernten auswirkte, welche in erster Linie einen Konsumverzicht der Landbevölkerung verursachten.

3.2.2. Die Infrastruktur-Arbeiten

In diesem Abschnitt wird vorwiegend von *China* die Rede sein, da die landwirtschaftlichen Infrastruktur-Arbeiten in der UdSSR nicht das gleiche Ausmass wie in China erreicht haben. Immerhin wurden von den Kolchosniki Strassen gebaut und unterhalten, Kanäle ausgehoben etc.[229]. Schätzungen gehen dahin, dass im Jahres-Durchschnitt eine Million Kolchosniki in solchen nicht direkt landwirtschaftlichen Aktivitäten eingesetzt wurden und dass die durchschnittliche Beschäftigung der landwirtschaftlichen Arbeitskräfte von 120 auf 185 Tage pro Jahr[230] gesteigert werden konnte: "In addition, the collective-farm system is used as a convenient organizational framework for the utilization of surplus agricultural labour on social overhead projets...[231]" "Es kann gesagt werden, dass das Kolchosen-System ein nützliches Instrument war, um die unbeschäftigten Arbeitskräfte auf dem Lande für den Bau von Infrastruktur-Projekten einzusetzen[231]." (Übersetzung von H.S.) — Wir möchten hier besonders die Rolle des *Entlohnungssystems* der Kolchosen bei diesen Arbeiten hervorheben (das folgende gilt auch für die chinesischen landwirtschaftlichen Kollektive): Wenn etwa Entwässerungsgräben ausgehoben werden müssen, so kann diese Investition von der Kolchose vorgenommen werden, ohne dass es den Staat etwas kosten würde. Steigt wegen dieser Arbeiten die Zahl der geleisteten 'Trudodni'[232] von 100'000 auf 150'000 Einheiten, wird der Lohnfonds deswegen (mindestens kurzfristig) um keine Kopeke und kein kg Getreide vergrössert: Statt z.B. 9 Rubel pro 'Trudoden' werden jetzt einfach 6 Rubel ausbezahlt!

Doch nun zu *China: Gunnar Myrdal* weist darauf hin, dass entgegen einer weitverbreiteten Auffassung die Arbeitstechniken in der Landwirtschaft Süd-

---

229 Beispiele bei: *Wilber*, a.a.O., S. 35; *Kahan*, a.a.O., S. 258.
230 *Wilber*, a.a.O., S. 35.
231 *Ebendort*, S. 220.
232 Vgl. zu den 'Trudoden' S. 149.

asiens nicht arbeitsintensiv, sondern *arbeitsextensiv* seien. Auch ohne technologische Neuerungen könnte nach seiner Ansicht in der Landwirtschaft durch bessere Ausnutzung der Arbeitskräfte eine wesentliche Ertragssteigerung herbeigeführt werden[233]. Die Hauptschwierigkeiten bei der besseren Ausnutzung dieser Arbeitskräfte umschreibt *Myrdal* wie folgt:

"Diese Beschäftigungen setzen eine gemeinschaftliche Aktion und somit eine Organisation voraus, da die Skala der erforderlichen Anstrengungen meistens die unmittelbaren Interessen und Hilfsmittel eines einzelnen Haushaltes übersteigt. Das Verständnis für die allgemeinen Vorteile einer solchen gemeinschaftlichen Aktion und Organisation setzt eine Stufe der Rationalität und des sozialen Zusammenhalts voraus, die in einem in Fraktionen zerfallenen Dorf oft fehlt. Überdies taucht dabei sofort die Frage nach der Verteilung der Erträge und Kosten auf...[234]."

Wir sind der Ansicht, dass die hier angetönten Schwierigkeiten in China mit den landwirtschaftlichen Produktionsgenossenschaften und später mit den Volkskommunen weitgehend überwunden werden konnten. Dabei ist besonders zu betonen, dass das 'klassische Modell', nach welchem eine Kapitalvermehrung entweder eine Senkung des Verbrauchs oder eine Erhöhung des Sparens erfordert, für diese Art von Kapitalbildung *nicht* zutrifft: Es geht hier lediglich um eine intensivere Ausnutzung der Arbeitskräfte. Obwohl *Grossmann* sonst der Wirtschaftspolitik Chinas eher skeptisch gegenübersteht, vertritt er die Ansicht, dass man in China mit der Volkskommune ein "höchst wirksames Mittel gefunden hat, um den Bevölkerungsüberschuss vorläufig zu kompensieren und produktiv zu nutzen"[235]. Und dies scheint uns auch für andere Entwicklungsländer relevant zu sein. *J.L. Buck* schätzte für 1937 den Anteil der männlichen Bevölkerung zwischen 16 und 70 Jahren, die voll beschäftigt waren, in der Landwirtschaft Chinas auf etwa 35 %[236]. Die durchschnittliche Beschäftigung konnte nach der Kollektivierung gesteigert werden. Eine Erhebung von 1955 in der Provinz *Hopei* ergab folgendes Bild:

---

[233] *Myrdal Gunnar*, Politisches Manifest..., a.a.O., S. 84f.
[234] *Ebendort*, S. 87f.
[235] *Grossmann*, a.a.O., S. 316.
[236] *Buck J.L.*, Land Utilization in China, Chicago 1937, S. 294.

Statistik IV–10[237]:
China: Beschäftigungsgrad in Hopei (1955)
(Arbeitstage pro Jahr)

Organisationsform	Männer	Frauen
Individuelle Bewirtschaftung	110–120	30
LPG[238] Typ I	170–180	70–80
LPG[238] Typ II	270	230

Tschu-En-lai schätzte 1956, dass die 120 Mio. chinesischen Bauernhaushalte jährlich 45 Mia. Arbeitstage liefern könnten. Davon würden aber nur 30 Mia. für direkte landwirtschaftliche Arbeiten benötigt; die übrigen 15 Mia. gingen verloren[239]. Deswegen suchte man Möglichkeiten, die überschüssigen Arbeitskräfte vor allem während der 'toten' Saison in der Landwirtschaft mit dem Bau von Infrastrukturprojekten zu beschäftigen.

U.E. genügt es nicht, diese Aktivitäten einfach mit 'Zwang' abzutun und sich damit weiterer Reflexionen zu entbinden. Wir sind der Ansicht, dass die wirtschaftliche Logik eines landwirtschaftlichen Kollektivs mit den von *Myrdal* genannten Schwierigkeiten viel besser fertig wird als isolierte Bauernhaushalte: Die Verteilung der Erträge und Kosten dieser Projekte konnte durch die Volkskommunen weitgehend *internalisiert* werden: So kann dem Kollektivmitglied für Arbeiten an einem Entwässerungsgraben ebenso ein Tagwerk gutgeschrieben werden wie für das Ackern des Feldes. Isolierte Bauern in einem Dorf würden sich wohl zuerst Jahre darüber streiten, wie die *Kosten* an einem solchen Projekt geteilt werden sollen, da oft recht schwer abzuklären ist, wem die *Erträge* zufallen. Im landwirtschaftlichen Kollektiv fallen die Erträge früher oder später an die Kollektive und beeinflussen mithin auch den Lohnfonds positiv, wodurch sich auch ein Anreiz zur Mitarbeit an diesen Investitionsprojekten ergibt:

"Une caractéristique essentielle de l'accumulation ainsi réalisée dans le secteur rural, c'est qu'elle exerce une action favorable dans un délai très bref sur la croissance même de consommation. Très fréquemment, les différentes formes d'accumulation rurale permettent d'accroître la production de denrées agricoles consommables *dans l'année même où l'accumulation a lieu* ...[240]"

"Ein wichtiges Kennzeichen dieser Investitionen im Agrarsektor ist, dass diese Verbesserungen in kurzer Zeit zu einer Erhöhung des Konsums führen

---

237 Quelle: *Zao*, a.a.O., S. 232.
238 LPG = Landwirtschaftliche Produktionsgenossenschaften. — Zur Unterscheidung zwischen Typ I und Typ II siehe S. 134f.
239 Nach: *Pang*, a.a.O., S. 47.

können. Oft führen solche Investitionen im Agrarsektor noch im selben Jahr zu einer besseren Versorgung mit Lebensmitteln ...[240]" (Übersetzung von H.S.)

Welche Aktivitäten kommen aber konkret für solche nicht direkt landwirtschaftliche Investitions-Arbeiten in Frage? Wir zählen im folgenden diese Aktivitäten summarisch auf:

1) *Bewässerungs- und Entwässerungsanlagen:* Ein Hauptproblem der Landwirtschaft Chinas war seit jeher dasjenige des *Wasser-Managements:* Im Norden (nördlich des Tsiuling-Gebirges) herrscht im allgemeinen *Wasserknappheit,* im Süden ist das Hauptproblem die *Kontrolle des reichlichen Wassers*[241], also das Verhindern von Überschwemmungen[242]. — In der chinesischen Geschichte wird denn auch von je etwa 1000 grösseren *Überschwemmungen* und *Dürren* berichtet[243].

Deshalb kommen den Wasser-Management-Projekten entscheidende Bedeutung für die Landwirtschaft Chinas zu. Seit Gründung der landwirtschaftlichen Kollektive haben diese Arbeiten einen grossen Umfang angenommen: Vor allem während der arbeitsarmen Periode in der Landwirtschaft arbeiten Millionen von Kollektivmitgliedern an diesen Projekten. Nach offiziellen Angaben wurden zwischen 1949 und 1960 50 Mia. Arbeitstage für Irrigationsprojekte aufgewendet. Dabei wurden 70 Mia. m^3 Erde bewegt, was dem Volumen von rund 1000 Suez-Kanälen entspricht[244]. Ebenfalls nach offiziellen Angaben vergrösserte sich die irrigierte Fläche wie folgt:

Statistik IV–11[245]:
Irrigierte Fläche in China: 1949–1959 (ha)

1949	16 Mio. ha
1951	18,7 Mio. ha
1953	22,0 Mio. ha
1955	24,7 Mio. ha
1956	32,0 Mio. ha
1957	34,7 Mio. ha
1958	66,7 Mio. ha
1959	71,3 Mio. ha

[240] *Bettelheim Ch.,* Accumulation et Développement Economique de la Chine, Economie Appliquée, Vol. 13/1960, Nr. 3, S. 359.
[241] Mehr dazu bei: *Larsen,* a.a.O., S. 239ff.
[242] Dazu kommen die zwei Monsun-Systeme mit *unregelmässigen Niederschlägen* während des Jahres. (Siehe dazu die Tabellen und detaillierten Ausführungen bei: *Dawson,* a.a.O., S. 67ff.)
[243] *Ebendort,* S. 66.
[244] *Larsen,* a.a.O., S. 241f.
[245] Quelle: *Chen Nai-ruenn,* Chinese Economic Statistics ..., a.a.O., S. 289.

Möglicherweise sind die Zahlen für 1958/59 übertrieben; allerdings wurden in diesen Jahren bei der 'Politik des Grossen Sprungs' so grosse Anstrengungen unternommen, dass nach Schätzungen rund 50 % der Arbeitszeit in der Landwirtschaft für solche Investitions-Projekte aufgewandt wurde[246]. Die Folge waren Arbeitskräftemangel (!) und Produktionsschwierigkeiten in der Landwirtschaft. Seither achtet man darauf, dass im allgemeinen nicht mehr als 20 % der Arbeitskräfte in kapitalschaffenden Projekten beschäftigt werden[247].

2) *Aufforstungen:* Dieses Problem hängt mit jenem der *Überschwemmungen* zusammen: In den Löss-Gebieten beladen sich die Flüsse (Musterbeispiel: Gelber Fluss) im Oberlauf mit Lehm (bis zu 34 kg pro m^3)[248]. Dieser Lehm wird im Unterlauf des Flusses abgelagert, wodurch sich das Niveau des Flussbetts anhebt. Um Überschwemmungen zu verhindern, müssen Dämme gebaut werden. Die einzige Alternative zu diesem Dammbau besteht darin, im Oberlauf des Flusses die *Erosion* zu bekämpfen, was mit *Aufforstungen* versucht wird. In den Jahren 1958/59 wurde eine Fläche aufgeforstet, welche 5 x der Waldfläche der Bundesrepublik Deutschland entspricht[249]. Im einzelnen lauten die offiziellen Zahlen wie folgt:

Statistik IV–12[250]:
Aufgeforstete Fläche in China (ha) pro Jahr

1950	0,1 Mio. ha
1952	1,1 Mio. ha
1954	1,2 Mio. ha
1956	5,7 Mio. ha
1958[251]	17,5 Mio. ha

3) *Bodenverbesserungen:* Neuerdings scheinen auch noch arbeitsintensive Landverbesserungs-Aktionen vorgenommen zu werden. So berichtet die 'Peking Rundschau' von einer Brigade, welche alkalischen Boden verbesserte, indem die alkalische Schicht weggebracht und durch Schlamm und Erde ersetzt wurde. Diese Brigade wandte dafür mehr als 70'000 Arbeitstage auf und bewegte 180'000 m^3 Erde[252].

---

246 *Simonis*, a.a.O., S. 155; *Bettelheim*, Accumulation..., a.a.O., S. 360.
247 *Han Suyin*, a.a.O., S. 66; *Pang*, a.a.O., S. 101.
248 *Hamm Harry*, China, Zürich 1969, S. 24ff.; *Baade*, a.a.O., S. 102.
249 *Baade*, a.a.O., S. 102.
250 *Quelle: Chen Nai-ruenn*, Chinese Economic..., a.a.O., S. 290.
251 Die Angaben für 1958 sind wie jene der irrigierten Fläche mit einem Fragezeichen zu versehen.
252 Peking Rundschau, Nr. 11/1970, S. 5ff.

Besonders relevant für Entwicklungsländer ist die Tatsache, dass all diese Investitionen sehr *arbeitsintensiv* realisiert werden können. So schätzt *Ho* für China, dass die Arbeitskosten bei den Irrigationsprojekten 93 %, bei den Landverbesserungen noch mehr und bei den Aufforstungen gar an die 100 % ausmachen[253]. Mit der Institution 'Volkskommune' gelang es also, potentielle Ersparnisse — begründet in den periodisch unterbeschäftigten Arbeitskräften — in effektive Investitionen umzuwandeln:

"They (die Chinesen, H.S.) understood — as Professor Nurkse put it — 'that the state of disguised unemployment implies at least to some extent a disguised saving potential as well' and that the use of rural 'unproductive' labour for work on capital projects, fed by the rural 'productive' labourers, would transform the later's 'virtual' savings into 'effective' saving[254]."

"Die Chinesen verstanden die Tatsache, dass — wie es Professor Nurkse formuliert — 'der Zustand von Unterbeschäftigung auch bis zu einem gewissen Grade ein verborgenes Sparpotential darstellt'. Sie sahen des weitern die Möglichkeit, dass man die 'unproduktiven' Arbeiter, welche in Infrastrukturpojekten tätig waren, durch die 'produktiven' in der Landwirtschaft beschäftigten Arbeiter ernähren lassen konnte. Auf diese Weise kann 'mögliches' Sparkapital in 'eigentliches' verwandelt werden[254]." (Übersetzung von H.S.)

Und diese zeitweise unterbeschäftigten Arbeitskräfte auf dem Lande sind bekanntlich ein Merkmal der meisten Entwicklungsländer. Es geht also darum, geeignete Institutionen zu schaffen, um diese Arbeitskräfte produktiv werden zu lassen. *Ein* mögliches Modell ist zweifellos die Volkskommune. Auch die grössten Skeptiker gegenüber der chinesischen Agrarpolitik vertreten die Ansicht, dass die Volkskommune bezüglich der Mobilisierung der ländlichen Arbeitskräfte als Erfolg anzusehen sei. — An den Schluss dieses Abschnittes stellen wir ein Zitat von *Baade*, welcher zur Lösung der Agrarprobleme der Türkei, der VAR, Iraks, Pakistans, Indiens, Ceylons, Thailands, Indonesiens, etc. meint:

"Die Nahrungsreserven in diesen Ländern können nur durch gewaltige Investitionen in der agrarischen Infrastruktur erschlossen werden, d.h. durch Erosionsbekämpfung, Bewässerung, Dränage, Urwaldrodung, Terrassenbildung, usw. Zur Bewältigung dieser Aufgaben werden ungezählte Mengen von Arbeitskräften benötigt. Auf der andern Seite sind die Dörfer übervölkert mit unbeschäftigten Arbeitskräften, ihre Mobilisierung allein über den Arbeitsmarkt ist völlig ungenügend, um dieses Problem zu lösen. Es müssen neue Möglichkeiten gefunden werden, die *brachliegende,* für die landwirtschaftliche Produktion heute geradezu schädliche *Arbeitskraft auf den*

---

[253] *Ho Henry,* Capital Formation Statistics in Mainland China, in: Contemporary China, IV/1960, S. 132.
[254] *Spulber,* Contrasting Economic . . ., a.a.O., S. 14.

Dörfern zu mobilisieren, zunächst einmal zur Behebung der strukturellen Schwächen in der Infrastruktur dieser Länder[255]."

In China scheint man mit den Volkskommunen eine solche 'neue Möglichkeit' zur Bewältigung des Problems gefunden zu haben.

3.3. BEITRAG DER LANDWIRTSCHAFT ZUR EXTERNEN KAPITALBILDUNG

Zur Landwirtschafts-internen und -externen Kapitalbildung kann nur jener Teil der Agrarproduktion verwendet werden, der zwischen dem faktischen Produktionsniveau und dem Existenzminimum liegt. *Kindermann* meint sicher zu Recht, dass diese Marge im China der 50er Jahre geringer war als in Russland zu Beginn der Kollektivierung[256]. Akzeptiert man als grobe Masszahl das Quantum des Nahrungsgetreides pro Kopf der Bevölkerung, so war dieser Quotient in China 1952 knapp halb so gross wie in der UdSSR im Jahre 1928[257]. Deswegen auch wurde in China die gesamtwirtschaftliche Entwicklung in hohem Masse vom Output der Landwirtschaft bestimmt, während sich in der UdSSR eine derartige Korrelation zwischen landwirtschaftlicher und industrieller Wachstumsrate kaum aufzeigen lässt[258].

Mit andern Worten: In China konnte ein erheblicher Kapitalbildungsbeitrag nur von einer *produktiveren* Landwirtschaft erbracht werden. Dies erkannte man spätestens nach Ablauf des ersten Planjahrfünfts. Der chinesische Landwirtschafts-Minister *Liao Lu-yen* stellte 1960 fest:

"Für die Entwicklung der Industrie, insbesondere der Schwerindustrie, müssen gewaltige Fonds geschaffen werden. Die Landwirtschaft ist eine der Hauptquellen für den Staat, um Rücklagen zu schaffen ... Die Zuwachsrate der Landwirtschaft ist daher von grosser Wichtigkeit für die Zuwachsrate der Staatseinnahmen und ausschlaggebend für Kapitalinvestitionen ...[259]."

In welcher Weise aber kann die Landwirtschaft zur wirtschaftlichen Gesamtentwicklung beitragen? Wir greifen auf eine nützliche Typologie von *Kuznets* zurück, welcher den Beitrag der Landwirtschaft zum Wachstum der übrigen Volkswirtschaft analytisch wie folgt darstellt[260]: Die Landwirtschaft leistet

---

255 *Baade,* a.a.O., S. 126.
256 *Kindermann,* Kulturen ..., a.a.O., S. 142.
257 *Tang Anthony M.,* Agriculture in the Industrialization of Communist China and the Soviet Union, Journal of Farm Economics, Vol. 49/No. 5, 1967, S. 1123.
258 *Ebendort,* S. 1124.
259 Zitiert nach: *Kindermann,* Kulturen ..., a.a.O., S. 155.
260 *Kuznets Simon,* Economic Growth and the Contribution of Agriculture: Notes on Measurement, in: *Eicher/Witt,* a.a.O., S. 102–119.

'product contributions', wenn ihr Output grösser wird. Diese Output-Steigerung ist teilweise abhängig vom Ausmass der Kapitalbildung innerhalb der Landwirtschaft, wie wir sie im letzten Abschnitt beschrieben haben. Wenn diese 'product contribution' zum Aussenhandel und Austausch mit andern Wirtschaftssektoren führt, leistet die Landwirtschaft eine *'market contribution'*. Wenn es schliesslich auch noch gelingt, Faktoren (Arbeit und Kapital) in andere Sektoren zu überführen, spricht *Kuznets* von einer *'factor contribution'* der Landwirtschaft zur ökonomischen Entwicklung eines Landes. Wie aber sollen diese Beiträge der Landwirtschaft gemessen werden? Dazu *Kuznets*:

> "The measurement of such forced contributions of agriculture to economic growth is not easy; the incidence of some indirect taxes is difficult to ascertain and the allocation of government expenditures in terms of benefits to agriculture and to economic growth elsewhere is far from simple ... Indeed, one of the crucial problems of modern economic growth is how to extract from the product of agriculture a surplus for the financing of capital necessary for industrial growth[261]."

> "Die Messung dieser Beiträge der Landwirtschaft zum wirtschaftlichen Wachstum ist nicht einfach. So ist es recht schwierig, den Einfluss von indirekten Steuern abzuschätzen; es ist auch nicht einfach, die Auswirkungen von Staatsausgaben zugunsten der Landwirtschaft und ihren Einfluss auf den gesamtwirtschaftlichen Wachstumsprozess zu ermitteln ... Jedenfalls ist es eines der schwierigsten Probleme, in welcher Weise man den landwirtschaftlichen 'Surplus' für die Finanzierung des industriellen Wachstums mobilisieren kann[261]." (Übersetzung von H.S.)

Es ist sicher, dass die Landwirtschaft in der UdSSR und in China mehr zur Kapitalbildung beigetragen hat, als dies in den meisten Entwicklungsländern von heute der Fall ist. In beiden Ländern gelang es nach der Kollektivierung der Landwirtschaft, innert weniger Jahre die Investitionsquote mindestens zu verdoppeln[262]. Hier sei zur Illustration nur angemerkt, dass 1952 *pro Kopf der Bevölkerung* in *China* 7,6 $ akkumuliert wurden, 1957 hingegen bereits 14,8 $ (1958 nach Schätzungen gar 25 $), während *Indien* 1958 ca. 7 $ pro Kopf akkumulierte, wobei 1,5 $ davon vom Ausland stammten[263]!

Wir können hier *nicht* darauf eingehen, aus welchen Gründen China und Russland hohe Investitionsquoten anstrebten und welche Probleme sich daraus ergaben[264]. Uns interessieren hier nur die für Entwicklungsländer relevanten

---

261 *Ebendort*, S. 115.
262 Verschiedene Schätzungen für die UdSSR bei: *Maddison*, Economic Growth ..., a.a.O., S. 100; Zahlen für China bei: *Hollister*, 67, a.a.O., S. 125.
263 *Bettelheim*, Accumulation ..., a.a.O., S. 354.
264 Siehe dazu den Artikel von: *Fallenbuchl Z.M.*, Investment Policy for Economic Development: Some Lessons of the Communist Experience, The Canadian Journal of Economics and Political Science, Vol. XXIX/1963, S. 26–39.

Mechanismen des Kapitalbildungsprozesses in Russland und China: Zuerst behandeln wir die *Landwirtschafts-Steuern* und *Pflichtablieferungen* in diesem Prozess, und dann kommen wir auf die Rolle der *Preispolitik* und der *Umsatzsteuer* zu sprechen. Am Schluss folgt noch ein kurzer Exkurs zur Frage, welchen Beitrag der *Aussenhandel* (insbesondere die Exporte von Agrarprodukten) in diesem Kapitalbildungsprozess geleistet hat.

3.3.1. Landwirtschaftssteuer und Pflichtablieferungen

3.3.1.1. Direkte Landwirtschafts-Steuern

Die *Agrarsteuer* (chinesisch: 'Kung-liang' = 'Öffentliches Getreide') hat in *China* eine lange Geschichte und war seit jeher die Hauptquelle der staatlichen Einnahmen[265]. Vor 1949 machte sie in den von den Kommunisten besetzten Gebieten 80% der gesamten Staatseinnahmen aus[266]. Nach Gründung der Volksrepublik wurde den Bauern eine stark *progressive* Steuer von 0–80% des Ertrages auferlegt[267]. Damit erreichte man zwei Ziele mit einer Massnahme: Einerseits gelang es, die stark ungleiche Einkommensverteilung auf dem Lande zu korrigieren; andererseits wurden die Bauern williger gemacht, in die landwirtschaftlichen Kollektive einzutreten. –

Diese Kollektive wurden – da ja das Gleichheitsideal durch das Entlohnungssystem innerhalb der Kollektive tendenziell verwirklicht werden konnte – *proportional* besteuert. Besonders interessant für andere Entwicklungsländer dürften die in diesem Steuersystem eingebauten 'incentives' sein: Die Landwirtschafts-Steuer wird nämlich in China nicht vom effektiven Ertrag, sondern als Prozentsatz eines längerfristig fixierten fiktiven *'Normalertrages'* erhoben. Dies bietet die folgenden Vorteile:

— Es lohnt sich für die Kollektive, mehr als den 'Normalertrag' zu produzieren, da jegliche Mehrproduktion steuerfrei ist.
— In gleicher Richtung wirkt als Anreiz, dass der einmal fixierte 'Normalertrag' mehrere Jahre lang nicht verändert wird.
— Die landwirtschaftlichen Kollektive werden dazu angehalten, *jedes* Jahr *alles* zur Verfügung stehende Land zu bebauen, also kein Land brachliegen zu lassen, da der Normalertrag auf dem ganzen zur Verfügung stehenden Boden berechnet wird[268].

---

265 *Cheng Tong-yung*, a.a.O., S. 137.
266 *Chen Nai-ruenn*, Chinese Economic . . ., a.a.O., S. 98.
267 *Donnithorne Audrey*, State Procurement of Agricultural Produce in China, Soviet Studies, Vol. XVIII/1966, S. 39.
268 Diesen Aspekt betont vor allem: *Ecklund George N.*, Financing the Chinese Government Budget, Mainland China 1950–1959, Edingburgh 1967, S. 46.

— Der Staat kann mit mehr oder weniger[269] *konstanten,* vom Wetter unabhängigen Steuer-Eingängen rechnen[270].

1958 wurde im *Landes-Durchschnitt* die Landwirtschafts-Steuer auf 15,5 % des 'Normalertrages' festgelegt, mit einem Maximum von 25 % in reichen Gebieten[271]. Wir können uns hier nicht mit den recht komplizierten Kriterien der Festlegung des 'Normalertrages' beschäftigen[272]. Dieser ist nämlich von Provinz zu Provinz und oft sogar noch innerhalb einzelner Provinzen von unterschiedlicher Höhe. Generell lässt sich festhalten, dass der fixierte 'Normalertrag' meist unter dem tatsächlichen Output lag. Verschiedene Abrechnungen von Kommunen zeigen, dass die *effektive Steuerbelastung* meist ca. 10 % des Brutto-Ertrages erreichte[273]. Dem würde die Globalzahl entsprechen, dass 1957 (ein durchschnittliches Erntejahr) der Normalertrag nur rund 70 % des effektiven Ertrages ausmachte, dass also nur 70 % des Outputs besteuert wurde[274]. Von 1952–1957 soll die Steuer als Anteil des *effektiven Outputs* von 13,2 % auf 11,3 % gefallen sein[275].

Welche Bedeutung hat nun diese Landwirtschafts-Steuer im Staatsbudget Chinas? Der Anteil der Landwirtschaftssteuer an den Gesamteinnahmen des Staates ist von 1950 bis 1958 von rund 30 % auf 8 % gesunken. In absoluten Zahlen verbirgt sich dahinter allerdings eine Zunahme von 1,9 auf 3,3 Mia. Yuan[276].

Daraus kann aber *nicht* geschlossen werden, dass in China der Beitrag der Landwirtschaft zur Kapitalbildung unbedeutend sei. Erstens werden auch noch *lokale* Landwirtschafts-Steuern erhoben, über deren Höhe keine Gesamt-Angaben bestehen[277]. Zweitens sind auch die Haupt-Einnahmen im Staatsbudget – die 'Industrie- und Handelssteuern' sowie die 'Gewinnabführungen' – von der Leistungskraft der Landwirtschaft abhängig. Diese beiden Steuern werden nämlich wegen der grossen Rohstoffabhängigkeit der Industrie stark von der Höhe der für Agrarprodukte bezahlten Preise beeinflusst. Drittens ist zu beachten, dass ein Grossteil der in den landwirtschaftlichen Kommunen gebauten Krankenhäuser, Schulen, kleinen Fabriken und Werkstätten direkt über

---

269 Nur bei Ernteverlusten durch Katastrophen von über 20 % gewährt der Staat Steuernachlässe. (Einzelheiten bei: *Ecklund,* a.a.O., S. 46.)
270 Die Landwirtschafts-Steuer wird zum weitaus grössten Teil *in natura* erhoben. In der Staatsrechnung erscheint diese Steuer erst als Einnahme, wenn die Produkte verkauft sind! (*Kwang Ching-wen,* The Budgetary System of the People's Republic of China: A Preliminary Survey, Public Finance, Vol. XVIII/1963, S. 276.)
271 *Ecklund,* a.O., S. 53.
272 Siehe z.B. *Ecklund,* a.a.O., S. 43–58; *Durand François J.,* Le Financement du Budget en Chine Populaire, Hongkong 1965, S. 116–157; *Donnithorne,* a.a.O., S. 40ff.
273 Vgl. etwa: *Marchisio,* a.a.O., S. 88; *Myrdal Jan,* a.a.O., S. 182f.
274 *Donnithorne,* a.a.O., S. 40.
275 *Ebendort,* S. 44.
276 *Zao,* a.a.O., S. 272.
277 Siehe Beispiele bei: *Ecklund,* a.a.O., S. 50ff.

die Akkumulations-Fonds der Kommunen finanziert werden (oder durch Arbeitsleistungen). — *Bettelheim* schätzt, dass 1958 nur rund 10 % der gesamten Akkumulations-Leistungen der Landwirtschaft über die Landwirtschaftssteuer finanziert wurden:

Statistik IV—13[278]:
1958: Akkumulationsbeiträge der chinesischen Landwirtschaft

1) Akkumulation ausserhalb des monetären
   Kreislaufes (durch Arbeit)   16,7 Mia. Yuan
2) Selbstfinanzierung (über Akk.-Fonds)   10,0 Mia. Yuan
3) Budget-Beitrag durch Landwirtsch.-Steuer   3,0 Mia. Yuan

   Total Akk.-Leistung Schätzung *Bettelheim*   29,7 Mia. Yuan

Bezüglich der *Sowjetunion* können wir uns kürzer fassen, da dort die Agrarsteuer keine grosse Bedeutung erlangt hat: Bis 1941 war der Einkommens-Steuersatz für die Kolchosen auf 3 % festgelegt; während des Krieges stiegen die Sätze auf 4—8 %[279]. Zur Besteuerung des *Privatlandes* der Kolchosniki wurde ein ähnliches System wie in China angewandt: Aus Incentive-Gründen legte man der Steuer 'erwartete Erträge' zu Grunde[280]. — Jedenfalls machten in der UdSSR die Einkommenssteuern von Kolchosen und Kolchosniki nur etwa 3 % der Staatseinnahmen aus[281]. Daraus wiederum darf aber nicht der Schluss gezogen werden, dass die Landwirtschaft in der Sowjetunion nicht besteuert worden wäre. Man gab dieser Steuer lediglich einen andern Namen; man bezeichnete sie als *Pflichtablieferungen*.

3.3.1.2. Die Pflichtablieferungen

Obgleich die Pflichtablieferungen in der *Sowjetunion* vom Staat bezahlt wurden, können sie als *Steuer* bezeichnet werden: "It was this tax in kind which provided the bulk of the 'capital' for the industrialization drive of the first two Five Year Plans[282]." "Diese Naturalsteuer mobilisierte den Hauptteil des 'Kapitals' für die Industrialisierung während der beiden ersten Fünfjahrespläne[282]." (Übersetzung von H.S.) Die Bezahlung für diese Ablieferungen hatte nämlich mehr *symbolischen* Charakter: Oft deckten die für die Produkte bezahlten Preise nicht einmal die Transportkosten zu den Sammelstellen[283]! Ein

---

278 Quelle: *Bettelheim*, Accumulation..., a.a.O., S. 377.
279 *Nove*, Rural Taxation..., a.a.O., S. 161. — In diesem Artikel finden sich auf S. 159—166 alle technischen Einzelheiten.
280 *Ebendort*, S. 163ff.
281 *Spulber*, The Soviet..., a.a.O., S. 186.
282 *Strauss*, a.a.O., S. 76.
283 *Nove*, Die sowjetische..., a.a.O., S. 155.

Beispiel soll den Steuer-Charakter dieser Ablieferungen erläutern: 1948 bezahlte der Staat für die Pflichtablieferungen an *Roggen* 7—8 Rubel pro 100 kg, wobei der staatliche *Verkaufs*preis an die Mühlen 335 Rubel pro 100 kg betrug[284]. Im Jahre 1947 lagen die auf den Kolchosmärkten bezahlten Preise für Agrarprodukte um ein Mehrfaches über den Preisen für Pflichtablieferungen:

Statistik IV—14[285]*:*
Preise auf dem freien Kolchosmarkt als %-satz der Pflichtablieferungspreise (1947):

Äpfel:	1'000 %
Butter:	1'500 %
Milch:	2'000 %
Karotten:	3'000 %
Kartoffeln:	4'300 %

Weiter ist zu sagen, dass die Pflichtablieferungspreise in der ganzen *Stalin*-Zeit praktisch *konstant* blieben: 1948 erhielten die Produzenten höchstens 30 % mehr für den Weizen als 1926/27; während dieser Periode hatten sich aber die Löhne ca. verzehnfacht (Inflation!)[286].

Auf den ersten Blick erscheint der Anteil der Pflichtablieferungen von *Weizen* am Gesamt-Output nicht übermässig hoch zu sein, erreichte er doch nur etwa 20—30 % der Gesamtproduktion[287]. Aus dieser Produktion musste aber noch das Saatgut, das Futter für das Vieh, die Naturalentschädigungen an die Kochosniki und die Entschädigungen an die MTS[288] bestritten werden. Allein dieser letzte Posten war 1938 ungefähr ebenso gross wie die Pflichtablieferungen[289]. — Was übrig blieb, konnte dem Staat zu wesentlich höheren Preisen oder auf dem freien Kolchosmarkt verkauft werden. Allerdings waren diese Verkäufe zusammen mit den Naturalentschädigungen an die Kolchosniki nur rund gleich gross wie die Pflichtablieferungen[290].

Die *Höhe* der Pflichtablieferungen wurde anfangs für jedes Produkt nach Land-Einheiten festgelegt, später unabhängig vom tatsächlich bebauten Land,

---

284 *Ebendort.*
285 Quelle: *Jasny*, The Soviet Price System, Stanford 1951, S. 35.
286 *Ebendort*, S. 48.
287 *Ebendort.* — *Jasny* schätzt einen Anteil von 20 % für den Weizen. *Nove*, Rural Taxation ..., a.a.O., S. 160, schätzt den Anteil der Pflichtablieferungen für *alle* Getreide-Arten *vor* dem Krieg auf 30 %.
288 Als Entgelt für die Maschinen-Arbeit. — Auch ein Teil dieser 'Entschädigungen' kann wohl als Steuer bezeichnet werden. Das kann aus dem Umstand geschlossen werden, dass Kolchosen, welche keine Dienste von MTS in Anspruch nahmen, 25 % höhere Pflichtablieferungen zu erfüllen hatten. (*Nove*, Rural Taxation ..., a.a.O., S. 160.)
289 *Jasny*, The Soviet Price ..., a.a.O., S. 61.
290 *Ebendort*, S. 49.

um Landanbau-Verminderungen innerhalb der Kolchosen zu vermeiden[291]. Am sehr hoch angesetzten Ablieferungs-Soll wurde möglichst immer festgehalten: Manchmal mussten die Kolchosen in staatlichen Läden Produkte kaufen, um das Soll zu erfüllen und nicht als 'Saboteure' zu gelten!

Mit dieser Politik der Pflichtablieferungen wurde das Hauptziel erreicht, nämlich die *drastische Erhöhung der auf den Markt gebrachten Agrarprodukte* zur Ernährung der rasch anwachsenden Industriearbeiterschaft:

Statistik IV–15[292]:
UdSSR: Vermarktete Agrarprodukte (in Mio. Tonnen)

	1927/28	*1940*	*1953*
Weizen	8,1	38,3	35,8
Zuckerrüben	9,8	17,4	22,9
Kartoffeln	2,7	12,9	12,1
Fleisch und Fett	1,4	2,6	3,2
Milch	5,2	10,8	13,7

Zweifellos ermöglichte gerade diese Erhöhung des Anteils der auf den Markt gebrachten landwirtschaftlichen Produktion die rasche Industrialisierung des Landes. Ebenso klar ist, dass diese in erster Linie auf Kosten der Bauern ging. Das wird auch in verschlüsselter Form von einem russischen Wissenschaftler (*Rabinowitsch*) zugegeben, welcher 1950 über den Zweck der Pflichtablieferungen sagte, diese hätten die Aufgabe, "to hand over to the government part of the surplus value created in the kolchozy[293]"... "dem Staat einen Teil des in den Kolchosen erwirtschafteten 'Surplus' zur Verfügung zu stellen[293]"...

Auch in *China* wurden im Rahmen der Planwirtschaft diese Pflichtablieferungen eingeführt. Allerdings hatten die Preise für diese Pflichtverkäufe an den Staat im Gegensatz zur UdSSR nicht nur symbolischen Charakter: Im allgemeinen achtete man darauf, dass mindestens die Produktionskosten gedeckt werden konnten und dass die Akkumulation innerhalb der Kollektive nicht gefährdet wurde[294]. Die landwirtschaftlichen Kollektive wurden bei Festlegung des Ablieferungs-Solls in drei Gruppen eingeteilt[295]:

---

[291] *Kahan*, a.a.O., S. 263.
[292] *Quelle: Strauss*, a.a.O., S. 55.
[293] Zitiert nach: *Nove*, Rural Taxation..., a.a.O., S. 159.
[294] *Chen Nai-ruenn*, The Theory of Price Formation in Communist China, China Quarterly, Nr. 27/1966, S. 36. – Diese Grundsätze haben deswegen eine grosse Bedeutung, weil ein anderer Grundsatz in China darin besteht, dass 50–70 % des landwirtschaftlichen Ertrages als Lohn den Kollektiv-Mitgliedern zur Verfügung stehen soll.
[295] *Donnithorne*, a.a.O., S. 48.

1) Grain-Surplus-Kollektive
2) Self-Sufficient-Kollektive
3) Grain-Deficit-Kollektive.

Die Gruppe (1) musste dem Staat 80–90 % des Surplus verkaufen. Die Gruppe (3) weist entweder wegen natürlicher Bedingungen ein Defizit auf oder weil sich die Kollektive dieser Gruppe vorwiegend auf technische Kulturen konzentrieren. Während die Kollektive der Gruppe (2) den gleichen Standard wie jene der Gruppe (1) aufrecht erhalten dürfen, liegt der Konsum-Standard der Gruppe (3) leicht darunter[296]. – Bei Ernte-Schwankungen müssen die Provinzen alles daran setzen, innerhalb der eigenen Provinz die Selbstversorgung zu erreichen. Allerdings dürfen aus incentive-Gründen nie mehr als 40 % des 'Übersoll-Surplus' der Pflichtablieferung unterworfen werden[297]. – Ebenfalls aus Gründen des Arbeitsanreizes wurde das Ablieferungssoll über einen längern Zeitraum hinweg (mindestens drei Jahre) unverändert gelassen[298].

In China fallen also rund 10 % der Getreide-Produktion durch *Steuern* an den Staat und etwa weitere 20 % werden durch das Instrument der Pflichtablieferungen in den staatlichen Handel geleitet[299]. Wegen des geringeren Eigenverbrauchs ist dieser Anteil bei den technischen Kulturen wesentlich höher (z.B. Baumwolle 70–80 %)[300].

Wir stellen *zusammenfassend* fest, dass es in Russland und China gelang, einen erheblichen Anteil der Landwirtschafts-Produktion mittels Landwirtschafts-Steuer und Pflichtablieferungen dem staatlichen Handel zuzuführen. Selbstverständlich leisteten dabei die Kollektive wichtige Dienste. Der Hinweis, dass man in Entwicklungsländern die 'armen Bauern' doch nicht besteuern könne, ist u.E. nur teilweise stichhaltig. Akzeptiert man die Gleichheits-Postulate *Myrdals*[301] als eine Grundbedingung für die Entwicklung, müsste daraus gefolgert werden, dass in Entwicklungsländern vor allem die *reichen Bauern* (solche gibt es!), die *Landbesitzer* und *Verpächter* besteuert werden sollten. (Pachten bis zu 50 % des Ertrages sind bekanntlich keine Seltenheit.) Sicher könnte auf diese Weise – wie in China – ein grösserer Beitrag von der Landwirtschaft für die wirtschaftliche Entwicklung mobilisiert werden, ohne dass das Konsum-Niveau der Ärmsten gesenkt werden müsste.

---

296 *Ebendort*, S. 49.
297 *Ebendort*, S. 50f.
298 *Handke Werner*, Die Wirtschaft Chinas. Dogma und Wirklichkeit, Frankfurt 1959, S. 192.
299 *Marchisio*, a.a.O., S. 87; *Donnithorne*, a.a.O., S. 213.
300 *Donnithorne*, a.a.O., S. 215.
301 *Myrdal G.*, Politisches Manifest ..., a.a.O., S. 49–76.

3.3.2. Preispolitik und Umsatzsteuer

Wir haben im III. Teil bei der Darstellung der *Industrialisierungsdebatte* in der Sowjetunion auch die These von *Preobraschenski* über die 'ursprüngliche sozialistische Akkumulation' kennengelernt[302]. Bei dieser Akkumulation sollte die Landwirtschaft eine Schlüsselrolle spielen. Als Instrument dazu schwebte *Preobraschenski* eine geeignete *Preispolitik* vor, was er wie folgt begründete:

"Akkumulation durch eine angemessene Preispolitik hat gegenüber anderen Formen der direkten oder indirekten Besteuerung der Kleinwirtschaft Vorteile. Der wesentlichste von ihnen ist in der Leichtigkeit zu sehen, mit der die Eintreibung durchgeführt werden kann; nicht eine einzige Kopeke wird für die Einrichtung eines besonderen Besteuerungsapparates benötigt...[303]"

Offensichtlich sah *Preobraschenski* vor, die Austauschbedingungen zwischen Industrie- und Landwirtschafts-Gütern zu Ungunsten der letzteren zu verändern. Diese Politik wurde nach der Kollektivierung auch tatsächlich verfolgt, verbunden allerdings mit einer massiven *indirekten Besteuerung* der Konsumgüter. In der sowjetischen sozialistischen Theorie werden diese indirekten Steuern als *'Mehrwert der Gesellschaft'* bezeichnet[304]. In diesem Besteuerungsprozess spielten die landwirtschaftlichen Produkte eine bedeutende Rolle:

"Die Beschaffungspreise der Kolchosen sind bis 1953 konstant auf einem niedrigen Niveau gehalten worden, während mittels der hohen Umsatzsteuer hohe Verbraucherpreise für Nahrungsmittel festgesetzt wurden. Diese rigorose 'Mehrwert'-Abschöpfung beim Produzenten und Konsumenten bildete eine der Hauptquellen der industriellen Kapitalakkumulation[305]."

Es ist eine alte Erkenntnis der Wirtschaftspraxis, dass sich Preis-unelastische Güter besonders gut für die indirekte Besteuerung eignen. Wir erinnern hier nur an die beliebten *Salzsteuern* oder in neuerer Zeit an *Tabaksteuern*. In einem relativ armen Land wie der UdSSR im Jahre 1928 waren natürlich alle lebensnotwendigen Nahrungsmittel Preis-unelastisch: *Während der STALIN-Zeit bestanden die Detailverkaufspreise für Nahrungsmittel zu 40–95 % aus Umsatzsteuern* (Durchschnitt für alle Konsumgüter ca. 60 %[306]).

Einige Beispiele: Im Jahre 1936 kaufte der Staat die *Roggen*-Pflichtablieferungen zu 7,20 Rubel pro 100 kg. Der von den staatlichen Handels-Organisationen bezahlte *gos-sakupka-Preis* lag bei 10,20 Rubel. Der *Verkaufspreis* an

---

302 Vgl. S. 114ff.
303 Zitiert nach: *Maddison*, Die neuen..., a.a.O., S. 254.
304 Mehr dazu bei: *Hinkelammert Franz Joseph*, Der Wachstumsprozess in der Sowjetwirtschaft, Berlin 1961, S. 94.
305 *Raupach Hans*, System der Sowjetwirtschaft, Hamburg 1968, S. 146.
306 *Spulber*, The Soviet..., a.a.O., S. 186.

die Mühlen betrug aber in beiden Fällen 93 Rubel[307]! Beim *Weizen* lagen die Preise für Pflichtablieferungen rund 20 x tiefer als die Konsumentenpreise[308]! Für weitere Agrarprodukte erreichte die Belastung folgendes Ausmass:

Statistik IV–16[309]:
UdSSR 1940: Anteil der Umsatzsteuer als %-satz des Detailhandelspreises (ausgewählte Agrarprodukte):

Kartoffeln:	48–62%
Fleisch:	50–71%
Butter:	60–66%
Baumwollgüter:	55–65%
Zucker:	73%

Wir können das Problem der Umsatzsteuerbelastung von Nahrungsmitteln auch noch von einer andern Seite angehen und uns fragen, welche Differenz zwischen den vom Staat bezahlten Preisen und den auf dem freien Kolchosmarkt üblichen bestand. Es darf uns dabei nicht verwundern, dass die letzteren stark schwankten, da im Verlaufe der ersten 5-Jahrespläne immer wieder ernste Versorgungsschwierigkeiten auftauchten. Demgegenüber blieben die vom Staat bezahlten Pflichtablieferungs-Preise und Übersoll-Preise im wesentlichen unverändert:

Statistik IV–17[310]:
1932–1939: Preise für ausgewählte Agrarprodukte (Rubel pro t)

	Pflichtablieferungspreis	Übersollverkäufe an den Staat	Preise auf dem Kolchosmarkt
Korn	7,5	16,4	119–691
Kartoffeln	3,6	11,0	37–200
Milch	16,5	46,5	118–254
Fleisch (Lebendgewicht)	35,0	175,0	316–604

---

307 Nove, Rural Taxation ..., a.a.O., S. 160.
308 Jasny Naum, Kolkhozy, The Achilles' Heel of the Soviet Regime, Soviet Studies, Vol. III, 1951/52, S. 150.
309 Quelle: Jasny, The Soviet Price ..., a.a.O., S. 164.
310 Quelle: Karcz, a.a.O., S. 120.

212 LANDWIRTSCHAFT UND KAPITALBILDUNG

All diese Beispiele sollten klargemacht haben, dass diese Preisdifferenzen in der Tat "eine der wesentlichsten Quellen der Kapital-Akkumulation in der UdSSR"[311] waren. Die Belastung der Agrarprodukte durch die Umsatzsteuer verstärkte sich dabei im Laufe der Zeit: Während die Pflichtablieferungs-Preise von 1928–1953 praktisch unverändert blieben, veracht-fachten sich die Detailverkaufspreise in dieser Periode[312]! Wenn man nun berücksichtigt, dass der weitaus grösste Teil der industriellen Investitionen und praktisch alle Infrastruktur-Investitionen über das Staatsbudget finanziert wurden, wenn man weiter bedenkt, dass die Ausgaben des Staates mehr als die Hälfte des Brutto-Sozialprodukts der UdSSR ausmachen[313], so wird die Frage interessant, woher denn eigentlich die *Einnahmen* für dieses Staatsbudget stammen. Wir fragen nach dem Anteil der Umsatzsteuern an den gesamten Staatseinnahmen:

Graphik IV–3[314]:
UdSSR: Anteil der Umsatzsteuer an den öffentlichen Einnahmen

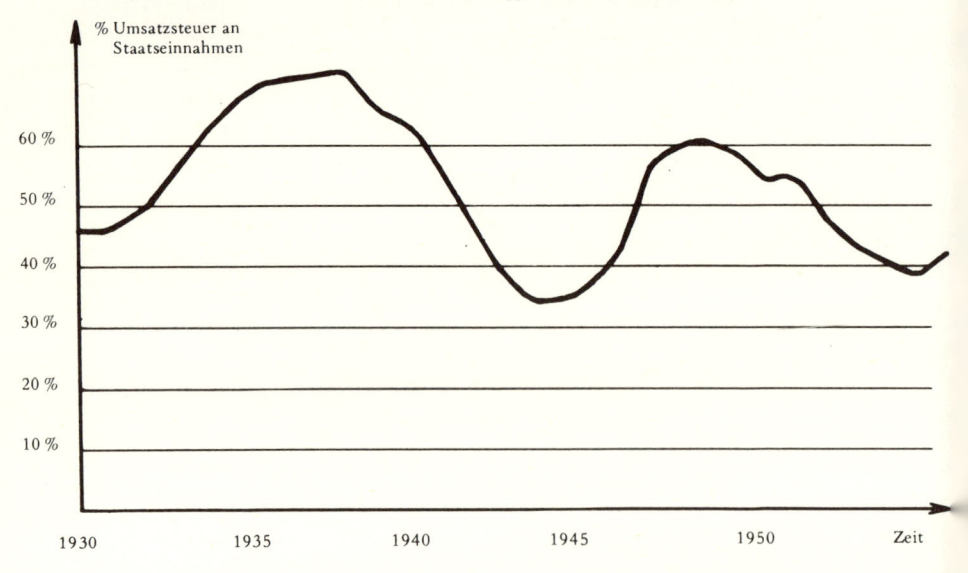

311 *Wilber*, a.a.O., S. 49 (eigene Übersetzung).
312 *Spulber*, The Soviet Economy, a.a.O., S. 88. — Dazu ist noch anzumerken, dass die *technischen Kulturen* — vor allem die Baumwolle, aber auch Zuckerrüben und Flachs — bevorzugt wurden, indem die Ankaufspreise im Laufe der Zeit stark angehoben wurden. (*Jasny*, The Soviet Price ..., a.a.O., S. 49.)
313 *Spulber*, The Soviet ..., a.a.O., S. 181.
314 Quellen: *Jasny*, The Soviet Price ..., a.a.O., S. 71; und: *Wagenlehner Günther*, Das sowjetische Wirtschaftssystem und Karl Marx, Köln 1960, S. 147. — In diesen Zahlen sind auch die Rechnungen der Republiken, Oblasts und Städte eingeschlossen.

Wir sehen, dass der Anteil der Umsatzsteuer an den Gesamteinnahmen des Staates immer *beträchtlich* war: Ein erster Höhepunkt wurde während des zweiten Planjahrfünfts erreicht, in welchem an die 70 % der Staatseinnahmen durch Umsatzsteuern aufgebracht wurden. Der zweite Höhepunkt mit über 60 % folgte nach dem zweiten Weltkrieg. Der verhältnismässig geringe Anteil der Umsatzsteuer während des Krieges ist dadurch zu erklären, dass der Bevölkerung eine *Kriegssteuer* auferlegt wurde und dass der Anteil des 'ungeklärten Restes' der Staatseinnahmen während der 40er Jahre besonders hoch war: Gegen 30 % der Einnahmen wurden während des Krieges unter 'sonstigen Einnahmen' verbucht[315].

Unser Ziel wäre es nun, jenen Anteil der Umsatzsteuer zu ermitteln, welcher auf die *Agrarprodukte* entfällt. In Ermangelung von detaillierten Globalzahlen müssen wir den Umweg über die *Konsumstruktur* der sowjetischen Bevölkerung machen. Es wurde ermittelt, dass 1928 ca. 52 %, 1937 sogar rund 65 % der Ausgaben der städtischen Bevölkerung auf Nahrungsmittel entfielen[316]! Da auch ein Teil der Manufakturwaren verarbeitete Agrarprodukte enthält, wird man wohl sagen können, dass bis 1950 der *überwiegende Anteil* an der in Graphik IV–3 dargestellten Umsatzsteuer auf Agrarprodukte entfiel. Diese Aussage wird noch gestützt durch die Tatsache, dass die meisten *Produktionsgüter* bis 1950 nur mit einer symbolischen Umsatzsteuer von 0,5–1 % belegt wurden (Kohle 0,5%, Metalle 0,5 %, Maschinen für Industrie 1 %, etc.)[317].

Es ist nun natürlich eine müssige Frage, ob diese Umsatzsteuer in der Hauptsache vom Produzenten oder Konsumenten getragen wurde. Diese Frage lässt sich zweckmässigerweise mit einer Darstellung der *Einkommensverteilung* zwischen Bauern und Arbeitern beantworten. Und wir haben gesehen, dass bei einem solchen Vergleich die Bauern nicht eben gut abschneiden[318]. – Vom *Kapitalbildungs*-Standpunkt aus ist festzuhalten, dass durch diese massive Umsatzsteuer die *effektive kaufkräftige Nachfrage* von Bauern und Arbeitern stark beschnitten wurde: Die Kolchosniki konnten bei ihrem von der Preispolitik abhängigen niedrigen Einkommen keine grosse Nachfrage entfalten; die Arbeiter brauchten der hohen Preise wegen einen beträchtlichen Teil ihres Einkommens für Nahrungsmittel. Diese Nachfrage-Lücke wurde vom Staat mit der Produktion

---

[315] Es ist nicht auszuschliessen, dass auch ein Teil dieses Restes auf Umsatzsteuern entfällt. – Mehr zum 'ungeklärten Rest' bei: *Hedtkamp Günter,* Finanzsystem und Geldwesen, in: Osteuropa Handbuch, Köln 1965, S. 256ff.
[316] *Chapman J.,* Real Wages in the Soviet Union, Review of Economics and Statistics, 1954, S. 139.
[317] *Jasny,* The Soviet Price ..., a.a.O., S. 77 und S. 164.
[318] Vgl. S. 175f.

von Kapitalgütern, mit Schulbauten, mit Militärausgaben, mit Infrastrukturprojekten, etc. geschlossen.

Man könnte den *Steuercharakter der staatlichen Preispolitik für Agrarprodukte* auch damit zeigen, wie sich die 'Terms of Trade' während der *Stalin*-Zeit kontinuierlich und massiv zu Ungunsten der Agrarprodukte (Erfassungspreise) gegenüber den meisten andern Produkten verändert haben[319]. Dies gelang aber erst *nach* der Kollektivierung und *nach* Einführung von Pflichtablieferungsquoten. Vorher hatten die Bauern auf jeden Versuch, die Terms of Trade zu Ungunsten der Landwirtschaftsprodukte zu beeinflussen, mit einer Einschränkung der Marktproduktion reagiert[320]. Auch dadurch wird unsere frühere These gestützt, dass es ohne Kollektivierung kaum gelungen wäre, die Landwirtschaft in solch grossem Masse als Kapitalbildungsquelle heranzuziehen.

Es bleibt hier nur noch nachzutragen, dass nach 1953 die Preisschere entschieden gemildert wurde, indem man die Preise für Agrarprodukte stark anhob. Gleichzeitig senkte man die Preise der Produktionsgüter für die Landwirtschaft[321]. Ebenfalls nach 1953 war ein generelles *Sinken* der *Verkaufs*preise von Nahrungsmitteln festzustellen, so dass die Umsatzsteuerbelastung auf Agrarprodukten kleiner wurde[322].

Zum Schluss noch einige Bemerkungen zur Preispolitik in *China:* Wir haben bereits festgestellt, dass man sich in China seit jeher darüber klar war, welch hervorragende Bedeutung der Landwirtschaft im Wachstumsprozess der Wirtschaft zukommt. Dabei spielte die Preispolitik eine ungleich geringere Rolle als in der UdSSR. So argumentierte der Ökonome *Ho Chien-chang,* dass den Bauern die Lasten per *Steuern* auferlegt werden sollen, da die Produktions-Teams und Equipen unterschiedliche Mengen von Agrarprodukten selbst konsumieren bzw. vermarkten, was bei einer massiven Umsatzsteuer (mit entsprechend niedrigen Erfassungspreisen) zu einer ungerechten Verteilung der Lasten führe[323].

So kann denn auch als sicher angesehen werden, dass die Umsatzbesteuerung für Agrarprodukte in China immer *wesentlich geringer* als in der UdSSR war. Für 1958 werden folgende Sätze angegeben:

---

[319] Details siehe bei: *Kahan,* a.a.O., S. 263; *Jasny,* The Soviet Price..., a.a.O., S. 56ff.; Tabellen S. 168f.; *Sherman,* a.a.O., S. 146; *Bornstein Morris,* The Soviet Debate on Agricultural Price and Procurement Reforms, Soviet Studies, Vol. XXI, No. 1/1969, S. 1ff.

[320] *Kahan,* a.a.O., S. 259.

[321] Zur Preispolitik nach 1953: *Raupach,* System..., a.a.O., S. 147; *Strauss,* a.a.O., S. 201 (Tabelle); *Wagener Hans-Jürgen,* Preisdifferenzierungen im Rahmen der sowjetischen Landwirtschaftspolitik, in: *Raupach,* Hrsg., Jahrbuch der Wirtschaft Osteuropas, München 1970, S. 409.

[322] *Strauss,* a.a.O., S. 223; *Vernes Jacqueline,* Regard sur le niveau de vie, in: Economie et Politique, l'Economie en URSS et en Chine, Numéro Spécial, Jan./Febr. 1960, S. 65.

[323] Nach: *Chen Nai-ruenn,* The Theory of Price Formation..., a.a.O., S. 48f.

Statistik IV—18[324]:
China 1958: Umsatzsteuer-Belastung für ausgewählte Güter

Nahrungs-Getreide		4 %
Milch	2,5 –	10 %
Speise-Öl		12,5 %
Konserven-Nahrungsmittel		10 %
Tabak	40 –	69 %
Wein und alkoh. Getränke	20 –	60 %
Zucker	27 –	44 %
Tee		40 %

Wir sehen, dass beim Umsatzsteuer-Satz in China nicht in erster Linie wie in der UdSSR das Kriterium 'Preiselastizität', sondern viel mehr das Kriterium 'Luxus' eine entscheidende Rolle spielt: Was nur im entferntesten nach 'nicht absolut notwendig' aussieht, wird mit einer massiven Umsatzsteuer belegt. Dasselbe gilt übrigens auch für Manufaktur- und Industrieprodukte[325].

Betrachten wir die *Staatsrechnung* bis 1959, so sehen wir, dass die Haupteinnahmen von 'Industrie und Handel' und von 'Unternehmungen' (Gewinn) stammen[326]. Im ersten Posten (Industrie und Handel) sind zweifellos auch Umsatzsteuern für Agrarprodukte enthalten. Es dürfte aber zur Zeit unmöglich sein, diesen Anteil zu quantifizieren. Auch am abgeführten Unternehmungsgewinn ist die Landwirtschaft indirekt beteiligt: Dieser Gewinn ist nämlich teilweise abhängig von den Preisen, welche die Unternehmungen für landwirtschaftliche Rohstoffe bezahlen müssen. So stammen in der Leichtindustrie 80 % der Rohmaterial-Inputs von der Landwirtschaft[327].

— Leider müssen wir es bezüglich der Preispolitik Chinas bei diesen wenigen Fakten bewenden lassen, da das statistische Material keine für uns sinnvolle weitergehende Analyse zulässt. Wir können jedoch mit grosser Wahrscheinlichkeit annehmen, dass die Umsatzsteuer auf Agrarprodukten in China bei weitem nicht dieselbe überragende Bedeutung hat wie in der UdSSR der *Stalin*-Ära. *Ein* Grund dafür ist sicher, dass die Differenz zwischen faktischem Produktionsniveau und Subsistenzminimum in China geringer als in der UdSSR ist[328].

---

[324] *Quelle: Chen Nai-ruenn*, Chinese Economic . . ., a.a.O., S. 96.
[325] Siehe vollständige Tabelle: *Ebendort.* — So werden z.B. *Bücher* mit einer Umsatzsteuer von 2,5 %, *Uhren* und *Fotomaterial* hingegen mit einer solchen von 25—35 % belegt!
[326] Staatsrechnungen bis 1959 bei: *Grossmann*, a.a.O., S. 286f.
[327] *Schurmann Franz*, China's 'New Economic Policy' — Transition or Beginning, in: *Li C.M.*, ed., Industrial Development . . ., a.a.O., S. 68.
[328] *Donnithorne*, a.a.O., S. 221.

3.3.3. Landwirtschaft und Aussenhandel

Wir halten uns hier kurz und stellen fest, dass die UdSSR und China bezüglich des Aussenhandels genau das taten, was heute den Entwicklungsländern mit mehr oder weniger Erfolg empfohlen wird: Sie exportierten am Anfang vor allem Rohstoffe und Landwirtschafts-Produkte und setzten die knappen Devisen sehr selektiv für den Import von relativ komplizierten Kapitalgütern ein.

Während des ersten Planjahrfünfts (1928/32) vervierfachten sich die jährlichen Importe der *Sowjetunion*. Bezahlt wurden diese Importe (auf Kosten des Konsum-Niveaus) vor allem mit Weizen- und Rohstoffexporten[329]. Etwa die Hälfte der neuen Maschinen für die sowjetischen Fabriken konnten mit diesen Export-Erlösen finanziert werden[330]. Dabei ist die Feststellung besonders interessant, dass von den Maschinen- und Ausrüstungs-Investitionen nur 7 % der Importe für die Endprodukt-Erzeugung gebraucht wurden. Bei den restlichen 93 % handelte es sich um Maschinen, welche zur Herstellung anderer Maschinen bestimmt waren[331]!

Des weitern wurde eine konsequente *Import-Substitutionspolitik* betrieben, wie man sie heute ja den meisten Entwicklungsländern empfiehlt. So stellte man fest, dass verhältnismässig viele Devisen für die Einfuhr von *Baumwolle* und *Tee* verwendet wurden. Man machte sich deshalb daran, diese Produkte möglichst von der eigenen Landwirtschaft herstellen zu lassen. Die dadurch erreichte Devisen-Ersparnis konnte natürlich wiederum für Maschinen-Importe verwendet werden:

Statistik IV–19[332]:
UdSSR: Baumwolle- und Tee-Importe, 1921–1939

	Baumwolle (t)	Tee (t)
1928	145'000	28'100
1929	115'037	28'590
1931	53'749	20'708
1933	22'552	19'307
1935	44'219	23'638
1937	22'054	15'191
1939	3'988	9'500

329 *Wilber*, a.a.O., S. 34; *Sherman*, a.a.O., S. 85.
330 *Sherman*, a.a.O., S. 85. — So wurden 66 % der Maschinenwerkzeuge und 81 % der Traktoren importiert.
331 *Ebendort.*
332 *Quelle: Kahan*, a.a.O., S. 262. — Dazu ist besonders noch zu bemerken, dass der Baumwoll-Inlands-Verbrauch insgesamt konstant blieb.

Auch *China* kann in seiner Aussenhandelspolitik als Modell für Entwicklungsländer angesehen werden. Während in der Kuomingtang-Ära ein hoher Prozentsatz der chinesischen Einfuhren aus Konsumgütern bestand, sank dieser Anteil in den ersten 10 Jahren nach Gründung der Volksrepublik auf unter 10 %[333]. Der Anteil der Kapitalgüter an der Einfuhr stieg ab 1952 auf über 90 % an. Finanziert wurden diese Kapitalgüter vor allem aus den Export-Erlösen von verarbeiteten und nicht verarbeiteten landwirtschaftlichen Rohprodukten:

Statistik IV—20[334]:
Struktur des chinesischen Aussenhandels 1950—1958

Jahr	Aussenhandelsvolumen		Anteil der landwirtschaftlichen Produkte an der Ausfuhr			
		Anteil an der inländischen Güterproduktion	Anteil der Kapitalgüter an der Einfuhr	Rohprodukte	verarbeitete Produkte	zusammen
	Mill. Yuan	v. H.	v. H.	v. H.	v. H.	v. H.
1950	4 150	7,2	87,2	57,5	33,2	90,7
1951	5 950	8,7	83,1	54,6	31,4	96,0
1952	6 460	7,8	90,6	59,3	22,8	82,1
1953	8 090	8,6	93,0	55,7	25,9	81,6
1954	8 470	8,2	92,8	48,3	27,7	76,0
1955	10 980	9,9	94,5	46,1	28,4	74,5
1956	10 870	8,4	92,4	42,6	31,3	73,9
1957	10 450	7,5	92,7	40,1	31,5	71,6
1958	12 870	7,0	93,7	35,5	37,0	72,5

Wir sehen in dieser Tabelle, welch grosse Bedeutung der Landwirtschaft auch bei der Finanzierung der absolut notwendigen Kapitalgüter-Importe zukam. Für 1967 schätzt *Han Suyin*, dass die Industriegüter bereits etwa 40 % des chinesischen Exports bestritten gegenüber 5—10 % vor 1949[335].

[333] *Kindermann*, Kulturen . . ., a.a.O., S. 156.
[334] *Quelle: Chang Tsung-tung*, Die chinesische Volkswirtschaft. Grundlagen — Organisation — Planung, Köln 1965, S. 69. — Etwas detailliertere Zahlen bei: *Chen Nai-ruenn*, Chinese Economic . . ., a.a.O., S. 406f. — Unvollständige Zahlen für die Zeit von 1959—1965 bei: *Voss Werner*, Die aussenwirtschaftlichen Beziehungen der Volksrepublik China, Internationales Asienforum, 1. Jg., Juli 1970, S. 375f.
[335] *Han Suyin*, a.a.O., S. 44f.

Es soll aber auch festgehalten werden, dass die Nahrungsmittel-Schwierigkeiten in der Folge der 'Politik des Grossen Sprungs' derart gross wurden, dass in einigen Jahren der Anteil der Landwirtschaftsprodukte an den Gesamt-Importen rund die Hälfte erreichten — dies natürlich auf Kosten der Kapitalgüter[336]. Es scheint auf den ersten Blick paradox, dass in dieser schwierigen Zeit auch der *Export-Anteil* landwirtschaftlicher Produkte zwischen 30 und 40 % lag[337]. Hinter diesem Paradoxon stehen *Strukturwandlungen* in der chinesischen Landwirtschaft. — Auch während der grössten Weizen-Importe konnten diese Importe also zu einem guten Teil mit dem Export anderer Landwirtschaftsprodukte bezahlt werden.

3.4. BEURTEILUNG

Die wichtigste Schlussfolgerung aus den vorangegangenen Erörterungen in diesem 3. Kapitel ist, dass es der UdSSR und China gelungen ist, *die Landwirtschaft in erheblichem Masse zur Kapitalbildung heranzuziehen* — jedenfalls in grösserem Masse, als es in den meisten Entwicklungsländern von heute der Fall ist. Von diesem Standpunkt aus erscheint es auch wenig sinnvoll zu sein, die sowjetische Landwirtschaftspolitik von vorneherein als 'nicht geeignet' für Entwicklungsländer zu qualifizieren, weil z.B. ihre Produktivität gegenüber derjenigen westlicher Länder noch arg im Rückstand ist. Die Schwierigkeiten im Agrarsektor hängen eng mit dem Entwicklungsbeitrag dieser Landwirtschaft zusammen: "The Soviet strategy of using agriculture primarily to aid industrial development meant that agricultural development per se was given low priority. This is another major reason for Soviet Agriculture's relative backwardness[338]." "Die sowjetische Strategie, die Landwirtschaft in erster Linie zur Unterstützung der Industrie heranzuziehen, hatte zur Folge, dass der Entwicklung der Landwirtschaft selbst keine grosse Aufmerksamkeit geschenkt wurde. Dies ist ein weiterer Grund für die relative Rückständigkeit der sowjetischen Landwirtschaft[338]." (Übersetzung von H.S.) — Dagegen meinte *Stalin* noch 1926 (wohl gegen *Preobraschenski*): "Wir haben in der Partei Leute, die die werktätigen Massen der Bauernschaft als Fremdkörper betrachten, als Ausbeutungsobjekt für die Industrie, als eine Art Kolonie für unsere Industrie. Diese Leute sind gefährliche Leute, Genossen . . .[339]" Die kollektive Landwirtschaft der Sowjetunion — so glauben wir nachgewiesen zu haben — diente nach 1928 weitgehend als 'Ausbeutungsobjekt' bzw. 'Kolonie' für die Industrialisierung. Dabei tat man vorerst nur sehr wenig zugunsten einer Produktivitäts-

---

336 *Voss*, a.a.O., S. 376.
337 *Ebendort*, S. 375.
338 *Wilber*, a.a.O., S. 51; im ähnlichen Sinne: *Karcz*, a.a.O., S. 124.
339 Zitiert nach: *Raupach*, Geschichte . . ., a.a.O., S. 202.

verbesserung in der Landwirtschaft. Fast der ganze landwirtschaftliche 'Surplus' wurde den ehrgeizigen Industrialisierungszielen geopfert. —
In *China* war der 'Ausbeutungs'-Prozess der Landwirtschaft zweifellos weniger ausgeprägt. Andererseits wird in diesem Land immer wieder die grosse Bedeutung der Landwirtschaft für die Industrialisierung betont. Ex post wird auch die Kollektivierung mit Akkumulations-Notwendigkeiten begründet:

"Der Aufbau der sozialistischen Industrie verlangt, dass die Landwirtschaft in grossen Mengen und in zunehmendem Masse Marktgetreide und industrielle Rohstoffe liefert, dass die Landwirtschaft für die Industrie grosse Mengen Kapitalien akkumuliert. Dies alles wird von der individuellen Kleinbauernwirtschaft nie zufriedenstellend gelöst ...[340]"

Ein wichtiger Unterschied zwischen Russland und China muss aber hier doch nochmals betont werden: Das Ausgangsniveau zu Beginn der ersten 5-Jahres-Pläne war in China wesentlich tiefer als in der UdSSR[341]. In der Sowjetunion existierte 1928 ein landwirtschaftlicher 'Surplus', welcher 'nur' noch mobilisiert werden musste, ohne dass Produktivitäts-Fortschritte in der Landwirtschaft dringend notwendig gewesen wären[342]. Die chinesischen Führer merkten hingegen am Ende des ersten Planjahrfünfts (der erste 5-Jahres-Plan war im wesentlichen nach sowjetischem Vorbild konzipiert), dass dieser Weg für sie nicht gangbar war, *dass das niedrige Produktionsniveau in ihrer Landwirtschaft zu einem ernsthaften Hindernis für die gesamtwirtschaftliche Entwicklung wurde*. Deswegen griffen sie vor allem auf ihr grosses Arbeitskräfte-Potential zurück, um die Produktivität der Landwirtschaft via 'direkte Arbeits-Investitionen' ausserhalb des monetären Kreislaufes zu erhöhen, um die teilweise Arbeitslosen auf dem Lande aber auch mit der 'lokalen Industrialisierung' für Tätigkeiten im sekundären und terziären Bereich einzusetzen:

"Even if the Chinese leaders had wanted to follow blindly the Soviet strategy of development ... they could not fail to notice that in these conditions their specific problem was to find ways of massivly employing rural manpower in capital construction both inside and outside agriculture ... The Chinese viewed the full mobilisation of their rural manpower for a variety of labours, including the building of an industrial structure, as their only means for industrialisation[343]."

---

340 Peking Rundschau, Nr. 7/1970, S. 4.
341 Vgl. dazu vor allem: *Barras*, a.a.O., S. 68; und: *Spulber*, Contrasting Economic ..., a.a.O., S. 6ff.
342 *Schlesinger Rudolf*, The New Structure of Soviet Agriculture, in: Soviet Studies, Vol. X/1958—59, S. 228.
343 *Spulber*, Contrasting ..., a.a.O., S. 7.

"Selbst wenn die chinesischen Führer der sowjetischen Entwicklungsstrategie blindlings hätten folgen wollen . . ., hätten sie nicht übersehen können, dass ihr spezifisches Problem darin lag, in welcher Weise sich die ländlichen Arbeitskräfte für Kapitalbildungs-Projekte innerhalb und ausserhalb des Landwirtschafts-Sektors mobilisieren liessen . . . Die Chinesen kamen zur Einsicht, dass ihre einzige Möglichkeit zur Industrialisierung darin lag, die ländliche Arbeitskraft zu mobilisieren[343]." (Übersetzung von H.S.)

Es müsste wohl für jedes Entwicklungsland von heute auf Grund empirischer Studien festgestellt werden, ob eher der 'chinesische', der 'russische' oder ein 'dritter Weg' zu empfehlen wäre. Wichtig ist für uns die Erkenntnis, dass der Landwirtschaft in jedem Fall — wenn nämlich 60–80 % der Bevölkerung in diesem Sektor lebt — bei der Entwicklung eine Schlüsselrolle zufallen muss.

Eine Möglichkeit zur Entlastung der Landwirtschaft als Akkumulationsquelle in Entwicklungsländern wäre natürlich ein bedeutender Beitrag des Auslandes (Kredite und Schenkungen, also 'Entwicklungshilfe'). Und dazu möchten wir die auf den ersten Blick paradox scheinende These aufstellen, *dass die Entwicklungspolitik Chinas und der UdSSR positiv auch durch den Umstand beeinflusst wurde, dass kein wesentlicher Auslands-Beitrag erwartet werden konnte*[344]. Dadurch wurden diese beiden Länder dazu gezwungen, sich zu überlegen, in welcher Weise die *inländischen* Hilfsquellen zur Kapitalbildung mobilisiert werden konnten. So lesen wir in den 'Grundlagen des Marxismus-Leninismus' von 1959:

"Die Mittel für die sozialistische Industrialisierung können nur aus den inneren Hilfsquellen kommen, die durch die Arbeit der Arbeiter, der Bauern und der Intelligenz geschaffen werden. Das kann natürlich gewisse Opfer erfordern, Schwierigkeiten und Entbehrungen hervorrufen, besonders in den ersten Etappen der sozialistischen Industrialisierung . . .[345]"

Dieselbe Erkenntnis ist auch in *China* vorhanden:

"Die Industrie unseres Landes kann nur dadurch entwickelt werden, dass wir uns auf die eigene Kraft und die Schaffenskraft der Volksmassen verlassen, hart kämpfen und unser Land mit Fleiss und Sparsamkeit aufbauen . . .[346]"

Man wusste offenbar in beiden Ländern, dass 'Entwicklung' kein einfacher Prozess ist und manche Opfer erfordern kann. Man sah auch ein, dass ein

---

[344] Dies gilt — wie bereits betont — im wesentlichen auch für *China,* trotz der sowjetischen Hilfe bis in die 60-er Jahre. Für die Zeit des ersten 5-Jahres-Planes wird für China sogar ein *Netto-Kapital-Export* vermutet! (*UN,* Economic Survey of Asia and the Far East, 1957, Bangkok 1958, S. 103.)

[345] Nach: *Bochenski J.M.,* Hrsg., Kleines Textbuch der kommunistischen Ideologie, Dordrecht 1963, S. 75.

[346] Peking Rundschau, Nr. 43/1969, S. 10.

landwirtschaftlicher 'Surplus' mobilisiert werden musste, führte zu diesem Zweck eine radikale Landreform durch und installierte als Instrument zur Surplus-Mobilisierung landwirtschaftliche Produktions-Kollektive. Die meisten heutigen Entwicklungsländer schieben die notwendige Landreform z.B. deshalb hinaus, weil technologische Neuerungen (Beispiel: Grüne Revolution) für kurze Zeit die Nahrungsmittelknappheit mildern können[347]. Die gleiche Alibi-Funktion kann auch der übertriebenen Hoffnung auf Auslands-Hilfe zufallen, wie *Joan Robinson* meint: "Einem Land, das sich auf Wirtschaftshilfe stützt, bleibt die Notwendigkeit erspart, seine Landwirtschaft um jeden Preis reorganisieren zu müssen; es hält leicht an einer Sozialstruktur fest, die dem wirtschaftlichen Wachstum schadet[348]."

Diese Ausführungen sollen keineswegs als Stellungnahme gegen höhere Entwicklungshilfe-Anstrengungen der Industrieländer verstanden werden; sie sollen lediglich zeigen, dass Länder *ohne* Hoffnung auf solche Hilfe eher gezwungen sind, sich Massnahmen über die Mobilisierung eigener Akkumulations-Quellen auszudenken.

Eine notwendige Voraussetzung zum effektiveren Einbezug der Landwirtschaft in den Entwicklungsprozess scheint in praktisch allen Entwicklungsländern eine *radikale Landreform* zu sein. Wenn auch die Produktivitäts-Erhöhungen in der chinesischen und russischen Landwirtschaft nicht überwältigend waren, haben landwirtschaftliche Produktions-Kollektive *nach* dieser Landreform doch gewisse Vorteile bezüglich des Beitrages der Landwirtschaft zur Kapitalbildung. Diese Vorteile qualifizieren landwirtschaftliche Kollektive mindestens als *eine* mögliche Institution für Entwicklungsländer:

1) Landwirtschaftliche Kollektive eignen sich als *Verwaltungs-Instrument* zur Mobilisierung der landwirtschaftlichen Überschüsse.
2) Landwirtschaftliche Kollektive ermöglichen die *Internalisierung* gewisser Kosten und Erträge und damit den Bau von grösseren Infrastrukturprojekten, welche von isolierten Kleinbauern kaum durchgeführt werden könnten.
3) Dank dieser Internalisierung von Kosten und Erträgen kann es landwirtschaftlichen Kollektiven gelingen, nicht direkt mit der Landwirtschaft verbundene Arbeiten in der arbeitsarmen Zeit durchzuführen und damit den durchschnittlichen Beschäftigungsgrad auf dem Lande zu heben (und die durchschnittliche (Flächen-)Produktivität zu steigern).
4) In landwirtschaftlichen Kollektiven können leichter gewisse Verwaltungs- und Buchhaltungs-Prinzipien durchgesetzt werden — z.B. jene einer kontinuier-

---

[347] Vgl. zum Zusammenspiel zwischen technologischen Neuerungen und Vernachlässigung der Agrarreform: *Myrdal Gunnar*, Politisches Manifest..., a.a.O., vor allem S. 96—137.
[348] *Robinson Joan*, Kleine Schriften..., a.a.O., S. 131f.

lichen Rücklage für Investitionen oder einer konsequenten Vorratshaltung für schlechte Zeiten.

5) Der 'Sprung ins 20. Jahrhundert' kann bezüglich der Anwendung neuer Techniken von traditionellen Bauern kaum in nützlicher Frist erwartet werden. In kollektiven landwirtschaftlichen Grossbetrieben genügt es in einer Übergangszeit, wenn geschulte Fachkräfte über die notwendigen Kenntnisse der modernen Technologie verfügen. — Von der Wahl der Technologie in der Landwirtschaft soll im nächsten Kapitel die Rede sein.

4. DIE WAHL DER TECHNIK IN DER LANDWIRTSCHAFT

4.1. UdSSR: MASCHINEN-TRAKTOREN-STATIONEN (MTS)

Mit der Kollektivierung der Landwirtschaft waren 1928 natürlich noch nicht alle agrarwirtschaftlichen Probleme gelöst. Nach Meinung der sozialistischen 'Klassiker' sollte ja einer der grössten Vorteile grossbetrieblicher kollektiver Landwirtschaft darin bestehen, die Maschinen besser auszunutzen. Was aber, wenn für die Landwirtschaft noch praktisch keine Maschinen zur Verfügung standen? 1928 waren in der Landwirtschaft der UdSSR 18'000 Traktoren (15 PS-Einheiten) und 700 Lastkraftwagen im Einsatz[349]. Ca. 95 % aller energetischen Hilfsquellen in der Landwirtschaft bestanden im selben Jahr noch aus Zugvieh (1916 gar noch 99 %)[350]. Wollte man landwirtschaftliche Arbeitskräfte gemäss den Zielen der ersten Planperioden für die Industrie freisetzen, so mussten verschiedene landwirtschaftliche Arbeiten innert kurzer Zeit mechanisiert werden. Mit einer solchen Mechanisierung verfolgte man aber auch noch einen andern Zweck: Man hoffte, damit den traditionellen Bauern verändern zu können. Diese Notwendigkeit betonte schon *Lenin:*

> "Die Umarbeitung des kleinen Landwirts, die Umarbeitung seiner ganzen Psyche ist eine Sache, die Generationen erfordert. Diese Frage in bezug auf den kleinen Landwirt zu lösen, sozusagen seine ganze Psyche zu gesunden, ist nur die materielle Basis imstande, die Technik, die Anwendung von Traktoren und Maschinen in der Landwirtschaft im Massenmassstab, Elektrifizierung im Massenmassstab[351]."

In welchem Tempo dann diese Mechanisierung der Landwirtschaft vorgenommen wurde, soll anhand einer Graphik gezeigt werden:

---

[349] Die UdSSR in Zahlen, a.a.O., S. 136.
[350] Annuaire..., 1968, a.a.O., S. 736.
[351] Leninismus, Heft V, a.a.O., S. 87.

DIE WAHL DER TECHNIK IN DER LANDWIRTSCHAFT   223

Graphik IV–4[352]:
Energiewirtschaftliche Kapazität der russischen Landwirtschaft
(in Mio. PS)

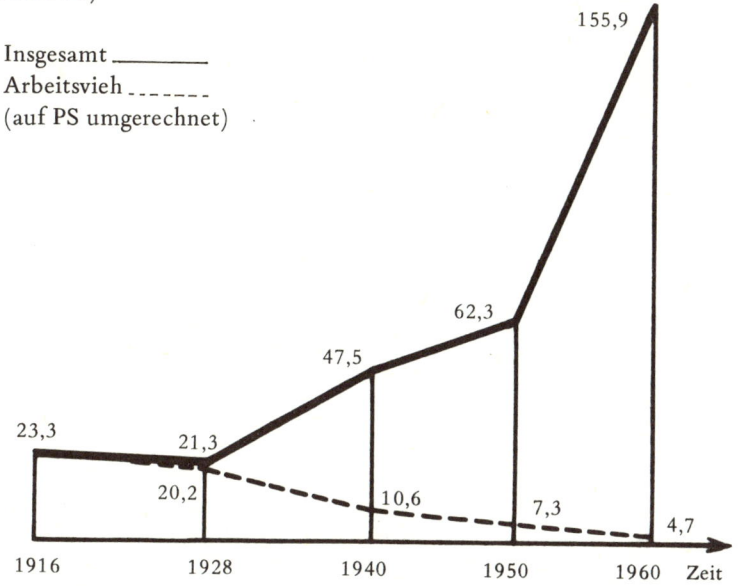

Insgesamt ———
Arbeitsvieh -------
(auf PS umgerechnet)

Diese Graphik veranschaulicht, welch grosse technische Veränderungen in der Landwirtschaft der Sowjetunion nach 1928 vorgegangen sind. Eine Tabelle mit dem Bestand wichtiger landwirtschaftlicher Maschinen soll diese Veränderungen noch verdeutlichen:

Statistik IV–21[353]:
Maschinenbestand in der sowjetischen Landwirtschaft (in 1000)

	1928	1940	1950	1960	1966
Traktoren[354]	18	684	933	1985	3233
Mähdrescher	(2 Stk.)	182	211	497	531
LKW	0,7	228	283	778	1017

Diese Tabelle zeigt uns besonders deutlich, dass eigentliche 'Mechanisierungs-Sprünge' während der ersten beiden 5-Jahrespläne und dann erst wieder in den

352 *Quelle:* Für die absoluten Zahlen: Annuaire . . ., 1968, a.a.O., S. 736.
353 *Quelle: Ebendort,* S. 737.
354 In 15 PS-Einheiten.

DIE WAHL DER TECHNIK IN DER LANDWIRTSCHAFT

60er Jahren stattfanden. Aber selbst 1964 verfügte die Landwirtschaft der UdSSR pro Flächeneinheit über rund 5 x weniger Traktoren und 3 x weniger Mähdrescher als jene der Vereinigten Staaten[355]. So weisen denn auch verschiedene Autoren darauf hin, dass die Landwirtschaft der UdSSR verglichen mit der Industrie bei der Maschinen-Ausstattung eher schlecht weggekommen ist[356]. Hingegen war man sich von Anfang an über zwei Schwierigkeiten im klaren: Erstens waren die Bedienungsfachleute für die landwirtschaftlichen Maschinen *knapp*. Zweitens musste man nach Organisationsformen suchen, um die wenigen Maschinen möglichst optimal einsetzen zu können. Zur Minderung dieser beiden Schwierigkeiten wurden die *Maschinen-Traktoren-Stationen* errichtet.

Diese Stationen waren vorerst wie die Kolchosen auf genossenschaftlicher Basis organisiert; bereits 1930 übernahm sie aber der Staat[357]. Grundsätzlich mussten alle Kolchosen die Dienste dieser Stationen für die meisten Maschinen-Arbeiten in Anspruch nehmen. Bis im Jahre 1940 wurden rund 95 % der Kolchosen-Saatfläche durch die MTS bedient[358]. Für diese Bedienung bezahlten die Kolchosen Entschädigungen, meist *in natura* und als Prozentsatz der Ernte[359].

Neben der rein agrartechnischen Funktion erfüllten die MTS auch noch weitere, wichtige Aufgaben: Erstens übten sie weitgehend die *politische Kontrolle* auf dem flachen Lande aus[360]. Zweitens – und das ist in unserm Zusammenhang wichtiger – dienten die Maschinen-Traktoren-Stationen als Diffusions- und Kontrollinstrument bei der Anwendung neuer Techniken. So überwachten die Kader der MTS die Viehpflege, sorgten für eine rechtzeitige Aussaat und Ernte sowie einen sorgfältigen Drusch und kontrollierten auch die Erfüllung der Pflichtablieferungen gegenüber dem Staat[361]. Zur Bedeutung dieser Stationen meint *Miller:*

> "The MTS was perceived as the vehicle for the introduction and control of large-scale state-owned instruments of production and modern agronomic techniques in the collective farms. Given the extreme scarcity of modern farm machinery and the technical expertise to operate it, combined with the built-in ideological biases in favour of centralization and bigness, the idea of

---

[355] *Sherman*, a.a.O., S. 169 (Tabelle mit weiteren Vergleichszahlen).
[356] *Spulber*, The Soviet ..., a.a.O., S. 223; *Bergmann*, a.a.O., S. 188.
[357] *Raupach*, Geschichte ..., a.a.O., S. 98.
[358] *Miller Robert F.*, One Hundred Thousand Tractors. The MTS and the Development of Controls in Soviet Agriculture, Cambridge Mass. 1970, S. 50.
[359] *Strauss*, a.a.O., S. 107. – Diese Ablieferungen erreichten bis zum Krieg rund 40 % der gesamten landwirtschaftlichen Lieferungen an den Staat! (*Raupach*, Geschichte ..., a.a.O., S. 98.)
[360] Mehr dazu bei: *Güdel*, a.a.O., S. 90ff.; vor der Überbetonung dieser Funktionen in der Fachliteratur warnt: *Miller*, a.a.O., S. 340.
[361] Leninismus, Heft V, a.a.O., S. 113ff. (Resolutionen des ZK der KPdSU aus den 30-er Jahren.)

concentrating the available machines and technical cadres in a few thousand strategically located command points rather than scattering them among a hundred times as many backward kolkhozes had many obvious attractions[362]."

"Die MTS wurden als Instrument gebraucht, um durch grosse, staatseigene Institutionen den Kolchosen modernere Landwirtschafts-Techniken zu vermitteln. Wenn man die Knappheit moderner Landwirtschafts-Maschinen berücksichtigt, wenn man auch bedenkt, dass von der Ideologie her ein Hang zur Grösse und Zentralisation bestand, wird man verstehen, dass die Idee einer Konzentration der vorhandenen Maschinen und des technischen Kaders in einigen tausend grossen Stationen viele Vorteile hatte gegenüber einer möglichen Verteilung auf eine viel grössere Zahl von Kolchosen[362]." (Übersetzung von H.S.)

Im Jahre 1940 versorgte jede MTS im Durchschnitt 29 Kolchosen mit ihren Maschinen-Leistungen. Eine Vorstellung von der Bedeutung dieser Stationen gibt die folgende Tabelle:

Statistik IV–22[363]:
Entwicklung der Maschinen-Traktoren-Stationen

Jahr	Anzahl MTS	Von den MTS betreute Anbaufl. der Kolchosen	Zahl der Beschäftigten in den MTS	Traktorenbestand der MTS[364]	LKW
1932	2'446	49 %	144'000	72'000	6'000
1940	7'069	94 %	537'000	557'000	40'000
1950	8'414	97 %	705'000	739'000	57'000

Wir können hier nicht im einzelnen auf die Gründe eingehen, welche im Jahre 1958 zur *Auflösung* der MTS geführt haben[365].

[362] Miller, a.a.O., S. 68.
[363] Quelle: Die UdSSR in Zahlen, a.a.O., S. 130f. — Zur gegenüber dem Maschinenbestand relativ kleinen Beschäftigtenzahl ist zu bemerken, dass die vielen Saisonarbeiter (z.B. Traktorenfahrer) nicht erfasst wurden.
[364] 15 PS-Einheiten.
[365] Die Auflösungsgründe können kurz wie folgt zusammengefasst werden:

a) Reibereien zwischen Kolchosen und MTS, weil die Kolchosen die *Produktion*, die MTS hingegen teilweise den *Stunden-Einsatz* maximieren wollten. Auch über den geeigneten Einsatz der Maschinen kam es oft zu Streitigkeiten.
b) Die Bildung von *Grosskolchosen* führte dazu, dass nach 1950 oft eine MTS nur noch *eine* Kolchose bediente. Diese Grosskolchosen waren meist auch genügend gross für einen rationellen Einsatz auch der grössten Maschinen.

Generell kann gesagt werden, dass diese Institutionen während ihrer 30-jährigen Existenz ihre Aufgaben erfüllt hatten: Eine neue Generation war in den Kolchosen herangewachsen, eine Generation, welche die modernen landwirtschaftlichen Maschinen bedienen konnte. Die MTS hatte ihre Rolle ausgespielt, eine "Schule der modernen Mechanisierung für die gesamte Dorfjugend"[366] zu sein.

Zusammenfassend fragen wir hier noch nach einigen Implikationen für heutige Entwicklungsländer:

1) Zum Zeitpunkt der Kollektivierung waren die landwirtschaftlichen Maschinen ausserordentlich *knapp.* Die vorhandenen Maschinen konnten dank dieser Stationen gut ausgenützt werden (Nachtarbeit, etc.). So wurde in den 40er Jahren ein Traktor in der UdSSR fast 3 x stärker ausgenutzt als ein Traktor in der amerikanischen Landwirtschaft[367]! Während des 2. Planjahrfünfts wuchs beispielsweise der Traktoren*bestand* rund aufs *3-fache,* während die Traktoren-*Arbeitsstunden* aufs *5-fache* anstiegen[368].

2) Noch wichtiger als die bessere Ausnutzung knapper Maschinen war zweifellos die bessere Ausnutzung des *knappen Fachpersonals* zur Bedienung und Wartung dieser Maschinen. Zwar war trotz der MTS ein erheblicher Mangel an technisch geschultem Personal festzustellen, *ohne* MTS wären aber diese Schwierigkeiten noch grösser gewesen:

> "Yet without the MTS the problem would have been considerably worse. For not only did the stations serve to concentrate whatever talent was available, but they also played a major role in the propagation of mechanical skills among the vast, untaugth peasant masses ..."[369]

> "Ohne MTS wäre dieses Problem noch wesentlich grösser gewesen. Die MTS hatten nicht nur den Zweck, jedes vorhandene Talent zu erfassen, sondern sie übernahmen auch die wichtige Aufgabe, den unwissenden Bauern die Anwendung mechanischer Hilfsmittel näherzubringen ..."[369]

(Übersetzung von H.S.)

3) Die MTS erlaubten eine Art *'duale Technologie'* in der Landwirtschaft: Einige Arbeiten — vor allem im Getreidebau — wurden stark mechanisiert und dadurch Arbeitskräfte für die Industrie freigesetzt. Andere Landwirtschafts-

---

366 *Mühlestein Hans,* a.a.O., S. 96.
367 *Abramow W.A.,* Der Aufbau der Maschinen-Traktoren-Stationen und ihre Rolle bei der Festigung der Kollektivwirtschaften (1951), Übersetzung aus dem Russischen, Berlin (Ost) 1953, S. 22.
368 *Ebendort,* S. 37. — Siehe zu den *Nachteilen* dieser starken Maschinen-Ausnutzung: *Jasny,* The Socialized ..., a.a.O., S. 468ff. — Kritik an *Jasny* bei: *Finegood I.M.,* A Critical Analysis of some Prevailing Concepts Concerning Soviet Agriculture, Soviet Studies, Vol. IV/1952—53, S. 23ff.
369 *Miller,* a.a.O., S. 111.

Branchen — etwa die Viehzucht — blieben vorerst bei einer relativ arbeitsintensiven Technik[370].

4) Durch den Einsatz der 'technischen Eliten' in den MTS wurde der Staat teilweise von der schwierigen Aufgabe entbunden, alle traditionellen Bauern durch Schulung in die Geheimnisse maschineller Technik einzuweihen. Bei dieser Schulung konnte man sich vorwiegend auf die *Jugend* konzentrieren und die Älteren weiterhin die einfacheren Arbeiten verrichten lassen.

5) Institutionen wie die MTS könnten in Entwicklungsländern von heute noch grössere Bedeutung als in der UdSSR haben. Die Kolchosen nämlich waren von einer Grösse, welche für die meisten landwirtschaftlichen Maschinen durchaus einen rationellen Einsatz erlaubt hätten. In Entwicklungsländern mit kleineren Betriebseinheiten ist dies zweifellos oft nicht der Fall. — Ein Indiz zur Unterstützung dieser Aussage ist die zunehmende Bedeutung der sog. 'Maschinenzentren' in *Polen*. In diesem Land, in welchem bekanntlich die Landwirtschaft *nicht* kollektiviert wurde, werden in jüngster Zeit die Maschinenzentren wegen besserer Ausnutzung der Maschinen immer wichtiger[371].

Am Mechanisierungs-Konzept der sowjetischen Landwirtschaft wird aber auch *Kritik* geübt. So meint *Sirc*, dass die Ressourcen (sowohl Arbeit als auch Kapital) in der Landwirtschaft der UdSSR im allgemeinen *unökonomisch* eingesetzt worden seien[372]. Am Anfang der Jahrespläne hätte durchaus *arbeitsintensiver* produziert werden können. *Sirc* erklärt diesen unökonomischen Einsatz von Produktionsfaktoren in der sowjetischen Landwirtschaft mit dem marxistischen Glauben, "dass die komplizierteste, kapitalintensivste und eindrucksvollste Technik auch immer die rationellste sei"[373]. (Übersetzung von H.S.) — Einen ganz andern Weg der schrittweisen Modernisierung der Landwirtschaft werden wir im folgenden am Beispiel *China* kennenlernen.

4.2. CHINA: MITTLERE TECHNIK

Man kann sich fragen, weshalb China neben der Kollektivierung der Landwirtschaft nicht auch nach sowjetischem Vorbild die Maschinen-Traktoren-Stationen übernommen hat. *Ein* Grund dafür ist die wesentlich geringere technische Basis der chinesischen Landwirtschaft: 1951 besass China insgesamt rund 2000 Traktoren, d.h. einen Traktor auf 48'000 ha bebautes Land (USA: 1 Traktor auf 154 ha, Indien: 1 Traktor auf 8000 ha)[374]! Auch war die

---

370 Dazu: *Kahan,* a.a.O., S. 258.
371 Mehr dazu: Osteuropa Rundschau, Nr. 8/1970, S. 23.
372 *Sirc,* a.a.O., S. 365f.
373 *Ebendort,* S. 366.
374 *Snow,* a.a.O., S. 176.

Modernisierung der Landwirtschaft in China nicht im selben Masse durch 'Traktorisierung' zu lösen wie in der UdSSR: In manchen Gebieten sind die Strassen zu eng, die Brücken zu schmal und zu schwach für den Traktoren-Einsatz[375]. In andern Gebieten wiederum verhindert eine terrassierte Landwirtschaft den Gebrauch von Traktoren. — Zwar wurden auch in China einige hundert Maschinen-Traktoren-Stationen gegründet, welche jedoch bereits 1958 in die Kommunen überführt wurden[376]. *Perkins* weist sicher mit Recht darauf hin, dass eine Forcierung der Institution MTS in China irrational gewesen wäre: Das Problem war nämlich nicht in erster Linie wie in der UdSSR jenes der Freisetzung von Arbeitskräften für die Industrie, sondern das Problem bestand darin, wie man diese Arbeitskräfte auf dem Lande halten und beschäftigen konnte[377].

Bis heute liegt wohl einer der grössten Mängel der Entwicklungsländer-Forschung darin, dass man die Technik als mehr oder weniger vorgegebenen Faktor der Entwicklung betrachtet, dem sich alle andern Faktoren anzugleichen haben. Dabei erfordert es bezüglich der Landwirtschaft zweifellos den geringsten intellektuellen Aufwand, wenn man für die Entwicklungsländer einfach die Einführung der Agrar-Technik der fortgeschrittenen Länder stipuliert. Demgegenüber vertritt *Schumacher*[378] die Ansicht, dass die Technik als *anpassbares Element* betrachtet werden müsse, welches auf die wirtschaftliche, soziale und kulturelle Umwelt zuzuschneiden sei:

"Dass die Landwirtschaft eines armen Landes nicht von heute auf morgen von der Hacke zum Traktor, von der Sichel zum Mähdrescher übergehen kann, ist jedermann einsichtig. Zuerst muss eine Art Zwischenstadium erreicht werden . . .[379]"

Diese Einsicht war in China schon relativ früh (1954) vorhanden:

"We all know that in the 1930—32 agricultural reform movement of the Soviet Union, collectivization and mechanization were introduced simultaneously . . . We however have not the necessary conditions today. The most important fact is that our standard of industrialization is too low; we can neither manufacture tractors in large quantities ourselves nor produce a sufficient quantity of petrol. . . We intend to try semi-mechanization first . . .[380]"

---

375 *Larsen*, a.a.O., S. 248.
376 Zahlen bei: *Grossmann*, a.a.O., S. 200; *Carin*, a.a.O., S. 201. — Seither existieren noch die sog. 'Landwirtschaftlichen Maschinen-Stationen', welche jedoch nur der Ausbildung von technischem Personal dienen. (*Dawson*, 70, a.a.O., S. 145.)
377 *Perkins*, a.a.O., S. 221.
378 *Schumacher E.F.*, Technische Zwischenlösungen, Übersetzung aus dem Englischen, Nürnberg 1970, S. 17ff.
379 *Ebendort*, S. 25.

"Wir wissen alle, dass in den Jahren 1930–32 in der UdSSR die Kollektivierung und Mechanisierung zur selben Zeit eingeführt wurde... Bei uns sind die Bedingungen anders. Der Stand unserer Industrialisierung ist noch zu tief; wir können weder Traktoren in grosser Zahl produzieren noch genügend Erdöl fördern ... Deshalb müssen wir zuerst eine 'Halb-Mechanisierung' anstreben...[380]" (Übersetzung von H.S.)

Nach *Schumacher* müssen die Kriterien bei der Einführung neuer Technologien in Entwicklungsländern die bessere Ausnutzung der vorhandenen Hilfsmittel, Rohstoffe und Arbeitskräfte sein[381]. Bisher habe man sich meist die falsche Frage gestellt, wieviel Kapital man für einen Arbeitsplatz brauche. Für Entwicklungsländer ist nach *Schumacher* die umgekehrte Frage sinnvoll: Wieviel Kapital kann sich ein Entwicklungsland pro Arbeitsplatz leisten[382]? Die Antwort auf diese Frage wird in den Entwicklungsländern meist auf eine *'mittlere Technik'* hinweisen. Wir werden mit Beispielen nachzuweisen versuchen, dass China für verschiedene landwirtschaftliche Arbeiten eine Art 'mittlere Technik' zu entwickeln trachtet, jedenfalls nicht einfach die Industrieländer in der Technologie-Wahl imitiert: "Wir können bei der Entwicklung der Technik nicht den ausgetretenen Weg einschlagen, der von verschiedenen Ländern der Welt begangen wurde..." *(Mao)*[383]

Man kann das Problem der landwirtschaftlichen Technik wie *Gunnar Myrdal* auch von einer andern Seite angehen, wobei das Resultat in die gleiche Richtung weist. Wie bereits erwähnt betont *Myrdal* mit Nachdruck, dass die heutigen Arbeitspraktiken in der Landwirtschaft Südasiens nicht arbeitsintensiv, sondern *arbeitsextensiv* seien. Eine wesentliche Produktionssteigerung in der Landwirtschaft wäre nach *Myrdal* ohne eigentliche neue Kapitalgüter, sondern allein durch Mehr-Arbeitseinsatz zu erreichen[384]. *Eine* Form dieses Arbeitseinsatzes in China wurde bereits bei der Darstellung der arbeitsintensiven Infrastruktur-Arbeiten genannt[385]. Für eigentliche landwirtschaftliche Aktivitäten propagierte man Mitte der 50er Jahre in China folgende arbeitsintensivere Methoden[386]:

– Tieferes Pflügen
– Dichteres Pflanzen
– Häufigere Düngung und Bewässerung
– Sorgfältigere Pflege

---

380 *Teng Tzu-hui*, Report on the Rural Work Conference of the Central Committee New Democratic Youth Leage, Juli 1954, in: *Chao Kuo-chün*, Agrarian Policies of Mainland China, A Documentary Study (1949–1956), Cambridge Mass. 1957, S. 71f.
381 *Schumacher*, Technische..., a.a.O., S. 18.
382 Vgl. *Schumachers* Beitrag in: *Salin Edgar*, Gesprächsleiter, Entwicklungshilfe – Mittel des Aufstiegs oder des Verfalls? Hamburg 1965, S. 24. (Bergedorfer Gesprächskreis)
383 *Mao Tse-tung*, Peking Rundschau, Nr. 25/1969, S. 2.
384 *Myrdal G.*, Politisches Manifest..., a.a.O., S. 84f.
385 Vgl. S. 196ff.
386 Nach: *Chang*, a.a.O., S. 95.

- Pflanzenschutz (Schädlingsbekämpfung)
- Besseres Saatgut.

Wir greifen hier nur zwei Beispiele heraus, um zu zeigen, wie durch solche neue Techniken die Arbeitskräfte besser ausgenutzt werden können: In China war es üblich, nur 8–10 cm tief zu pflügen. Ein tieferer Umbruch des Bodens wäre aber wichtig für den Wasser- und Lufthaushalt der Erde, ferner auch zur Vernichtung der Wurzeln des Unkrautes und zur Schädlingsbekämpfung[387]. Nun wird von der Kommune 'Rotes Licht' in Hopei berichtet[388], in welcher man 1957 nur 12–15 cm tief, 1958 hingegen 30–45 cm tief gepflügt habe. Da die Zugmittel die gleichen blieben (Tiere) und die Pflüge nicht stark verbessert wurden, nahm der Arbeitseinsatz für das Pflügen pro ha von 3–4,5 Arbeitstage auf 30–45 Arbeitstage zu!

Als zweites Beispiel arbeitsintensiverer Methoden in der Landwirtschaft kann die *Düngung* genannt werden. *Jan Myrdal* berichtet aus der von ihm besuchten Kommune, dass die Düngung durch die Kollektivierung entscheidend verbessert werden konnte: Seither ist es nämlich möglich, dass jeden Tag Arbeitsgruppen in die Stadt fahren, um menschliche Exkremente zu holen[389]. Wenn man bedenkt, welch entscheidende Bedeutung dem *Naturdünger* in China immer noch zukommt, wird man diesen 'technischen Fortschritt' zu würdigen wissen. – Seit 1960 stieg aber auch die *Kunstdüngerproduktion* erheblich an: Ursprünglich wurde der stickstoffhaltige Dünger aus technischen Gründen vor allem in grossen Fabriken hergestellt[390], hingegen wird der Phosphat-Dünger vorwiegend in kleinen Fabriken in den Volkskommunen produziert[391]. Durch diese kleinen Fabriken kann aber wiederum der Beschäftigungsgrad auf dem Lande angehoben werden.

Es liegt auf der Hand, dass diese arbeitsintensiven Technologien zum Teil auch neue Geräte und Maschinen erfordern. Wir erinnern hier an das früher genannte chinesische Konzept des 'Auf beiden Beinen gehen'[392]. Dieses Konzept beinhaltet die gleichzeitige Entwicklung von modernen Techniken und die Weiterentwicklung traditioneller Technologien. Um klarzumachen, was das bedeuten kann, übernehmen wir folgende Tabelle:

---

387 *Zao*, a.a.O., S. 241ff.
388 *Chang*, a.a.O., S. 95.
389 *Myrdal Jan*, a.a.O., S. 124 und S. 142.
390 Auch hier scheinen sich Wandlungen anzubahnen: In der 'Peking Rundschau' Nr. 34/1969, S. 19ff. wird berichtet, dass 1968 bereits mehr als 1/3 der Gesamtproduktion Chinas an Stickstoffdünger auf dem Lande in kleinen Fabriken produziert worden sei. Hiezu seien neue Produktionsverfahren entwickelt worden.
391 *Dawson*, a.a.O., S. 120–129.
392 Vgl. S. 137 und S. 179ff.

Statistik IV—23[393]:
1961/62: Lieferungen von Kapitalgütern an die Landwirtschaft

40'000 Stk.	Traktoren
37'000 Stk.	Motorpflüge
37'000 Stk.	Motor-Eggen
150'000 Stk.	Gummibereifte, Tier-gezogene Karren
11'500'000 Stk.	Gummibereifte, Hand-gezogene Karren
800'000'000 Stk.	Kleine landwirtschaftliche Geräte
3'300'000 PS	Motoren-Leistung für Irrigationszwecke.

Wichtig ist vor allem, dass ein Grossteil der einfachen landwirtschaftlichen Geräte und der Handkarren von den lokalen Handwerksbetrieben der Volkskommunen und oft auch ohne wesentliche Material-Zulieferungen von ausserhalb der Kommunen hergestellt werden können:

"Es muss eine klare Orientierung für die Entwicklung der örtlichen Industrie geben — sie muss mit allen Mitteln und unbeirrbar der technischen Umgestaltung der Landwirtschaft dienen. Man muss in Übereinstimmung mit den lokalen Bedingungen und den örtlichen Gegebenheiten eine Erneuerung des Ackergeräts mit Erfolg vornehmen... Nur durch das gleichzeitige Anwenden moderner und heimischer Methoden... kann die Entwicklung der Mechanisierung der Landwirtschaft in China beschleunigt werden[394]."

Als ein Beispiel 'mittlerer Technik' sei hier auf die Herstellung von *handgezogenen Schubkarren* hingewiesen. Diese Karren bedeuten für die Landwirtschaft Chinas eine eigentliche Revolution der Technik, wurde doch bis anhin die Beförderung der Lasten (Dünger, Ernte, etc.) vorwiegend mit der *Tragstange* vorgenommen[395]. Mit diesem Tragstock bewältigt eine Vollarbeitskraft pro Tag höchstens 450 Kilometer-Kilogramm, mit einer einfachen Schubkarre hingegen schon 800 Kilometer-Kilogramm. Wird diese Karre mit Luftreifen versehen, verdoppelt sich die Leistung nochmals; werden die Räder gar mit Kugellagern ausgestattet, kann die Leistung weiter um die Hälfte gesteigert werden[396]! Wie wichtig dieser technische Fortschritt sein kann, lässt sich dann abschätzen, wenn man weiss, dass beim Reis, Mais und der Baumwolle die Verteilung des Düngers oft 30—60 % des Gesamtarbeitsaufwandes bei der Bestellung der Felder ausmacht[397]. *Biehl* schätzt nach einem Studium von Arbeitsnormen in China, dass sich durch den Schubkarren die Kurztransport-

---

[393] *Kuo Leslie T.*, Agricultural Mechanization in Communist China, in: *Li C.M.*, ed., Industrial Development..., a.a.O., S. 141.
[394] Peking Rundschau, Nr. 7/1970, S. 9.
[395] *Baade*, a.a.O., S. 101.
[396] *Chang*, a.a.O., S. 100.
[397] *Ebendort*; ausserdem: *Biehl*, a.a.O., S. 66.

Arbeitsproduktivität in der chinesischen Landwirtschaft verdreifacht hat[398]. Ebenfalls zum Kurzstreckentransport in der Landwirtschaft wird vermehrt die *tierische Zugkraft* verwendet, welche sich von 1949–1959 von 59,8 auf 85,4 Mio. Stk. erhöht hat[399].

Im gleichen Sinne kann zu einer 'mittleren Technik' die Produktion von sehr einfachen, billigen und kleinen *Wasserpumpen* gezählt werden[400], von denen bis Ende 1965 einige Millionen mit einer Totalleistung von 100 Mio. PS installiert worden sein sollen[401]. Diese Pumpen sind entscheidend wichtig für eine wirksame Bewässerung. Sie werden meist elektrisch betrieben. Auch für die Erzeugung dieser Elektrizität wurde eine Art 'mittlere Technik' entwickelt. So sollen in der Provinz Kiangsi von 1966–1968 mehr als 1300 kleine Wasserkraftanlagen mit einer Kapazität von total 40'000 KW gebaut worden sein[402].

Weitere Beispiele mittlerer Technologien können hier nur aufgezählt werden: So wurde in China ein *Reispflanzgerät* für den Handbetrieb entwickelt[403]. Weiter wird von Fuss-Pedal-*Dreschmaschinen* berichtet, ferner von handbetriebenen *Körnerschälmaschinen* und *Kartoffelschneidmaschinen*[404]. Bei all diesen einfachen Maschinen und Geräten wird darauf geachtet, dass sie in den Kommuneeigenen Werkstätten hergestellt werden können und dass die lokalen Rohstoffe zur Herstellung verwendet werden: So fabriziert man viele der Geräte aus *Holz* oder *Bambus*[405].

All diese Geräte sind natürlich gegenüber den traditionellen Technologien *arbeitssparend*. Durch die Anwendung dieser Geräte wird vor allem eine Korrektur des Arbeitskräfte-Spitzenbedarfes in der Landwirtschaft angestrebt[406]. So sollen Ende 1965 mit den Kleinpumpen etwa 20 Mio. ha Land be- und entwässert worden sein. Damit seien – so schätzt *Biehl* – etwa 60 Mio. Arbeitskräfte eingespart worden[407]. Und diese Arbeitskrafteinsparung in der Landwirtschaft ist wichtig, trat doch in den 60er Jahren auf dem Lande ein Arbeitskräftemangel auf (!). Die eingesparte Arbeitskraft kann in der lokalen Industrie, beim Bau von Infrastrukturprojekten und für die arbeitsintensiven Methoden in der Landwirtschaft (dicht Pflanzen, tief Pflügen, etc.) verwendet werden.

---

398 *Biehl*, a.a.O., S. 56.
399 *Kuo*, a.a.O., S. 146.
400 Siehe dazu: *Zao*, a.a.O., S. 250; und: *Jones Edwin F.*, The Emerging pattern of China's economic Revolution, in: Joint Economic Committee, ed., a.a.O., S. 83.
401 *Biehl*, a.a.O., S. 68.
402 Peking Rundschau, Nr. 41/1969, S. 37f.
403 *Biehl*, a.a.O., S. 61.
404 *Larsen*, a.a.O., S. 249. – Weitere Beispiele werden von *Pang*, a.a.O., S. 108 genannt.
405 *Pang*, a.a.O., S. 108.
406 *Chang*, a.a.O., S. 102.
407 *Biehl*, a.a.O., S. 68.

DIE WAHL DER TECHNIK IN DER LANDWIRTSCHAFT   233

Nun geht aber aus der Statistik IV—24 hervor, dass in der Landwirtschaft Chinas auch *moderne Maschinen* verwendet werden. Diese setzt man ausserordentlich *selektiv* ein. Dawson charakterisiert die Modernisierungspolitik der Landwirtschaft Chinas als "stufenweise, teilweise und selektive Mechanisierung"[408]. Dies beinhaltet folgende Prioritäten[409]:

1) Mechanisierung weniger zugunsten der Landbestellung, mehr zugunsten des Wassermanagements (Pumpen, etc.).
2) Mechanisierung weniger in Reisgebieten, mehr in Weizen- und Baumwollgegenden.
3) Mechanisierung weniger in dichtbesiedelten, mehr in schwach besiedelten Gebieten (Nord-Mandschurei, Zentral-Mongolei, Nordwest-China).

Auch bei der Konstruktion moderner Maschinen werden die Bedingungen in der Landwirtschaft gründlich studiert. So wurde bei der Herstellung des ersten Selbstfahr-Mähdreschers Chinas vor allem auf dessen *Vielseitigkeit* geachtet: Er ist sowohl auf kleinen wie auf grossen Grundstücken zu gebrauchen. Durch kleine Abänderungen können auch Sojabohnen, Hirse und Raps geerntet werden[410].

Die *Staatsfarmen* sind wesentlich stärker mechanisiert als die Kommunen[411]: 1964 bebauten die 2000—3000 Staatsfarmen knapp 5 % des total bestellten Landes. Sie verfügten über 32 % der Traktoren, 82,5 % der Mähdrescher und 68 % der Lastwagen.

Hier sei noch kurz auf die Experimentierstationen zur Entwicklung *besserer Saatsorten* hingewiesen. Es existiert ein nationales 'Zentrum für landwirtschaftliche Forschung und Entwicklung' mit rund 30 Instituten. Daneben gibt es eine Menge praktischer Versuchsstationen und 'Saat-Entwicklungszentren'[412]. 1965 verfügten etwa 10'000 Kommunen und Brigaden über eigene Saat-Entwicklungszentren, etwa die Hälfte aller Produktionsteams bepflanzten eigene Versuchsfelder[413]. In der Provinz Kwangtung lautet eine generell anzuwendende Regel, dass auf 30 Mu Reis 1 Mu Versuchs-Saat-Feld zu bebauen ist[414]. — Da bisher die Produktivität in der chinesischen Landwirtschaft vor allem über eine *Intensivierung* angestrebt worden ist, legte man besonderes Gewicht auf *frühreifende Getreidesorten,* um in vielen Gebieten zwei bis drei Ernten pro Jahr zu ermöglichen: 1970 berichtete die 'Peking Rundschau' vom Frühlingsweizen 'Aiganqi', welcher in 90 Tagen reifen soll[415]. Auch bei der Entwicklung neuer

408 Dawson, a.a.O., S. 144.
409 Ebendort.
410 Peking Rundschau, Nr. 45/1969, S. 37f.
411 Das folgende stützt sich auf: Larsen, a.a.O., S. 223; Dawson, a.a.O., S. 146.
412 Larsen, a.a.O., S. 228.
413 Dawson, a.a.O., S. 100.
414 Ebendort, S. 101.
415 Peking Rundschau, Nr. 10/1970, S. 30.

Saatsorten legt man grossen Wert auf die Feststellung, dass *eigene Techniken* entwickelt worden seien: So hätte man manche Erfolge durch *Inzucht* erreicht, wodurch alle 'bürgerlichen' Experten desavouiert würden[416].

Über die *Erfolge* lässt sich angesichts der Knappheit von empirischen Daten nicht viel aussagen: Von 1952–1957 soll der Anteil der 'improved seeds' an der gesamten Aussaat von 6% auf 55% der Ackerfläche angestiegen sein[417]. Diese und ähnliche Zahlen sagen aber so lange nicht viel aus, als man nicht weiss, von welcher Qualität die verbesserten Saaten gewesen sind.

Zum Schluss versuchen wir, aus den chinesischen Erfahrungen bezüglich der Wahl der Technik in der Landwirtschaft einige Rückschlüsse auf Entwicklungsländer zu ziehen:

1) Im allgemeinen führen die üblichen Investitionskriterien in einer Wirtschaft mit unterbeschäftigten Arbeitskräften auf dem Lande zu einem zu hohen Mechanisierungsgrad in der Landwirtschaft, wie *Joan Robinson* nachweist[418]: Der Mehr-Arbeitseinsatz ist bei gesamtwirtschaftlicher Betrachtungsweise *nicht* als Kostenelement, sondern als *Profit* zu behandeln, da auch ohne diese Mehrarbeit die unbeschäftigten Personen irgendwie unterhalten werden müssen. China hat erfolgreich nach Wegen gesucht, *die Beschäftigung auf dem Lande zu erhöhen*. Das könnte in den meisten Fällen auch ein Rezept für Entwicklungsländer sein. Dabei sollte allerdings jedes Entwicklungsland wie China darauf achten, "beim eigenen Aufbau Erfahrungen zu sammeln und auszuwerten, statt ausländische Erfahrungen unkritisch zu übernehmen..."[419]

2) Eine Art von 'mittlerer Technik' hat den für ganz arme Länder unter Umständen entscheidenden Vorteil, dass höhere Erträge recht bald anfallen, dass also die kurzfristige Rentabilität gross ist. Dieser Umstand schlägt sich in der makroökonomischen Globalzahl 'capital-output-ratio' nieder, welche nach den Berechnungen von *Hollister* in China rund 2 1/2 Mal kleiner als in Indien war! (Indien 1950/59: 4,8; China 1950/57: 1,8)[420]. – Zur Einsicht, dass in der Landwirtschaft der Entwicklungsländer generell arbeitsintensive Produktionsmethoden zu empfehlen sind, kommt auch das 'Weltbeschäftigungsprogramm' des Internationalen Arbeitsamtes[421].

3) Es wäre weiter die Frage zu stellen, inwieweit die *kollektiv betriebene Landwirtschaft* eine notwendige Bedingung für die chinesische Methode der Wahl der Technik ist. Wir denken hier vor allem an einen *Risikoausgleich* bei

---

416 *Ebendort.*
417 *Dawson,* a.a.O., S. 100; weitere Zahlen S. 103 sowie bei: *Zao,* a.a.O., S. 245.
418 *Robinson Joan,* Kleine Schriften..., a.a.O., S. 98.
419 *Hsüä Mu-tjiao* u.a., a.a.O., S. 271.
420 *Hollister,* a.a.O., S. 126. – Dort finden sich auch noch weitere Vergleichszahlen.
421 Internationales Arbeitsamt, Das Weltbeschäftigungsprogramm, Bericht des Generaldirektors, Genf 1969, in unserm Zusammenhang besonders S. 70ff.

den Experimenten mit neuen Saaten und Geräten: In den Kommunen und Brigaden können bei Experiment-Misserfolgen die Betroffenen in gleicher Weise entschädigt werden wie die Mitglieder mit 'gewöhnlichen' landwirtschaftlichen Tätigkeiten[422]. Die Gemeinschaft trägt also das Risiko. Diese risikobehafteten Experimente können in einem Entwicklungsland mit Kleinbauern-Wirtschaften natürlich auch vom *Staat* übernommen und die neuen Technologien dann den Bauern weitergegeben werden. In diesem Fall bleibt die Frage offen, ob eine so breite Bevölkerungsschicht wie in China an diesen Experimenten beteiligt werden kann. — Jedenfalls wird in China ex post die Einführung der Volkskommunen auch mit dem Risikoausgleich bei technischen Neuerungen begründet:

> "Die kleinen, ausserordentlich schwachen Einzelwirtschaften der Vergangenheit waren völlig ausserstande, die Agrartechnik umzugestalten; sie konnten auf das damit verbundene Risiko nicht eingehen... Seit der Bildung der Volkskommunen mit ihrer angewachsenen kollektiven Kraft und ihren besseren Wasserbauanlagen unternahm praktisch jedes Gebiet tatkräftige Versuche zur Verbesserung der Agrartechnik...[423]"

4) Ebenfalls von einer Kollektivierung der Landwirtschaft scheint eine chinesische Diffusions-Methode neuer Techniken abhängig zu sein:

> "Le parti sert à la diffusion et à la vulgarisation des techniques. Ainsi par exemple, une brigade a combattu la sécheresse avec un succès particulier. Le comité PC du hsien envoie un groupe de travail étudier la méthode utilisée, puis il ordonne aux cadres toutes les autres brigades du hsien de répandre cette méthode[424]."

> "Die Partei kümmert sich um die Verbreitung neuer Techniken. So hat z.B. eine Brigade die Dürre mit besonders gutem Erfolg bekämpft. Das Lokalkomitee der Partei kann in diesem Fall eine Arbeitsgruppe damit beauftragen, die Erfahrungen dieser Brigade an Ort und Stelle zu studieren. Anschliessend instruieren die Mitglieder dieser Arbeitsgruppe alle andern Brigaden dieser Gegend[424]." (Übersetzung von H.S.)

Ein Kleinbauer kann es sich meist nicht leisten — selbst wenn er wollte — erfolgreiche Techniken in andern Gebieten einige Tage oder Wochen zu studieren. Dafür scheint eine kollektive Landwirtschaft der besondern Entlohnungsprinzipien wegen gut geeignet zu sein. — Bei der Lektüre der 'Peking Rundschau' fällt besonders auf, wie oft und nachdrücklich auf

---

422 Vgl. z.B. *Jan Myrdals* Bericht über eine Experimentiergruppe in der von ihm besuchten Kommune (a.a.O., S. 171).
423 *Tao Dschu*, a.a.O., S. 13f.
424 *Pang*, a.a.O., S. 90.

erfolgreiche Experimente hingewiesen und zur Nachahmung aufgefordert wird.

5) Um den nächsten Punkt (siehe unten: 6) des Erziehungseffekts der chinesischen Technologie-Politik verstehen zu können, müssen wir etwas weiter ausholen. Mao konnte auf die chinesische Tradition zurückgreifen, wenn er stets den *Menschen* im Zusammenhang mit der Einführung neuer Technologien in den Mittelpunkt stellte. In alten chinesischen Büchern findet man Ausdrücke wie "Zu viel Material lässt menschlichen guten Willen verderben"[425]. — In der 'Peking Rundschau' lesen wir zum Verhältnis Mensch — Materie und gleichzeitig als Gegenposition in der Auseinandersetzung mit der UdSSR:

> "Wir sind der Ansicht, dass es die Menschen und nicht die Dinge sind, die beim sozialistischen Aufbau auf dem Lande die entscheidende Rolle spielen. Die Maschine muss von Menschen gehandhabt und bedient werden. Ohne Menschen ist die beste Maschine nichts als eine Masse Eisen[426]."

Diese Erkenntnis würde wohl jedem Entwicklungsland gut anstehen. Die Schlussfolgerung daraus könnte etwa sein, dass die Schulung und Umformung des Menschen wichtiger ist als eine (zu moderne und importierte) neue Technologie, die vom menschlichen Verstand nicht verarbeitet und deshalb nicht produktiv genutzt werden kann.

6) Unter diesem Aspekt ist wohl auch der durch die chinesische 'mittlere Technik' beabsichtigte *Ausbildungseffekt* besser zu verstehen: Es ist klar, dass bei den neu erfundenen Maschinen und Gerätschaften auch viel Unbrauchbares und Unökonomisches vorhanden ist. Musterbeispiel dafür sind die im Westen hochgespielten Klein-Hochöfen in den 60er Jahren. Damit wurde aber die Masse der Bauern in eine erste Berührung mit der Technik gebracht[427]; die Bauern lernten in Wirkungszusammenhängen denken. Bei der Lektüre offizieller chinesischer Verlautbarungen erhält man den Eindruck, wissenschaftliches Experimentieren und 'Erfinden' seien zu den ersten nationalen Tugenden geworden. Und dieser Ausbildungs-Aspekt der mittleren Technologie ist möglicherweise noch wichtiger als die wirtschaftlichen Vorteile. Es liegt auf der Hand, dass eine moderne Technik, welche Jahrhunderte überspringt, die Bevölkerung weniger zur Eigen-Initiative anregt, da die modernen Maschinen unmöglich verstanden werden können.

---

425 Nach: *Cheng Tong-yung,* a.a.O., S. 6.
426 Peking Rundschau, Nr. 7/1970, S. 8; ähnlich in: Peking Rundschau, Nr. 31/1970, S. 16; Peking Rundschau, Nr. 39/1970, S. 22; etc.
427 Diese Interpretation der Kleinhochöfen betonen vor allem: *Bechtoldt Heinrich,* Indien oder China. Die Alternative in Asien, Stuttgart 1961, S. 224f.; und: *Biehl,* a.a.O., S. 62.

Offen bleibt die Frage, ob der Lern-Effekt einer mittleren Technologie in Kollektiven grösser ist als er bei einem System von Kleinbauern-Haushalten wäre. Dazu meint *Handke:*

"Der Konservatismus, der dem Neuen gerade in der Landwirtschaft oft hemmend entgegensteht, lässt sich auf diesem Weg (der Kollektivierung, H.S.) leichter überwinden. Auch dort, wo das Hindernis im Unwissen statt im Nicht-Wollen besteht, lässt sich der Bauer im Kollektiv meist besser ansprechen und belehren ...[428]."

---

[428] *Handke,* a.a.O., S. 215.

V. TEIL:

ABSCHLIESSENDE BEMERKUNGEN

1. LANDWIRTSCHAFT UND KULTURREVOLUTION

Zwar ist bei den meisten westlichen Entwicklungsländer-Spezialisten die Einsicht vorhanden, dass eine technische und organisatorische Umgestaltung der Landwirtschaft in Entwicklungsländern nicht genügt, dass darüber hinaus ein 'gelenkter Kulturwandel'[1] notwendig sei. Leider vergisst man bei uns und in den Entwicklungsländern oft nach diesem verbalen Bekenntnis die entsprechenden Forschungen und Massnahmen, so dass alle Anstrengungen zur technischen Veränderung der Landwirtschaft wegen der fehlenden Anstrengungen hinsichtlich eines Kulturwandels bedroht werden. Von der sowjetischen und chinesischen Entwicklungspolitik können wir nun bestimmt das eine lernen, dass nämlich *nicht nur technische und institutionelle Reformen durchgeführt wurden, sondern dass man immer auch versuchte, den traditionellen Bauern zu verändern:* "Denn nur wenn die Menschen ihr Denken revolutioniert haben, können sie die Natur umwandeln, eine neue Technik einführen und hohe Erträge einbringen...[2]" Dieser Meinung wird man sich wohl anschliessen können.

Als *Ziel* kann ein solcher Kulturwandel natürlich leicht formuliert werden. Welches aber – so lautet die politisch relevantere Frage – sind die *Instrumente,* durch welche dieser Kulturwandel eingeleitet wird? *Raup* vertritt in diesem Zusammenhang die interessante These, dass allein schon bedeutende Änderungen in der Beziehung des Menschen zum Land starke Anstösse zu einem Kulturwandel geben können:

"The psychological impact of a dramatic change in the relation of man to land can create shock effects that cause him to re-examine other dimensions of his belief in the impossibility of advancement through individual effort[3]."

"Die psychologische Auswirkung einer dramatischen Veränderung in der Stellung des Bauern zu seinem Land kann weitreichende Wirkungen haben: Der Mensch beginnt vielleicht, seine ganze Denkstruktur zu verändern. Vielleicht glaubt er in Zukunft, auch andere Dinge durch eigene Anstrengungen verändern zu können[3]." (Übersetzung von H.S.)

Und es kann wohl kein Zweifel daran bestehen, dass die Landreformen in der UdSSR und in China sowie die anschliessenden Kollektivierungen solche 'dramatische Veränderungen' im Leben der Bauern darstellten.

Es ist klar, dass zum Kulturwandel des traditionellen Bauern auch die veränderte *Technik* und die verbesserte *Ausbildung* beitragen. Über die Wahl der Technik in der Landwirtschaft wurde im letzten Teil schon einiges gesagt[4]. Es

---

[1] Mehr zu diesem Begriff bei: *Behrendt R.F.,* Soziale Strategie für Entwicklungsländer, Frankfurt 1965, S. 36ff.
[2] Peking Rundschau, Nr. 8/1970, S. 8.
[3] *Raup,* a.a.O., S. 33.
[4] Vgl. S. 222ff.

versteht sich von selbst, dass diese Technik generell die Auswirkung hat, dass die Bauern in *Kausalzusammenhängen* denken lernen, was für die technische und wissenschaftliche Evolution in Entwicklungsländern entscheidend wichtig sein kann. Besonders in China wurde immer und immer wieder mit Nachdruck betont, dass der Bauer den Naturgewalten nicht einfach hilflos ausgeliefert ist:

> "Wir müssen einerseits die Bauern ermutigen, 'dem Regengott die Stirn zu bieten', die Überzeugung in ihnen stärken, dass die Menschen bestimmt die Natur besiegen werden, und gegen alle Naturkatastrophen einen hartnäckigen Kampf führen...[5]"

Zur Bedeutung der *Ausbildung* innerhalb eines umfassenden Kulturwandels brauchen wir hier wohl nichts zu sagen[6]. In seltener Einmütigkeit werden von westlichen Experten die grossen Anstrengungen beim Aufbau eines umfassenden Schulsystems in der UdSSR und in China gewürdigt.

Weniger Einigkeit herrscht hingegen über die Bedeutung der Massen-Mobilisierung durch *Kampagnen*. So klebten in den 30er Jahren in der Sowjetunion an den Mauern in allen Dörfern und Städten Wandzeitungen mit der Parole "Fünfjahresplan in vier Jahren"[7]. Von *China* sind vor allem die '3-Anti-' und '5-Anti-Bewegungen' der Jahre 1951/52 bekannt geworden. Es ging dabei um die Bekämpfung der Korruption, des Bürokratismus, der Steuerhinterziehung usw.[8], also um typische Erscheinungen in fast allen Entwicklungsländern von heute. Man griff mit diesen Kampagnen einfach die gravierendsten Übel heraus und machte sie in verschiedenster Weise dem ganzen Volk bekannt. Die entsprechenden Slogans wurden und werden den Leuten eigentlich *eingehämmert*. Es ist nun — so meint *Mehnert* — eine alte psychologische Erfahrung, dass solche stetige Wiederholung bestimmter Vorstellungen und Konzepte sich wie Reflexe 'einschleifen' und automatisch wiederkehren, wenn sie gebraucht werden bzw. wenn die entsprechende Situation eintritt[9]. U.E. sind solche Kampagnen vor allem dann erfolgsversprechend, wenn die Aktivierung des Volkes in einem Umfang gelingt, dass die staatliche Kontrolle durch eine spontane soziale Kontrolle abgelöst wird.

Ebenfalls im Dienste eines Kulturwandels stehen verschiedene nicht materielle Anreize, wie sie in kommunistischen Ländern üblich sind. So sieht auch das neue Kolchosstatut der UdSSR im Art. 34 folgende nicht materielle Incentives für die

---

[5] *Tan Dschen-lin*, Erläuterungen zum Programm für die Entwicklung der Landwirtschaft der Volksrepublik China von 1956 bis 1967, in: Die Dokumente..., a.a.O., S. 96.

[6] Das für Entwicklungsländer hochinteressante neue Ausbildungs-System in *China* wird auf S. 184ff. beschrieben

[7] *Farbman Michael*, Der erste 5-Jahresplan, Berlin 1931, S. 39.

[8] Mehr zu den 'Anti-Bewegungen' bei: *Grossmann*, a.a.O., S. 45; *Djiän Be-dsan, Schao Hsün-dscheng, Hu Hua*, Kurzer Abriss der chinesischen Geschichte, Peking 1958, S. 302.

[9] *Mehnert Klaus*, Der Sowjetmensch, Stuttgart 1959, S. 394.

Kolchosniki vor[10]: Dankbarkeitserklärungen, Ehrenurkunden, Eintragung auf Ehrentafeln und in Ehrenbüchern sowie die Titel 'Verdienter Kolchosnik' und 'Ehren-Kolchosnik'. Den Wert solcher Titel kann man wohl nur begreifen, wenn man bedenkt, dass solche Orden, Titel und öffentliche Belobigungen zu einem festen Bestandteil des *sozialen Prestiges* geworden sind[11].

Abschliessend noch einige Bemerkungen zur Bedeutung der 'Worte *Mao Tse-tungs*' bei der Veränderung des chinesischen Menschen. Von der Verbreitung dieser Ideen kann man sich wohl nur dann eine Vorstellung machen, wenn man weiss, dass die chinesische Gesamtauflage der 'Ausgewählten Werke' in den drei Jahren 1966/68 150 Mio. erreichte[12]! Die 'Worte des Vorsitzenden' erschienen in der gleichen Zeit in 740 Mio. Exemplaren und einzelne wichtige Artikel in einer Gesamtauflage von fast zwei Milliarden[13]. Man mag sich bei uns über das ständige Studium der Werke und Worte *Mao Tse-tungs* lächerlich machen. Wir glauben aber wie *Blumer*[14], dass dieses Studium beim Kulturwandel des traditionellen Chinesen eine entscheidende Bedeutung haben kann: Die grosse Masse der Menschen lernt nämlich durch dieses Studium erstmals, auf bestimmte konkrete Situationen und Probleme rationale Kriterien anzuwenden. Die Menschen lernen, die Probleme zu *analysieren:* Das kann für einen traditionellen Bauern eine ganz neuartige Erfahrung sein.

Bei all diesen Ideen *Maos* steht *ein* Gedanke im Mittelpunkt: Dass nämlich den Massen von Menschen eine schöpferische Kraft innewohne[15]. Insbesondere während der Kulturrevolution wurde dieser Gedanke wieder aktiviert mit Zitaten von *Mao* wie

— "Die wahren Helden sind die Massen",

oder — "Den Volksmassen wohnt eine unbegrenzte Schöpferkraft inne[16]."

Zum Abschluss der Kulturrevolution meinte *Mao Tse-tung:* "Das fundamentale Prinzip der Reformen der staatlichen Organe ist, dass sie den Kontakt mit den Massen aufrecht erhalten müssen[17]." Das impliziert natürlich, dass im Volk der Glauben geschaffen bzw. aufrecht erhalten wird, dass letztlich jeglicher Fortschritt vom Verhalten und den Anstrengungen des Einzelnen innerhalb des Kollektivs abhängt[18].

10 Neue Statuten . . ., a.a.O., S. 230.
11 Auch bei uns ist ja die Substitution von materieller Entlohnung durch Ehre, Titel und Macht nicht ganz unbekannt.
12 Peking Rundschau, Nr. 1/1969, S. 3.
13 *Ebendort.*
14 *Blumer*, a.a.O., S. 110ff.
15 Nach *Han Suyin* wurde sich *Mao* dieser schöpferischen Kraft der Massen bei der Bewegung vom 4. Mai (1919) und bei den Massenaufständen der Bauern 1925/27 bewusst. (*Han Suyin*, a.a.O., S. 35.)
16 Peking Rundschau, Nr. 42/1969, S. 12.
17 Nach: *Blumer*, a.a.O., S. 360.
18 Vgl. zu diesem 'Vertrauen auf eigene Kraft' vor allem den aufschlussreichen Artikel *Maos* 'Yü Gung versetzt Berge' (1945), in: Ausgewählte Werke, Band III, a.a.O., S. 321—324.

Es war nicht unsere Absicht, in diesem kurzen Kapitel Modelle des Kulturwandels darzustellen. Wir wollten lediglich stichwortartig festhalten, dass in China und Russland parallel zu den technischen und institutionellen Veränderungen auch der Versuch unternommen wurde, den traditionellen Bauern zu verändern, eine eigentliche Kulturrevolution in Gang zu bringen. Über die *Erfolge* ist noch wenig bekannt, was nicht verwundern kann, wenn man den Mangel an soziologischer Forschung in den kommunistischen Ländern berücksichtigt. Allgemein kann aber im Hinblick auf die Probleme heutiger Entwicklungsländer festgehalten werden, dass in China und Russland ein *globales Konzept* der Landwirtschafts-Reorganisation angewandt wurde, ein Konzept, welches neben technischen und institutionellen Neuerungen auch die Kultur und das Verhalten der Menschen zu verändern beabsichtigt. Und es wird wohl kaum ein Entwicklungsland geben, welches nicht auf allen Stufen Reformen benötigt, wenn die wirtschaftliche Entwicklung als anzustrebendes Ziel akzeptiert wird.

2. LANDREFORM UND KOMMUNISMUS

Wer sich heute mit den Problemen der Entwicklungsländer beschäftigt, wird fast zwangsläufig auf die Frage der *Landreform* stossen. In der einschlägigen Literatur ist die Forderung weitgehend unbestritten, *dass* eine Landreform in den meisten Ländern der 'Dritten Welt' eine dringliche Notwendigkeit ist. *Wie* diese Landreform aber durchgeführt werden soll und welche politischen Gruppen eine solche durchführen können – darüber gehen die Meinungen weit auseinander. Entmutigend ist heute, wie viel mehr über Landreformen geschrieben als auf diesem Gebiet tatsächlich getan wird[19].

Wir haben mit den Beispielen China und Russland gezeigt, dass die kommunistischen Entwicklungsländer radikale Landreformen durchgeführt haben. Wir sind nun wie *Etienne* davon überzeugt, dass die 'Dritte Welt' zu vielfältig ist, als dass sich für alle Länder dasselbe Landreform-Modell empfehlen liesse[20].

Wie wir nachgewiesen haben, ergaben sich schon zwischen den Landreformen Chinas und der UdSSR erhebliche Unterschiede. Wir sind auch der Überzeugung, dass eine der Voraussetzungen für eine wirksame Landreform in einem Entwicklungsland gewisse *Zielvorstellungen* sind. Diese Zielvorstellungen waren in China und in Russland vorhanden. Wir haben sie von der sozialistischen Theorie her aufgezeigt: Aufhebung des Unterschieds zwischen Stadt und Land, Grossbetriebe, Modernisierung, kollektive Landwirtschaft, etc. – Wir müssen

---

[19] Vgl. dazu vor allem: *Myrdal G.*, Politisches Manifest..., a.a.O., S. 96–137 und S. 384ff.
[20] *Etienne*, a.a.O., S. 249.

leider feststellen, dass ähnliche oder auch andere Zielvorstellungen in manchen unterentwickelten Ländern von heute fehlen.

Weiter können wir von den kommunistischen Ländern lernen, dass es *nach* einer Landreform geeignete *Institutionen* braucht, um die Reform wirksam werden zu lassen. Wir haben diese Institutionen und ihre Wirtschaftslogik im einzelnen beschrieben, weil wir mit *Bowles* die Meinung vertreten, dass die traditionelle Ökonomie im allgemeinen den Institutionen zu geringe Aufmerksamkeit schenkt:

> "While traditional economic theory ordinarly treats institutions as one of the 'other things being equal', there is nevertheless growing awareness of their importance in the matter of economic development...[21]"

> "Während die traditionelle Wirtschaftstheorie normalerweise die Institutionen als einen der 'andern gegebenen Faktoren' betrachtet, kommt man neuerdings mehr und mehr zur Überzeugung, dass eben diese Institutionen im wirtschaftlichen Wachstumsprozess eine wichtige Rolle spielen...[21]" (Übersetzung von H.S.)

Eine Landreform wird nun in den meisten Entwicklungsländern auch eine Änderung der bestehenden Institutionen notwendig machen. Wir glauben, in dieser Arbeit mit der Darstellung einiger Aspekte der Kolchosen, Staatsfarmen, MTS und Kommunen verschiedene Möglichkeiten neuer landwirtschaftlicher Institutionen für Entwicklungsländer aufgezeigt zu haben. Ein grosser Vorteil der Entwicklungspolitik Chinas und der UdSSR ist zweifellos, dass der Ausgestaltung dieser Institutionen immer grösste Aufmerksamkeit geschenkt wurde. Für uns steht fest, dass gewisse Aspekte dieser landwirtschaftlichen Institutionen auch für andere Entwicklungsländer bedenkenswert wären – ohne dass zwangsläufig das ganze sowjetische oder chinesische Entwicklungsmodell übernommen werden müsste.

3. OPFER UND WOHLFAHRT

Wir schliessen uns *Kindermann* an und formulieren als Schlüsselfrage für jegliche Entwicklungspolitik: Bis zu welchem Grade, auf Grund von wessen Entscheidungen und mit welchen Mitteln kann der lebenden Generation Opfer im Interesse eines wirtschaftlichen Aufschwungs zugemutet werden, dessen Früchte erst einer kommenden Generation zufallen[22]? Und dass der russischen Bevölkerung, insbesondere auch den Bauern, erhebliche Opfer in Form von

---

[21] *Bowles Donald W.,* Soviet Russia as a Model for Underdeveloped Areas, World Politics, Vol. XIV, No. 3/1962, S. 497.
[22] *Kindermann,* a.a.O., S. 161.

Konsumverzicht und Arbeitsleistungen auferlegt wurden, daran kann wohl kein Zweifel bestehen. Dabei muss aber an dieser Stelle eine Selbstverständlichkeit betont werden, die leider bei uns allzu oft vergessen wird:

"Bei dieser Gelegenheit muss bemerkt werden, dass die oberflächliche Gleichsetzung von östlicher Planwirtschaft und niedrigem Lebensstandard unsinnig ist. Die meisten kommunistischen Länder begannen mit der Entwicklung ihrer Ressourcen später als die westeuropäischen und andere 'westliche' Staaten. Sie holen ... eine Entwicklung nach, die wir vor hundert oder hundertfünfzig Jahren durchzustehen hatten und damals ... auch von den westlichen Völkern sehr grosse Opfer forderte. Wirtschaftliche Entbehrungen sind kein Spezifikum kommunistischer Staaten[23]."

Unsere These ging dahin, dass die Kollektivierung der Landwirtschaft in Russland eine notwendige Vorbedingung für die 'ursprüngliche sozialistische Akkumulation' war. Mit dem folgenden Zitat von *Wilber* sollen die *Stalin'schen* Exzesse während und nach der Kollektivierung der Landwirtschaft nicht entschuldigt, sondern lediglich in einen etwas andern Zusammenhang gestellt werden:

"In Western industrialization, the human costs are detailed but are usually treated as mere aberrations from a basically sound and moral system. On the other hand, the same human cost in Soviet industrialization is viewed as an essential part of the Soviet social system[24]."

"Zwar werden die menschlichen Opfer der Industrialisierung des Westens meistens erwähnt. Diese Opfer werden aber meist als Abweichung von einem im Grunde gesunden und moralischen System dargestellt. Demgegenüber werden die gleichen menschlichen Opfer der sowjetischen Industrialisierung als dem sowjetischen System inhärent angesehen[24]." (Übersetzung von H.S.)

Es stellt sich für uns die Frage, ob man die ungeheuren *Opfer,* die bei der industriellen Entwicklung im Westen auch gebracht werden mussten[25], schon vergessen hat, weil sie weiter zurückliegen als die Industrialisierungs-Opfer in der UdSSR. Akzeptiert man die Industrialisierung eines Landes als anzustrebendes Ziel, so ist zu befürchten, dass bei der Erreichung dieses Ziels in einem Entwicklungsland immer gewisse Opfer gebracht werden müssen. Diese Opfer nun können auf verschiedenen Ebenen liegen. Erstens werden in der *Sozial-*

---

[23] *Krengel Rolf,* Die quantitativen Veränderungen der sowjetischen Wirtschaft, in: *Böttcher* u.a., Hrsg., Bilanz ..., a.a.O., S. 78.
[24] *Wilber,* a.a.O., S. 109.
[25] Mehr dazu bei: *Carr E.H.,* What is History? New York 1962, S. 103ff.; *Raupach,* Geschichte ..., a.a.O., S. 80; *Wilber,* a.a.O., S. 121ff.; Tabellen mit Lohn- und Preisentwicklung während der frühen Industrialisierungszeit in Westeuropa bei: *Felix,* a.a.O., S. 446f.

struktur der meisten Entwicklungsländer radikale Veränderungen notwendig, wenn jemals eine wirtschaftliche Entwicklung in Gang kommen soll. Diese Veränderungen sind kaum ohne Unruhen, ohne Druck und Gegendruck, ohne Auseinandersetzungen zu erreichen. Zweitens müssen manche der traditionellen *Institutionen* durch neue abgelöst werden. Dies setzt meistens eine Erziehung des Menschen zu einem andern Verhalten und zu neuen Wertvorstellungen voraus, was nach *Wilber* in kaum einer Kultur ohne Zwang möglich gewesen ist:

"This compulsion took the form of the *explicit coercion* of the state police power to expedite the movement from individual to collective farms and to enforce factory discipline in the Soviet Union of the 1930's. In capitalist countries, the *implicit coercion* of the market mechanism transferred labor from rural to urban areas and imposed discipline through the threat of starvation and unemployment[26]."

"Dieser Zwang kann in der Sowjetunion der 30er Jahre als *expliziter Zwang* bezeichnet werden, welcher sich in der Staatspolizei manifestierte, welche Kollektivierung und Disziplin herbeiführte. In kapitalistischen Staaten bestand ein '*impliziter Zwang*' des Marktmechanismus, welcher die Leute vom Land in die Stadt zwang und die notwendige Disziplin durch die Drohung von Hunger und Arbeitslosigkeit erreichte[26]. (Übersetzung von H.S.)

Ein drittes mögliches Opfer zugunsten einer raschen Industrialisierung liegt in einem relativ *niedrigen materiellen Lebensstandard* zugunsten einer raschen Kapitalakkumulation. So *sank* in der Sowjetunion das Realeinkommen während einer Generation — von 1928–1952 — wobei die Bauern gegenüber den Industriearbeitern benachteiligt wurden[27]. Die relevanten Fragen, die an dieser Stelle aufgeworfen werden müssten, würden etwa wie folgt lauten: Geht es an, dass eine ganze Generation mit dem Hinweis auf eine 'bessere Zukunft' an der Grenze des Existenzminimums gehalten wird? Wiegen Menschenopfer die Entwicklung von Raketen auf? Ist es richtig, dass eine soziale Schicht — die Bauern — während längerer Zeit im Lohnniveau so stark unter demjenigen der Arbeiter gehalten werden? Werden die Zwangsmassnahmen und Härten zugunsten der Kapital-Akkumulation durch die wirtschaftlichen Erfolge aufgewogen? Die Antworten auf diese und ähnliche Fragen entziehen sich einem wirtschaftlichen Kalkül und verlangen explizite Werturteile.

Einiges des eben in bezug auf die Sowjetunion gesagten gilt auch für die Wirtschafts- und Agrarpolitik *Chinas*. Immerhin weist *Joan Robinson* wohl mit Recht darauf hin, dass in China die Verbraucher besser als in der Sowjetunion behandelt worden seien[28]. Natürlich herrscht in China noch immer eine

---

26 *Wilber*, a.a.O., S. 129.
27 *Fallenbuchl*, a.a.O., S. 36; *Chapman*, a.a.O.
28 *Robinson Joan*, Die ökonomischen Reformen, in: Zur Kritik der Sowjetökonomie, Rotbuch 11, Berlin 1969, S. 146.

allgemeine Armut. *Mende* betont aber mit Nachdruck[29], dass die geringen Einkommensunterschiede in China viel dazu beitragen, dass den Bauern echte Opfer auferlegt werden können: "Es gibt keine reichen, privilegierten Klassen, und das macht die allgemeine Armut erträglicher[30]." Vor allem imponiert dem Aussenstehenden, wie sich die chinesischen Führer nicht scheuen, immer wieder und mit Nachdruck auf die grossen Opfer und Arbeitsleistungen hinzuweisen, die im Interesse einer wirtschaftlichen und sozialen Entwicklung zu bringen sind. So meinte *Mao* 1957: "Es wäre reine Illusion zu glauben, dass man beim Aufbau des Sozialismus ohne Schwierigkeiten und Rückschläge, ohne gewaltige Anstrengungen auskommt, dass man immer günstigen Wind und leichte Erfolge hat[31]." – Es wäre wohl bereits ein grosser Fortschritt, wenn alle Entwicklungsländer von heute erkennen würden, dass der Entwicklungsprozess 'gewaltige Anstrengungen' erfordert, und wenn aus dieser Erkenntnis wie in China auch (wirtschafts-)politische Schlussfolgerungen gezogen würden. Damit soll nicht gesagt sein, dass diese Schlussfolgerungen in jedem Land gleich wie in China sein müssten.

4. ÜBERSICHT UND ZUSAMMENHÄNGE

Es war das Ziel dieser Arbeit, aus der Agrartheorie und -politik zweier sozialistischer Entwicklungsländer einige Anhaltspunkte für Neu-Orientierungen einer Agrarpolitik in Ländern der 'Dritten Welt' zu geben. Dabei behandelten wir die sozialistischen Agrartheorien im zweiten Teil relativ ausführlich, weil wir die Ursprünge der späteren Agrarpolitik in der UdSSR und in China aufzeigen wollten. Wir stellten fest, dass bei den 'Frühsozialisten' verschiedene Probleme der Landwirtschaft durchaus im Mittelpunkt des Interesses standen, dass bereits *vor Marx* und *Engels* die Frage der kollektiv betriebenen Landwirtschaft und die Probleme der Arbeitsteilung sowie der Aufhebung des Unterschieds zwischen Stadt und Land und zwischen geistiger und körperlicher Arbeit aufgeworfen wurden.

Da *Marx* und *Engels* die soziale Revolution eindeutig in einem der damals sich rasch industrialisierenden Länder erwarteten, schenkten sie den Bauern und den Fragen der Landwirtschaft nur geringe Aufmerksamkeit. Insbesondere waren sie davon überzeugt, dass der selbständige Kleinbauer dem Untergang verfallen sei und auch auf dem Lande die Klassenzweiteilung in Proletarier (Landarbeiter) und Kapitalisten (Grundeigentümer) die kapitalistische Gesellschaftsorganisation reif zur Revolution machen würde.

---

29 *Mende*, a.a.O., S. 181.
30 *Ebendort*, S. 183.
31 *Mao Tse-tung*, Über die richtige ..., a.a.O., S. 24

Wegen dieser Annahmen kam es nach dem Tode von *Marx* und *Engels* zu Auseinandersetzungen innerhalb der damaligen sozialistischen Bewegung. In der *Agrardebatte* ging es dabei vor allem um die optimale landwirtschaftliche Betriebsgrösse. *Karl Kautsky* versuchte im einzelnen den Nachweis zu erbringen, dass in der Landwirtschaft dieselben (von *Marx* formulierten) Gesetze wie in der Industrie gelten, dass nämlich der Grossbetrieb dem Kleinbetrieb überlegen sei und letzterer deshalb zwangsläufig zu Grunde gehen müsse. *Eduard David* hingegen billigte dem Kleinbetrieb in der Landwirtschaft im Gegensatz zu jenem in Industrie und Gewerbe grosse Überlebenschancen zu.

Obwohl *Lenin* – im Gegensatz zu *Marx* und *Engels* – die proletarische Revolution im typischen Bauernland Russland anstrebte, glaubte er im wesentlichen, bei dieser Revolution nur auf das zahlenmässig schwache Industrieproletariat zählen zu können. Um aber schliesslich die Bauernschaft mindestens zu neutralisieren, musste *Lenin* den Bauern bei der Revolution das Land zur privaten Nutzung überlassen.

Die Frühsozialisten, *Marx, Engels, Kautsky* und *Lenin* erhofften sich von einer kollektiv betriebenen und grossbetrieblichen Landwirtschafts-Organisation vor allem erhebliche Produktivitäts-Steigerungen. Solche blieben bei der Kollektivierung der Landwirtschaft Russlands aus. Gleichwohl glauben wir nachgewiesen zu haben, dass die Kollektivierung der Landwirtschaft ein entscheidendes Element in der Entwicklungspolitik der UdSSR gewesen ist: Die grossbetriebliche kollektive Landwirtschaft war als wirksames Verwaltungsinstrument zu gebrauchen, mit welchem es gelang, einen 'Surplus' zu mobilisieren und diesen in den Dienst der gesamtwirtschaftlichen Entwicklung zu stellen. ('Ursprüngliche sozialistische Akkumulation'.) – Diese Funktion einer kollektiven Landwirtschaft hatten *Marx, Engels* und *Kautsky* noch gar nicht voraussehen können, erwarteten diese sozialistischen Theoretiker die Revolution doch in einem der damaligen Industrieländer. Manches deutet darauf hin, dass auch andere Entwicklungsländer von der gegenüber isolierten Bauernhaushalten ganz andern ökonomischen Logik landwirtschaftlicher Kollektive etwas lernen könnten. Mindestens sollte in allen Entwicklungsländern die Einsicht wachsen, dass die Landwirtschaft in einem Agrarland einen wesentlichen Beitrag zum 'take-off' der übrigen Wirtschaft zu leisten hat. Die wichtige Rolle der Kolchosen im sowjetischen Entwicklungsprozess haben wir eingehend beschrieben.

Die Entwicklungspolitik *Chinas* ist für übervölkerte Entwicklungsländer in mancher Beziehung interessanter als jene der Sowjetunion. Dies gilt auch für die (vorrevolutionäre) Agrartheorie *Mao Tse-tungs,* in welcher die Bauern anders als bei *Marx, Engels* und auch *Lenin* nicht nur Randfiguren sind, sondern gemäss ihrer zahlenmässigen Bedeutung durchaus ins Zentrum der Betrachtungen gestellt werden. Besonders relevant für andere Entwicklungsländer scheint uns die chinesische Entwicklungspolitik vor allem deshalb zu sein, weil in China nicht einfach Zielvorstellungen westlicher Industrieländer übernommen werden (wie es in der Sowjetunion doch im wesentlichen der Fall war). Der chinesische Gedanke einer stark dezentralisierten Industrie in einem übervölkerten Entwicklungsland scheint uns auch dann bedenkenswert zu sein, wenn Produktivitäts-Nachteile in Kauf genommen werden müssen. Diese Nachteile sind möglicherweise kleiner als die längerfristig schwerer wiegenden Kosten einer Industrialisierung in Ballungszentren. — Dasselbe gilt für die Verbindung von geistiger und körperlicher Arbeit in China: Wenn damit langfristig die Menschen vielseitiger und glücklicher werden, wiegt das möglicherweise allfällige Produktivitäts-Vorteile einer Spezialisierung auf.

Der wichtigste Aspekt der landwirtschaftlichen Kommunen in China für andere Entwicklungsländer liegt aber zweifellos in der besseren Ausnutzung der Arbeitskräfte. Wir stimmen mit *Simonis* völlig überein, welcher schreibt:

"Die akuten Probleme vieler Entwicklungsländer primär oder allein auf Bevölkerungswachstum und Kapitalarmut zurückzuführen, ist unbefriedigend. Mit Kapitalknappheit vermag man ein niedriges Niveau der Arbeitsproduktivität zu erklären, kaum jedoch einen Mangel an Beschäftigungsmöglichkeiten. Verursachend — und erschwerend zugleich — ist viel eher die bisher vielfach verfolgte Entwicklungsstrategie, die das Problem des weitgehend ungenützten Produktionsfaktors Arbeit nicht voll erkannt oder keine diesem Problem adäquaten Mittel eingesetzt hat bzw. bisher einsetzen konnte[32]."

Ebenso bedenkenwert für andere Entwicklungsländer ist der chinesische Weg der Wahl einer 'mittleren Technik' in der Landwirtschaft. — All diese Hinweise sollten für jeden an den Problemen der 'Dritten Welt' Interessierten Anlass sein, die chinesische Entwicklungspolitik als zum Teil wirkliche Alternative zu allem bisher bestehenden ernsthaft zu studieren:

"Notwithstanding their over-ambitious goals, their ruthlessness, their uncoordinated advance in several competing directions, and their gross miscalculations in planning, the Chinese leaders' approach to economic development exercises today an unmistakable impact particularly in the densely populated, very backward Asian or African areas: this approach may be summed up as reliance on the mobilisation of vast masses of labour for capital construction work in heavy industry, light industry and multi-purpose projects in agriculture; simultaneous expansion of a modern and small scale industrial sector; postponement of the mechanisation of agriculture until the domestic industry is able to supply a substantial quantity of tractors and fuel...[33]"

"Trotz ihren übertriebenen Zielen, ihrer Unbarmherzigkeit, ihren nicht abgestimmten Schritten in einander konkurrierenden Richtungen und ihren

---

32 *Simonis*, a.a.O., S. 166.

groben Planungsfehlern kann man von den chinesischen Führern einiges lernen: Ihre Entwicklungspolitik kann für manche dichtbevölkerte asiatische und afrikanische Entwicklungsgebiete von grossem Interesse sein. Die wichtigsten Kennzeichen dieser Entwicklungspolitik sind: Eine Mobilisierung von menschlicher Arbeitskraft für Schwer- und Leichtindustrie sowie für Infrastrukturprojekte in der Landwirtschaft; gleichzeitige Entwicklung der modernen Industrie und des Handwerks; Aufschub der Mechanisierung der Landwirtschaft, bis die heimische Industrie in der Lage ist, der Landwirtschaft Traktoren und Kraftstoff in genügender Menge zur Verfügung zu stellen ...[33]" (Übersetzung von H.S.)

Angesichts der riesigen Probleme, vor welche sich die Länder in der 'Dritten Welt' gestellt sehen, scheint uns bisher im Westen das analytische Studium der Entwicklungsprobleme kommunistischer Länder ungenügend zu sein. Man muss nicht das ganze philosophische, politische, soziale und wirtschaftliche System der kommunistischen Länder akzeptieren und kann gleichwohl von diesen Ländern nach einer gründlichen Analyse manches lernen. Wenn es uns gelungen ist, der Entwicklungsländer-Forschung bezüglich der Probleme der Landwirtschafts-Ökonomie einige Anregungen zu geben und möglicherweise neue Fragen aufzuwerfen, so ist der Zweck der vorliegenden Arbeit erreicht.

---

33 *Spulber*, Contrasting ..., a.a.O., S. 15.

BIBLIOGRAPHIE[1]

Abramow W.A., Der Aufbau der Maschinen-Traktoren-Stationen und ihre Rolle bei der Festigung der Kollektivwirtschaften (1951), Übersetzung aus dem Russischen, Berlin (Ost) 1953.
Adler Eduard, Grosslandwirtschaft oder Kleinlandwirtschaft, in: Neue Zeit, 1894/95, S. 715—718.
Adler Georg, Geschichte des Sozialismus und Kommunismus von Plato bis zur Gegenwart (1899), 2. Auflage, Leipzig 1920.
Agrarprogramm der französischen Arbeiterpartei, 1892/94, erläutert von *Paul Lafargue,* teilweise übersetzt in: *Diehl/Mombert,* Ausgewählte Lesestücke zum Studium der politischen Ökonomie, Karlsruhe 1920, 12. Band, S. 24—29.
Alam Tariqul, Einige Gesichtspunkte inländischer Kapitalbildung in Entwicklungsländern unter besonderer Berücksichtigung Pakistans, Diss. Berlin 1964.
Annuaire de l'U.R.S.S. 1968. Droit — Economie — Sociologie — Politique — Culture, Centre de Recherches sur l'U.R.S.S. et les pays de l'Est, Paris 1968.
Ardinger H., Sozialismus und Landwirtschaft, Graz 1921.
Ashbrook Arthur G. Jr., Main Lines of Chinese Communist Economic Policy, in: Joint Economic Committee, ed., An Economic Profile of Mainland China, Washington 1967, S. 17—44.
Baade Fritz, Der Wettlauf zum Jahre 2000 (1960), 6. Auflage, Oldenburg 1964.
Babeuf, Entwurf eines ökonomischen Dekrets (ca. 1790), übersetzt in: *Diehl/Mombert,* a.a.O., 12. Bd., S. 9—16.
Banque Mondiale, Rapport annuel 1970, Paris 1970.
Baran Paul A., Politische Ökonomie des wirtschaftlichen Wachstums (1957), Übersetzung aus dem Englischen, Neuwied 1966.
Barrass Gordon, Measures of Economic Planning, in: *Klatt W.,* ed., The Chinese Model, Hong Kong 1965, S. 67—82.
Basjuk T.L., Die Organisation der Produktion in den sozialistischen staatlichen Landwirtschaftsbetrieben der UdSSR, Übersetzung aus dem Russischen, Berlin (Ost) 1954.
Bauer-Mengelberg Käthe, Agrarpolitik in Theorie, Geschichte und aktueller Problematik, Leipzig 1931.
Bauer Otto, Bolschewismus oder Sozialdemokratie? Wien 1920.
Bauer Wolfgang, Chinas Vergangenheit als Trauma und Vorbild, Stuttgart 1968.
Bebel A., Charles Fourier. Sein Leben und seine Theorien (1907), 4. Aufl., Stuttgart 1921.
Bechtoldt Heinrich, Indien oder China. Die Alternative in Asien, 2. Aufl., Stuttgart 1961.
Behrendt R.F., Soziale Strategie für Entwicklungsländer, Frankfurt 1965.
Bergmann Theodor, Die Agrarfrage bei Marx und Engels — und heute, in: *Euchner W., Schmidt A.,* Hrsg., Kritik der politischen Ökonomie heute. 100 Jahre Kapital, Frankfurt 1968, S. 175—194.
Bergson Abram, The Economics of Soviet Planning, New Haven 1964.
Bernstein Eduard, Die Voraussetzungen des Sozialismus und die Aufgaben der Sozialdemokratie (1899), 2. Aufl., Stuttgart 1921.
— Der Revisionismus in der Sozialdemokratie, in: Handbuch der Politik, Bd. II, Berlin 1914.
Bettelheim Charles, Accumulation et Développement Economique de la Chine, in: Economie Appliquée, Vol. 13/1960, No. 3, S. 347—390.

---

1 (a) Die wichtigsten Zeitschriften werden nur explizit aufgeführt, wenn wir alle oder mehrere Jahrgänge systematisch durchgearbeitet haben.
(b) Die verwendeten Beiträge von *Marx, Engels* und *Mao Tse-tung* werden in der Bibliographie *nicht* einzeln aufgeführt, da wir fast ausschliesslich die 'Werke' verwendet haben. Hingegen müssen wir bei *Lenin* die einzelnen Beiträge aufführen, da neben den 'Werken' noch andere Text-Sammlungen verwendet wurden.

Bettelheim C./Marchisio H./Charrière J., Der Aufbau des Sozialismus in China (1965), Übersetzung aus dem Französischen, München 1969.
Biehl Max, Die Landwirtschaft in China und Indien, Frankfurt 1966.
Blanc Louis, Pages d'Histoire de la Révolution de Février (1850), teilweise übersetzt in: *Diehl/Mombert,* Ausgewählte Lesestücke zum Studium der politischen Ökonomie, Karlsruhe 1920, 12. Bd., S. 17—19.
Bloom Solomon F., The World of Nations. A Study of the National Implications in the Work of Karl Marx, New York 1941.
Blumer Giovanni, Die chinesische Kulturrevolution 1965/67, Frankfurt 1968.
Bochenski J.M., Hrsg., Kleines Textbuch der kommunistischen Ideologie, Dordrecht 1963.
Boettcher E., Lieber, Meissner B., Hrsg., Bilanz der Ära Chruschtschow, Stuttgart 1966.
Borchardt K., Europas Wirtschaftsgeschichte — ein Modell für Entwicklungsländer? Stuttgart 1967.
Bornstein Morris, The Soviet Debate on Agricultural Price and Procurement Reforms, in: Soviet Studies, Vol. XXI/1969, S. 1—20.
Boserup M., Agrarian Structure and Take-off, in: *Rostow W.W.,* ed., The Economics of Take-off into Sustained Growth, London 1964, S. 201—224.
Bowles Donald W., Soviet Russia as a Model for Underdeveloped Areas, World Politics, Vol. XIV/1962, S. 483—504.
Brandt C., Schwartz B., Fairbank J.K., eds., Der Kommunismus in China. Eine Dokumentargeschichte (1952), Übersetzung aus dem Englischen, München 1955.
Braun Otto, Die deutsche Sozialdemokratie und die Agrarfrage, in: Neue Zeit, 1913/2, S. 886—900.
Brunner Georg, Westen Klaus, Die sowjetische Kolchosordnung (mit Dokumenten), Stuttgart 1970.
Buber Martin, Der utopische Sozialismus, Köln 1967.
Bucharin N., Programm der Kommunisten, Berlin 1919.
— Über die Bauernfrage (1925), Hamburg 1925.
Buck J.L., Land Utilization in China, Chicago 1937.
Cabet Etienne, Kommunistisches Glaubensbekenntnis (1841), teilweise übersetzt in: *Kool/Krause,* Die frühen Sozialisten, Olten 1967, S. 344ff.
— Reise nach Ikarien (1842), Übersetzung aus dem Französischen, Paris 1847.
Campanella Thomas, Der Sonnenstaat — Idee eines philosophischen Gemeinwesens (1602), Berlin 1955.
Carin Robert, State Farms in Communist China, 1947—1961, Hong Kong 1962 (Vervielfältigung).
Carr E.H., The Bolshevik Revolution 1917—1923, Vol. II (1952), Penguin books, London 1966.
— What is History? New York 1962.
Chang Tsung-tung, Die chinesische Volkswirtschaft. Grundlagen — Organisation — Planung, Köln 1965.
Chao Joseph, Die Reorganisation der chinesischen Landwirtschaft, Diss. Köln 1962.
Chao K.C., Agrarian Politics of Mainland China: A documentary Study, 1949—1956, Cambridge Mass. 1957.
Chapman J., Real Wages in the Soviet Union, in: Review of Economics and Statistics, 1954, S. 134—156.
Charrière Jacques, Planung und Leitung der Produktionseinheiten, in: *Bettelheim/Marchisio/Charrière,* Der Aufbau des Sozialismus in China, München 1969, S. 43—68.
Chen Nai-ruenn, The Theory of Price Formation in Communist China, in: China Quarterly, No. 27/1966, S. 33—53.
— Chinese Economic Statistics, A Handbook for Mainland China, Edinburgh 1967.
Chen T.L., Small Plants play a Big Role, in: China Reconstructs, Vol. 15/1966, Peking, S. 26ff.
Cheng Tong-yung, Finanzpolitik und Kapitalbildung in der Planwirtschaft. Die Finanzierung der Industrialisierung Kontinentalchinas als Beispiel, Diss. Köln 1963.

Chi Wen-shun, Water Conservancy in Communist China, in: China Quarterly, No. 23/1965, S. 37—54.
China Quarterly, Vierteljahreszeitschrift, London (Diverse Jahrgänge).
Chrajschtschjew A., Zur Charakterisierung der russischen Bauernwirtschaften in der Kriegs- und Revolutionszeit, Leipzig 1921.
Chruschtschow N.S., Über Massnahmen zur weiteren Entwicklung der Landwirtschaft in der UdSSR. Bericht auf dem Plenum des ZK der KPdSU am 3. Sept. 1953, Berlin (Ost) 1955.
Czugunow T.K., Die staatliche Leibeigenschaft. Analyse des sozialistischen Landwirtschaftssystems, München 1964.
Dantwala, Is Economics in Farming Dead? Economic and Political Weekly, Vol. IV, Nr. 39/1969.
Das neue Parteiprogramm der Bolschewisten vom 22. März 1919, in: *Diehl/Mombert,* Ausgewählte Lesestücke zum Studium der politischen Ökonomie, Karlsruhe 1920, Bd. 12, S. 199—227.
David Eduard, Ökonomische Verschiedenheiten zwischen Landwirtschaft und Industrie, in: Neue Zeit, 1894/2, S. 449—455.
— Zur Frage der Konkurrenzfähigkeit des landwirtschaftlichen Kleinbetriebs, in: Neue Zeit, 1894/2, S. 678—690.
— Die neuere Entwicklung des Agrarproblems innerhalb der Sozialdemokratie, in: Sozialistische Monatshefte, 6. Jg./1902, S. 369—376.
— Sozialismus und Landwirtschaft (1903), 2. Aufl., Leipzig 1922.
Dawson Owen L., Communist China's Agriculture. Its Development and Future Potential, New York 1970.
Deng Dsi-hui, Die sozialistische Umgestaltung der Landwirtschaft in China, in: Glanzvolle 10 Jahre, Peking 1960, S. 337—369.
Devillers Philippe, Was Mao wirklich sagte, Zürich 1969.
Die Dokumente der zweiten Plenartagung des VIII. Parteitags der Kommunistischen Partei Chinas, Peking 1958.
Die Grundgesetze der chinesischen Räterepublik, Moskau 1934.
Die Landfrage auf den Kongressen der Internationale. Eine Reminiszenz, o.V., in: Neue Zeit, 1894/95, S. 357—364.
Die Landwirtschaft im Deutschen Reich nach der landwirtschaftlichen Betriebszählung vom 14. Juni 1895, o.V., in: Zeitschrift für Sozialwissenschaft, 2. Jg./1899, S. 644—647.
Die UdSSR in Zahlen (1956), Übersetzung aus dem Russischen, Berlin (Ost) 1956.
Die wirtschaftlichen Errungenschaften des neuen China 1949—1952, Übersetzung aus dem Englischen, Berlin (Ost) 1953.
Diehl Karl, Mombert Paul, Hrsg., Ausgewählte Lesestücke zum Studium der politischen Ökonomie, 12. Band: Sozialismus, Kommunismus, Anarchismus, Karlsruhe 1920.
Djiän Be-dsan, Schao Hsün-dscheng, Hu Hua, Kurzer Abriss der chinesischen Geschichte, Peking 1958.
Dollinger Hans, Mao und die rote Garde, München 1968.
Donnithorne Audrey, State Procurement of Agricultural Produce in China, Part I: Soviet Studies, Vol. XVIII/1966, S. 38—56; Part II: Soviet Studies, Vol. XVIII/1966, S. 213—224.
Durand François J., Le Financement du Budget en Chine Populaire, Hongkong 1965.
Eccarius George J., Eines Arbeiters Widerlegung der nationalökonomischen Lehren John St. Mill's (1868), Zürich 1888.
Eckhardt H., Russland, Leipzig 1930.
Ecklund George N., Financing the Chinese Government Budget, Mainland China 1950—1959, Edinburgh 1967.
Eckstein A., Das chinesische kommunistische Modell, in: Rostow, Rot-China, Wirtschaft und Politik, Köln 1957.
Eicher Carl, Witt Lawrence, eds., Agriculture in Economic Development, New York 1964.
Eisendrath Ernst, Die landwirtschaftliche Produktion der USA, der UdSSR und der Bundesrepublik, Berlin (West) 1962.

Emerson John Philip, Employment in Mainland China: Problems and Prospects, in: Joint Economic Committee, ed., An Economic Profile of Mainland China, Washington 1967, S. 403—469.
Engels Friedrich, Die Bauernfrage in Frankreich und Deutschland, in: Neue Zeit, 1894/95, S. 292—306.
Erlich A., The Soviet Industrialization Debate, 1924—1928, Cambridge Mass. 1960.
Ernst Paul, Zur Frage der Konkurrenzfähigkeit des Kleinbetriebs in der Landwirtschaft, in: Neue Zeit, 1894/2, S. 750—754.
Etienne Gilbert, Chinas Weg zum Kommunismus (1962), Übersetzung aus dem Französischen, Wien 1963.
Euchner Walter, Schmidt Alfred, Hrsg., Kritik der politischen Ökonomie heute. 100 Jahre Kapital, Frankfurt 1968.
Fahrle Robert, Schoettler Peter, Chinas Weg — Marxismus oder Maoismus, Frankfurt 1969.
Fallenbuchl Z.M., Investment Policy for Economic Development: Some Lessons of the Communist Experience, in: The Canadian Journal of Economics and Political Science, Vol. XXIX/1963, S. 26—39.
FAO, The State of Food and Agriculture, 1967, Rom 1967.
Farbman Michael, Der erste 5-Jahresplan, Berlin 1931.
Felix David, Profit Inflation and Industrial Growth. The Historic Record and Contemporary Analogies, in: Quarterly Journal of Economics, Vol. LXX/1956, S. 441—463.
Feng Jordan, Die Taktik und die Tendenzen der Kommunistischen Agrarrevolution in China, Diss. Freiburg i.Br. 1960.
Fetscher Iring, Der Marxismus. Seine Geschichte in Dokumenten, Bd. II, Ökonomie, Soziologie, München 1964.
Fetscher Iring, Karl Marx und der Marxismus, München 1967.
Fickenscher W., Hrsg., Die UdSSR. Enzyklopädie der Union der sozialistischen Sowjetrepubliken, Übersetzung aus dem Russischen, Leipzig 1959.
Finegood I.M., A Critical Analysis of some Prevailing Concepts Concerning Soviet Agriculture, in: Soviet Studies, Vol. IV/1952—53, S. 15—31.
Fitzgerald C.P., Revolution in China (1954), Übersetzung aus dem Englischen, Frankfurt 1968.
Franke Wolfgang, Das Jahrhundert der chinesischen Revolution, München 1958.
Gade Hans, Die landwirtschaftliche Produktion der Sowjetunion, Berlin (West) 1960.
Gal Michael, Die optimale Betriebsgrösse in der Landwirtschaft. Eine dogmenhistorische Untersuchung, Diss. Winterthur 1963.
Galenson Walter, The current State of Chinese Economic Studies, in: Joint Economic Committee, ed., An Economic Profile of Mainland China, Washington 1967, S. 3—13.
Geck Oskar, Die Überlegenheit des landwirtschaftlichen Grossbetriebs über den Kleinbetrieb, in: Neue Zeit, 1894/2, S. 659—666.
Gerloff Wilhelm, Entwicklungstendenzen in der Besteuerung der Landwirtschaft, in: Festschrift für *Carl Grünberg* zum 70. Geburtstag, Leipzig 1932, S. 85—111.
Gerschenkron Alexander, Economic Backwardness in Historical Perspective, New York 1965.
Gitermann Valentin, Die Lage der russischen Bauern nach der Aufhebung der Leibeigenschaft, in: Rote Revue, 28. Jg./1949, S. 60ff.
Glanzvolle zehn Jahre, 1949—1959, Peking 1960.
Goltz Freiherr, von der, Der Sozialismus und die Agrarfragen, in: Zeitschrift für Socialwissenschaft, 2. Jg./1899, S. 515—519.
Gottschalch Wilfried, Karrenberg Friedrich, Stegmann Franz Josef, Geschichte der sozialen Ideen in Deutschland, München 1969.
Gray Alexander, The Socialist Tradition, Moses to Lenin, London 1946.
Grossmann Bernhard, Die wirtschaftliche Entwicklung der Volksrepublik China, Stuttgart 1960.
Grundlagen des Marxismus-Leninismus, Übersetzung aus dem Russischen, Berlin (Ost) 1960.
Guedel Christoph, Die Landwirtschaft in der sozialistischen Theorie und in der Praxis der Sowjetunion, Winterthur 1964.

Hamm Harry, China, Zürich 1969.
Handbuch der Entwicklungshilfe, Baden-Baden (Nachschlagewerk in Loseblätter-Form).
Handke Werner, Die Wirtschaft Chinas. Dogma und Wirklichkeit, Frankfurt 1959. .
Han Suyin, Das China Mao Tse-tungs (1967), Übersetzung aus dem Englischen, München 1968.
Hedtkamp Günter, Finanzsystem und Geldwesen, in: Osteuropa Handbuch, Köln 1965, S. 236–289.
Heinrichs Jürgen, Welternährungskrise, Reinbeck 1968.
Herlemann H.H., Stamer H., Produktionsgestaltung und Betriebsgrösse in der Landwirtschaft unter dem Einfluss der wirtschaftlich-technischen Entwicklung, Kiel 1958.
Hertz Friedr. Otto, Agrarfrage und Sozialismus, Berlin 1901.
Hinkelammert Franz Joseph, Der Wachstumsprozess in der Sowjetwirtschaft, Berlin (West) 1961.
Ho Henry, Capital Formation Statistics in Mainland China, in: Contemporary China, IV/1960, S. 129–138.
Hoeffding Oleg, The Soviet Union: Model for Asia? – State Planning and Forced Industrialization, in: Problems of Communism, Vol. VIII/1959, S. 38–46.
Hoelzle Erwin, Lenin und die russische Revolution, Bern 1968.
Hoffmann Charles, Work Incentives in Chinese Industry and Agriculture, in: Joint Economic Committee, ed., An Economic Profile of Mainland China, Washington 1967, S. 471–498.
Hofmann Werner, Die Arbeitsverfassung der Sowjetunion, Berlin (West) 1956.
Hollister William W., Trends in Capital Formation in Communist China, in: Joint Economic Committee, ed., An Economic Profile of Mainland China, Washington 1967, S. 121–153.
Howe Christopher, The Supply and Administration of Urban Housing in Mainland China: The Case of Shanghai, in: China Quarterly, No. 33/1968, S. 73–97.
Hsüä Mu-tjiao, Su Hsing, Lin Dsi-li, Die sozialistische Umgestaltung der chinesischen Volkswirtschaft (1962), 2. Aufl. Peking 1964.
Hu C.T., Politics and Economics in Chinese Education, in: *Klatt*, ed., The Chinese Model, Hong Kong 1965, S. 31–47.
Hudson Geoffrey, The Chinese Model and the Developing Countries, in: *Klatt*, ed., The Chinese Model, Hong Kong 1965, S. 205–218.
Hughes Richard, The Chinese Communes, London 1960.
Hung Hsüä-bing, Widerstand gegen die proletarische Revolution ist das Wesen der 'Theorie der Produktivkräfte', Peking Rundschau, Nr. 38/1969, S. 5–9.
Ingram David, The Communist Economic Challenge, London 1965.
Inkeles Alex, The Soviet Union: Model for Asia? In: Problems of Communism, Vol. VIII/1959, S. 30–38.
Internationales Arbeitsamt, Das Weltbeschäftigungsprogramm, Genf 1969.
Jasny Naum, The Socialized Agriculture of the USSR, Plans and Performance, Stanford 1949.
– The Soviet Price System, Stanford 1951.
– Kolkhozy, The Achilles' Heel of the Soviet Regime, in: Soviet Studies, Vol. III/1951–52, S. 150–163.
Jeffries Ian, Revisionism in the Economics of Backwardness, in: The Journal of Development Studies, Vol. V/1968, S. 44–58.
Joint Economic Committee, ed., An Economic Profile of Mainland China, Washington 1967.
Jones Edwin F., The Emerging pattern of China's Economic Revolution, in: Joint Economic Committee, ed., An Economic Profile of Mainland China, Washington 1967, S. 79–96.
Kahan Arcadius, The Collective Farm System in Russia: Some Aspects of its Contribution to Soviet Economic Development, in: *Eicher/Witt*, eds., Agriculture in Economic Development, New York 1964, S. 251–271.
Kaldor Nicholas, The Role of Taxation in Economic Development, in: *Robinson E.A.G.*, ed., Problems of Economic Development, London 1965, S. 170–196.
– Strategic Factors in Economic Development, New York 1967.

Karcz Jercy F., Soviet Agriculture: A Balance Sheet, in: Studies on the Soviet Union, Vol. VI/1967, S. 108—145.
Karotamm N.G., Geschichtliches zur Lehre von der sozialistischen Landwirtschaft (1959), Übersetzung aus dem Russischen, Berlin (Ost) 1962.
Kashin Alexander, Fünfzehn Jahre Rotchina, München 1965.
Kautsky Karl, Erläuterungen zum Erfurter-Programm (1892), Stuttgart 1922.
— Unser neuestes Programm, in: Neue Zeit, 1894/2, S. 557—565, S. 586—594, S. 610—624.
— Noch einige Bemerkungen zum Agrarprogramm, in: Neue Zeit, 1894/2, S. 806—814.
— Die Konkurrenzfähigkeit des Kleinbetriebs in der Landwirtschaft, in: Neue Zeit, 1894/2, S. 481—491.
— Ein Nachtrag zu der Diskussion über die Konkurrenzfähigkeit des Kleinbetriebs in der Landwirtschaft, in: Neue Zeit, 1895/1, S. 45—52.
— Die Agrarfrage, Stuttgart 1899.
— Die Verelendung der Zwergbauern, in: Neue Zeit, 1908/1, S. 252—258.
— Der Kleinbetrieb in der Landwirtschaft, in: Neue Zeit, 1910/2, S. 348—356.
— Die Vernichtung der Sozialdemokratie, Berlin 1911.
— Die Sozialisierung der Landwirtschaft, Berlin 1919.
Kindermann Gottfried Karl, Hrsg., Kulturen im Umbruch — Studien zur Problematik und Analyse des Kulturwandels in Entwicklungsländern, Freiburg 1962.
Klatt Werner, ed., The Chinese Model, Hong Kong 1965.
Klink Dieter, Vom Antikapitalismus zur sozialistischen Marktwirtschaft, Hannover 1965.
Kool Fritz, Krause Werner, Hrsg., Die frühen Sozialisten, Olten 1967.
Kramer Matthias, Die Bolschewisierung der Landwirtschaft, Köln 1951.
Krengel Rolf, Die quantitativen Veränderungen der sowjetischen Wirtschaft, in: *Boettcher u.a.,* Hrsg., Bilanz der Ära Chruschtschow, Stuttgart 1966, S. 75—96.
Kropotkin Peter, Landwirtschaft, Industrie und Handwerk (1898), Berlin 1921.
Kuenzli Arnold, Marx auf Stelzen, Sonntagsbeilage der 'National Zeitung' vom 15.6.1969.
Kuo Leslie T., Agricultural Mechanization in Communist China, in: *Li Choh-ming,* ed., Industrial Development in Communist China, New York 1964, S. 134—150.
Kuropatkin A., Die Ökonomik der landwirtschaftlichen Arbeit in der UdSSR, Berlin (Ost) 1953.
Kuznets Simon, Economic Growth and the Contribution of Agriculture: Notes on Measurement, in: *Eicher/Witt,* eds., Agriculture in Economic Development, New York 1964, S. 102—119.
Kwang Ching-wen, The Budgetary System of the People's Republic of China: A Preliminary Survey, in: Public Finance, Vol. XVIII/1963, S. 253—286.
Länder der Erde, Politisch-ökonomisches Handbuch, Berlin (Ost), 4. Aufl., 1967.
Laidler Harry W., Social-Economic Movements, New York 1948.
Larsen Marion R., China's Agriculture under Communism, in: Joint Economic Committee, ed., An Economic Profile of Mainland China, Washington 1967, S. 199—267.
Lee Rensselaer W., The Hsia Fang System: Marxism and Modernisation, in: China Quarterly, Nr. 28/1966, S. 40—62.
Lenin W.I., Werke, Berlin (Ost) 1955ff.
Lenin/Stalin, Zu Fragen der Landwirtschaft. Eine Sammlung ausgewählter Aufsätze und Reden, Berlin (Ost) 1955.
Lenin W.I., Ausgewählte Schriften. Herausgegeben und eingeleitet von Hermann Weber, München 1963.
— Die Aufgaben der russischen Sozialdemokraten (1897), in: Ausgewählte Schriften, S. 73—96.
— Die Entwicklung des Kapitalismus in Russland (1899), in: Werke, Bd. 3, Berlin 1955.
— Der Kapitalismus in der Landwirtschaft. Über das Buch Kautskys und einen Artikel des Herrn Bulgakow (1899), in: *Lenin/Stalin,* S. 379—412.
— Innerpolitische Rundschau (1901), in: Werke, Bd. 5, S. 253—306.
— Die Verfolger des Semstwos und die Hannibale des Liberalismus, (1901), in: Werke, Bd. 5, S. 25—73.

- Was tun? Brennende Fragen unserer Bewegung (1901/02), Berlin (Ost) 1968.
- Die Agrarfrage und die 'Marxkritiker' (1901/07), in: Werke, Bd. 5, S. 101—221.
- Zwei Taktiken der Sozialdemokratie in der demokratischen Revolution (1905), in: Ausgewählte Schriften, S. 567—609.
- Das Agrarprogramm der Sozialdemokratie in der ersten russischen Revolution von 1905—1907 (1907), in: Werke, Bd. 13, S. 213—437.
- Die Agrarfrage in Russland am Ende des 19. Jahrhunderts (1908), Berlin 1920.
- Abschiedsbrief an die Schweizer Arbeiter (1917), in: Ausgewählte Schriften, S. 622—630.
- Über die Aufgaben des Proletariats in der gegenwärtigen Revolution (1917), 'Aprilthesen', in: Ausgewählte Schriften, S. 631—636.
- Rede über die Bodenfrage (1917), in: *Lenin/Stalin*, S. 38—43.
- Zur Agrarpolitik der Bolschewiki (Lenins Stellungsnahmen vom April bis Oktober 1917), Wien 1921.
- Die proletarische Revolution und der Renegat Kautsky (1918), in: *Lenin/Stalin*, S. 413—438.
- Resolution über das Verhältnis zur Mittelbauernschaft (1919), in: *Lenin/Stalin*, S. 68—72.
- Bericht über die Arbeit im Dorf (1919), in: *Lenin/Stalin*, S. 48—67.
- Rede auf dem I. Kongress der landwirtschaftlichen Kommunen und Artels (1919), in: *Lenin/Stalin*, S. 95—106.
- Ursprünglicher Entwurf der Thesen zur Agrarfrage (1920), in: *Lenin/Stalin*, S. 107—121.
- Der 'Radikalismus', die Kinderkrankheit des Kommunismus (1920), in: Ausgewählte Schriften, S. 980—1089.
- Über unsere Revolution (1923), in: Ausgewählte Schriften, S. 1173—1177.
- Über das Genossenschaftswesen (1923), in *Lenin/Stalin*, S. 7—16.

Leninismus, Heft V: Die Agrar- und Bauernfrage, Moskau 1935.
Leonhard Wolfgang, Die Dreispaltung des Marxismus. Ursprung und Entwicklung des Sowjetmarxismus, Maoismus und Reformkommunismus, Düsseldorf 1970.
Leontovitsch V., Geschichte des Liberalismus in Russland, Frankfurt 1957.
Leptin Gert, Langfristige Wandlungen im Wirtschaftswachstum und in der Wachstumspolitik der Sowjetunion, in: *Thalheim K.C.*, Hrsg., Wachstumsprobleme in den osteuropäischen Volkswirtschaften, Bd. I, S. 45—87.
Lethbridge Henry J., Communism in China: A Handbook, Hong Kong 1965.
Li Choh-ming, ed., Industrial Development in Communist China, New York 1964.
- China's Industrial Development 1958—63, in: *Li Choh-ming*, ed., Industrial Development in Communist China, New York 1964, S. 3—38.

Li Djing-tjüan, Die Volkskommunen sind das notwendige Ergebnis der gesellschaftlichen Entwicklung in China, in: Glanzvolle 10 Jahre, Peking 1960, S. 236—257.
Li Fu-dshun, Bericht über den ersten Fünfjahrplan zur Entwicklung der Volkswirtschaft in der Volksrepublik China von 1953 bis 1957, Berlin (Ost) 1956.
- Der grosse Sprung beim Aufbau des Sozialismus in unserem Land, in: Glanzvolle zehn Jahre, Peking 1960, S. 146—169.

Liao Lu-yen, Agricultural Collectivization in China, Peking 1964.
Liu Schao-schi, Bericht über die Arbeit des Zentralkomitees der KPCh auf der zweiten Plenartagung des VIII. Parteitages, in: Die Dokumente der zweiten Plenartagung des VIII. Parteitages der KPCh, Peking 1958, S. 14—71.
- Der Sieg des Marxismus-Leninismus in China, in: Glanzvolle zehn Jahre, Peking 1960, S. 1—37.

Liu Ta-chung, The Tempo of Economic Development of the Chinese Mainland, 1949—1965, in: Joint Economic Committee, ed., An Economic Profile of Mainland China, Washington 1967, S. 45—75.
Loesch H.H., von, Die Mir-Verfassung, Diss. Berlin 1931.
London Kurt, ed., Unity and Contradiction, New York 1962.
Luard Evan, The Chinese Communes, in: Far Eastern Affairs, No. 3/1963, S. 59—79.
Mac Farquhar Roderick, The Chinese Model and the Underdeveloped World, in: Foreign

Affairs, Vol. 39/1963, S. 372—385.
Maddison Angus, Economic Growth in Japan and the USSR, London 1969.
— Die neuen Grossmächte. Der wirtschaftliche Aufstieg Japans und der Sowjetunion, Übersetzung aus dem Englischen, Bergisch Gladbach 1969.
Malenbaum Wilfried, India and China: Contrasts in Development, in: American Economic Review, Vol. XLIX/1959, S. 284—309.
Mandel Ernest, Marxistische Wirtschaftstheorie (1962), Übersetzung aus dem Französischen, Frankfurt 1968.
Mao Tse-tung, Ausgewählte Werke, Bände 1—4, Peking 1968/69.
— Über die richtige Lösung von Widersprüchen im Volke (1957), Berlin (Ost), 2. Aufl. 1958.
Marchisio Hélène, Die Entlohnungssysteme in den Volkskommunen, in: *Bettelheim u.a.,* Der Aufbau des Sozialismus in China, München 1969, S. 71—100.
Marck S., Philosophie des Revisionismus, in: Grundsätzliches zum Tageskampf, Festgabe für Eduard Bernstein, Breslau 1925.
Marcuse Herbert, Die Gesellschaftslehre des sowjetischen Marxismus (1960), Übersetzung aus dem Englischen, Berlin (West) 1964.
Markjewitsch A., Die landwirtschaftlichen Maschinenstationen in der UdSSR, in: Agrarprobleme, Internationales Agrarinstitut, Moskau, Band 2/1929, S. 488—495.
Marx Karl, Engels Friedrich, Werke, Berlin (Ost) 1957ff.
Marx/Engels, Manifest der Kommunistischen Partei (1848), 20. Auflage, Berlin (Ost) 1963.
Masi Edoardo, Die chinesische Herausforderung (1968), Übersetzung aus dem Italienischen, Berlin (West) 1970.
Meckelein Wolfgang, Wandlungen im ländlichen und städtischen Siedlungsbild der Sowjetunion, in: *Boettcher u.a.,* Hrsg., Bilanz der Ära Chruschtschow, Stuttgart 1966, S. 16—35.
Mehnert Klaus, Der Sowjetmensch, Stuttgart 1959.
Meissner Boris, The People's Commune: A Manifestation of Sino-Soviet Differences, in: *London Kurt,* ed., Unity and Contradiction, New York 1962, S. 122—141.
— Der soziale Strukturwandel im bolschewistischen Russland, in: *Meissner,* Hrsg., Sowjetgesellschaft im Wandel, Stuttgart 1966, S. 27—152.
— Hrsg., Sowjetgesellschaft im Wandel. Russlands Weg zur Industriegesellschaft, Stuttgart 1966.
Mende Tibor, China — Weltmacht von morgen, Übersetzung aus dem Französischen, Goldmanns Gelbe Taschenbücher, Nr. 1444/45.
Meyer Andreas, Der 'Sozialismus' der Entwicklungsländer in sowjetischer Sicht, in: Osteuropa, 13. Jg./1963, S. 618—626.
Miljutin W.P., Sozialismus und Landwirtschaft, Petersburg 1920.
Mill John Stuart, Grundsätze der politischen Ökonomie (1847), 2. deutsche Ausgabe, Hamburg 1864.
Miller Robert F., One Hundred Thousand Tractors. The MTS and the Development of Controls in Soviet Agriculture, Cambridge Mass. 1970.
Mitrany David, Marxismus und Bauerntum (1951), Übersetzung aus dem Englischen, München 1956.
Montgomery J.D., Hirschman A.O., eds., Public Policy, Vol. XVI, Cambridge Mass. 1967.
Morgenroth Käthe, Fourier und der Sozialismus, Berlin 1920.
Morus Thomas, Utopia. Ein wahrhaft goldenes Büchlein von der besten Staatsverfassung und von der neuen Insel Utopia, nicht minder heilsam als kurzweilig zu lesen (1516), Übersetzung von *Gerhard Ritter,* Berlin 1922.
Muckle Friedrich, Die grossen Sozialisten, 3. Aufl., Leipzig 1919.
Muehlestein Hans, Bauernschaft und Sozialismus, Berlin 1948.
Mueller H., Russland unter weissen und roten Zaren, Frankfurt 1953.
Musterstatut des landwirtschaftlichen Artels (1935), in: *Lenin/Stalin,* Zu Fragen der Landwirtschaft, Berlin (Ost) 1955, S. 449—466.
Myrdal Gunnar, Politisches Manifest über die Armut in der Welt, Frankfurt 1970.

Myrdal Jan, Bericht aus einem chinesischen Dorf (1963), Übersetzung aus dem Schwedischen, München 1969.
Narkiewicz O.A., Stalin, War Communism and Collectivization, in: Soviet Studies, Vol. XVIII/1966, S. 20—37.
Neue Statuten für die Sowjetischen Kolchosen, in: Osteuropa, Nr. 4/1970, S. 223—238.
Neue Zeit, Revue des geistigen und öffentlichen Lebens, Wochenschrift der Deutschen Sozialdemokratie, Stuttgart (Diverse Jahrgänge, vor allem um die Jahrhundertwende).
Nicholls W.H., Research on Agriculture and Economic Development, in: American Economic Review, Vol. L/1960, S. 629—635.
— The Place of Agriculture in Economic Development, in: *Eicher/Witt,* eds., Agriculture in Economic Development, New York 1964, S. 11—44.
Nimitz Nancy, Farm Employment in the Soviet Union 1928—1963, Santa Monica 1965.
Noirot Paul, Les Communes Populaires, in: Economie et Politique, l'Economie en URSS et en Chine, Numéro Spécial, Jan./Febr. 1960, S. 146—163.
Nove Alec, Rural Taxation in the USSR, in: Soviet Studies, Vol. V/1953, S. 159—166.
— The Soviet Model and Underdeveloped Countries, in: International Affairs, Vol. XXXVII/1961, S. 29—38.
— Die sowjetische Wirtschaft, Wiesbaden 1962.
— Die Agrarwirtschaft, in: Osteuropa Handbuch, Köln 1965, S. 338—372.
— The Explosive Model, in: Journal of Development Studies, Okt. 1966, S. 2—13.
Nurkse Ragnar, Problems of Capital Formation in Underdeveloped Countries (1953), 7. Aufl., Oxford 1960.
Ogura T., ed., Agricultural Development in Modern Japan, Japan FAO Organization, Tokyo 1963.
Olowson Axel, Markgenossenschaftslehre und Marxismus, Diss. Zürich 1968.
Opitz Peter J., Vom Konfuzianismus zum Kommunismus. Von der Taiping Rebellion bis zu Mao Tse-tung, München 1969.
Orleans L.A., Problems of Manpower Absorbtion in Rural China, in: China Quarterly, No. 7/1961, S. 57—68.
Osteuropa, Monatszeitschrift, Stuttgart (Diverse Jahrgänge).
Osteuropa Handbuch, Köln 1965.
Osteuropa Wirtschaft, Vierteljahres-Zeitschrift, Stuttgart (Diverse Jahrgänge).
Owen Robert, Eine neue Auffassung von der Gesellschaft (1817), in: *Rodenstein Heinrich,* Die Utopisten, Braunschweig 1949, S. 90—111.
Pang Thérèse, Les communes populaires rurales en Chine, Diss. Fribourg 1967.
Peking Rundschau, Wochenzeitschrift, Peking (Diverse Jahrgänge).
Perkins Dwight H., Centralization and Dezentralization in Mainland China's Agriculture, in: Quarterly Journal of Economics, Vol. LXXVIII/1964, S. 208—237.
Philippovich Eugen, von, Grundriss der politischen Ökonomie, 17. Aufl., Rübingen 1922.
Planck Ulrich, Parallelen und Unterschiede der Ausgangslage landwirtschaftlicher Entwicklung, in: *Schlotter H.G.,* Hrsg., Die Landwirtschaft in der volks- und weltwirtschaftlichen Entwicklung, München 1968, S. 83—106.
Pollock Friedrich, Sozialismus und Landwirtschaft, in: Festschrift für Carl Grünberg zum 70. Geburtstag, Leipzig 1932, S. 397—431.
Preobraschenski E.A., The New Economics (Sammlung diverser Aufsätze aus den 20-er Jahren), Oxford 1965.
Programm und Statut der Kommunistischen Partei der Sowjetunion, angenommen auf dem 22. Parteitag der KPdSU, Okt. 1961, Berlin (Ost) 1961.
Rabinovitch V.M., The Level of Wages of State-Farm Workers and the Conditions of their Increase (1957), teilweise übersetzt aus dem Russischen in: Soviet Studies, Vol. IX/ 1957—58, S. 346—352.
Rauch Georg von, Russland im Zeitalter des Nationalismus und Imperialismus, München 1961.
Raup Philip M., Some Interrelationships between public administration and Agricultural Development, in: *Montgomery/Hirschman,* eds., Public Policy, Vol. XVI, Cambridge Mass. 1967, S. 29—58.

Raupach Hans, Geschichte der Sowjetwirtschaft, Reinbeck 1964.
— System der Sowjetwirtschaft, Reinbeck 1968.
— Jahrbuch der Wirtschaft Osteuropas, München 1970.
Raus Otto, Der Weg der Sowjetunion zur führenden Industriemacht, Berlin (Ost) 1967.
Reisch E., Grundlagen und Erscheinungsformen der Schwerpunktbildung und Spezialisierung in den landwirtschaftlichen Betrieben, in: *Rintelen*, Hrsg., Konzentration und Spezialisierung in der Landwirtschaft, München 1965, S. 44—70.
Riggs Fred, Administration in Developing Countries, The Theory of Prismatic Society, Boston 1964.
Rintelen P., Hrsg., Konzentration und Spezialisierung in der Landwirtschaft, München 1965.
Ritter Kurt, Zu einigen aktuellen Tendenzen und Widersprüchen in der kapitalistischen Landwirtschaft, Berlin (Ost) 1959.
Robinson E.A.G., ed., Problems of Economic Development, London 1965.
Robinson Joan, Kleine Schriften zur Ökonomie (1965), Ed. Suhrkamp 1968.
— Die ökonomischen Reformen, in: Zur Kritik der Sowjetökonomie, Rotbuch 11, Berlin 1969, S. 145—151.
Rochlin R.P., Agrarpolitik und Agrarverfassung der Sowjetunion, Berlin 1960.
Rodenstein Heinrich, Die Utopisten, Braunschweig 1949.
Rosenkranz Otto, Optimale Betriebsgrösse und industriemässige Produktion in der Landwirtschaft, Berlin (Ost) 1965.
Rostow W.W., Rot-China, Wirtschaft und Politik, Köln 1957.
— ed., The Economics of Take-off into Sustained Growth, London 1964.
Rubel Maximilien, Marx-Chronik. Daten zu Leben und Werk (1963), Übersetzung aus dem Französischen, München 1968.
Ruthenberg Hans, Landwirtschaft und anfängliche Kapitalbildung, Frankfurt 1964.
Sack Alexander, Die Kollektivierungsversuche in der sowjetrussischen Landwirtschaft, Zürich 1932.
Salaff Janet, The Urban Communes and Anti-City Experiment in Communist China, in: China Quarterly, No. 29/1967, S. 82—110.
Salin Edgar, Diskussionsleiter; Entwicklungshilfe — Mittel des Aufstiegs oder des Verfalls? Bergedorfer Gesprächskreis, Hamburg 1965.
Schack Herbert, Marx, Mao, Neomarxismus. Wandlungen einer Ideologie, Frankfurt 1969.
Schenk Karl-Ernst, Volkswirtschaftliche Disproportionen und Agrarpolitik, in: *Boettcher* u.a., Hrsg., Bilanz der Ära Chruschtschow, Köln 1966, S. 97—112.
Schiller Otto, Stichwort 'Sowjetunion, Landwirtschaft', Beitrag im 'Handwörterbuch der Sozialwissenschaften', Band 9, Tübingen 1956, S. 354—358.
— Das Agrarsystem der Sowjetunion 1917—1953, Köln 1960.
— Die sowjetische Landwirtschaft im Zeichen des 'Übergangs zum Kommunismus', in: Osteuropa Wirtschaft, Nr. 3/1962, S. 161—172.
— Das Betriebsgrössenproblem in der sowjetischen Landwirtschaft, in: Osteuropa Wirtschaft, Nr. 1/1963, S. 1—8.
— Privates Grundeigentum und private Landnutzung in den Reformplänen für die sowjetische Landwirtschaft, in: Osteuropa Wirtschaft, Nr. 4/1965, S. 262—267.
— Cooperation and Integration in Agricultural Production. Concepts and Practical Application, Bombay 1969.
Schinke E., Spezialisierung und Konzentration in der Landwirtschaft der Sowjetunion, in: *Rintelen P.*, Hrsg., Konzentration und Spezialisierung in der Landwirtschaft, München 1965, S. 362—381.
Schlesinger Rudolf, The New Structure of Soviet Agriculture, in: Soviet Studies, Vol. X/1958—59, S. 228—251.
Schlotter H.G., Hrsg., Die Landwirtschaft in der volks- und weltwirtschaftlichen Entwicklung, München 1968.
Schram Stuart, The Political Thought of Mao Tse-tung, New York 1963.
Schulz A., Zur Agrartheorie und -politik der deutschen Sozialdemokratie, München 1914.
Schumacher E.F., Technische Zwischenlösungen, Übersetzung aus dem Englischen, Nürnberg 1970.

Schurmann Franz, China's 'New Economic Policy' — Transition or Beginning, in: *Li C.M.,* ed., Industrial Development in Communist China, New York 1964, S. 65—91.
Seidel Bruno, Charles Fourier, Artikel im Handwörterbuch der Sozialwissenschaften, Tübingen 1965, Bd. 4, S. 98—99.
Sherman Howard J., The Soviet Economy, Boston 1969.
Shewmaker Kenneth E., The 'Agrarian Reformer' Myth, in: China Quarterly, No. 34/1968, S. 66—81.
Simkhovitsch W.G., Die Feldgemeinschaft in Russland, Jena 1898.
Simon Helene, Robert Owen und der Sozialismus. Aus Owens Schriften ausgewählt und eingeleitet von Helene Simon, Berlin 1919.
Simonis Udo Ernst, Die Entwicklungspolitik der Volksrepublik China 1949 bis 1962. Unter besonderer Berücksichtigung der technologischen Grundlagen, Berlin 1968.
Sirc Ljubo, Economics of Collectivization, in: Soviet Studies, Vol. XVIII/1966—67, S. 362—370.
Siue Mou-kiao, Sou Sing, Lin Tse-li, La Transformation Socialiste de l'Economie Nationale en Chine, Peking 1966.
Smith Adam, Der Reichtum der Nationen (1776), Leipzig 1910.
Smith R.E.F., The Amalgation of Collective Farms: Some Technical Aspects, in: Soviet Studies, Vol. VI/1955, S. 16—32.
Snow Edgar, Gast am andern Ufer (1961), Übersetzung aus dem Englischen, München 1964.
SOI-Nachrichten, Übersetzungsdienst des schweiz. Ostinstituts, Bern (Auszugsweise Übersetzungen von ca. 150 russischen Zeitungen und Zeitschriften).
Sombart W., Sozialismus und soziale Bewegung im 19. Jahrhundert, Jena 1896.
Soviet Studies, Vierteljahreszeitschrift, Oxford (Diverse Jahrgänge).
Sozialistische Partei Frankreichs, Erklärung ihrer Grundsätze, 4. Kongress in Tours (1902), in: Diehl/Mombert, Hrsg., Ausgewählte Lesestücke zum Studium der politischen Ökonomie, 12. Bd., Karlsruhe 1920, S. 39—46.
Spulber Nicolas, Contrasting Economic Patterns: Chinese and Soviet Development Strategies, in: Soviet Studies, Vol. XV/1963, S. 1—16.
— The Soviet Economy, Structure, Principles, Problems, Revised Ed., New York 1969.
Stalin J., An der Getreidefront (1928), in: *Lenin/Stalin,* Zu Fragen der Landwirtschaft, Berlin (Ost) 1955, S. 240—254.
— Die Industrialisierung und das Getreideproblem, Rede vom 9. Juli 1928 auf dem Plenum des ZK der KPdSU, Werke, Bd. 11, Berlin (Ost) 1954, S. 140ff.
— Zu Fragen der Agrarpolitik in der UdSSR (1929), in: *Leninismus,* Heft 5, Moskau 1935, S. 71—74.
Sternberg Fritz, Anmerkungen zu Marx — heute, Frankfurt 1965.
Stoekl Günther, Sowjetrussland unter Lenin und Stalin, 1917—1953, München 1963.
Strauss Erich, Soviet Agriculture in Perspective, London 1969.
Strong Anna Louise, The Rise of the Chinese People's Communes, Peking 1959.
Tan Dschen-lin, Erläuterungen zum Programm für die Entwicklung der Landwirtschaft der Volksrepublik China von 1956 bis 1967, Zweiter verbesserter Entwurf, in: Die Dokumente der zweiten Plenartagung des VIII. Parteitags der KPCh, Peking 1958, S. 86—101.
Tang Anthony M., Agriculture in the Industrialization of Communist China and the Soviet Union, in: Journal of Farm Economics, Vol. 49/1967, S. 1118—1134.
Tao Dschu, Volkskommunen auf dem Vormarsch, Peking 1965.
Thalheim Karl C., Grundzüge des sowjetischen Wirtschaftssystems, Köln 1962.
— Wachstumsprobleme in den osteuropäischen Volkswirtschaften, Bd. I, Schriften des Vereins für Sozialpolitik, Bd. 50/I, 1968.
The Agrarian Reform Law of the People's Republic of China, Peking 1950.
Thiess Frank, Plädoyer für Peking, Stuttgart 1966.
Thuenen J.H., von, Der isolierte Staat in Beziehung auf Landwirtschaft und Nationalökonomie (1826, 1850), Neudruck Jena 1910.
Tschajanow Alexander, Die Lehre von der bäuerlichen Wirtschaft, Berlin 1923.

Tschernow Victor, Das Bauerntum im Programm der sozialrevolutionären Partei Russlands, in; Sozialistische Monatshefte, Jan. 1927, S. 32—38.
Tschou En-lai, Entscheidende Siege des Sozialismus in China. Bericht auf der IV. Tagung des Nationalen Volkskongresses am 26. Juni 1957, Berlin (Ost) 1958.
— Das grosse Jahrzehnt, in: Glanzvolle 10 Jahre, Peking 1960, S. 38—73.
UN, Economic Survey of Asia and the Far East, 1957, Bangkok 1958.
Vernes Jacqueline, Regards sur le niveau de vie, in: Economie et Politique, L'Economie en URSS et en Chine, Numéro Spécial, Jan./Febr. 1960, S. 58—71.
Viechtbauer Helmut, Wegmann Konrad, Sun Yat-sen, in: *Opitz P.J.,* Hrsg., Vom Konfuzianismus zum Kommunismus, München 1969, S. 107—148.
Vliegen W.H., Das Agrarprogramm der niederländischen Sozialdemokratie, in: Neue Zeit, 1898/1, S. 75—82.
Voss Werner, Die aussenwirtschaftlichen Beziehungen der Volksrepublik China, in: Internationales Asienforum, 1. Jg./1970, S. 367—379.
Waedekin Karl-Eugen, Privatproduzenten in der sowjetischen Landwirtschaft, Köln 1967.
— Der Dritte Kolchos-Kongress, in: Osteuropa, Heft 3/1970, S. 145—151.
Wagener Hans-Jürgen, Preisdifferenzierungen im Rahmen der sowjetischen Landwirtschaftspolitik, in: *Raupach H.,* Hrsg., Jahrbuch der Wirtschaft Osteuropas, München 1970, S. 407—426.
Wagenlehner Günther, Das sowjetische Wirtschaftssystem und Karl Marx, Köln 1960.
Wagner Adolf, Die Abschaffung des privaten Grundeigentums, Leipzig 1870.
Wagner Friedrich, Gross- oder Kleinbetrieb in der Landwirtschaft? In: Neue Zeit, 1914/1, S. 658—661.
Warriner Doreen, Land Reform and Economic Development, in: *Eicher/Witt,* eds., Agriculture in Economic Development, New York 1964, S. 272—298.
Wassiljew N.W., Die Landwirtschaft der Sowjetunion auf dem Wege zum Überfluss (1951), Übersetzung aus dem Russischen, Berlin (Ost) 1953.
Weber Adolf, Agrarpolitik. Neubearbeitet von *Wilhelm Meinhold,* Berlin (West) 1951.
Weber Hermann, Einleitung zu: *Lenin,* Ausgewählte Schriften, München 1963, S. 5—70.
— Konflikte im Weltkommunismus. Eine Dokumentation zur Krise Moskau-Peking, München 1964.
Weitling Wilhelm, Die Menschheit, wie sie ist und was sie sein sollte (1838), München 1895.
Wetter Gustav A., Sowjetideologie heute, Frankfurt 1962.
Wilber Charles K., The Soviet Model and Underdeveloped Countries, Durham N.C. 1969.
Wildbrandt H., Die Betriebsgrössenfrage der Landwirtschaft in der sozialistischen Theorie und in der Praxis, in: Sozialistische Monatshefte, 1927.
Wittfogel K.A., Wirtschaft und Gesellschaft Chinas, Leipzig 1931.
Woronowitsch A., Das Agrarprogramm der KPdSU und seine Verwirklichung in der Sowjetunion, Übersetzung aus dem Russischen, Berlin (Ost) 1956.
Zao Koe-tseng, La Réforme Agraire en Chine Communiste, Louvain 1964.

NEU IM ROTAPFEL-VERLAG

ZÜRICH UND STUTTGART

SUZANNE OSWALD

Mein Onkel Bery

Erinnerungen an Albert Schweitzer

9 Bildtafeln, 212 Seiten, Leinen 17.80

Nach kurzem jetzt die 2. Auflage

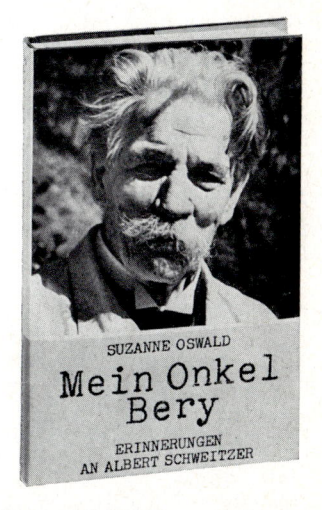

«Ein ausserordentlich liebenswertes, mit neun schönen Bildtafeln ausgestattetes Erinnerungsbuch. – Seine Nichte vermag dank ihrer Ungezwungenheit, natürlichen Empfindung, Echtheit und Frische den grossen Menschenfreund ihren Lesern nahe zu bringen, wie es bisher noch nie geschehen ist.» *(Basler Nachrichten)*

«Die Schriftstellerin Suzanne Oswald ist Nichte und Patenkind des Urwalddoktors. – Das ganz persönliche Dabeisein der Verfasserin verleiht der reichhaltigen Dokumentation besonderen Reiz und ermöglicht Bilderweiterungen und Vertiefungen, die dem interessierten Aussenstehenden sehr willkommen sind. – Der Briefwechsel zwischen Suzanne und ihrem ‹Oncle parrain› ist ebenfalls eine wesentliche Dokumentation.» *(Neue Zürcher Zeitung)*

«Ein ungemein wertvolles Buch, das in seiner Unmittelbarkeit und Redlichkeit mehr über Albert Schweitzers Werk und Personlichkeit aussagt als die meisten anderen Bücher über den Philosophen der tätig gelebten Ehrfurcht vor dem Leben.» *(Der Bund, Bern)*

«Anschaulich, lebendig, unkompliziert beschreibt die Verfasserin Persönlichkeit und Umwelt ihres grossen Onkels.» *(Landesbüchereizentrale Schleswig-Holstein)*

«Unter den zahlreichen Büchern über den Urwald-Doktor nimmt dieses einen besonderen Rang ein.» *(Deister- und Weserzeitung, Hameln)*

*Entzückende Neuausgaben
der klassischen
ERNST KREIDOLF-
BILDERBÜCHER*

NEU
im 101.—106. Tausend

ERNST KREIDOLF

Die Wiesen-zwerge

*Grossformatige, mehrfarbige
Bilder. Grosses Hochformat.
Halbleinen 11.50*

«Eines der reizendsten Werke des Malerdichters. – Wenn es unter den Kinderbüchern Klassiker gibt, dann ist dies einer.» *(Schweizer Frauenblatt)*

«Das Motiv der Zwerge ist mit dem kleinen Kinde und dem der ersten Schuljahre tief verbunden. – Kreidolfs Zwerge sind echt, urtümlich, von innen heraus erlebt, keine Karikaturen.» *(Die Tat, Zürich)*

«Ein wunderschönes Bilderbuch. – Das phantasievolle Märchen ist sprudelnd lebendig geschrieben, spannend bis zur letzten Seite und zauberhaft romantisch.» *(Westdeutsche Allgemeine)*

Die andern **KREIDOLF-NEUAUSGABEN**
(Alle mit mehrfarbigen Bildern im grossen Querformat)

LENZGESIND	*2. Auflage der Neuausgabe. Märchen von Schmetterlingen, Blumen, Käfern, Elfen. Halbleinen 12.50*
ALPENBLUMENMÄRCHEN	*3. Auflage der Neuausgabe. Halbleinen 12.50*
GRASHUPFER	*Halbleinen 11.50*
EIN WINTERMÄRCHEN	*4. Auflage der Neuausgabe. Halbleinen 12.50*
DAS HUNDEFEST	*Halbleinen 11.50*
DER TRAUMGARTEN	*Märchen von Blumen und Sommervögeln. Erweiterte Neuausgabe. Halbleinen 12.50*

«Kreidolf wird als der Mann in die Kunstgeschichte eingehen, der eine neue, hochkultivierte Seite des europäischen Märchenbuches geschrieben hat.» *(Neue Zürcher Zeitung)*

«Dies macht die grosse, über Generationen fortdauernde Beliebtheit der Kreidolf-Bilderbücher aus, dass sie alle aus der Echtheit kindlicher Empfindungen leben und wahrhaft originelles Märchengut vermitteln.» *(Pro Juventute, Zürich)*

NEU

KURT BROTBECK

Der Mensch — Bürger zweier Welten

Menschenkunde als Erziehungs- und Führungshilfe

272 Seiten, Grossoktav, 16 Kunstdrucktafeln mit 40 Reproduktionen. 9 ganzseitige Zeichnungen von Verena Knobel und weitere Textabbildungen. Leinen 32.–, brosch. 29.–

Ein von vielseitiger, langjähriger Erfahrung und umfassendem Wissen getragenes Handbuch für alle, die beruflich oder privat mit Aufgaben der Menschenführung und Erziehung betraut sind – sei es in der Schule und Familie oder im Geschäftsleben, in Gewerbe und Industrie. Eine grundlegende, klar aufgebaute, sowohl dem Praktiker wie dem allgemein interessierten Leser hilfreiche Orientierung.

NEU in 4. Auflage

Prof. Dr. med. JAKOB LUTZ

Kinderpsychiatrie

Eine Anleitung zu Studium und Praxis für Ärzte, Erzieher, Fürsorger, Juristen. Mit besonderer Berücksichtigung heilpädagogischer Probleme.

Mit Beiträgen von Dr. med. Hedwig Walder, Zürich; Dr. phil. F. Schneeberger, Zürich; Prof. Dr. phil. K. Meyer, Erlenbach; Werner Schlegel, Zürich; Prof. Dr. med. P. Strunk, Freiburg im Br.; Prof. Dr. med. F. Stumpfl, Wien, und vom Bundesamt für Sozialversicherung, Bern.

440 Seiten, Grossoktav, Leinen 42.– **4., ergänzte und erweiterte Auflage.**

«Eine sehr geschlossene und den Bedürfnissen der Praxis in idealer Weise Rechnung tragende Gesamtdarstellung der Aufgaben und Probleme der Kinderpsychiatrie.»
(Prof. Dr. H. Stutte, Marburg, in «Deutsche med. Wochenschrift»)

«Sein ausgezeichnetes Buch geht vom Wesentlichen und Elementaren aus und lässt es durch aktuelle Theorien und Erkenntnisse überall ergänzen, aber nicht ersetzen.»
(Prof. Dr. M. Bleuler in «Schweiz. med. Wochenschrift», Basel)

«Über all den wissenschaftlichen Erkenntnissen steht die zutiefst humane Einstellung des Autors, eines wahrhaft Schauenden und Liebenden. — ... darf als ein Standardwerk bezeichnet werden.»
(Prof. Dr. H. Asperger, Innsbruck, in «Wiener med. Wochenschrift», Wien)

NEU

FRITZ WARTENWEILER

Kampf für die Kommenden

Natur gegen Technik — Technik gegen Natur?
Ca. 260 Seiten, mit Zeichnungen. Leinen 15.50

Das heute schicksalhaft gewordene Ringen um ein menschenwürdiges Dasein ist den packend dargestellten Kämpfern dieses Buches – und nicht zuletzt dem Autor selbst – zur Lebensaufgabe geworden. Biographische Darstellungen und eigne Stellungnahme ergänzen sich in lebendig-fesselnder Weise.

Andere neuere Verlagswerke

FRITZ WARTENWEILER
ICH SUCHE DIE ZUKUNFT
262 Seiten, illustriert, Grossoktav.
Leinen 14.50

WECKRUFE
322 Seiten, illustriert. Leinen 14.50

KURT BROTBECK
IM SCHATTEN DES FORTSCHRITTS
Die Herausforderung der Pädagogik durch Zivilisation und Technik. 230 Seiten, Grossoktav. Leinen 21.50, broschiert 18.50

PREMYSL PITTER
UNTER DEM RAD DER GESCHICHTE
Ein Leben mit den Geringsten. 180 Seiten mit 8 Bildtafeln. Kartoniert 11.80

GEISTIGE REVOLUTION IM HERZEN EUROPAS
Quellen der tschechischen Erneuerung. 135 Seiten mit 8 Bildtafeln. Kartoniert 9.80

BETTY WEHRLI-KNOBEL
FRAUEN IN UNSEREM LAND
Begegnungen und Gespräche. 182 Seiten, Grossoktav. Zeichnungen von Verena Knobel, Fotos. Leinen 17.80

ALPENSÜDSEITE
Tessiner Miniaturen. Viele ganzseitige Zeichnungen von Verena Knobel. 130 Seiten, Grossoktav. Leinen 16.80

THOMAS DUBS
DER RIESE UND DER MALER
Kinderbuch. 55 ganzseitige Zeichnungen. Querformat. Reizvoll farbig gebunden.. Halbleinen 9.80

DAS UNGEHEUER UND DIE FÜNF MÄNNER
Kinderbuch. 43 ganzseitige Zeichnungen. Querformat. Reizvoll farbig gebunden. Halbleinen 9.20

Zu beziehen durch

**SCHWEIZER BUCHZENTRUM
CENTRE SUISSE DU LIVRE
CENTRO SVIZZERO DEL LIBRO
SWISS BOOK CENTER
4600 OLTEN**

| NEU | **KURT BROTBECK**

Der Mensch -
Bürger zweier Welten

Menschenkunde als Erziehungs- und Führungshilfe

272 Seiten, 16 Bildtafeln mit ca. 40 Abbildungen. Zeichnungen von Verena Knobel. Textabbildungen. Großoktav, Leinen 32.—, broschiert 29.—

Mehr denn je benötigen wir heute eine vertiefte, umfassende Kenntnis vom Wesen des Menschen, wenn wir die Aufgaben, welche die expansive Wirtschaft, der Streß der technifizierten und spezialisierten Produktionsweise stellen, wenn wir die Spannungen der zwischenmenschlichen Beziehungen lösen wollen. Wir sind aus der Not der Zeit heraus aufgerufen, der weit fortgeschrittenen Perfektion der technischen Schöpfungen die Perfektion der menschlichen, personalen Kräfte und Möglichkeiten an die Seite zu stellen, wenn wir die Geister, die wir riefen, auch beherrschen wollen.
Hierzu soll die Menschenkunde, die Dr. phil. Kurt Brotbeck vorlegt, eine Handreichung bieten. Von vier Aspekten her wird hier das Wesen des Menschen angegangen. Der erste Aspekt zeichnet die Beziehungen zwischen dem Menschen und den Naturreichen; der zweite Aspekt – Menschwerdung als Führungsaufgabe – begleitet den Werdenden und Reifenden durch die verschiedenen Phasen seines Lebensganges. Im dritten Aspekt werden die Temperamente in ihrer Beziehung zur Natur und zu den Menschentypen erörtert, wobei viele Beispiele aus der neueren Geistesgeschichte beigezogen werden. Der vierte Aspekt wendet sich der Pädagogik der Menschenführung zu: Die psychologischen Beziehungen zwischen der beruflichen Tätigkeit und der Temperamentlage, die pädagogische Ansprechbarkeit einzelner Menschentypen und die verschiedenen Führungsstile (autoritative, demokratische und pädagogische Führung) werden diskutiert. Der Autor ist seit zwanzig Jahren Lehrer für deutsche Sprache, Geschichte und an-

ROTAPFEL VERLAG ZÜRICH UND STUTTGART

gewandte Psychologie an einer Höheren Technischen Lehranstalt. Seit Jahren hat er in Kaderkursen der Industrie, vor Unternehmern, Lehrlingsausbildnern und Betriebsfachleuten, Technikern und Ingenieuren, an Ferienkursen und Tagungen für Lehrer sowie an Volkshochschulen über die hier vorgelegten Themen referiert.

Das Buch wird jedermann ansprechen, der in irgendeiner Weise, sei es als Erzieher, Lehrer, Vorgesetzter, Mitarbeiter oder als Sozialpartner, mit Aufgaben der Menschenführung und Menschenbetreuung zu tun hat. Auch wird die Schrift beitragen, sich selbst besser kennen zu lernen und vielleicht gar einen Anstoß zur Selbstvervollkommnung bieten. Das Buch ist in einem flüssigen, anregenden Stil geschrieben und verrät – wie auch die früheren Schriften – das persönliche Engagement des Autors für das Anliegen eines integralen und zeitaufgeschlossenen Menschseins.

Vom gleichen Autor im gleichen Verlag

Im Schatten des Fortschritts
Die Herausforderung der Pädagogik durch Zivilisation und Technik

232 Seiten. Großoktav, Leinen 21.50. Broschiert 18.50

«Ein mutiges Werk. Es sucht die Wahrheit. ... ein grundlegendes, umfassendes, wegweisendes Buch.» *(Schweiz. Lehrerzeitung, Zürich)*

«Jeder, dem die gegenwärtigen Erziehungs-, Bildungs- und Unterrichtsgestaltungen, als zukunftsvorbereitende Kräfte, nicht gleichgültig sind, möge erwartungsvoll und unvoreingenommen zu diesem mutigen Buch greifen. Es ist eine aktivierende Bereicherung, für die man dankbar sein muß.» *(Ursula Anders in «Die Kommenden», Freiburg im Br.)*

«Kein pessimistisches Werk, auch wenn der Autor harte Urteile über die zunehmend technisch-apparativen Erziehungsmethoden und -mittel nicht scheut. Es gründet in einem tief verankerten Glauben an den Menschen und dessen Freiheitsmission, ist die reife Frucht intensiven geistigen Suchens und vieljähriger pädagogischer Praxis in Handelsschule, Technikum, Seminar und Volkshochschule. Brotbeck bietet eine Gesamtschau unserer aktuellen pädagogischen Situation.» *(Schaffhauser Nachrichten)*

«Eine Bereicherung, weil es zum Nachdenken veranlaßt.» *(«Neue Zürcher Zeitung», Zürich)*

«Es ist das Verdienst des Autors, die Probleme einmal nicht durch die Brille der Tradition zu betrachten, sondern im Dschungel der zeitgenössischen Pädagogik, unbeeinflußt von Clichés und Tabus, mutig die Wahrheit zu suchen.» *(«Wir Eltern», Zürich)*

ROTAPFEL VERLAG ZÜRICH UND STUTTGART

| NEU | **JAKOB LUTZ**

Dr. med., a.o. Professor für Kinderpsychiatrie an der Universität Zürich

Kinderpsychiatrie

Vierte, ergänzte und erweiterte Auflage

438 Seiten, Großoktav. Leinen 42.—

Eine Anleitung zu Studium und Praxis für Ärzte, Erzieher, Fürsorger, Juristen. Mit besonderer Berücksichtigung heilpädagogischer Probleme.

Beiträge von Dr. med. Hedwig Walder, Zürich, Prof. Dr. phil. K. Meyer, Erlenbach, Werner Schlegel, Zürich, Prof. Dr. med. P. Strunk, Freiburg im Br., Dr. phil. F. Schneeberger, Zürich, Prof. Dr. med. F. Stumpfl, Wien, und vom Bundesamt für Sozialversicherung, Bern.

«Eine sehr geschlossene und den Bedürfnissen der Praxis in idealer Weise Rechnung tragende Gesamtdarstellung der Aufgaben und Probleme der Kinderpsychiatrie.»
(Prof. Dr. H. Stutte, Marburg, in «Deutsche med. Wochenschrift»)

«In formvollendeter Sprache werden die Begriffe entwickelt, es dominiert eine durchaus eigenständige Beobachtung, eine großartige Beschreibung des kindlichen Verhaltens, der körperlichen, der ausdrucksmäßigen Gegebenheiten. – Über all den wissenschaftlichen Erkenntnissen steht die zutiefst humane Einstellung des Autors, eines wahrhaft Schauenden und Liebenden. – ...darf als ein Standardwerk bezeichnet werden.»
(Prof. Dr. H. Asperger, Innsbruck, in «Wiener Med. Wochenschrift», Wien)

«So ist die Kinderpsychiatrie von Lutz eine Menschenkunde auf das kranke Kind angewendet, und sie ist frei von einseitigen Konstruktionen, die am Wesentlichen menschlicher Entwicklung vorbeisehen. Das Buch bildet ein geschlossenes Ganzes. – Dabei kommt auch die Heilpädagogik zu Wort, die ja mit der Kinderpsychiatrie viel mehr verquickt ist als die meisten nicht-medizinischen Fächer mit anderen medizinischen Fachgebieten.»
(Prof. Dr. M. Bleuler in «Schweiz. med. Wochenschrift», Basel)

«Die revidierte und erweiterte Auflage dieses Werkes kann als ein Klassiker in die Bibliothek des Pädiaters, des Erziehers und des Fürsorgers gestellt werden. ... Der Text besticht durch seine sprachliche Klarheit und Treffsicherheit. ... Eine einführende Gesamtschau über die komplexen Probleme der normalen und gestörten geistigen Entwicklung des Kindes.»
(A. Fanconi in «Med. Bibliographie», Bern)

«...dank seiner klaren Allgemeinverständlichkeit als Lehrbuch bestens geeignet – ein Buch, wie es jedem der angesprochenen Leser dringend empfohlen werden kann.»
(«Pro Medico», München)

«Das Buch ist für den Lehrer und Erzieher, den Arzt und die in der Fürsorge tätigen Kräfte, vor allem aber für den Heilpädagogen ein wegweisender Helfer.»
(«Allgem. deutsche Lehrerzeitung», Frankfurt a.M.)

«Das Werk kann sein Ziel, die Zusammenarbeit von Arzt und Erzieher wirksam und fruchtbar werden zu lassen, vorbildlich erfüllen – kann wärmstens empfohlen werden.»
(Der öffentliche Gesundheitsdienst, Stuttgart)

Im gleichen Verlag erschienen:

HEINRICH HANSELMANN

ehem. Professor für Heilpädagogik an der Universität Zürich
Träger des Welt-Jugendhilfe-Preises Pestalozzi

EINFÜHRUNG IN DIE HEILPÄDAGOGIK

Achte, durchgesehene Auflage (1970)

Ein Buch über den Unterricht und die Erziehung anormaler Kinder. Für Eltern, Anstaltserzieher, Lehrer, Geistliche, Fürsorger, Richter und Ärzte. Nachtrag und Hinweise von Prof. Dr. Konrad Widmer.

650 Seiten. Großformat. Leinen 35.—

«Die ‚Einführung' ist das Standardwerk der Heilpädagogik schlechthin. Daher ist das Werk weit über sein Ursprungsland hinausgegangen.»
(Gustav Lesemann in der «Zeitschrift für Heilpädagogik», Hannover)

ELTERN-LEXIKON

Erste Hilfe in Erziehungssorgen und Schulnöten. Wörterbuch vom Seelenleben des Kindes und des jugendlichen Menschen.

476 Seiten. Großoktavformat. Leinen 25.—, broschiert 20.50

«Jeder Erzieher, gleich wo er steht, wird aus dem ‚Eltern-Lexikon' echte Belehrung und reichen Gewinn erfahren. Jedem, dem Erziehung aufgegeben ist, sei deshalb dieses erfreuliche und herausragende Werk empfohlen.» *(«Die Heimstatt», Köln)*

ANDRAGOGIK

Wesen, Möglichkeiten, Grenzen der Erwachsenenbildung.

160 Seiten. Kartoniert Fr. 6.30

«Führt an den Kern der Problematik heutiger Erwachsenenbildung, ja der Erziehung überhaupt. Ein Buch der Besinnung, dem man viele Leser – Andragogen und Pädagogen – wünscht.» *(Pädagogische Rundschau, Ratingen)*

KONRAD WIDMER

Dr. phil., Professor für Pädagogik und pädagogische Psychologie an der Universität Zürich

DIE JUNGE GENERATION UND WIR

152 Seiten. Großoktav. Gebunden 13.50

«Eine differenzierte, wissenschaftlich begründete Analyse der Entwicklungsprozesse, im besonderen jener der Reifejahre. ... Jeder, der als Erzieher in Familie, Schule und Beruf mit Jugendlichen zu tun hat, wird dieses wohlfundierte Werk mit größtem Gewinn lesen und die Jugend besser verstehen. Sehr empfohlen!» *(Schweizer Schule, Zug)*

«Wer immer im privaten oder beruflichen Kreis mit Jugendlichen zu tun hat, wird diesen streng sachlich geschriebenen, aber große innere Anteilnahme verratenden Text mit Gewinn lesen.» *(«Neue Zürcher Zeitung», Zürich)*

«Das Buch ist von größter Aktualität.» *(«Norddeutsche Nachrichten», Hamburg)*

Zu beziehen durch

**Schweizer Buchzentrum   Centre Suisse du livre
Centro Svizzero del libro   Swiss Book Center
4600 Olten**

REGISTER[1]

Abarbeit: 93
Absterben des Staates: 26, 96
Ackerbautaglöhner: 41ff., 98
Agrardebatte: 23f., 44, 61ff., 248
Agrarkrisen: 69
Agrarreformer: 124, 129
Agrarsozialisten: 17f.
Agrarsteuer: 191, 204ff.
Agroindustrielle Kombinate: 182
Agrostädte: 178, 182
Aegypten: 122
Akkumulations-Fonds: 194f., 206.
Antagonistische Klassen: 42
Anteilland: 89, 92, 94
Anthropologie: 6, 78f.
Anti-Bewegungen: 241
Arbeitsgruppe: 146, 151f., 158, 167
Arbeitsintensität: 80, 151, 197, 201, 226f., 229ff.
Arbeitskräfte-Einsatz: 28, 74, 97, 139, 150, 153, 166, 180, 188, 232
Arbeitsorganisation: 14, 31, 34, 59ff., 145ff.
Arbeitsteilung: 27, 29f., 42, 45, 47ff., 71, 73, 79f., 97, 165f., 173, 247
Auf zwei Beinen gehen: 137, 179ff., 230
Aufforstungen: 200
Ausbeutung: 39f., 49f., 83, 93, 127, 163, 218
Ausbildung: 28, 31, 33, 97, 117, 129, 139, 173f., 183, 184ff., 227, 236f., 241
Aussenhandel und Entwicklung: 20, 113, 140, 216ff.

Babeuf: 33f.
Bakunin: 52
Bauernaufstände: 87, 122, 126
Bauernschutz: 65, 67
Bernstein: 65f.
Beschäftigung: 112, 137, 171, 183, 196, 221, 228, 230, 234, 249
Betriebsgrösse: 23f., 31f., 44ff., 57, 66, 71ff., 82, 97f., 118, 135, 145ff., 248
Bevölkerungsproblem: 18, 32, 122, 197
Bevölkerungsstruktur: 14, 18, 21, 90, 130, 171, 181f.
Blanc: 30

Bodendekret: 107
Bodenverbesserung: 200f.
Breschnew: 182
Brigade: 12, 34, 146, 149ff., 154, 159, 167, 194, 235
Bucharin: 113f., 115
Bürgerliche Revolution: 54, 102, 129

Cabet: 31, 33f.
Campanella: 6, 28f.
Capital Output Ratio: 12, 113, 234
Chinesische Räterepublik: 125
Chinesische Revolution: 6, 44, 131
Chruschtschow: 148, 175, 178
Considérant: 30

David: 23, 76ff., 91, 248
Determinismus: 91
Deutschland: 36, 46, 62f., 92
Dialektik: 70, 106
Diffusion: 12, 85, 133, 154, 157, 224f., 235f.
Diseconomies of size: 80, 84
Duale Technologie: 226f.
Dualismus: 172
Düngung: 29, 80, 83, 162, 166, 181, 229f.

Economies of size: 85, 166
Eigentumsfanatismus: 39, 99
Elektrizität: 97, 98, 176, 222, 232
Elitepartei: 100, 124
Engels: 23, 35ff., 118, 247f.
England: 36, 46, 51, 63
Entbauerung: 95, 178
Enteignung: 59, 76
Entwicklungshilfe: 5, 190, 220f.
Entwicklungsländer-Forschung: 14, 24, 191, 228
Equipe: 154, 194
Erbrecht: 32, 34, 55, 70
Erosion: 200
Ertragsgesetz: 98, 190
Existenzminimum: 18, 34, 148, 202, 246

Familiengenossenschaft: 81
Feudalbauern: 40f.

---

1 Das folgende Verzeichnis ist ein Sach- und Namenregister in einem mit folgenden Einschränkungen:
   (a)   Das Namenregister enthält keine Autoren von Sekundärliteratur.
   (b)   Das Sachregister ist nur als Ergänzung zum detaillierten Inhaltsverzeichnis gedacht und erhebt keinen Anspruch auf Vollständigkeit. Es mag dem Leser helfen, gewisse wichtige Konzepte quer durch die Arbeit zu verfolgen.

Feudalzeit: 36, 93
Fourier: 30f., 34, 48
Frankfurter-Parteitag: 65
Frankreich: 39, 51, 67
Freier Markt (Kolchosmarkt): 147, 161, 163, 207, 211
Frühsozialisten: 26ff., 47, 97, 247

Geistige und körperliche Arbeit: 48, 97, 184ff., 247, 249
Genossenschaften: 31ff., 56, 59ff., 75f., 81, 116ff., 128, 130f., 145ff.
Gesellschaftliche Arbeit: 28, 33, 59
Grosser Sprung: 22, 136ff., 140, 152, 200, 218
Grundherren: 38, 40f., 55, 122, 127
Grüne Revolution: 221.

Harmonische Gesellschaft: 34
historical-theoretical approach: 16f.
Hsia Fang-System: 185ff.
Hungersnöte: 110, 117, 122
Hypotheken: 39, 50, 69ff., 74, 82f.

Incentive: 12, 79, 149f., 155, 159, 167, 204f., 209, 241f.
Indien: 43, 122, 191, 201, 203, 227, 234
Indirekte Steuern: 115, 203, 210ff.
Industrialisierungsdebatte: 111ff., 190, 210
Industrieländer, westliche: 14, 20, 49, 137, 245
Industrielle Reservearmee: 42
Industrielle Revolution: 16, 43, 50
Infrastruktur, landwirtschaftliche: 78, 154, 196ff., 221
Intensive Landwirtschaft: 18, 80, 89
Internalisierung: 198, 221
Investitionskriterien: 234
Irrigation: 45, 73, 83, 130, 133, 137, 139, 199f., 232

Japan: 19, 136, 191

Kapitalbildung: 14, 20, 42, 68, 113ff., 137, 171, 189ff., 246
Kapitalintensität: 42, 82, 226f.
Kapitalistische Landwirtschaft: 42ff., 92f., 192
Kautsky: 23, 57, 66ff., 78, 91, 248
Kibbuz: 155

Klassen: 27, 37ff., 67, 93ff., 126f., 173
Klassenbündnis: 81, 99, 101
Klassenkampf: 95, 118
Kleinbauern: 36, 39f., 55, 56f., 65, 76ff., 247
Kolchose: 34, 108, 118f., 130, 135, 139, 145ff., 159f., 193f., 206, 227
Kommunikationsmittel: 49, 73
Konflikt zwischen China und Russland: 161, 172
Kon Fu-tse: 6, 123, 184
Konsumniveau: 175ff., 202, 245f.
Konzentration: 42, 44, 46, 68, 69ff., 79, 82, 84, 98
Kriegskommunismus: 106ff.
Kropotkin: 97, 192
Kulaken: 118
Kulturrevolution: 6, 117, 130, 136, 141, 155f., 161, 185, 240ff.
Kulturwandel: 83, 222, 240ff.

Landarbeiter: 38, 56, 127
Landflucht: 71, 75
Landreform: 15ff., 88, 125, 133, 170, 195, 221, 243f.
Landwirtschaft und wirtschaftliche Entwicklung: 14, 19, 119ff., 190ff.
Leibeigenschaft: 53, 87
Leichtindustrie: 113, 168, 179
Lenin: 5f., 24, 66, 86ff., 116f., 123f., 126, 248
Liu Schao-schi: 123, 179
Lohnsystem: 134f., 139, 147ff., 155f., 159, 193, 196, 204, 235
Lokale Industrialisierung: 137, 139, 173, 178ff., 219, 249
LPG: 12, 134f., 152, 154, 198
Luxemburg Rosa: 108

Mably: 32
Malthus: 30ff., 137
Mansholt-Plan: 24
Mao Tse-tung: 15, 24, 121ff., 184ff., 229, 236, 242, 247f.
Marketable Surplus: 112, 133, 208
Marx: 6, 23, 26, 35ff., 96, 123, 127, 247f.
Maschinen und Landwirtschaft: 31f., 45, 60, 71ff., 80, 84, 222ff.
Mechanischer Prozess: 77, 79, 83
Mechanisierung: 151, 159, 164ff., 172, 222ff.
Mechanisierung in Etappen: 195

REGISTER 265

Methode, wissenschaftliche: 5f., 14ff., 96, 144
Mill: 18, 71f.
Minimallohn: 149, 155
Mir: 6, 52ff., 88ff., 92
Mittelbauern: 38, 94, 122, 127
Mittlere Technik: 227ff., 249
Mobilisierung der Arbeitskräfte: 137, 139, 196ff., 219f.
Morelly: 29
Morus: 6, 27ff., 47
MTS: 12, 118, 147, 193, 222ff.

Narodniki: 6, 52, 92, 97, 102
Natur und Landwirtschaft: 6, 77, 80, 83, 85, 241
Naturalsteuer: 110, 112
Naturrecht: 58
Nebenwirtschaften: 161ff., 206
NEP: 12, 110f., 114, 116, 119, 133
Neulanderschliessung: 156, 159
Normalertrag: 204f.

Obschtschina: 53f.
Optimale Betriebsgrösse: 46, 85, 164
Organischer Prozess: 77, 79, 83
Owen: 6, 31f., 33

Pachtbauern: 36, 40f., 55
Pachtrecht: 40, 69ff., 95, 128, 169, 195, 209
Pakistan: 191, 201
Parzellenbauern: 37, 45, 51, 67, 73, 81, 195
Pflichtablieferung: 147, 206ff.
Polare Differenzierung: 95
Polen: 227
Pragmatismus: 37, 91, 102
Preiselastizität: 210, 215
Preispolitik: 160, 163, 210ff.
Preobraschenski: 114ff., 210, 218
Produktivität der Landwirtschaft: 20, 30ff., 43, 110, 121, 158ff., 163ff., 218, 248
Produktivkräfte: 50ff., 103, 109, 130
Proletariat, intellektuelles: 186
Proletariat, ländliches: 41f., 44, 65, 67, 94, 109
Proletariat, städtisches: 24, 36, 39f., 41, 52, 57, 67, 99f., 125, 248
Proletarisierung der Bauern: 69, 71, 95
Proudhon: 32

Regionalpolitik: 164, 171
Revisionismus: 6, 56, 64ff.
Ricardo: 30
Russische Revolution: 44, 52ff., 102, 106ff.
Rykow: 113f.

Saatsorten: 83, 233f.
Saint-Simon: 33, 55
Schanin: 112f.
Schweiz: 6, 39
Schwerindustrie: 111, 113, 179, 202
Selbstversorger: 69, 73
Sinifizierung: 123f.
Smith: 17, 79
Sokolnikow: 112f.
Sowchose: 12, 46, 108, 150, 157ff.
Sozialismus in einem Lande: 103
Sozialistische Revolution: 27, 36f., 49ff., 57
Sozialistischer Wettbewerb: 34
Sozialkosten: 172, 181ff.
Sozialrevolutionäre: 92, 107
Spezialisierung: 84f., 159, 166
Squad: 154f.
Staatsfarmen: 81, 103, 107, 131, 156ff., 233
Stalin: 22, 115ff., 218, 245
Statistik-Probleme: 21ff., 64
Steuern: 40, 147, 171
Sun Yat-sen: 123, 128f.
Surplus: 19, 111, 120, 133, 164, 203, 208f., 219, 221, 248

Take-off: 19, 23, 106, 110, 119ff., 248
Teams der gegenseitigen Hilfe: 129, 132f.
Terms of Trade: 12, 115, 214
Theorie und Praxis: 5, 17, 106ff., 123, 185ff.
Thünen: 46
Tragstock: 231f.
Transformationsperiode: 5, 115, 138
Trennung von Stadt und Land: 27, 29f., 47ff., 57, 71, 96f., 137, 172ff., 247
Trotzki: 114f.
Trudoden: 12, 149, 196
Tschou-En-lai: 155, 198

Ueberbau: 39, 130
Umsatzsteuer: 210ff.
Unteilbarer Fonds: 147f., 193ff.
Urbanisierung: 12, 172, 179, 181f.
Ursprüngliche Akkumulation: 42, 114
Ursprüngliche sozialistische Akkumulation: 114ff., 117, 119f., 210, 245
USA: 20, 118, 136, 166, 224, 226, 227
Utopische Sozialisten: 26ff.

Vergesellschaftung des Bodens: 18, 27,
    32f., 58f., 107ff.
Verwaltungs-Aspekte: 86, 121, 139, 150,
    153, 163ff., 221, 248
Volkskommune: 34, 97, 138f., 152ff., 161,
    173, 179, 182f., 194f., 201, 231, 233, 249

Wachstum der Industrie: 19, 109, 120, 132,
    135
Wachstum der Landwirtschaft: 20f., 30ff.,
    120, 132, 135
Wahl der Technik: 14, 98, 137, 222ff.
Weitling: 29, 33
Weltbeschäftigungsprogramm: 234
Weltrevolution: 103
Wissenschaft und Landwirtschaft: 28f.,
    31f., 43f., 60, 73, 80, 84, 236
Wissenschaftlicher Sozialismus: 23, 26
Wucher: 39, 50

Zentralisation: 42, 60
Zwangseintreibungen: 109f.